◇现代经济与管理类系列教材

跨国公司经营与管理
（第 2 版修订本）

李尔华　崔建格　编著

清华大学出版社
北京交通大学出版社
·北京·

内 容 简 介

目前跨国公司在世界经济的发展中扮演着日趋重要的角色。随着我国经济逐渐融入全球化经济的范围，越来越多的跨国公司投资我国；也有越来越多的我国企业不断壮大，向跨国公司的方向迈进。为了适应时代对我们提出的要求，必须要了解跨国公司的有关理论和经营管理实务。

本书介绍了跨国公司的产生、发展、全球战略，直接投资、技术转让、经营方式等内容，同时也讨论了跨国公司的组织、营销、财务、人力资源等经营管理方面的问题。

全书力求知识新颖，观点明确、简明务实。本书可以作为高等院校经济管理类专业的教材，也可供企业界及其他经济管理部门的相关人员阅读参考。

本书封面贴有清华大学出版社防伪标签，无标签者不得销售。
版权所有，侵权必究。侵权举报电话：010-62782989　13501256678　13801310933

图书在版编目（CIP）数据

跨国公司经营与管理/李尔华，崔建格编著. —2版. —北京：清华大学出版社；北京交通大学出版社，2011.7（2025.1重印）
ISBN 978-7-5121-0606-2

Ⅰ.①跨… Ⅱ.①李… ②崔… Ⅲ.①跨国公司-企业管理-高等学校-教材 Ⅳ.①F276.7

中国版本图书馆CIP数据核字（2011）第119366号

责任编辑：吴嫦娥
出版发行：清 华 大 学 出 版 社　　邮编：100084　　电话：010-62776969
　　　　　北京交通大学出版社　　邮编：100044　　电话：010-51686414
印 刷 者：北京虎彩文化传播有限公司
经　　销：全国新华书店
开　　本：185×260　　印张：19　　字数：475千字
版　　次：2019年1月第2版第1次修订　2025年1月第12次印刷
书　　号：ISBN 978-7-5121-0606-2/F·841
定　　价：46.00元

本书如有质量问题，请向北京交通大学出版社质监组反映。对您的意见和批评，我们表示欢迎和感谢。
投诉电话：010-51686043，51686008；传真：010-62225406；E-mail：press@bjtu.edu.cn。

第2版前言

在世界经济全球化深入发展的今天，各个国家所面临的经济环境都发生了剧烈变化，世界各国、各地区之间的经济相互依存关系和国际分工不断深化，全球对外直接投资在过去的十年间经历了飞速发展时期和稳步调整时期，所有主要国家和经济体吸收的对外直接投资都有了显著增长，而跨国公司仍是全球对外直接投资的主要来源。跨国公司通过其国际化的投资、生产、销售、研究与开发等跨国经营活动，推动着技术转移的便利化、国际贸易的自由化、资金流动的加速化、资源配置的最优化，从而促进了一体化国际市场的形成。跨国公司的市场化体系加深了各国经济之间的依存程度，跨国公司的竞争机制又加速世界经济发展的集中化倾向。跨国公司的多边扩展战略促使各国政府采取双向鼓励政策，从而促进了区域性或全球性多边政策体系的改革和形成。因此可以说，跨国公司是世界经济发展的引擎。

跨国公司充当着全球产业组织的角色，在世界范围内优化配置资源，组织研发制造和销售，推动国际贸易的蓬勃发展。据不完全统计，目前世界上有6.5万家的跨国公司创造了全球60%以上的贸易额，有80%以上的投资额和30%～40%的GDP来自于跨国公司，世界500强企业中绝大多数是跨国公司。货物的流动、资本的过剩及较快的经济增长率，都使世界各国的跨国公司竞相出现，虽然发达国家的跨国公司仍然是全球对外直接投资的主要力量，但一些发展中国家，特别是东亚和东南亚一些国家的公司正在不断增加对国外的投资。

我国是一个新兴的对外直接投资国家，国家实施的"走出去"战略刚刚经历了近十近的发展历程，全球跨国并购案例中已不时闪现出中国企业的身影。如吉利收购沃尔沃、中石化收购Repsol公司巴西子公司、中海油参与收购Pan American Energy公司股权等，无论从交易金额还是受关注程度上，都足以成为近年来最重要的跨国并购交易案。毫无疑问，今后我国企业参与跨国经营活动，探求跨国公司的组建与运作，与跨国公司打交道的机会将会更多。"走出去"战略实施十年以来，中国跨国企业的海外投资从无到有，在探索中前行，逐步形成了一些成功经验和一批典型企业，如中石油、中石化、海尔、联想等。然而，中国企业跨国经营起步较晚，与世界级跨国公司相比，在规模、实力、技术、效率、制度等方面还有较大差距，因此，培养和建立我国自己的跨国公司是一项长期而艰巨的任务。

本书第1版是由李尔华教授编写的。李尔华教授治学严谨，丰富的企业管理经验和多年的教学科研工作经历，使他在本书编写中运用了大量的一手资料和翔实数据。本书自2005年年底问世以来，得到广大读者和同行的认可，先后印刷9次，销量近4万册。在此谨向关注本书的读者和同行表示诚挚的谢意。在本版编写中，继承与沿袭了李尔华教授的编写思路，重点对书中的案例和部分过时数据进行了修改；为方便教与学的互动，增加了各章节复习题，方便学生的自主学习。

参与第 2 版编写和修订工作的有李尔华、崔建格。其中，第 1~6 章由李尔华修订编写，第 7~12 章由崔建格编写和修订。全书由崔建格统稿。本书能顺利再版得到了北京交通大学出版社吴嫦娥老师和北京经济管理职业学院王若军主任的大力支持，更要感谢李尔华教授为此书所打下的坚实基础。

本书是为适应和满足高等院校工商管理专业、国际商务专业的教学需要而编写的，也可作为企业管理人员的培训之用。

由于作者水平所限，书中难免有不当和疏漏之处，恳请读者批评指正。

编 者
2011 年 6 月

前　言

当代世界经济正在向全球化方向纵深发展，各国经济在相互依赖和国际分工的条件下，不仅在生产、流通领域，而且在资本、技术、信息、交通运输等各个方面，都在走向国际化。在经济全球化的过程中，各个国家和地区之间都在加强各方面的合作和交流，这是不可逆转的世界潮流。

在 21 世纪，经济全球化的发展趋势可以归纳为：以知识为基础，以金融为中心，以信息技术为先导，以跨国公司为依托。跨国公司通过其国际化的投资、生产、销售、研究与开发等跨国经营活动，有利于技术转移的便利化、国际贸易的自由化、资金流动的加速化、资源配置的最优化，从而促进一体化的国际市场的形成。跨国公司的发展推动了世界经济的增长，跨国公司的市场化体系加深了各国经济之间的依存程度，跨国公司的竞争机制又加速了世界经济发展的集中化倾向。跨国公司的多边扩展战略促使各国政府采取双向鼓励政策，从而促进了区域性或全球性多边政策体系的改革和形成。因此可以说，跨国公司是经济全球化的载体。

根据联合国贸发会议公布的有关数字显示，目前全球跨国公司总数已经达到 63 459 家（其中发达国家 47 850 家，占总数的 75.4%；发展中国家和转轨国家 15 609 家，占 24.6%），海外子公司约 80 万家，它们的经营活动已经扩展到世界所有国家中的所有领域，成为世界经济中一支最活跃、最有影响的力量，目前其产值已占世界总产值的 1/3 以上，其内部和相互间的贸易已占世界贸易的 60% 以上，其对外直接投资已占全球跨国直接投资的 90% 左右，世界 500 强企业中绝大多数是跨国公司。跨国公司的分布也越来越广泛，不仅发达国家有，新兴工业化国家有，发展中国家和转轨国家也有。货物的流动，资本的过剩，较快的经济增长率，都使世界各国的跨国公司竞相出现，一些发展中国家，特别是东亚和东南亚地区一些国家的公司正在不断地增加对国外的投资。

跨国公司与我国的对外开放有着密切的关系，特别是在我国加入 WTO 以后的今天，我国的企业已经明显地加快了国际化的进程。为了顺应经济全球化的潮流，抓住机遇，迎接挑战，我国正在实施"走出去"的战略，也就是在我国多年来引进境外资金及技术并积极开展对外贸易的基础上，进一步开拓国际市场和利用境外资源，从而提高我国企业的国际竞争力，使我国的企业在经济全球化的大潮中能够主动地接受挑战和考验。毫无疑问，今后我国企业参与跨国经营活动，探求跨国公司的组建与运作，与跨国公司打交道的机会将会与日俱增。当然，我们也应该看到，由于我国长期处于传统的计划经济体制下，向社会主义市场经济体制的转变尚未彻底完成。改革开放以来又主要是采取"引进来"的方针，境外投资规模不大，水平也较低，还缺乏有关的人才和条件。我国的多数企业尚未建立真正意义上的现代企业制度，离跨国公司的标准相差甚远。尽管经过多年的努力，我国已经涌现出中石化、中石油、海尔、联想等一批特大型企业和企业集团，但与世界级的跨国公司相比，在规模、实力、制度、效率、技术等方面还有较大的差距。因此，培养和建立我国自己的跨国公司是一项长期而艰巨的任务。

跨国公司是如何产生和发展的？跨国公司对发展中国家尤其是我国企业的经营管理有什么启示？如何利用跨国公司这种国际企业管理组织形式为我所用，使我国的企业更好地走向国际市场？为了回答这些问题，特编写了本书。在本书编写过程中，参考、利用了国内外有关跨国公司的最新资料，并力求结合我国企业跨国经营的实践。

本书是为了适应和满足高等院校工商管理专业、国际商务专业的教学需要而编写的，也可作为企业管理人员的培训之用。为了体现系统性、实用性和可操作性的特点，本书在每章后附有相关的案例，以供研究和讨论使用。

本书配有教学课件，可从北京交通大学出版社网站（http：//press.bjtu.edu.cn）下载，或发邮件至 cbswce@jg.bjtu.edu.cn 索取。

由于作者水平所限，书中难免有不当和疏漏之处，恳请读者批评指正。

编　者
2005 年 9 月

目 录

第1章 跨国公司概述 ... 1
- ◇ 导读 ... 1
- 1.1 跨国公司的定义和特征 ... 1
- 1.2 跨国公司的构成和类型 ... 6
- 1.3 跨国公司的形成和发展 ... 8
- 1.4 跨国公司对世界经济所起的作用 ... 17
- 1.5 跨国公司对发展中国家经济的影响 ... 19
- ◇ 本章小结 ... 21
- ◇ 关键术语 ... 21
- ◇ 复习思考题 ... 21
- ◇ 案例分析 TCL集团的跨国经营之路 ... 22

第2章 跨国公司理论 ... 26
- ◇ 导读 ... 26
- 2.1 跨国公司理论的演变 ... 26
- 2.2 垄断优势理论 ... 28
- 2.3 产品周期理论 ... 32
- 2.4 边际产业扩张理论 ... 36
- 2.5 内部化理论 ... 38
- 2.6 国际生产折衷理论 ... 41
- ◇ 本章小结 ... 44
- ◇ 关键术语 ... 45
- ◇ 复习思考题 ... 45
- ◇ 案例分析 微软：见证中国纪元 ... 46

第3章 跨国公司的全球战略 ... 49
- ◇ 导读 ... 49
- 3.1 跨国公司战略的演变 ... 49
- 3.2 跨国公司全球战略的定义和特征 ... 53
- 3.3 跨国公司全球战略的基本内容 ... 55
- 3.4 跨国公司全球战略的类型 ... 60
- 3.5 跨国公司全球战略管理过程 ... 64
- ◇ 本章小结 ... 70
- ◇ 关键术语 ... 70

| ◇ 复习思考题 | 70 |
| ◇ 案例分析　海尔集团的发展战略 | 71 |

第4章　跨国公司对外直接投资 — 73
- ◇ 导读 — 73
- 4.1　跨国公司对外直接投资概述 — 73
- 4.2　对外直接投资的动因与条件 — 74
- 4.3　对外直接投资环境分析 — 77
- 4.4　对外直接投资的可行性研究 — 85
- 4.5　对外投资的所有权与控制权 — 89
- 4.6　对到国外直接投资的鼓励和投资保证 — 92
- ◇ 本章小结 — 95
- ◇ 关键术语 — 95
- ◇ 复习思考题 — 95
- ◇ 案例分析　LG电子在中国的直接投资 — 96

第5章　跨国公司的技术转让 — 100
- ◇ 导读 — 100
- 5.1　技术与技术转让概述 — 100
- 5.2　跨国公司技术转让的方式 — 104
- 5.3　跨国公司的技术转让策略 — 110
- 5.4　技术转让定价与转让支付方式 — 112
- 5.5　技术转让的政策因素及管理控制 — 116
- ◇ 本章小结 — 118
- ◇ 关键术语 — 119
- ◇ 复习思考题 — 119
- ◇ 案例分析　惠普公司国际化经营中的技术转让 — 120

第6章　跨国公司的经营方式 — 122
- ◇ 导读 — 122
- 6.1　跨国公司的股权经营方式 — 122
- 6.2　跨国并购 — 126
- 6.3　跨国公司的非股权经营方式 — 129
- 6.4　跨国战略联盟 — 134
- 6.5　影响跨国公司选择经营方式的因素 — 141
- ◇ 本章小结 — 144
- ◇ 关键术语 — 145
- ◇ 复习思考题 — 145
- ◇ 案例分析　"松下中国"的低价策略 — 146

第7章　跨国公司的组织管理 — 149
- ◇ 导读 — 149
- 7.1　跨国公司的组织结构概述 — 149

  7.2 跨国公司组织结构的基本形式及选择 ……………………………………… 152
  7.3 跨国公司的管理控制体制 ………………………………………………… 160
  ◇ 本章小结 …………………………………………………………………… 168
  ◇ 关键术语 …………………………………………………………………… 168
  ◇ 复习思考题 ………………………………………………………………… 168
  ◇ 案例分析 联合技术公司的组织结构 ………………………………… 169

第8章 跨国公司的营销管理 ……………………………………………………… 173
  ◇ 导读 ………………………………………………………………………… 173
  8.1 跨国公司的目标市场营销策略 …………………………………………… 173
  8.2 跨国公司的国际市场定位 ………………………………………………… 176
  8.3 跨国公司的国际营销组合策略 …………………………………………… 179
  8.4 跨国公司的市场竞争策略 ………………………………………………… 189
  8.5 跨国公司的转移价格策略 ………………………………………………… 193
  ◇ 本章小结 …………………………………………………………………… 197
  ◇ 关键术语 …………………………………………………………………… 197
  ◇ 复习思考题 ………………………………………………………………… 197
  ◇ 案例分析 宝洁公司的营销策略 ……………………………………… 198

第9章 跨国公司的财务管理 ……………………………………………………… 201
  ◇ 导读 ………………………………………………………………………… 201
  9.1 跨国公司财务管理的职能与财务控制 …………………………………… 201
  9.2 跨国公司的筹资决策 ……………………………………………………… 204
  9.3 跨国公司的财务转移 ……………………………………………………… 208
  9.4 跨国公司的资金运用 ……………………………………………………… 212
  9.5 跨国公司的外汇风险管理 ………………………………………………… 217
  ◇ 本章小结 …………………………………………………………………… 220
  ◇ 关键术语 …………………………………………………………………… 220
  ◇ 复习思考题 ………………………………………………………………… 220
  ◇ 案例分析 …………………………………………………………………… 221
    一、麦克·里奇公司的转移价格案 ……………………………………… 221
    二、罗纳普朗克-星火密封胶有限公司 ………………………………… 222
    三、跨国公司转移价格每年挪走300亿 ………………………………… 223

第10章 跨国公司人力资源管理 ………………………………………………… 225
  ◇ 导读 ………………………………………………………………………… 225
  10.1 跨国公司人力资源管理概述 …………………………………………… 225
  10.2 跨国公司管理人员应具备的素质和能力 ……………………………… 226
  10.3 跨国公司的人事政策 …………………………………………………… 230
  10.4 驻外经理的选择与培训 ………………………………………………… 233
  10.5 多国籍员工的管理 ……………………………………………………… 237
  10.6 跨国家调动 ……………………………………………………………… 241
  10.7 国际报酬政策 …………………………………………………………… 243

- ◇ 本章小结 ·· 246
- ◇ 关键术语 ·· 246
- ◇ 复习思考题 ··· 246
- ◇ 案例分析 西门子的人力资源管理——百年战车的强劲引擎 ·· 247

第11章 跨国经营的国际规范 ··· 252
- ◇ 导读 ·· 252
- 11.1 WTO与跨国经营 ·· 253
- 11.2 联合国跨国公司行为守则 ··· 256
- 11.3 地区性和其他国际性规范 ··· 259
- ◇ 本章小结 ·· 265
- ◇ 关键术语 ·· 265
- ◇ 复习思考题 ··· 265
- ◇ 案例分析 加拿大的利用外资政策 ·· 266

第12章 我国企业跨国经营的战略选择 ·· 267
- ◇ 导读 ·· 267
- 12.1 我国建立跨国公司的战略意义 ·· 267
- 12.2 我国企业跨国经营的现状及主要类型与模式 ·· 271
- 12.3 我国企业跨国经营发展的优劣势分析 ·· 278
- 12.4 我国企业跨国发展前景与面临的挑战 ·· 283
- 12.5 我国企业跨国经营的战略选择 ·· 286
- ◇ 本章小结 ·· 289
- ◇ 关键术语 ·· 289
- ◇ 复习思考题 ··· 289
- ◇ 案例分析 中国的联想 世界的联想 ·· 290

参考文献 ·· 293

第1章 跨国公司概述

导读

跨国经营是一种以对外直接投资、就地生产、就地销售为主要形式，以全球资源和世界市场为基础的大规模经营方式。跨国经营中对外直接投资数额的巨大、多国生产经营活动组织管理的复杂，决定了它的主体必须是跨国公司。第二次世界大战结束以后，随着西方发达国家垄断资本的大规模对外扩张和生产经营的进一步国际化，跨国公司得到了迅速的发展。不仅西方发达国家增加了大量的跨国公司，发展中国家也正在扶植、发展本国的跨国公司，借以促进本国经济的发展。跨国公司在数量上的增多和在规模上的扩大，使得它对世界经济的影响越来越大，在世界经济中的地位日益突出。

要讨论跨国公司的经营管理问题，必须从了解跨国公司的一些基本概念入手。为此，本章介绍跨国公司的概念、特征、类型、形成与发展的过程及它对世界经济发展的影响。

1.1 跨国公司的定义和特征

1.1.1 跨国公司的定义

跨国公司（Transnational Corporations）是一种在多个国家进行直接投资，并设立分支机构或子公司，从事全球性生产、销售或其他经营活动的国际企业组织。

在欧美一些国家，长期以来人们通常把跨越国界从事经营活动的企业叫作多国公司（Multinational Corporations）；也有人把这种企业称为国际公司或环球公司的。直到1974年，联合国经济及社会理事会第57次会议的有关决议文件中，才正式采用了"跨国公司"这一名称。此后，联合国正式文件中均使用"跨国公司"，这一名称也就逐渐成为国际社会普遍接受的专用名称了。

联合国经济及社会理事会的有关文件对跨国公司是这样定义的："跨国公司是指那些在两个或更多的国家进行直接投资，拥有和控制工厂、矿山、销售机构及其他资产的公司制企业"。

联合国经济及社会理事会的定义是广义的，既适用于发达国家的跨国公司，也适用于发展中国家的跨国公司；既指那些实力特别雄厚、规模庞大的跨国公司，也指那些实力相对较弱的中小型跨国公司。

1.1.2 对跨国公司的判断标准

对跨国公司的判断，一般有以下三种标准。

1. 结构性标准

即通过研究一个公司的跨国范围及对子公司的股权安排和控制程度，来判断其是否属跨国公司。

1) 跨国的程度

跨国公司应当是那些在两个或两个以上的国家从事生产和经营活动的企业。也就是说，除了它们的母公司所在国以外，在其他国家里，它们拥有或控制着一些生产或服务设施，设有子公司或分支机构。一般可能认为，跨国公司规模越大，从事生产经营活动所跨越的国家数也越多。但事实上并非完全如此，跨国数量的多少还与公司母国的市场规模以及行业性质有关。所以，跨国的程度除了上述所说的条件以外，还由跨国指数决定。跨国指数是三个比率的平均数，即国外资产/总资产、国外销售额/总销售额、国外雇员数/雇员总数。

表1-1列举了1997年和1998年的一些跨国公司的跨国度。

表1-1 跨国度位居前列的公司[①]

1998年依据国外资产排名	1998年依据跨国指数排名	1997年依据国外资产排名	1997年依据跨国指数排名	公司名称	国别	行业	跨国指数
34	1	23	1	Seagram company	Canada	Beverage/Media	94.8
57	2	52	3	Thomson corporation	Canada	Media/publishing	94.6
10	3	9	4	Nestle SA	Switzerland	Food/bever-ges	94.2
82	4	74	7	Electronics AB	Sweden	Electrical equipment/electronics	92.7
69	5	77	37	British American Tobaccoplc	UK	Food/tobacco	91
62	6	89	11	Holderbank Finance Glarus	Switzerland	Construction materials	90.5
12	7	18	5	Unilever	UK/Netherlands	Food/beverage	90.1
15	8	14	2	ABB	Switzerland	Electrical equipment	89.1
71	9	94	24	Smithkline Beechamplc	UK	pharmaceut icals	82.3
98	10	New	New	SCA	Sweden	paper	80.8

---

① 资料来源：2000 World Investment Report，79.

2）所有权性质

在所有权性质这个问题上，大多数意见认为一个跨国公司不仅要在多个国家从事生产经营活动，而且要由两国或两国以上的所有者拥有其所有权。只有多国所有者拥有其所有权，一个企业才称得上是跨国公司。

3）决策和控制

一家公司拥有国外企业股份的多少，关系到能否将这个国外企业视为子公司。关于这项标准，不同的国家有不同的规定，例如日本规定为25%以上，而美国规定为10%以上，加拿大要求为50%以上。一般来说，如果拥有国外企业的股份较多，则这个公司就对该国外企业存在着控制，因而该国外企业就可以视为一个子公司，而这个拥有控股权的公司就可视为跨国公司。当然，在某些情况下，虽然只持有少数股，但由于拥有核心技术，因此同样对国外企业拥有控制权，也可以将这家国外企业视为子公司。

2. 营业实绩标准

跨国公司营业实绩标准，主要是通过研究一家公司在国外经营的资产额、销售额、雇员人数和利润等项指标来判断它是否属于跨国公司。很显然，一家跨国公司在国外的资产额、销售额、雇员人数和利润应占有不可忽视的比重，否则不能被称为跨国公司。所谓不可忽视的比重，一方面是指该比重是较大的，例如多数人的意见倾向于不低于公司总量的25%；另一方面是指该比重对跨国公司本身或东道国来说有较大的影响。例如，对于一家销售总额为1 000亿美元的跨国公司，如果某个国外子公司销售额占其比重虽然只达到10%，而该子公司销售额却为东道国国内生产总值的5%时，该跨国公司对这个东道国显然具有不可忽视的影响。

在此要强调指出的是，由于跨国公司内部母公司和子公司之间以及子公司和子公司之间的商品交换通常是按内部转移价格结算的（在后面章节将有讨论），因此在利用母公司或国外子公司的销售额、利润额来评价跨国公司时，会出现"形象失真"的现象。例如，如果以国外资产额、销售额、雇员人数和利润占公司总额的25%为分界线，则从1968年开始就已经在24个国家投资、但国外子公司的资产只占公司总资产15%的美国通用汽车公司就不能被划入跨国公司的行列，这是难以令人信服的。

3. 行为特性标准

任何一家跨国公司都应当有全球性经营战略。为了抓住世界各地的市场机会，追求全球范围最大限度的利润，必须要公平地对待和处理各国子公司的经营，把各子公司的经营作为实施全球性战略的手段与途径，通过对它们有机地组合与协调，形成最强的经营力量，以实现总公司的目标。也就是说，看一家企业是否是跨国公司，就要看它是否有全球的经营战略，是否客观地对待和处理各国的机遇与挑战，是否公平地管理、激励和调节各子公司的经营，是否重视整个公司资源的优化组合与协调发展。经营大师彼得·F·德鲁克（Peter F. Drucker）认为，虽然跨国公司的总部设在某国，但其生产经营、组织形式都是全球性的。公司的高层主管不是局限或偏爱于本国市场或某国某地市场的企业家，而是关注全球经济形势变化，捕捉世界各地发展机会的企业家，由这些企业家的思维和决策行为所决定，公司才具有浓厚的"跨国经营"的色彩。

上述标准通常应结合起来运用，以保证获得较为准确的判断。为了更加明确地统一人们的认识，1983年联合国跨国公司中心在其发表的《世界发展中的跨国公司第三次调查》中，提出了一个权威性的综合判断标准，认为跨国公司应是这样一种企业：

① 必须包括两个或两个以上国家的实体，不论这些实体的法律形式和领域如何；

② 在一个决策体系下开展经营活动，能通过一个或几个决策中心采取一致的对策和共同战略；

③ 各实体通过股权或其他方式形成的联系，使其中的一个或几个实体有可能对别的实体施加重大影响，特别是同其他实体分享资源和分担责任。

1.1.3 跨国公司的特征

跨国公司为了争夺国际市场，夺取国外资源，获得高额利润，通过对外直接投资，在国外设立子公司或分支机构，从而形成从国内到国外、从生产到销售的超国家的独特的生产经营体系。由于不同的跨国公司都有其自身的发展历史，行业不同，经营方式也不同，但就现代跨国公司整体而言，应该具有如下共同的特征。

1. 跨国公司是"国际化"了的企业

"国际化"不仅是指跨国公司在世界各地进行直接投资，设立分支机构，从事国际生产，在世界范围内通过各种渠道进行销售活动，同时也要表明它们的组织机构、管理体制、决策程序以至人员配备都要适应在多国从事生产贸易活动的要求。它们面向世界，在世界范围内获取利润，从而使它们的自身积累也具有了世界性的意义。现在有一种观点已经越来越得到普遍的认同，即跨国公司并不特别属于某一个国家，把"无国籍"作为跨国公司的特征及其发展趋势。当然，目前还谈不上所有的跨国公司都达到这一程度，但它们把世界视为它们的目标，并以世界经济的发展为基础来衡量自身的成就，注视着全球市场，则是千真万确的事实。例如，我们常常发现某些跨国公司在发展中国家组织产品制造，又将这些产品运输到较发达国家去销售，其内在动机是：发展中国家通常拥有廉价的劳动力和原材料等生产要素，这些国家对外来投资又给予不少政策优惠，大大降低了跨国公司的生产成本。

2. 对外直接投资是跨国公司经营跨国化的基本手段

对外直接投资是指一国企业在外国进行的伴有经营控制权的投资（后面有专门章节要讨论到）。它有多种具体形式，包括在东道国开办独资、合资与合作经营企业，或购买、兼并现有企业等。对外直接投资历来是跨国公司对外扩张、实现经营跨国化的基本手段。跨国公司通过对外直接投资，在国外设立子公司和分支机构，并对其加以控制，为实现跨国公司的经营目标服务。

3. 全球战略和内部一体化

实行全球战略，是指跨国公司有全球性战略目标和战略部署。跨国经营的主要内容是商品贸易、直接投资和技术转让。为了获得最大限度的利润，要合理地安排生产，要从世界范围考虑原料来源、劳力雇用、产品销售和资金运用，要讲究规模经营，要充分利用东道国和各地区的有利条件，还要应付世界市场上同行业的竞争，这就必须把商品贸易、直接投资、技术转让三者结合起来，相辅相成，从公司的整体利益及未来发展着眼，作出全面安排。

跨国公司一般实行集中决策、分散经营的管理体制，但为了实现跨国公司的全球目标，就需要实行内部一体化，也就是在公司内部实行统一指挥，彼此密切配合、相互合作，形成一个整体，以符合公司的整体利益。为了适应东道国的投资环境及各行业的市场结构、行情变化，则需要附属机构和子公司的"灵活反应"。一方面，通过分级计划管理，落实公司的全球战略；另一方面，通过互通情报，内部交易，共担风险，共负盈亏。这样，跨国公司虽然在世界各地拥有形式多样的附属机构和子公司，但由于实现了内部一体化，它们就能像一个被严密控制的单一企业那样，置身于被国界分开的许多市场，在不同的国家和地区从事经营。

跨国公司活力的一个重要因素是它的灵活性。所谓灵活性，就是指跨国公司利用其遍布全球的分支机构，应付环境的变化，把投资、生产从一个子公司转移到另一个子公司；将出口、采购从一处转移到另一处；把资金从一国转移到另一国；将研究重点和发展的地区作相应的变动，以及不断改变产品系列结构，操纵转移价格，从事外汇买卖，将利润的实现调集到避税港，这些都是从全球范围内对子公司的经营进行一体化的部署，这是现代跨国公司的一个重要特征。

4. 技术内部化

跨国公司在新的国际分工中，若要保持优势，或从一种优势转向另一种优势，就必须在研究与开发新技术、新工艺、新产品中始终保持领先地位；否则，它将在激烈的竞争中败北。因此，跨国公司对外投资时，往往也以开发新技术作为其主要的经营手段之一，并以此影响其所在国有关的产业部门；反过来，科学技术的发展又加强了国际间的分工与协作，从而促进了跨国公司的发展。

跨国公司为了保持其技术优势，必须依赖于巨额的研究开发投资及技术战略。跨国公司在研究与开发技术密集型产品过程中，其科技投资远远超过其他一般的企业。公司规模越大，科技投入也越多。跨国公司往往是从销售收入中拨出大量资金，用于研究与开发工作，并在全世界范围内有组织地安排科研机构，一般做法是把主要的、全能的研究机构设在母公司所在国内，使研究成果牢牢地掌握在公司总部手中，并且首先在公司内部使用，推迟扩散，以尽可能地保持自己较长时间的领先地位。

市场的不完全性，无论是来自市场本身所固有的缺陷，还是来自管理因素，都使得跨国公司为了自身利益，不愿通过外部市场公开出售技术商品，而更偏重于通过内部市场把那些不愿或不能公开出售的技术、技能（诀窍）和先进的管理经验在公司内部进行有偿转让。跨国公司之所以要实行技术内部化，据认为是由市场失效引起的。技术是一种信息资产，具有公共资产的性质，在外部市场上转让极易扩散，有人甚至认为有些技术是根本不存在外部市场的，这是市场失效的典型，也是跨国公司进行横向一体化的重要原因。技术的这种特性引起了买方的不确定性。例如，买方对专有技术缺乏了解，因而不愿支付合理的价格。若要向他证明其作用并使其确信其价值，就必须使买方对专有技术有较多的了解。但由于这类技术要求严格保密，故不如进行纵向一体化，在内部加以充分利用。可见，跨国公司不论实行纵向一体化还是横向一体化，都反映了其技术内部化的倾向。

跨国公司的各种特征表明，它与一般的国内企业有明显的差别，因而在世界经济中的作用、影响及对有关国家或地区经济的贡献也是不一样的。

1.2　跨国公司的构成和类型

1.2.1　跨国公司的构成

利用全球范围的资源进行优化配置开展经营活动，客观上要求将跨国公司的各种功能和能力向世界范围延伸。为了实现这一延伸，跨国公司在组织结构上必须实现多实体化及实体组合化。多实体化是指跨国公司不能是一个孤立的实体，而是由多个公司实体所构成。多个实体性公司分散在不同的国家或地区，执行的经营功能也不完全相同，但具有共同的目标和战略。这些实体之间，按照分工协作的原则联系起来，能形成一个最多功能、最大功能且运行有效的经营组织。这种联系及其不断加强的趋势，表现为跨国公司的实体组合化特征。多实体化和实体组合化过程的进一步发展，将使跨国公司的组织结构变得日益复杂。

现在，绝大多数跨国公司都包括三种基本单位，即母公司、子公司、分公司。

母公司是指负责对外直接投资，并对接受投资的经济实体进行控制的公司。一般地说，母公司就是跨国公司总部，它的所在国被称为母国。母公司是在母国政府机构注册的法人组织，有权并负责组织和管理跨国公司海内外机构的全部生产经营活动。

子公司是指经母公司直接投资而在母国内外设立的经济实体。如果子公司在母国外，它的所在国就被称为东道国。子公司一般是在所在国政府机构注册的法人组织，在法律上独立于母公司，在公司名称、章程、组织结构与资金组成等方面，表面上与母公司没有明显的联系，但在实际上是受母公司控制和管理的。

分公司就是母公司的分部，它利用母公司的名称和章程，在公司的直接控制下开展经营活动，财产所有权属于母公司，资产与负债要直接反映到母公司的资产负债表上，而且通常不是法律上独立的法人组织。

1.2.2　跨国公司的类型

由于子公司和分公司等的生产经营功能不同，母公司对它们的控制方式和程度也有差异。因此，跨国公司有多种类型。不同类型的跨国公司之间在管理上存在着程度不一的差异。

1. 按经营项目分类

跨国公司直接投资的领域最初主要局限于经济资源开发和初级产品生产领域，而后逐渐转向以制造业为主。现在投资制造业的比重又有所下降了，而投资服务业的比重逐渐上升。从跨国公司的投资领域和经营范围出发，跨国公司可以分为以下三类。

（1）以经济资源为主的跨国公司

这类公司主要涉及种植业、采矿业和石油开采业的生产经营活动。现代跨国公司的先驱——特权殖民地贸易公司，对不发达国家（包括19世纪的经济不发达国家，如澳大利亚、加拿大和美国）的直接投资，始于种植业、采矿业和铁路。又如，当时的英、法、荷等国公司经营的矿产、热带农作物种植园，就已经相当发达。以后投资方式有所调整。迄今为止，从事资源工业为主的公司，仍侧重于采矿业和石油开采业，但为适应各国资源国有化的政策，大都采取了与当地合资经营的形式。

(2) 以经营加工制造业为主的跨国公司

此类公司最初以加工装配为主，或者是原料加工后出口，或者是大部分投入的原料依靠进口，而所生产出来的消费品则在当地或附近市场上销售。随着当地工业化程度的提高，此类外国公司资本转向中间产品部门，生产诸如金属制品、钢材、机械及运输设备等产品。制造业公司在战后发展迅速，也为大多数东道国所欢迎。各国向这类公司提供良好的投资环境，以优惠的政策吸引外商投资。

(3) 以提供服务为主的跨国公司

服务业主要是指为生产与消费提供劳务的部门，如与贸易和金融有关的商业、运输、财务、保险、电讯、广告、银行咨询、信息，以及多国性银行、多国性咨询公司、多国性注册会计师事务所等，都可视为提供劳务的服务业跨国公司。它们的共同特点是提供技术、管理、营销决策等，而非资本。

2. 按公司决策中心进行分类

跨国公司的决策哲学体现在公司的全球战略之中。全球战略的制定和执行，要求总公司和子公司进行世界范围的探索，关键是公司的世界目标和地区目标要一致。从决策上分类，可分为：以民族为中心（面向本国）的跨国公司，以多元为中心（面向众多东道国）的跨国公司，以全球为中心（面向世界）的跨国公司。

(1) 以民族为中心的跨国公司

该类公司的所有决策以保证本国权益为前提。实际上，公司本身的权益往往与国家的权益大相径庭，所谓以民族为中心，不过是指所有决策主要考虑母公司的权益。

(2) 以多元为中心的跨国公司

该类公司的所有决策以众多子公司的权益为主。多元为中心注重利用当地的资源，但对公司的全球发展利益缺乏考虑。

(3) 以全球为中心的跨国公司

该类公司的所有决策，以全公司在世界各地权益的统筹考虑为依据。

3. 按公司内部经营结构分类

(1) 横向型跨国公司

这种公司一般生产一种单一产品，母公司和子公司之间没有很多专业上的分工，基本上都制造同种产品，经营同类业务。它的主要特点是：在公司内部转移技术、市场营销技能和商标专利等无形资产，不必通过国际市场，从而使母公司和子公司之间在密切合作、增加产量、扩大规模经济，以及更充分地利用各国有利条件等方面加强协调。第二次世界大战后初期，横向型跨国公司约占全部跨国公司的一半，以后略有减少，至今仍占重要地位。

(2) 垂直型跨国公司

这种公司是指母公司和子公司各自制造不同的产品，经营不同的业务，但它们之间有联系，其生产过程是相互衔接的。这种公司又有两种具体形式：一种是生产、经营不同行业的相互有关的产品，如自然资源的勘探、开采、提炼、加工制造及市场销售等；另一种是生产、经营同行业的不同加工程序的产品，如电子工业的零部件的装配、测试、包装、运输等不同的工序。垂直型跨国公司的主要特征是：投资多、规模大、生产分工复杂、相互联系密切；在公司内部转移中间产品，一个子公司的产出是另一个子公司的投入，便于公司按其全球战略发挥各子公司的优势,安排专业化生产和协作。

此类跨国公司兴起于20世纪20年代,并于60年代得到了迅速发展,是目前西方跨国公司的一种重要类型。

(3) 混合型跨国公司

此类跨国公司的特征是：在公司内部,母公司和子公司制造不同的产品,经营不同的行业,而且它们经营的产品和行业之间没有有机的联系,又互不衔接。混合型跨国公司由于加强了生产和资本的集中,因而对整个公司发展规模经济会有一定的作用,但由于经营多种业务,业务的复杂性会给企业管理带来不利的影响。近20年来,随着企业兼并风的扩散,此种类型的公司发展较快。但有些企业在实践中发现,经营行业太多,在经济上并无重大意义,因而开始出现压缩经营范围的倾向。

1.3 跨国公司的形成和发展

跨国公司的出现最早可以追溯到19世纪六七十年代,并在第二次世界大战后得到迅速发展。从20世纪70年代起,发展中国家的跨国公司也开始发展起来。

1.3.1 早期跨国公司的兴起

跨国公司是与早期(1914年以前)工业化国家的工业化进程相伴而生的产物。

19世纪六七十年代,正是市场经济从自由竞争向垄断阶段过渡的时期,资本输出是垄断资本的一个重要特征。当时资本输出主要是英、法、德、美等早期工业化国家的间接对外投资,即通过购买外国发行的公债和公司不足以拥有控制权的股票而进行的证券投资,至于直接投资,其数额和比重都很小,远居于间接投资之下,并且主要是投资到落后国家的铁路修建和矿产开采等行业。从制造业来看,直接投资的对象主要是比较发达的国家和地区。例如,1914年,英国制造业的对外直接投资有87.9%是在发达国家,其中对美国的投资占73.7%,对欧洲大陆的投资占8.1%。从投资主体来看,制造业以外的其他领域占主要地位,而制造业投资则以美国为主体,但美国当时还主要是接受外国投资的债务国,其对外直接投资的比重排在英、法、德之后。

近代的跨国公司始于德国的拜尔化学公司。1865年该公司投资购买了美国纽约州爱尔班尼的苯胺工厂的股票,并于不久后将它吞并为自己的工厂。1866年瑞典的阿佛列·诺贝尔公司在德国汉堡开办了一家炸药工厂。1867年美国胜家缝纫机公司在苏格兰设立了制造厂。此外,还有英国的帝国化学公司、联合利华公司、爱迪生电器公司、瑞士雀巢公司等先后开始跨国生产和跨国销售。美国杜邦公司在加拿大设厂也是近代跨国公司的开端。

随后,在19世纪末及20世纪初,有更多的企业纷纷开始跨国经营,进行海外投资,设立海外制造厂及销售机构,其中包括美国的美孚石油公司、福特汽车公司、通用电气公司、西屋公司及欧洲的西门子、巴斯夫公司、英荷壳牌公司等。

1.3.2 两次世界大战之间跨国公司的发展

两次世界大战期间,发达国家的对外直接投资停滞不前,数额增加极为有限,而美国对外直接投资的数额和比重却有相当程度的增加。1914年，全世界对外直接投资额为143亿美元，到1938年增加到263.5亿美元。其中，英国由65亿美元增至105亿美元，仍为世界第一，但其比重已经由原来的45.5%下降到39.6%；美国由26.5亿美元增至73亿美元，其比重由18.5%增至27.7%。由此可见，在此期间，美国对外直接投资增加较快。1927年，在172亿美元的对外直接投资总额中，美国占75亿美元，仅次于英国而居世界第二位。美国的187家制造业大公司在海外的分支机构由1913年的116家增至1919年的180家，1929年为467家，1939年则达到715家。美国还大举向英国势力范围扩张。1922年，在加拿大的外国投资中，美国资本已超过英国；在拉丁美洲，美国资本所占比重也已接近英国。同时，美国资本还趁机打入德国，控制那里的汽车、石油、有色金属等部门。通用汽车公司和福特汽车公司向欧洲及其他地区的扩张尤为迅速。与此同时，各大石油跨国公司也大力扩展在世界各地的生产和销售网络。

两次世界大战期间，大部分向外扩张的跨国公司基本上是技术先进的新兴工业，或者是大规模生产消费产品的行业。为了向外扩张，它们往往先在国内进行合并，以壮大实力，加强自己的国际竞争地位。例如，帝国化学公司在国际市场上和德国的法本公司展开了激烈的争夺；维克斯·阿姆斯特朗公司在军火、船只、飞机和电气设备方面也大举向国外渗透；英伊石油公司、英荷壳牌公司等大石油公司1939年控制了中东石油生产的76%，成为美孚石油公司的最大竞争对手。

第一次世界大战后，跨国公司的海外分支机构虽有增长，但对外直接投资的总额到1930年才赶上战前水平。这一时期，跨国公司对外直接投资发展缓慢的原因有以下四个方面。

第一，战争造成投资的损失（尤以德、法两国为最），战争负担重和重建费用高致使20年代的欧洲大陆由债权国变为债务国，除美国外，对外直接投资确有困难。

第二，1929—1933年，由于世界性经济危机，各国均实行贸易保护政策，鼓励自给自足，对外资采取差别待遇甚至排斥态度。

第三，这一时期货币制度紊乱。第一次世界大战后，金本位制陷入崩溃。1922年在意大利热那亚城召开的世界货币会议上，建议采取金汇兑本位制。但在1929—1933年的世界经济危机的沉重打击下，这种金汇兑本位制也彻底崩溃。正常的国际货币秩序不再存在，资本主义各国从其各自利益出发，组成英镑集团、美元集团和法郎集团等。各国纷纷实行外汇管制，以防止资本外流。这就限制了国际资本流动，直接投资因之不振，甚至招致相当多的投资从海外流回。

第四，两次世界大战期间，卡特尔制度盛行，分割世界市场，限定产量及销售价格，其控制的范围和程序已从流通领域发展到分割世界产地和投资场所等方面，阻碍了对外直接投资的发展。

1.3.3 第二次世界大战后跨国公司的发展

第二次世界大战后，对外直接投资迅猛增加，跨国公司得到很大的发展。这一发展时期可分为四个阶段：战后初期至1958年欧洲经济共同体成立为第一阶段；1958年以后至20世纪60年代末为第二阶段；20世纪70年代初至80年代初为第三阶段；20世纪80年代初至今为第四阶段。

1. 战后初期至 1958 年欧洲经济共同体成立阶段

这一阶段最显著的特征，就是美国公司在世界跨国公司舞台上的霸主地位。在经历了第二次世界大战之后，美国垄断资本利用对手和伙伴被战争削弱的机会，凭借在战争期间大大膨胀起来的经济、军事和政治实力，攫取了资本主义世界的霸主地位，加之战后西欧需要医治战争创伤，恢复经济，这都为美国公司对外直接投资创造了极好的条件。在战后 10 年间，美国的对外直接投资迅速增长，其跨国公司亦获得了空前的发展。这一时期，跨国公司几乎就是美国公司的代名词。到 1950 年，美国公司对外直接投资达 118 亿美元，为 1940 年的 170%。1938 年，美国的资本输出只占资本主义世界资本输出总额的 21.8%，到 1958 年，这一比重上升到 50.6%。

从对外直接投资的分布来看，战后 10 年间美国私人公司虽然加速了在西欧的投资，但投资总额仍落后于在加拿大和拉丁美洲的投资，到 1957 年，美国在加拿大的私人直接投资总额为 88 亿美元，在拉丁美洲为 82 亿美元，但在西欧却只有 42 亿美元。

2. 1958 年以后至 20 世纪 60 年代末

这一时期，跨国公司的对外直接投资迅速发展，美国公司在国际投资方面继续处于支配地位。20 世纪 60 年代是以美国为主的各国跨国公司迅速增加其对外直接投资的重要时期，跨国公司得到了空前的发展。

20 世纪 50 年代以后，由于美国长期保持大量的贸易顺差，美国与欧洲和日本之间贸易收支的不平衡导致了资本存量的不平衡，最终导致了美国私人公司向外直接投资的迅速发展。另一方面，西欧和日本也迅速恢复了被战争破坏的经济。原联邦德国在战后的第 6 年（即 1951 年），工业生产就已达到战前 1938 年的水平，而日本也于 1953 年恢复到战前水平。由于西欧和日本经济的恢复和发展，它们的对外直接投资也很快发展起来，跨国公司迅速增加，从而开始动摇美国的霸主地位。

表 1-2 反映出 20 世纪 60 年代西方主要发达国家对外直接投资的情况。

表 1-2　20 世纪 60 年代主要发达国家的对外投资额[①]　　　　　　　亿美元

年份	日本	原联邦德国	英国	美国
1960	2.89	7.58	119.88	327.65
1961	4.54	9.69	129.12	346.64
1962	5.35	12.40	136.49	371.49
1963	6.79	15.27	146.46	406.86
1964	8.00	18.12	164.16	443.86
1965	9.56	20.76	167.97	493.28
1966	11.83	25.13	175.31	547.11
1967	14.58 (1.3%)	30.15 (2.8%)	175.21 (16.2%)	594.86 (55%)
1968	20.15	35.87	184.79	649.83
1969	26.83	47.75	200.43	710.16
1971	44.80 (2.7%)	72.80 (4.4%)	240.20 (14.5%)	860.00 (52%)

注：括号中的数据表示该年直接投资额占西方主要发达国家对外直接投资总额的比重。

---

① 资料来源：联合国秘书处. 发展中的世界跨国公司. 1973.

从表 1-2 可以看出，美国对外直接投资在 20 世纪 60 年代的年增长率超过 10%，居领先地位。但在 60 年代后期，美国对外直接投资在西方发达国家中的比重略有下降，从 1967 年的 55% 降到 1971 年的 52%，而同一时期原联邦德国和日本的地位开始上升。

3. 20 世纪 70 年代初至 80 年代末是跨国公司对外直接投资向多极化发展的阶段

总的来说，20 世纪 70 年代以后，西方国家经济状况趋于恶化，美、英等国经济处于滞涨阶段，经济增长缓慢；与此同时，随着石油两次大幅度的涨价，石油输出国经常出现巨额的收支顺差，石油美元作为国际资本输出的一支新生力量而异军突起，发达国家中的原联邦德国和日本经济实力加强，其跨国公司继续崛起，而美国跨国公司的地位相对受到削弱；在这一时期，发展中国家的跨国公司也登上国际对外直接投资的舞台，并取得一定的发展。

从 20 世纪 70 年代起，跨国公司进入多极化发展阶段。可以从两个方面分析这个时期各国跨国公司对外直接投资的发展情况。

一方面，美国公司在世界对外直接投资中的相对地位继续下降，西欧和日本的跨国公司对外直接投资的地位迅速上升。

在 20 世纪 70 年代，美国对外直接投资增长较前期迅速。10 年间，其海外直接投资增长了近两倍，即从 1970 年的 755 亿美元（累积额）增至 1980 年的 2 154 亿美元（累积额），平均每年递增 11.1%，高于 60 年代的 9.0% 和 50 年代的 7.0%。同期，西欧和日本对外直接投资的年增长率均达到 20% 左右。其中原联邦德国在 1975 年获得 23.2% 的增幅，1980 年则为 18.6%；日本在 1975 年获得 25.9% 的增幅，1980 年为 18.1%。随着其他国家对外直接投资的迅速增加，美国对外直接投资虽仍领先，但相对地位已大大下降。表 1-3 反映了经济合作与发展组织的 13 个成员国在 1961—1967 年和 1974—1979 年对外直接投资的比重。

表 1-3　经济合作与发展组织主要成员国对外直接投资所占比率 (%)[①]

时期/年	美国	加拿大	日本	澳大利亚	比利时	法国
1961—1967	61.1	2.3	2.4	0.7	0.3	6.9
1974—1979	29.3	6.2	13.0	1.6	2.5	7.8

时期/年	原联邦德国	意大利	荷兰	瑞典	英国	西班牙	挪威
1961—1967	7.2	3.6	4.4	2.0	8.7	0	0
1974—1979	170	2.0	9.6	3.7	92	0.6	0.9

20 世纪 70 年代以后，西欧跨国公司同美国跨国公司相比，不仅数量增加、规模扩大，而且经济实力和竞争能力也迅速加强。它们在资本数量、技术、管理和研究、开发等方面，同美国跨国公司的差距逐渐缩小。与此同时，日本跨国公司的力量也在加强，表 1-4 中可反映出来。

---

① 资料来源：经济合作与发展组织. 国际投资和跨国公司. 1981.

表1-4 全世界最大的100家工业公司所属母国变动情况(%)[①]

公司所属国	1957年	1967年	1973年	1980年	1986年
美　　国	79	69	49	44	43
英　　国	10	7	7	6	5
原联邦德国	7	9	12	11	11
法　　国	1	2	8	10	7
日　　本	0	0	11	8	13

另一方面，从20世纪70年代起，发展中国家打破了由西方发达国家垄断的对外直接投资领域。

长期以来，发展中国家基本上是国际投资的输入地，它们虽然也有资本输出，但数量较少。从20世纪70年代开始，随着石油大幅度涨价和某些原材料价格上涨，发展中国家扩大了对外经济合作，经济实力得到加强，对外投资获得发展。据美国《幸福》杂志1977年统计，世界最大的500家工业公司中（美国的除外），发展中国家占33家。20世纪90年代初，发展中国家的跨国公司共有963家，拥有国外分公司、子公司1 964家，累计直接投资额达50亿～100亿美元，投资分布于125个国家和地区，参与直接投资的国家和地区大约有41个。科威特是一个对外直接投资较多的国家；巴西、阿根廷、印度和菲律宾，在20世纪70年代后期也有对外直接投资；韩国、新加坡等国和香港地区随后加入了这个行列。此外，拉丁美洲的一些国家对外投资亦有较快的发展。

当然，发展中国家跨国公司的活动能力毕竟有限，大部分至今还是区域性的。例如，东南亚国家的跨国公司在国外的分支机构，一半以上设在东南亚；拉丁美洲的国际企业的海外分公司或子公司，有75%设在拉丁美洲。发展中国家跨国公司的经济实力更不如发达国家的大型跨国公司，但是，它毕竟以崭新的角色登上了世界经济舞台，有些公司已经开始在一些局部领域同发达国家的大型跨国公司展开了竞争。

1.3.4　20世纪90年代以来跨国公司的发展动态

当今世界经济正在经历一场格局、体制、产业结构、贸易和投资布局方面的深刻变革。随着跨国公司的迅猛发展及经济全球化向纵深推进，世界经济市场化、网络化和自由化趋势已成为不可逆转的潮流。发达国家的资金、技术、管理经验与发展中国家的资源、廉价劳动力和广阔的市场不断地通过跨国公司的有效运作与经济全球化的进程而最大程度地聚合在一起。20世纪90年代以来，跨国公司的发展呈现出一些新的动态。

1. 大型跨国公司在国际直接投资中继续占主导地位

FDI（对外直接投资）的年流出总量（从母国流向东道国的外国分支机构或子公司的金融流量值，包括实物资产价值）及与其相应的FDI流入量近几年来呈稳定增长趋势。目前，跨国公司境外部分的资产已超过14.6万亿美元，其销售总额已破11.4万亿美元。

世界大型跨国公司主要来自发达国家，1996年发达国家跨国公司对外直接投资达2 950亿美元，占世界对外直接投资总额的85%。2001年最大10个母国的FDI流出量占世

[①] 资料来源：美国《财富》杂志.

界流出总量的 4/5。世界 100 家大型跨国公司中，95％以上属于美国、欧洲、日本，这些公司的境外资产占 100 家大型跨国公司境外资产的 90％以上（见表 1-5）。

表 1-5　2010 年美国《财富》全球 100 家大公司排名

排名 2009	排名 2008	公司名称	中文名称	国家或地区	营业收入/百万美元	利润/百万美元
1	3	Royal Dutch Shell	荷兰皇家壳牌	荷兰	458 361.0	26 277.0
2	2	Exxon Mobil	埃克森美孚	美国	442 851.0	45 220.0
3	1	Wal-Mart Stores	沃尔玛	美国	405 607.0	13 400.0
4	4	BP	英国石油公司	英国	367 053.0	21 157.0
5	6	Chevron	雪佛龙	美国	263 159.0	23 931.0
6	8	Total	道达尔	法国	234 674.1	15 500.4
7	10	ConocoPhillips	康菲石油	美国	230 764.0	−16 998.0
8	7	ING Group	荷兰国际集团	荷兰	226 577.0	−1 067.0
9	16	Sinopec	中石化	中国	207 814.5	1 961.2
10	5	Toyota Motor	丰田汽车	日本	204 352.3	−4 349.3
11		Japan Post Holdings	日本邮政株式会社	日本	198 699.8	4 208.5
12	12	General Electric	通用电气	美国	183 207.0	17 410.0
13	25	China National Petroleum	中石油	中国	181 122.6	10 270.8
14	18	Volkswagen	大众汽车	德国	166 579.1	6 956.9
15	24	State Grid	国家电网	中国	164 135.9	664.5
16	19	Dexia Group	德克夏银行	比利时	161 268.8	−4 868.2
17	27	ENI	埃尼集团	意大利	159 348.5	12 917.0
18	9	General Motors	通用汽车	美国	148 979.0	−30 860.0
19	13	Ford Motor	福特汽车	美国	146 277.0	−14 672.0
20	22	Allianz	安联集团	德国	142 394.6	−3 577.2
21	20	HSBC Holdings	汇丰控股	英国	142 049.0	5 728.0
22	47	Gazprom	俄罗斯天然气公司	俄罗斯	141 454.7	29 864.1
23	11	Daimler	戴姆勒	德国	140 327.9	1 973.0
24	21	BNP Paribas	巴黎银行	法国	136 096.4	4 421.8
25	33	Carrefour	家乐福	法国	129 133.9	1 861.5
26	52	E.ON	意昂集团	德国	127 277.7	1 853.0
27		PDVSA	委内瑞拉国家石油公司	委内瑞拉	126 364.0	7 451.0
28	39	ArcelorMittal	安赛乐米塔尔	卢森堡	124 936.0	9 399.0
29	29	AT&T	美国电话电报公司	美国	124 028.0	12 867.0
30	37	Siemens	西门子	德国	123 595.4	8 595.1
31	42	Pemex	墨西哥国家石油公司	墨西哥	119 234.6	−10 055.6
32	41	Hewlett-Packard	惠普	美国	118 364.0	8 329.0
33	49	Valero Energy	瓦莱罗能源公司	美国	118 298.0	−1 131.0
34	63	Petrobras	巴西国家石油公司	巴西	118 257.0	18 879.0
35	58	Banco Santander	西班牙国家银行	西班牙	117 803.0	12 992.3
36	59	Statoil Hydro	挪威国家石油公司	挪威	116 210.9	7 664.2
37	28	Bank of America Corp.	美国银行	美国	113 106.0	4 008.0
38	36	Royal Bank of Scotland	苏格兰皇家银行	英国	113 087.4	−43 166.9
39	17	Citigroup	花旗集团	美国	112 372.0	−27 684.0
40	38	Samsung Electronics	三星电子	韩国	110 350.0	5 027.3

续表

排名 2009	排名 2008	公司名称	中文名称	国家或地区	营业收入/百万美元	利润/百万美元
41	30	Berkshire Hathaway	伯克希尔哈撒韦	美国	107 786.0	4 994.0
42	44	McKesson	麦克森公司	美国	106 632.0	823.0
43	43	Société Générale	法国兴业银行	法国	104 378.3	2 942.0
44	54	Nippon Telegraph & Telephone	日本电报电话公司	日本	103 684.4	5 362.0
45	46	International Business Machines	IBM	美国	103 630.0	12 334.0
46	23	Crédit Agricole	法国农业信贷银行	法国	103582.1	1498.8
47	34	Assicurazioni Generali	忠利保险	意大利	103 103.0	1 260.1
48	57	Nestlé	雀巢	瑞士	101 564.6	16 669.6
49	32	J. P. Morgan Chase & Co.	摩根大通	美国	101 491.0	5 605.0
50	56	Metro	麦德龙	德国	101 216.7	589.9
51	40	Honda Motor	本田汽车	日本	99 652.4	1 363.8
52	48	Hitachi	日立	日本	99 544.2	−7 837.2
53	193	GDF Suez	法国燃气苏伊士集团	法国	99 419.1	7 109.3
54	55	Deutsche Post	德国邮政	德国	98 708.0	−2 470.7
55	53	Verizon Communications	韦里孙通讯公司	美国	97 354.0	6 428.0
56	51	Tesco	特易购	英国	94 300.4	3 751.0
57	68	Électricité de France	法国电力集团	法国	94 084.2	4 976.5
58	77	UniCredit Group	意大利联合信贷银行	意大利	94 036.0	5 872.0
59	73	BASF	巴斯夫集团	德国	91 193.4	4 262.3
60	60	Cardinal Health	卡地纳健康集团	美国	91 091.4	1 300.6
61	64	Deutsche Telekom	德国电信	德国	90 259.6	2 170.6
62	109	Enel	意大利国家电力公司	意大利	90 004.9	7 747.3
63	80	CVS Caremark	美国 CVS/Caremark 公司	美国	87 471.9	3 212.1
64	71	Fiat	菲亚特	意大利	86 913.6	2 359.5
65	90	Lukoil	卢克公司	俄罗斯	86 340.0	9 144.0
66	76	Telefónica	西班牙电话公司	西班牙	84 814.7	11 112.3
67	50	Nissan Motor	日产汽车	日本	83 982.0	−2 326.4
68	79	Procter & Gamble	宝洁	美国	83 503.0	12 075.0
69	67	LG	韩国 LG 集团	韩国	82 081.8	829.8
70	26	Deutsche Bank	德意志银行	德国	81 360.4	−5 613.2
71	81	UnitedHealth Group	联合健康集团公司	美国	81 186.0	2 977.0
72	86	SK Holdings	韩国 SK 集团	韩国	80 810.4	259.3
73	15	AXA	安盛公司	法国	80 256.8	1 351.0
74	89	ThyssenKrupp	蒂森克虏伯集团	德国	80 210.0	3 295.4
75	66	Peugeot	标致	法国	79 560.1	−502.0
76	92	Repsol YPF	雷普索尔-YPF 公司	西班牙	79 176.6	3 968.1
77	84	France Télécom	法国电信	法国	78 289.6	5 955.7
78	78	BMW	宝马	德国	77 863.7	474.2
79	72	Panasonic	松下电器	日本	77 298.2	−3 772.2
80	95	Petronas	马来西亚石油公司	马来西亚	76 965.4	15 308.9
81	75	Sony	索尼	日本	76 944.7	−984.8
82	87	Kroger	克罗格公司	美国	76 000.0	1 249.4

续表

排名 2009	排名 2008	公司名称	中文名称	国家或地区	营业收入/百万美元	利润/百万美元
83	70	Barclays	英国巴克莱银行	英国	75 135.5	8 035.2
84	83	U. S. Postal Service	美国邮政总局	美国	74 932.0	-2 806.0
85	88	Nokia	诺基亚	芬兰	74 223.5	5 837.2
86	108	Marathon Oil	马拉松石油公司	美国	73 504.0	3 528.0
87	82	Hyundai Motor	现代汽车公司	韩国	72 541.8	780.4
88	99	Costco Wholesale	好市多公司	美国	72 483.0	1 282.7
89	114	Rwe	莱茵集团	德国	71 850.8	3 744.1
90	65	Home Depot	家得宝公司	美国	71 288.0	2 260.0
91	96	AmerisourceBergen	美源伯根公司	美国	70 593.5	250.6
92	133	Industrial Commercial Bank of China	中国工商银行	中国	70 567.5	15 948.5
93	158	Archer Daniels Midland	阿彻丹尼尔斯米德兰公司	美国	69 816.0	1 802.0
94	85	Vodafone	沃达丰	英国	69 138.4	5 188.3
95	98	Munich Re Group	慕尼黑再保险公司	德国	67 515.4	2 199.9
96	115	Nippon Life Insurance	日本生命保险公司	日本	66 621.1	1 513.9
97	91	Toshiba	东芝集团	日本	66 239.4	-3 419.8
98	101	Robert Bosch	博世集团	德国	66 051.7	503.5
99	148	China Mobile Communications	中国移动通信	中国	65 015.1	11 442.0
100	102	Target	塔吉特公司	美国	64 948.0	2 214.0

资料来源：美国《财富》杂志.

2. 跨国公司的战略联盟趋势

信息时代的来临，促成经济结构的升级和技术的大规模高速度更新。面对知识经济大潮的冲击，面对新的经济和金融环境，跨国公司必须尽快调整自己的发展战略，转变的市场观念和竞争方式，不断增强竞争实力，以此为21世纪的全球竞争做好战略准备。

一般而言，大型跨国公司在参与国际市场的竞争时，其产品往往具有技术和资金密集的特性，这就使得高技术产品的研制更多地依赖跨国公司在技术、资金及人才方面拥有的垄断优势。但是随着科学的发展和竞争的加剧，新产品、新技术的研制费用、难度、风险也相应增加，而且产品标准化趋势不断加强，新产品的生命周期不断缩短，纵然是实力雄厚的跨国公司也难以独立承担技术创新所需的巨额资金和巨大风险。因此，20世纪80年代以来，世界主要跨国公司为了保持和扩大发展空间，纷纷组建不同形式的战略联盟，通过这些形式既可以巩固企业原有的资源，而且也能够在共享外部资源的情况下，相互交换企业经营所需的其他资源。

跨国公司缔结战略联盟是一种新的国际竞争形式，它改变了国际市场的竞争格局。这种联盟是指两个以上的跨国公司出于对整个世界的预期目标和企业自身总体经营目标的意愿，采取一种长期性联合与合作的经营行为方式，这是跨国公司以最快的速度和最低的代价实现自己全球战略的一条途径。

3. 企业兼并收购已成为跨国公司直接投资的重要内涵

20世纪90年代以来，全球每年约有16 000多家企业被兼并，其中80%以上进入跨国公司行列。鉴于发达国家的基础设施较为完备，法律法规比较健全，投资环境也比较稳定，因此发达国家之间的相互投资大都通过跨国企业兼并与收购的方式进行，跨国企业兼并与收购已成为发达国家间国际直接投资的主要形式。如图 1-1 所示，1987—2008年全球并购案件数量和并购额均呈现出稳步上升的趋势，只不过 2001 年以后全球并购波动性明显增强。1987 年全球并购数量是 1 174 件，并购交易额为 973.1 亿美元；2001 年全球并购数量增加到 8 098 件，交易额达到 7 304.4 亿美元；2007 年全球并购数量达到创纪录的10 145 件，交易额达到 1.64 万亿美元。20 年来，全球并购数量扩大了 8.6 倍，交易量扩大了 16.8 倍。

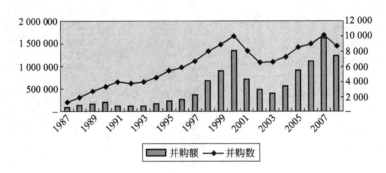

图 1-1　1987—2008 年全球并购情况（百万美元，件）
数据来源：UNCTAD cross-border M&A database；Thompson Finance

企业并购早就有之，但出现于 20 世纪 90 年代并延续至今的并购大潮有不同于以往的特点：
① 企业并购规模巨大；
② 企业并购领域广泛；
③ 跨行业并购迅速发展；
④ 跨国并购大发展。

当今的企业兼并浪潮在深度和广度上都超过以前，这是有其深刻原因的。首先是企业为了扩大生产经营规模。而扩大规模有两种方式：资本集聚和资本集中。现在企业更多的是靠资本集中的方式来完成资本的积累，即依靠兼并来实现大公司朝巨型公司发展，巨型公司朝超巨型公司发展。其次，有限的市场导致激烈的竞争，大公司为了在竞争中取胜，不断扩大实力，这加剧了兼并和收购。再次，通过兼并可以扩大企业发展空间和延伸产业门类，并购已经成为跨国公司进入东道国的更重要的形式；同时，由于大多数大规模的并购交易建立在股本互换的基础上，并不需要现金或新资金，因此更加助长了跨国并购的浪潮。最后，各国政府之间的竞争以经济竞争为主，这无疑为企业兼并提供默许甚至是暗中支持。

4. 跨国公司担当了技术创新的发动机

一方面，跨国公司投入大量的研究和开发费用以确保自己始终处于技术领先地位，在当今激烈的国际竞争中，知识技术成为各跨国公司成功的重要法宝。跨国公司纷纷采用优先发展技术的战略，注入巨额资金从事新工艺、新产品的开发，并以此来获得国际垄断优势和提高国际竞争能力，使技术创新成为跨国公司发展的决定性因素。另一方面，跨国公司在不断发展新技术的同时，还不断向外转移次先进技术，从而几乎垄断了全部的技术贸易。正因为具备技术创新的能力，跨国公司才有能力进行技术扩散，成为国际产业迁移的主要载体，而这种技术和产业的扩散又为跨国公司的创新留出了空间，推动创新的不断发展。20世纪90年代以来，随着技术创新速度的加快，全球知识信息革命的展开，产品更新换代过程加快，跨国公司在国际技术创新中的作用越来越重要。在将来一段时间内，大部分技术创新将由跨国公司来完成，并在适当的时候将其转移出去。

5. 亚洲发展中国家跨国公司不断崛起，并逐渐成为区域内投资的主要力量

与发达国家相比，发展中国家跨国公司数量少，力量弱，但发展速度却在不断加快。据统计，1996年发展中国家对外直接投资达510亿美元，较1995年增加了40亿美元，约为世界对外直接投资的15%，其中又以亚洲发展中国家和地区的跨国公司的表现为佳。据联合国贸发会议公布的《1998年世界投资报告》指出，2008年中国的外资流入达到1 080美元，印度的外资流入量则猛增至420亿美元。这两个最大的新兴经济体强劲表现，促成了对亚洲乃至整个世界外国直接投资流动格局的重新调整：两国已占南亚、东亚、东南亚区域外资流入量的一半，占全球外资流量的1/10。另外，中国和印度的对外直接投资也有大幅度增长，作为全球重要投资来源地的地位也在不断增强。中国的对外投资增长了111%，达到559亿美元，在全世界排名第12位，在所有发展中和转型经济体中排名第2位，对外投资与吸收外资的比例已升为1：2。

1.4 跨国公司对世界经济所起的作用

跨国公司既是一种新型的企业组织形态，又是一种新型的国际经济联系与合作的方式。随着跨国公司在数量、规模、经营业务领域与空间范围的不断扩大，它对世界经济的作用也越来越大。跨国公司实际上已经成为一种跨越政治国界的经济王国。从某种意义上说，当代跨国公司的发展带动着世界经济的发展。

具体地说，跨国公司在世界经济中所起的作用主要体现在以下几个方面。

1.4.1 加速生产国际化，促进生产力发展

跨国公司是生产国际化的产物；反过来，跨国公司的发展又促进了生产的进一步国际化。这是因为跨国公司实行全球经营战略，把生产的国际分工作为谋求全球市场垄断，获取最大利润的基本手段。跨国公司通过对外直接投资，在国外建立若干个分支机构或子公司的途径，把以比较优势或绝对优势为基础的国际分工"内部化"，即转化为跨国公司内部的分工。跨国公司这种生产经营活动的国际安排，促进了国家之间的生产分工与合作，使他们在国际经济中形成一种相互渗透、相互依赖的局面，从而把生产国际化大大向前推进一步。与此相对应，生产国际化在一定程度上带来跨国公司内部及相应国家的资源配置效率的改善，提高劳动生产率，节约社会劳动，促进生产力发展。这一点早已被第二次世界大战后世界经济的发展所证实。如战后西欧经济的快速发展，20世纪70年代以后一些新兴工业化国家的出现及亚洲部分地区经济的持续高速增长，与这些国家和地区大量利用外资、发挥跨国公司的积极作用是分不开的。

1.4.2　加速了资本的国际流动，提高资金利用效率

跨国公司是以对外直接投资为基础发展起来的企业实体，是各国对外投资的主要机构。因此，跨国公司的发展，促进了资本的跨国流动，提高了资金的利用效率，推动了世界经济的发展。

跨国公司以对外直接投资的形式在东道国建立子公司，无论采用合资经营还是独资经营，都必须投入资本，也即产生资本流出。经营获得的利润汇回母公司，也即产生资本流入。围绕跨国公司遍布世界各地的生产经营活动形成的资本流动和集中，使跨国公司实际控制着巨大的生产资本和信贷资本。

除了直接投资以外，跨国公司还从事各种证券投资，在母国以外的证券交易市场上买卖股票和债券。这也是国际资本流动的重要组成部分。

跨国公司对外投资活动的发展促进了跨国金融机构的发展，进一步加速了国际资本流动；反过来，跨国银行、跨国投资公司和跨国保险公司等金融机构的发展也推动和支持了跨国公司的发展。

1.4.3　扩大了国际贸易，促进经济增长

第二次世界大战以后，由于国际政治和经济形势相对稳定，国际贸易快速增长。1948—1989年，国际贸易的平均增长率达7%，大大高于同期世界经济和工业生产的增长速度。20世纪90年代初，国际贸易总额超过40 000亿美元；1995年更是突破10万亿美元；2008年达到15.78万亿美元，有力促进了世界经济的增长。

世界范围内国际贸易的增长与跨国公司发展有直接关系。联合国的统计资料表明，在20世纪80年代，跨国公司的商品跨国交易额，就已占国际商品贸易总额的3/4；技术和管理技能的跨国交易额占技术贸易总额的4/5。跨国公司的国际贸易分内部贸易和外部贸易两类。跨国公司的内部贸易是指其母公司与子公司及子公司之间进行的贸易。在20世纪90年代，跨国公司的内部贸易在世界贸易总额中占了将近40%。

跨国公司的内部贸易具有一般国际贸易的某些特征。例如，它是跨国的商品流通，是两个经济实体的商品和劳务交易，会影响两国的国际收支等。跨国公司的内部贸易又与一般国际贸易有较大的区别。首先，内部贸易不存在所有权的转移，跨国交易的商品和劳务只是在公司内部各组成部分之间转移。其次，交易价格不是由国际市场的供需关系所决定，而是由公司总部从总体利益最大化角度统一制定，参与交易的各方往往也不是把追求利润最大化作为目标。第三，内部贸易实行计划管理，内部贸易的商品数量、商品结构和国家之间的流向，由公司总部统一计划、调拨和调节。国外子公司作为跨国公司全球生产体系的一个组成部分，必须服从有计划的统一分工和协作安排。一个子公司可能只生产一种或几种零部件，然后运到母公司或其他国家子公司装配成最终产品向外销售。实际上，跨国公司的内部贸易是把本该由外部市场机制调控的国际贸易内部化。

1.4.4　促进技术进步，加快国际技术转移

当代国际市场竞争的关键是先进技术之争。谁拥有先进技术，谁就可以利用它来垄断或拓展市场。跨国公司在国际竞争中要保持立于不败之地或谋求更大发展，就要不断地进行科

学技术的研究与发展，快速地将新技术转化为新产品，占据新市场。因此，几乎每一家跨国公司都有自己的研发中心，每年都投入大量的资金和人力、物力从事研究与开发工作。庞大的投入促进了新科学技术成果的问世，大量的专利都掌握在跨国公司手中。

跨国公司重视研究与开发（R&D），更重视新技术成果的应用与传播。在这方面，跨国公司通常的做法是，首先将最新技术和最新产品应用于本国的企业，垄断其国内市场，并通过出口满足国外市场的需要。经过若干年后，将这些技术或产品转让给他们在发达国家的子公司，最后将已经变得相对陈旧的技术或产品，转让给发展中国家。跨国公司的子公司或分支机构遍及世界各地。采用这种分层次逐步推广应用的策略，最大限度地保持了新技术或产品专利的技术寿命，对世界的技术进步也有一定的推动作用。

1.5 跨国公司对发展中国家经济的影响

国际上关于跨国公司对发展中国家经济的影响认识不一。

有人认为跨国公司是"一种最有效的发展的动力"，有的人则认为跨国公司是"第三世界发展的最大障碍"。对跨国公司的作用，我们应实事求是地分析。跨国公司是以营利为目的的企业，不是慈善组织，也不是从事社会福利的协会，更不是负责经济发展的机关，其最终目标是追求最大限度的利润。发展中国家一方面应认识到跨国公司与自己经济发展目标一致的一面，努力利用跨国公司的资金、技术、技能和经验，充分为自己的经济发展服务；另一方面，也应看到它与自己目标不一致的方面，不要寄予过高的期望，而应制定合适的政策，尽量减少其不利影响。

1.5.1 跨国公司对发展中国家经济发展的有利影响

1. 跨国公司是一个重要的资金来源

跨国公司拥有雄厚的资金实力，既可提供融通贸易、生产和债务的短期资金，又可提供扩大生产和更新设备的中长期资本。跨国公司资金的投入增加了发展中国家 GDP 的总量，并使发展中国家增加了税收，同时能逐步调整产业结构。总之，发展中国家在资金短缺的情况下，利用跨国公司的资金可以达到为本国经济建设服务的目的。

2. 跨国公司带给发展中国家较为先进的技术

跨国公司是当今世界新技术的主要研发力量和垄断者，它在世界技术贸易中的地位不断提高。众所周知，科学技术的发展是经济发展的决定性因素。因此，如果发展中国家和地区能够通过跨国公司获得较先进的技术，则可缩短与发达国家技术方面的差距，跟上世界科技发展的潮流。但也应该指出：跨国公司转让技术往往附有很多限制条件，而且费用昂贵；或者由于使用"转移价格"策略，致使东道国得不偿失；或是传播一些"截短"的技术，反而加深东道国的技术依赖性等。为此，发展中国家应引起充分注意。

3. 跨国公司可以提供丰富的管理现代化大企业的经验

跨国公司是建立在现代企业制度基础上的大型企业，它们的组织结构、管理体制、决策程序、人员培训管理及各种先进的管理方法与手段，都值得发展中国家和地区学习借鉴。

4. 跨国公司带给发展中国家较为成熟的营销技能和营销渠道

跨国公司是以争夺全世界的消费者和市场为目标的。跨国公司之间为了争取"适当的市场份额",它们在销售产品和开拓市场方面掌握了一套专门的技能。随着跨国公司对发展中国家东道国的投资,这些技能也会逐步为发展中国家的企业所掌握。

5. 跨国公司也为发展中国家提供了一部分就业机会

跨国公司在发展中国家投资建厂,需要大量的技术人员、管理人员和工人。跨国公司一般采用本土化原则,挑选、培训东道国人员。一方面提高了发展中国家人员的素质;另一方面也解决了这一部分人员的就业问题。

1.5.2 跨国公司对发展中国家经济发展的不利影响

1. 发展目标的不一致造成跨国公司与发展中国家东道国利益上的矛盾

一些发展中国家希望依靠跨国公司资本的进入能促进本国经济的繁荣、社会的发展和人员的就业。但是跨国公司的目标是利用发展中国家廉价的资源以达到利润最大化。它可能采取给以很低的薪酬甚至裁员等措施来变相地攫取大量的利润。

跨国公司为了降低利用资源的成本,也可能粗放式地开采发展中国家东道国的天然资源,造成大量资源的浪费。

2. 跨国公司有可能控制发展中国家东道国的一些行业,影响这些国家的经济发展目标

跨国公司既有资金方面的优势,又有技术方面的优势,因此很容易在东道国市场上取得具有控制力的市场地位。也就是一家或者几家跨国公司联合起来,就可能影响价格。造成一种针对东道国国内生产者的一种不公平的竞争局面,不利于发展中国家民族工业的发展。巴西曾经是发展中国家中引进外资和国外技术而出现所谓"经济奇迹"的国家。据有关统计资料显示,跨国公司在巴西制造业部门的投资占投资总额的77%,其中化学、制药、汽车等行业占制造业投资的40%左右,巴西全国受外资控制和参与的企业达到4 000多家。在巴西最大的500家制造业公司中,完全由外资控制的有138家,合营的有52家,共计190家。巴西最大的10家制药公司、最大的4家橡胶公司全部被外资控制;32家最大的机器制造业公司中,有20家全部被外资所控制;17家最大的电力公司中,全部被外资控制的有14家。此外,巴西的汽车制造业全部被外资所控制。

3. 某些跨国公司会把一些污染较严重的产业或工艺过程转移到发展中国家,造成一定的危害

调查结果表明,目前一些规模较大的跨国公司还比较注重发展中国家的环境保护,控制污染做得比较好,但是也有一些跨国公司在发展中国家投资时,把它们在本国已经被禁止的一些有污染的技术和生产工艺转移过来。

1984年12月3日,印度博泊尔市美国联合碳化物公司的子公司发生毒气泄漏事件,致使2 500多人当场死亡,10多万人产生眩晕、失明、支气管炎等病患。该次事故的后续效应一直持续到1988年,8 000多人死亡,5万人永久残疾。

总之,跨国公司拥有雄厚的资金、先进的技术、灵通的信息网络、科学的管理方式、专门的营销技巧,以及各种专业化的人才,从而具有强大的组织能力,足以控制全球性的生产和销售活动。发展中国家与跨国公司打交道时,应采取利用和限制的政策,既利用其发展生产与技术转让的能力,促进本国生产力的发展,扩大出口创汇能力等积极作用,又限制其控制国民经济命脉,侵犯国家主权,影响所在国发展民族经济的消极作用。

本章小结

本章首先介绍了跨国公司的定义、跨国公司的三个判断标准及跨国公司的特征,向读者指明了跨国公司是国际化了的企业;对外直接投资是跨国公司对外扩张的主要手段、实行全球战略和内部一体化及技术内部化。

在介绍定义和特征的基础上本章第二个问题谈及了跨国公司的类型。

跨国公司为什么会在第二次世界大战以后得到迅速的发展,以致成为主导世界经济的重要力量。本章的第三个问题回顾了跨国公司的发展过程和动态。

本章最后讨论了跨国公司对世界经济发展所起的作用和跨国公司对发展中国家经济所产生的影响。

关键术语

跨国公司　　结构性标准　　营业实绩标准　　行为特性标准　　跨国指数　　母公司　　子公司　　分公司

复习思考题

一、选择题

1. 下列各项标准中,(　　)项不属于对跨国公司定义正确理解的标准。
   A. 经营体制标准　　　　　　　　B. 结构性标准
   C. 营业实绩标准　　　　　　　　D. 行为特性标准
2. 按跨国公司内部经营结构分类,可以分成(　　)等类型。
   A. 交叉型跨国公司　　　　　　　B. 混合型跨国公司
   C. 横向型跨国公司　　　　　　　D. 垂直型跨国公司
3. 跨国公司的结构性标准中,(　　)是其中的主要内容。
   A. 跨国的程度　　　　　　　　　B. 组织形式
   C. 公司的规模　　　　　　　　　D. 决策和控制
4. 按经营项分类,跨国公司可以分为(　　)等三类。
   A. 以经营加工制造业为主的公司
   B. 以经济资源为主的跨国公司
   C. 以对外贸易为主的跨国公司
   D. 以提供服务为主的跨国公司
5. 在西方主要资本主义国家,跨国公司的历史可以追溯到(　　)。
   A. 18世纪中叶　　　　　　　　　B. 20世纪初

C. 19 世纪末　　　　　　　　D. 19 世纪六七十年代
6. 按公司决策中心进行分类，跨国公司可以分成（　　）等三类。
A. 民族为中心　　　　　　　　B. 本公司为中心
C. 多元化为中心　　　　　　　D. 全球为中心

二、思考题

1. 什么是跨国公司？跨国公司的判断标准有哪几个？
2. 跨国公司有哪些特征？
3. 按经营项目、公司决策中心、内部经营结构进行分类，跨国公司分别可以分成哪些不同的类型？
4. 简述跨国公司的发展过程及从20世纪90年代以来跨国公司的发展动态。
5. 跨国公司对世界经济的发展起什么作用？
6. 跨国公司对发展中国家经济的发展有什么影响？

案例分析

TCL 集团的跨国经营之路

TCL集团股份有限公司是中国领先的大型电子信息企业，拥有多媒体电子、通信、家用电器、数码电子、电气和部件（除整机外的零部件）六大产业，从事彩电、DVD、显示器、空调、冰箱、洗衣机、移动电话、电话机、电池、计算机、网络设备、开关、插座、照明灯具及零部件等产品的研产销和服务工作，其中彩电、手机、电话机、家用计算机等产品在国内市场具有领先优势。

TCL从1998年开始拓展国际市场，经过几年发展，集团在香港、越南、德国、美国、俄罗斯、印度、菲律宾、印尼、新加坡等国家或地区开设了营业机构和现代化的制造基地。目前，TCL在海外已拥有1.5亿消费者，产品遍布100多个国家和地区。随着2002年TCL收购施耐德、2003年收购美国高威达、2004年并购法国汤姆逊公司，并与东芝、松下、爱立信、飞利浦、三洋等国际知名品牌进行技术开发、生产制造、渠道分销元器件采购等方面的全球性合作，TCL的海外业务越来越大。TCL集团在海外发展有明确的战略目标：一是要以国内市场为背景，打造自身的行业领先优势，才能更好地进军国际市场；二是先选择发展中国家（东南亚市场）作为突破口，推广自有品牌产品；三是循序渐进地进入发达国家市场，借助当地知名品牌拓展市场，时机成熟时建立自有品牌。

1. 征战越南

TCL（越南）有限公司于1999年6月1日开始筹建，1999年10月29获得营业执照，同年底完成生产工厂的更新改造，于1999年12月开始正式营运，是一家100%的中资企业。2000年是TCL（越南）有限公司正式运营的第一年，全年共销售彩电21 000台，市场占有率达到4%，并实现盈利13万美元；2001年，全年共销售彩电50 000台，VCD、DVD销售22 000台，平均市场占有率分别为8.3%和14.6%；2002年全年共销售彩电近100 000台，VCD、DVD销售31 000台，销售额近2 000万美元，平均市场占有率分别达17%和13%，特别是彩电项目市场占有率进入越南市场前三位（依次为LG、SAMSUNG、TCL），并实现盈利近 50 万元。

TCL（越南）有限公司目前拥有工厂和三个营销分公司（分别设在胡志明市、河内、岘港）。其中生产工厂设在同奈省边和市，拥有一条完整的彩电生产线，年生产能力为 30 万台；一条电工产品组装线，年生产能力为 500 万套；一条 VCD、DVD 生产线，年生产能力为 40 万台，同时拥有配套的注塑、喷漆及丝印车间。公司共有员工约 440 名，其中中方员工 15 名，实现了人员的本地化。

2002 年，TCL（越南）有限公司正式取得由 SGS 组织颁发的 ISO 9001—2000 证书，此后连续两年获得"越南高质量产品"称号，较大地提升了公司形象，并为改变中国产品在越南的负面形象做出了贡献。

TCL 集团在越南投资建厂时，越南的家电市场饱和，竞争十分激烈。当时几乎所有世界名牌彩电都已涉足越南市场。越南彩电生产能力已经达到 150 万台左右，而市场的实际年销售量在 60 万～70 万台。TCL 集团对越南市场分析后认为，越南市场还有相当大的潜力可挖。越南市场存在三大空白点。一是越南家电市场出现的供大于求现象，主要是在越南市场占主导地位的国际品牌产品售价过高，远远高出大部分消费者的实际购买力。越南消费者的潜在空间还相当大，有待于挖潜。二是大屏幕彩电有在越南兴起的趋势。越南市场销售的彩电目前以 14 英寸和 21 英寸为主，这两种机型的销量占总体市场销量的 90% 以上。随着越南经济的不断发展，人民收入水平的不断提高，消费者的兴趣会向 25 英寸和 29 英寸大屏幕彩电转移。三是越南未来的彩电市场容量巨大。越南有近 8 000 万人口，彩电年销量仅为 60～70 万台。随着经济的发展，未来 5～8 年内，越南彩电市场规模会比目前翻一番，达到 160 万台，这将为彩电发展提供相当可观的机会。基于此，TCL 确定了在越南的经营战略目标：以一流的产品、一流的服务和越南普通消费者买得起的价格，创建具有国际竞争力的品牌。

TCL 进入越南后，面对着诸多问题。

首先，是中国货在越南的名声不好。由于我国对越边贸的许多劣质产品使越南人产生了反感，甚至谈"中国货"色变，越南民众对 TCL 品牌几乎一无所知。越南的媒体对中国货也有许多负面报道。

其次，在整体实力和经济条件上，与日韩企业有很大的差距。如三星在越南有 11 款纯平彩电，而 TCL 才有两款。由于经济实力不够，在广告投入上 TCL 也远远落后于日韩企业。如 YAMAHA 每年仅在报纸上的广告就有十多个整版，费用超过 5 万美元；而 TCL 由于种种原因，基本没有任何的广告投入。

第三，缺少跨国经营人才。派出人员没有任何海外市场开拓经验，只能靠自己艰难地摸索前进。在越南首先遇到语言和风俗文化的问题，有时甚至冒着生命危险在跑业务。

为此，TCL 首先在产品质量这一关上下大工夫，日韩企业对产品是抽检，TCL 对产品进行全检，确保产品开箱合格率达 100%，让每一台产品以过硬的质量说话。

在营销渠道上，TCL 根据自己的实际情况，发展可控性网络，靠一级批发商销售。在销售时加强与客户的沟通，采取快速反应的策略以塑造服务优势。如在每个城市设立 24 小时热线电话，一有投诉立即反应。越南人非常喜欢看足球比赛，达到狂热的地步，在足球联赛期间或者有什么大赛是他们最依赖电视的时期，这个时候如果电视出现故障，就必须及时修好。日韩企业要用户把电视送到其专修店维修，TCL 则上门服务，遇到故障复杂一时难以修复，他们就给客户一台备用机，等修好了再换回来，TCL 处处为用户着想的服务理念，深受用户欢迎。

为了加强TCL品牌宣传，在资源有限的情况下，TCL选择走新闻公关的路子，与中国驻越南大使馆、中国共青团中央和越南共青团中央一起成立TCL越南青年基金会，每卖出一台彩电，提取5元人民币给基金会，基金会每年通过越南共青团中央选拔人才，组织一次越南优秀青年团员代表到中国学习考察。这样，将做生意变成中越友好的桥梁，TCL品牌在越南树起了良好的形象。

2. 进军欧洲市场——收购德国施耐德电子

2002年，TCL集团以820万欧元收购德国"百年老店"施耐德公司，包括施耐德品牌，成立了新的德国施耐德电子有限公司。

TCL集团旗下的TCL控股有限公司通过其新成立的全资附属公司Schneider Electyonics GmbH与Schneider Electronics AG的破产管理人达成收购资产协议，根据双方协议，Schneider Electronics GmbH收购Schneider的生产设施、存货及多个品牌，其中包括"施耐德"（SCHNEIDER）及"DUAL"等著名品牌的商标权益。Schneider Electronics GmbH同时协议租用位于Tuerkheim面积达2.4万平方米的生产设施，用以建立其位于欧洲的生产基地。

该项目的成功实施具有重要的意义：

其一，进入欧盟市场，通过收购施耐德，可以避开反倾销壁垒；

其二，施耐德这个品牌在德国和欧洲有相当的基础，借此能够快速切入欧洲市场，减少了时间成本，规避风险；

其三，积极尝试跨国经营的另一种方式，即在一个相对强大的市场，通过收购当地一个有基础的品牌，来快速切入这个市场。

3. 缔造全球彩电大王——并购法国汤姆逊

2003年11月4日，TCL与法国汤姆逊公司在广州签订协议草案，重组双方的彩电业务，组建全球最大的彩电生产企业——TCL汤姆逊电子公司。这也是我国家电企业首次重组世界500强公司的主流业务。

汤姆逊公司是一家在巴黎和纽约证券交易所上市的法国公司。除了消费类电子产品以外，汤姆逊的业务还涉及影视技术和系统、娱乐及媒体服务。其彩电产品涵盖了从14到30英寸以上的各种CRT彩电，特别是在纯平和数字技术方面具有领先优势，在美国、德国和新加坡设有研发中心，其研发除专注于先进的数字技术以外，还涉及从高端到普通产品的技术开发和应用。汤姆逊公司在美国和欧洲分别使用RCA和THOMSIN品牌，并在上述地区有强大的销售网络。

并购的成功取决于双方。TCL在国内拥有成熟的销售网络、快速的市场反应速度及对先进技术的追求、消化创新能力；而汤姆逊公司在北美和欧洲市场拥有的资源——例如市场份额、品牌知名度和彩电生产技术是TCL所欠缺，双方的合作是对资源较佳的整合和利用，是典型的双赢结果。

新公司——TCL汤姆逊电子公司主要从事开发、生产及销售全线的彩电产品，合资公司将采取多品牌策略进入不同的市场，在亚洲及新兴市场以推广TCL品牌为主，在欧洲市场以推广RCA品牌为主，并视不同的市场需求推广双方拥有的其他品牌。合资公司将拥有完善的全球主流市场销售网络，在我国内地有超过两万个销售点覆盖市场，北美主要通过大型连锁商店，欧洲则大型连锁商店及分销并重。

TCL汤姆逊电子公司的彩电年产量达到1 800万台，成为当时全球最大的彩电企业。

4. 打造手机市场——联手阿尔卡特

2004年4月26日，阿尔卡特公司和TCL签订谅解备忘录，组建TCL&Alcatel Mobile Phone Limited手机合资公司（简称T&A）。其中，TCL通信方面出资5 500万欧元，占新公司55%股份，控股新公司；阿尔卡特将投入价值4 500万欧元的现金和其手机业务，占有45%股份，组建一家从事手机及相关产品和服务的研发、生产、销售与分销业务的合资公司。阿尔卡特作价4 500万欧元的资产包括客户网络、知识产权和固定资产、几百名研发专业人才及经验丰富的销售与营销管理团队、数额不明的少量现金。

根据双方协议，TCL通信将拥有合资公司55%的股权，即获得了公司的控股权；此外，合资公司成立四年之后，阿尔卡特可以选择把持有的股份出售给TCL通信，而公司成立五年后，TCL通信可以选择把阿尔卡特在合资公司的全部权益转换成TCL通信股份。

根据相关统计，新公司成立后，TCL通信手机年销量将达两千万部，从而排名国产手机销量第一，全球手机销量第七大生产制造厂商。TCL拥有了阿尔卡特手机业务的全部业务关系，特别是与全球各大营运商的合作关系。合资公司在成立六年内，可免费使用阿尔卡特品牌和使用阿尔卡特移动电话2G、2.5G的技术，优先使用3G技术。其在法国和中国的所有600名员工都已经成为合资公司的雇员。

从以上内容可以看出，TCL集团在其业务扩张上速度飞快。根据我国企业的实践和理论研究，企业国际化可以分为四个阶段：企业集团的培植阶段、外向型企业集团阶段、外向型企业集团的国际化经营阶段和跨国公司的形成阶段。目前，TCL集团已经走过第一阶段，正处在第二阶段的末期，向第三阶段发展，距离国际化经营的成熟阶段还有一定的距离。尽管当前的世界经济环境、竞争对手的情况和几十年前发生了巨大的变化，但西方跨国公司几十年、上百年的发展历程我国企业不可能只用几年的时间完成。因此，TCL如此快速的扩张方式是否妥当，时机是否成熟，值得我们深思。

（资料来源：王志乐. 走向世界的中国跨国公司. 北京：中国商业出版社，2005.
　　　　　　罗洋. 联想与TCL跨国并购比较研究 [D]. 重庆：重庆大学，2007.）

【案例思考题】

1. TCL在跨国经营的道路上预计还会遇到哪些方面的困难和阻力？应该采取哪些对策？
2. TCL的跨国经营模式对我国其他企业来说有哪些借鉴意义？

第 2 章 跨国公司理论

导读

第二次世界大战以后，跨国公司快速发展，对外直接投资迅速增加，迫切需要人们对这一现象从理论上进行研究和解释。跨国公司理论就是人们对跨国公司对外直接投资的动机、条件、特征、区位与方式等决定因素所作出的解释和推断，又称为对外直接投资理论。跨国公司理论对于正确认识跨国公司这一当代国际经济中的巨人，正确指导跨国公司的发展和对外投资活动，加强对跨国公司的管理，都具有重要的意义。

2.1 跨国公司理论的演变

严格地说，跨国公司理论是在 20 世纪 60 年代初才产生的，至今已出现了多种不同的理论学派。本章首先阐述各种跨国公司理论的共同出发点，然后对几种主要理论分别进行介绍。

在西方经济学领域，跨国公司理论的发展过程大致可分为两个阶段，即 20 世纪 60 年代以前的新古典国际资本流动理论阶段和 20 世纪 60 年代以来的对外直接投资理论阶段。

2.1.1 新古典国际资本流动理论简述

早在第二次世界大战以前，在早期工业化国家，由于生产与资本的集中，垄断成为经济生活的基础，企业拥有大量资本，而在国内找不到可以获得利润的投资场所，于是就产生了寻找国外的投资机会及进行资本输出的现象。

新古典国际资本流动理论应用瑞典经济学家赫克谢尔-俄林（Eli Heckscher-Bertil Ohlin）提出的要素禀赋理论来解释资本的国际流动。他们认为，国际资本流动的原因在于各国利率的差异，而利率的差异又取决于各国资本存量的相对充裕程度。在自由竞争条件下，资本存量相对充裕的国家利率比较低，而资本存量相对稀缺的国家利率比较高。只要后者的利率绝对高于前者的利率，那么，肯定会发生部分资本从前者向后者的流动。

不少经济学家认为，新古典国际资本流动理论说明的只是借贷资本或证券资本的国际流动。这是一类纯粹资本的流动，其动机只是为了获得来自利率差异的好处，与跨国公司对外直接投资的实际情况是大相径庭的。因此，新古典国际资本流动理论不是真正的跨国公司理论。

2.1.2　20世纪60年代以后的跨国公司理论

自从美国学者斯蒂芬·海默（Stephen H. Hymer）在20世纪60年代初提出了垄断优势理论之后，跨国公司理论研究才真正转到对外直接投资问题上来，因而才产生真正的跨国公司理论。

从20世纪60年代初到70年代中期，西方学者主要研究美国及其他国家的跨国公司对外直接投资的特点与决定因素。例如，垄断优势理论和产品周期理论是典型的美国企业海外扩张理论；小岛清提出的边际产业扩张理论是用于解释日本企业对外直接投资的。在这一时期，人们在解释对外直接投资的特点与决定因素时各抒己见，在注意某些因素时又忽视其他因素，因而基本上都是"个论"，而算不上"通论"。到20世纪70年代中期以后，学者们开始致力于建立统一的或一般的跨国公司理论，用来说明不同国家、不同行业的跨国公司的对外直接投资行为，比较成功的理论有内部化理论和国际生产折衷理论。

20世纪60年代以来的跨国公司理论学派较多，按其分析方法或理论依据的不同，现行的跨国公司理论一般分为四类：

① 以产业组织理论为基础形成的理论，如垄断优势理论和寡占反应理论；

② 以贸易理论与工业区位理论为基础形成的理论，如产品周期理论和边际产业扩张理论；

③ 市场内部化理论，以市场失效理论、交易成本理论为基础；

④ 综合理论，典型的是国际生产折衷理论。

2.1.3　跨国公司理论学派的共同出发点

在解释对外直接投资的特点与决定因素时，尽管各学派、各学者都侧重探讨自己所熟悉的领域，因而各抒己见，然而都存在着一些共同的出发点。

1. 以对外直接投资为研究对象

各个学派都认为，直接投资与证券投资是根本不同的。直接投资不是单纯的资本国际流动，还包含着技术、管理和其他有垄断优势的生产要素的国际转移。可以说，对外直接投资是将一个企业向国际移植，其目的是为了获得来自利润率差异的利益。投资者要对国外企业进行控制，使之创造最高的利润率或完成母公司的某些战略任务。

对对外直接投资问题进行研究，主要是弄清楚跨国公司对外直接投资的动机、条件和决定因素；弄清楚为什么它们不通过出口贸易和许可证贸易方式利用其知识资产，而选择对外直接投资；弄清楚跨国公司对外直接投资中区位选择的原理和原则。一般来说，这些问题反映着跨国公司微观运行机制。从这个意义上看，对外直接投资理论研究的任务就是要揭示跨国公司从事对外直接投资的行为规律和运行机制。

2. 以市场不完全和垄断优势为立论基础

各学派都认为，对外直接投资是企业发展到一定规模，具有某些垄断优势时的海外扩张行为。由于跨国投资设厂，在海外组织生产，经营环境与母国有很大差异，企业对东道国市场也缺乏充分的认识和了解，因此对外直接投资和海外生产经营成本较高，而且存在一定风险。在这种情况下，跨国公司之所以还愿意并且能够发展海外直接投资，并能够获得利益，是因为跨国公司拥有一种当地竞争者所没有的比较优势，即垄断优势，使它们能够消除国外生产的附加成本和政治风险的不利影响。跨国公司垄断优势得以维持和利用，又是由于市场不完全所致。市场不完全是比较符合现实的一种假设，对外直接投资就是为了利用来自市场不完全的机会去发挥垄断优势而谋利，但也可以通过发挥垄断优势的影响而强化、维持市场不完全的局面。两种效果综合在一起，就使对外直接投资成为跨国公司的一种最佳选择。

从总体上看，各个跨国公司理论学派都是以海默的理论分析框架为出发点的，强调以直接投资为研究对象，强调垄断优势和市场不完全的影响。它们之间的区别主要表现在垄断优势的类别、利用方式、决定因素等的解释不同。

2.2 垄断优势理论

20世纪60年代初，美国学者斯蒂芬·海默在他的博士论文"国内企业的国际经营：关于对外直接投资的研究"中，首先提出了一个解释跨国公司对外直接投资的理论——垄断优势理论。海默的理论得到了他的导师查尔斯·金德尔伯格（Charles P. Kindle-berger）的支持，并在金德尔伯格的有关论文和著作中得到了系统的阐述，于是引起广泛的重视。西方学者常常将金德尔伯格与海默并列为垄断优势理论的创建者，并将他们的理论分析称为"海默-金德尔伯格传统"。由于垄断优势理论利用了产业组织理论，因此又常被称为产业组织理论分析法。

2.2.1 基本观点

海默利用两个基本观点来解释对外直接投资，即垄断优势和市场不完全性。垄断优势是指企业对某些经营要素大量占有或者完全独占而形成的优势。例如，专有技术、资本数量、融资能力、管理经验、销售渠道等。市场不完全性是指市场受到垄断优势的企业影响而呈现出不完全竞争或寡占型局面的性质。在东道国市场具有不完全性的条件下，跨国公司就可以在那里利用其垄断优势排斥自由竞争，维持垄断高价以获得超额利润。这就是跨国公司对外直接投资的主要原因。

海默的研究主要以美国的跨国公司为对象。从当时的情况来看，美国从事对外直接投资的企业主要集中于资本储存程度高、技术先进、产品差异化盛行的一些制造业部门。这些部门都有较高程度的寡占，跨国公司大都是这些部门的主要生产企业，它们的海外子公司在东道国也是相应部门的主要生产厂家。海默认为，美国企业拥有的垄断优势是它们对外直接投资的决定因素，加上存在着市场的不完全性，美国企业在海外生产中就能维持并利用垄断优势。控制国外经营不只是为了利用它们的国外资产，还为了利用和发挥其垄断优势，限制东道国国内的市场竞争。美国企业对外直接投资，注重于选择能充分利用其垄断优势、国内市场不完全性较高的那些东道国，在那里它们容易排斥竞争对手，取得高于其竞争对手的超额利润。根据对美国跨国公司的研究，海默得到一个结论：对外直接投资是具有某种优势的寡头垄断企业为追求控制不完全市场而采取的一种行为方式。

如果没有垄断优势和市场不完全性，跨国公司要排斥东道国国内企业的竞争是难以实现的。在海默看来，东道国的民族企业本来拥有一些跨国公司所没有的优势。例如，民族企业更能适应本国政治、经济、法律、文化等因素构成的投资环境，常常能得到来自本国政府的优惠和保护政策的好处；民族企业比跨国企业支付的成本少且面临的风险小。民族企业的优势是它们敢于欢迎国外企业前来直接投资，有与国外跨国公司竞争的经济基础。这就是说，跨国公司在东道国投资建厂、组织生产经营，需付出比民族企业要高得多的代价（成本），冒更大的风险。例如，要承担远距离经营的各种费用，要冒汇率变动的风险。但是，只要跨国公司拥有显著的垄断优势，在东道国市场上，它们能够借助于这些垄断优势来抵消各种不利因素，就可以排斥民族企业的竞争而稳占垄断地位。

金德尔伯格详细列举过跨国公司所拥有的各种垄断优势并将之分为以下三类。

① 在商品市场上，产品的差异化、商标、促销技术与价格联盟等，都可能导致不完全竞争，从而使企业产生垄断优势。

② 在生产要素市场上，专利、技术秘密、特殊的管理技能、资本市场的优势条件和商誉等，可能造成不完全竞争，给企业带来垄断优势。

③ 规模经济现象的存在也能给大规模企业带来垄断优势，包括跨国公司拥有的内部规模经济和外部规模经济。

跨国公司的垄断优势往往是先在其母国内获得，然后通过对外直接投资而在国外市场上得以利用和强化。使跨国公司获得那些垄断优势，并使之得以利用和强化的市场环境条件，就是市场不完全性，其中包括来自市场机制的缺陷、市场规则的缺陷、某些市场运行规律的驱动及政府行为的影响。市场的不完全性可以造就寡占，让少数大型垄断企业占据"垄断地位"，强化垄断优势。金德尔伯格在1969年出版的《美国海外企业：关于直接投资六篇演讲》中指出："直接投资的兴旺必定是因为存在着产品或要素市场的不完全性（包括技术不完全性），或是存在着造成市场分割的政府或企业对竞争的某些干预。"这个观点说明了市场的不完全性必定是跨国公司所借助的关键性市场因素。一旦跨国公司在某一国内获得了垄断优势，它就要设法使之得到利用和强化，这时东道国的市场不完全性对跨国公司就会产生明显的吸引力。东道国的市场不完全性程度越高，对跨国公司的吸引力就越大，尤其在发展中国家更是如此。

美国企业为什么不以出口和许可证交易方式来占领东道国市场，而要采取对外直接投资的方式呢？原因还是市场不完全性。海默曾解释说，通过对外直接投资可以绕过东道国的关税壁垒，进入和扩大国外市场。再者，技术等资产不能像其他商品那样通过销售获得全部收益，而直接投资方式可以保证跨国公司对国外经营中技术运用的控制，获得技术资产的全部收益。

对于发达国家之间的交叉直接投资，海默解释说，这是寡占反应现象，即各国寡占企业通过在竞争对手的领土上建立企业来相互牵制和加强自身能力行为的综合表现。对外直接投资只是国内竞争行为在国际范围内的延伸，但基础仍是各国企业所拥有的技术等垄断优势。

海默与金德尔伯格的垄断优势理论为西方跨国公司理论的发展奠定了基础。在20世纪60年代和70年代初期，西方学者主要是沿袭海默-金德尔伯格传统，进一步补充和发展了垄断优势理论。

2.2.2 对跨国公司各种垄断优势的进一步论证

人们确信，跨国公司在不完全竞争的市场上拥有一种或几种垄断优势。在海默、金德尔伯格等人研究的基础上，一些经济学家（者）对跨国公司的垄断优势进一步作出了论证。

1. 知识优势

知识优势是指拥有包括专利、专有技术、信息、知识、管理与组织技能、销售技能等一类无形资产，能提供给管理者和执行人员生产其他的企业不能生产的产品，管理其他的管理者无法管理的组织运行，取得其他的企业或个人无法取得的工作成就所需要的关于如何做，怎样做好等知识和技术。这些知识的专用性一般受到国家的保护，或者受到企业的严格保密制度和技术的控制，因而其他企业无法拥有。拥有这些知识优势的实质内涵是有效地使用这些知识优势。东道国欢迎跨国公司，通常是为了让它们在那里去生产本国企业不能生产的产品，去管理本国企业家不能管理的经营过程，以便取得本国企业或个人无法取得的工作成就。知识优势的转移是直接投资的核心，也是直接投资成败的关键。

知识优势是跨国公司的主要优势，又是其他优势的基础和源泉。产品差异优势、质量控制优势、组织管理优势、销售扩张优势、商标信誉优势及其他优势都是依赖于知识优势的，都是在发挥知识优势的过程中形成和发展起来的。跨国公司拥有了知识优势，往往也意味着可以拥有其他垄断优势。再者，知识优势的生产成本很高，但通过直接投资来利用这类优势的边际成本却很低，甚至等于零。这是因为知识优势只需要支付获得它们时的生产成本，而平均利用成本接近于零。此外，知识优势的供应富有弹性，可以在若干工厂同时使用。知识优势的这些特点，使跨国公司极容易通过对外直接投资而获得超额利润。

2. 产品差异优势

如果跨国公司在东道国生产和供应该东道国民族企业也能生产和供应的产品，没有产品方面的优势，必然会遭到东道国消费者的抵制。但是，跨国公司可以利用技术知识优势来创造产品的差异优势。产品差异优势是指为适应不同层次和地区的消费者的消费需要与偏好，通过产品实物形态的差异化，赢得消费者满意和欢迎而形成的市场偏好优势。产品差异优势可以表现在产品式样、外观设计、包装、商标、质量、价格和广告宣传等许多方面，关键是要分别适应不同类型消费者的需要，让消费者在心理上感觉到差别的存在和对跨国公司的可接受性。树立产品差异优势即产品差异化过程，实际上是知识优势的利用过程。通过使跨国公司的产品与其他企业的产品有所区别，跨国公司便可获得一定的市场份额及对价格的决定权。

3. 规模优势

规模经济现象的存在也可以给跨国公司带来垄断优势。随着跨国公司生产规模的不断扩大，产品的平均成本（边际成本）将会不断降低。规模经济可以来自于生产过程内部，例如，采用更高效率的机床设备，或者采用更高效率的组织管理措施，使产量提高许多，但成本却增加很少；也可以来自于生产过程外部，例如，增加多个分支机构，扩大目标市场范围，能使经营业务量（如产品销售量）增加很多，但公司管理机构可能并没有增加开支，现有的知识资产也可以得到更多利用，但成本甚微。一般将前者称为内部规模经济或工厂级规模经济，将后者称为外部规模经济、范围规模经济或公司级规模经济。跨国公司以全球市场为舞台，很容易获得规模优势。

4. 管理优势

把管理技能和组织能力看成是跨国公司优势来源的观点，早在 1934 年就有学者提出来了。跨国公司筹集了大量的资本，以若干相距遥远的子公司或分支机构为实体来组织经营，其经营的复杂性和风险性是不言而喻的。于是，跨国公司都采用了现代公司制。现代公司制的特点是：能较好地处理所有权、占有权、使用权和经营权之间的关系；内部实行集中统一的经营管理体制，母公司是当然的首脑，负责整个公司的经营管理活动；主要通过严密的计划控制和统一的财务管理制度，并利用现代化的通讯技术和管理手段，对整个公司进行统一指挥；公司采取全球战略，一切经营决策都服从于整个公司在全球市场上的长远发展需要；各子公司受母公司领导，服从母公司的全球战略，在母公司授权的范围内，灵活有效地组织经营，并对经营效率、效果负责；公司集合了一批市场研究专家、战略策略决策研究专家、技术经济学专家、财务会计分析专家和金融证券研究专家，为制定各种决策及其贯彻实施提供技术指导。这样，跨国公司就具有很强的管理能力优势，能帮助公司进入垄断地位。

5. 资本优势

跨国公司进行直接投资并谋求垄断优势，都是以资本投入为前提的，因而跨国公司资金实力雄厚是不容置疑的。此外，跨国公司通过管理优势把知识优势、产品差异优势及规模优势充分地利用起来，使公司长期保持较大的资金流量，在经营能力上，尤其擅长消除市场障碍，化解经营风险，有效配置资源，平衡竞争压力，因而能获得较高的信誉。母公司的资金实力和已确定的信誉等级，使子公司能够在当地金融市场筹集到较为廉价的适合其需要的资本，有时，可享有的廉价资本供给条件大大地优越于当地企业可能享有的条件。这无疑使跨国公司的资本优势更为明显。

上述各种垄断优势是就个别厂商而言的，不同厂商可能拥有的垄断优势不尽相同。但应当指出，某些国家或地区可能给它们的跨国公司提供一些有利条件，使它们的跨国公司在国际市场上具有更大的竞争力。例如，不平等的国际条约、超保护贸易政策、市场进入障碍和区域经济一体化，这些条件实际上成了它们的跨国公司共同拥有的竞争优势。

2.2.3 选择直接投资方式的依据与条件

拥有技术优势仅仅是直接投资的必要条件，但不是充分条件。例如，美国的飞机制造业等技术密集型且拥有高度先进技术的高度垄断行业，很少对外直接投资，只是出口产品；另外一些行业则以许可证交易为主，与外国企业签订许可证合同，转让技术，而不是对外直接投资。这些说明，出口、直接投资和许可证交易是跨国公司供应国外市场的三种可替代性选择。垄断优势理论还必须说明跨国公司选择对外直接投资的根据或充分条件。

何希（S. Hirsch）曾提出过一个成本比较模型。该模型提出，出口方式的成本可由母国生产成本和出口税费之和来计算；直接投资的成本可视为东道国生产成本与公司到当地生产的附加费用之和；许可证交易成本等于东道国生产成本与技术优势耗散的成本之和。对跨国公司来说，合理地供应国外的市场方式，视哪种方式成本最低而定。换句话说，只有当直接投资的成本既低于出口方式的成本又低于许可证交易成本时，才应当选择直接投资。不过，一些学者指出，许可证交易成本与另外两个成本在内涵与经济意义上相差较大，不适合这一比较模型。因此，何希模型只适合于出口与直接投资之间的选择问题。

就直接投资与许可证交易之间的选择问题，鲁特（Franklim R. Root）提出过一种收益分析观点。他认为，跨国公司的知识优势（或称为知识资产）有些可以通过许可证交易转让给国外企业，如专利、技术诀窍和商标等，公司可从中收取特许权使用费而获得收益；但有些知识资产如技术创新能力、管理与销售技能等则难以转让，跨国公司不能获得这些知识资产的新增收益。为了获得来自全部知识资产的收益，跨国公司就要寻找长期投资机会，通过对外直接投资，利用全部知识资产。显然，如果不具备长期投资条件，公司会选择许可证交易；如果具备长期投资条件，必然选择对外直接投资。

许多研究只是从微观角度——企业经营决策行为——来解释对外直接投资的决定因素。微观因素固然不可低估，但是在现实世界中，跨国公司的对外直接投资还受到一些宏观因素的影响。第二次世界大战之后，美元币值被定得大大高于西欧各国货币的币值，事实上刺激了美国企业向西欧直接投资的兴趣，从而促进了美国跨国公司的发展。对于这一点，显然不能忽略。因此，美国学者阿利伯（R. Z. Aliber）在这一方面补充了垄断优势理论，将货币因素纳入了分析模型。

阿利伯认为，在国际金融市场上，有以各种货币定值的债券。一种债券持有人要承担对应货币相对贬值的风险。为此，该债券利率必须反映该项货币的预期贬值率，即必须包括一项"通货升水"，以补偿投资者的汇率风险。由于世界上存在不同的通货区，其中有的货币坚挺，其"通货升水"低；有的货币疲软，其"通货升水"高，因此决定各种债券预期收入流量的货币贴现率也各不相同。由于这个因素，那些货币相对坚挺国家的跨国公司，就能够以较低的市场利率筹集到跨国经营所需的资金。从现实方面看，美元在第二次世界大战后很长时期内是受欢迎的硬通货，其"通货升水"比其他货币低，因而许多美国公司就纷纷利用这个机会，以较低的市场利率在当地金融市场或国际金融市场筹集资金，用于对外直接投资，取得直接的利益。而且，只要美元保持其硬通货性质，美国公司在东道国收购当地企业也可获利。一种货币处于坚挺状态，能给以该货币为投资资本的跨国公司带来"货币优势"。不过，这种优势不是个别厂商所拥有的，而是指一个通货区内所有跨国公司共同拥有的优势。跨国公司只有在不同通货区从事经营时，才能享有这种"货币优势"。但是，如果世界上只存在一个统一的通货区，汇率风险和"通货升水"差异就不复存在，"货币优势"也将随之消失。

2.2.4 关于垄断优势理论的评价

海默用不完全竞争取代完全竞争，并把直接投资与证券投资区别开来研究，这在跨国公司理论研究上是一种突破。他以垄断优势和不完全竞争为基本命题，开拓了一条研究对外直接投资的新思路。他的垄断优势理论虽然后来得到进一步补充和发挥，其内涵也屡有变化，但始终是跨国公司理论体系的主干和基石。可以说，海默是真正的跨国公司理论的开创者，他的贡献是不可否认的。

然而，也不能否认垄断优势理论的缺陷。例如：它只进行经验的分析和描述，缺乏抽象的实证分析，故其结论缺乏普遍意义；以美国企业为研究对象，只适用于发达国家，无法解释发展中国家企业的对外直接投资现象；没有解释垄断优势应用的区位选择问题和服务业的跨国经营行为。

2.3 产品周期理论

以对外直接投资取代商品出口的演变过程，与出口国对有关商品技术优势的变化过程有着一定的联系，这一观点不难理解。然而，这里所指的"联系"的内涵和外延是什么呢？

1966年，美国哈佛大学教授雷蒙·维农（Raymond Vernon）发表了题为"产品周期中的国际投资和国际贸易"的论文，用产品生命周期理论来回答了上述问题。

2.3.1 早期的产品周期理论

在"产品周期中的国际投资和国际贸易"一文中，维农指出，产品生命周期是产品市场运动的普遍现象。产品从进入市场开始，就开始了生命周期运动，其过程可分为"创新"、"成熟"和"标准化"三个阶段。在不同阶段，产品技术特点、市场供求关系与卖方竞争状态各不相同，于是生产者需要选择不同的生产区位。因此，跨国公司的对外直接投资就是跨国公司在产品生命周期运动中，根据竞争条件和生产条件的变化而制定的生产区位决策。

1. 创新阶段

产品生命周期的第一阶段是新产品刚被投入市场，创造需求的阶段。在这一阶段，新产品生产企业对新产品具有独家垄断的优势，它所关心的主要是产品设计是否受消费者欢迎和初级需求的建立问题，并非成本。这时新产品的需求主要在国内。消费者受新产品、新功能的吸引，一般不在乎价格，也没有比较机会，因而市场对新产品的需求价格弹性较低。企业主要利用产品差别等竞争手段或力图垄断技术与产品生产来占领市场。生产成本对企业生产区位选择的影响不大。另一方面，因产品尚未定型，需要不断改进设计以适应消费者的需求和偏好，市场需求不稳定，生产过程的要素投入和加工工艺及规程的变化也很大，所以生产者应当在本国生产，以便与材料供应商保持密切联系，就近及时了解市场动态，节约通讯成本。至于经济结构和消费结构大致相同的国外市场对新产品的需求，可通过出口来满足。

2. 成熟阶段

进入产品生命周期第二阶段以后，产品设计已基本定型，并逐渐标准化，最有效的生产工艺已经形成，功能、质量都达到令人满意的水平。消费者对该产品已有较全面的了解，需求价格弹性逐渐增大。国内的其他企业也开始模仿这一产品，替代产品增多，市场竞争日趋激烈。新产品最早生产者的技术垄断地位及寡占市场结构被削弱。这时，企业要考虑降低生产成本来提高其竞争优势。为此，企业一方面通过扩大生产规模来谋求规模经济效益，降低成本，取得价格竞争的主动权；另一方面，企业向国外市场寻找新的出路，选择那些经济水平、消费结构类同且对此产品的需求日益增加的国家不断扩大出口。但是，在这一阶段，国外也出现了一些仿制者，进口国为了保护国内仿制品市场，会设置贸易障碍，造成发明国扩大出口的困难。在这种情况下，直接到国外建立子公司，就地生产、就地销售就成为跨国公司维持和扩大国外市场，从国外谋取更大利益的最佳途径。

3. 标准化阶段

当产品进入标准化阶段，产品设计已完全成熟，产品的生产技术、规模及式样等都已完全标准化，对生产工人的劳动熟练程度的要求也随之降低。仿制者不断增多，许多企业的市场竞争力已相当强大，原创新企业的技术垄断优势已完全消失，市场竞争优势完全依赖于成本与价格。因此，为了进一步降低成本，跨国公司就要在劳动力成本低的发展中国家寻找机会，选择最佳的生产区位。因国外生产仿制品拥有低成本优势，就会被出口到早先生产此产品的国家（如母国）和其他国家。

维农的理论对第二次世界大战后 20 年（到 20 世纪 60 年代初）间美国对外直接投资的动机作了较好的解释。第二次世界大战后 10 年间，很多新产品首先出现在美国。除了技术优势之外，市场特点也是重要的原因。从消费角度上看，美国的消费者人均收入很高，购买力强，为新产品提供了巨大的市场机会。但从生产角度看，美国劳动力缺乏，单位劳动成本高。到 50 年代末，西欧国家经济迅速恢复，市场不断扩大，而且这里的劳动力成本比美国低，再加上美国企业面临西欧企业潜在竞争的威胁和关税与非关税壁垒对出口的限制，这些都促使美国企业对西欧国家进行直接投资。进入 20 世纪 60 年代以后，西欧市场竞争日趋激烈，有些产品已进入标准化阶段，因此美国企业又开始谋求到发展中国家去投资。这些说明，美国企业对外直接投资是在产品进入成熟阶段以后，由于美国企业技术垄断地位被削弱和国内外竞争条件发生了变化，为了替代出口而作出的决策。而劳动力成本和市场信息沟通是影响企业海外投资区位的最重要因素。

然而，维农的理论也存在不少缺陷。该理论适合于解释企业最初作为一个投资者进入国外市场的情况，但不能全面解释跨国公司的投资行为；它还不能解释没有明显产品生产周期阶段区别的产品及海外市场专门设计的产品的对外直接投资行为。另外，在产品标准化阶段，如果跨国公司的技术优势完全消失，那么，为什么发展中国家的当地企业不去大量生产，而欢迎跨国公司去直接投资？对这个问题，维农的理论也不能作出解释。

2.3.2 维农在 20 世纪 70 年代对其理论的修正

20 世纪 70 年代初，维农认识到原先提出的产品周期理论的一些缺陷，于是对该理论作出了修正。他引入国际寡占行为理论来解释跨国公司的对外直接投资。他将产品周期重新划分为"以创新为基础的寡占阶段"、"成熟的寡占阶段"和"衰老的寡占阶段"，并指出，为了建立和维持自己的寡占地位，防止竞争对手进入寡占的市场，跨国公司在各个阶段应采取适应阶段特点的经营策略。

1. 以创新为基础的寡占阶段

在这一阶段，企业不惜支出高昂的研究与开发费用，集中力量在母国进行新产品的研究与开发工作，重点是向市场推出新产品，或者对现有产品进行差异化，以维护其垄断地位。新产品生产主要以母国资源禀赋条件和市场特点为基础，因而各国公司的垄断优势有所不同。例如，美国公司维持在满足高收入者需求和节约劳动力产品类别上的比较优势，欧洲公司则集中创新节省土地和原材料的产品，日本公司主要创新节省原材料的产品。随着新产品在母国市场销售量的增加、技术的扩散、产品和工艺的标准化，国内市场竞争日益激烈起来，国外也出现了竞争者。为了保持及延长在国际市场上以创新为基础的优势，避免高运费和高关税，降低生产成本，企业就会把生产移往国外。当然，由于各国、各企业的技术和生产成本及资源禀赋条件不同，各国跨国公司的区位选择就会有所差异。例如，美国的跨国公司可能将需要较多劳动力成本的新产品的生产迁往西欧与日本，日本的跨国公司则可能将节约原材料的产品的生产迁往西欧而不是美国。

2. 成熟的寡占阶段

随着产品趋向标准化，率先推出新产品的企业逐步丧失原来的以创新为基础的优势，但它们的生产能力已扩大，销售网络已建立，企业的商业信誉很高，这些都可以成为新的竞争优势。换句话说，在此阶段，跨国公司可以采取密集渗透策略，发掘生产与销售的规模经济潜力与优势，排斥竞争对手进入市场，维持相应的寡占地位。这一时期，规模经济构成寡占优势的基础。为了保持已有的市场份额，为了对竞争对手的行为及时作出反应，跨国公司一般采取两种战略：一是相互牵制战略，即跨国公司分别在竞争对手的主要市场上设厂经营，以避免竞争对手在自己的市场上削价竞争；二是跟进投资战略，即当某个公司到某个地区直接投资，开辟新市场时，同一行业的寡头成员也紧紧跟上，对同一地区进行类似的直接投资，借以维持寡占均衡。这两种战略可以带来外部规模经济效益。

3. 衰老的寡占阶段

到了衰老的寡占阶段，由于产品标准化已经完成，规模经济不再是阻止竞争对手的有效手段，跨国公司原有的优势逐渐消失。跨国公司为建立新的竞争优势，或者联合起来组织卡特尔，实行协调定价来瓜分市场；或者进行产品改良，形象重构，实现产品差异化来维持部分市场。但是，由于竞争对手多而且竞争难以避免，因此成本竞争与价格竞争的压力仍很沉重，成本高的企业被迫退出市场，去寻找新的以创新为基础的优势；能够设法使成本再度下降的公司而成为本阶段最后的寡占者。一般来说，最后的寡占者主要根据成本因素来选择生产区位，把市场距离和寡占反应放在次要位置。

2.3.3 寡占反应理论

维农在修正的产品周期理论中，为了解释成熟期跨国公司谋求寡占地位的行为，利用了寡占反应理论。

寡占反应理论是1973年美国学者尼克博克（Frederick T. Knickerbocker）提出的。尼克博克研究了187家美国大公司后，认为美国跨国公司对外直接投资中存在着一种寡占反应行为模式，即一些跨国公司的对外直接投资是对其他企业对外直接投资行为所作出的反应。其目的是防止竞争对手可能获得新的市场机会和竞争优势，保持彼此间竞争力的均衡，维护公司的市场地位和市场份额。

第二次世界大战后，美国企业对外直接投资主要是由少数几个寡头企业进行的，它们的投资又大都在同一时期成批发生。这种现象与美国的寡占市场结构之间有紧密的联系。所谓寡占，是指一个行业中有几家大企业占统治地位，它们能决定市场供给与价格。寡头企业之间相互影响、相互依赖，竞争力相互均衡。为维护它们的统治地位，维持彼此之间的竞争力均衡，寡头企业较多采用"寡头反应行为模式"，即当一家寡头企业在国外进行直接投资时，其他寡头企业便采取紧随竞争对手战略，也在竞争对手直接投资的东道国或地区市场迅速建立起自己的子公司。这实际上是一种防御性投资。由于采取紧随竞争对手战略，寡头企业之间始终平分市场机会，保持相当的竞争优势，因此任何一家寡头企业都不可能排挤掉另一家寡头企业。

按照尼克博克的观点，跨国公司的对外直接投资可分为两种：一种是进攻性投资，指首先在国外市场建立子公司的寡头企业的投资行为，其动因可用维农的产品周期理论来解释；另一种是防御性投资，指同一行业其他寡头企业追随进攻性投资者而在相同国外市场建立子公司的投资，其动因来自于寡占反应行为模式。不难发现，寡占反应理论在解释跨国公司对外直接投资问题上，是对产品周期理论的补充。

2.3.4 关于产品周期理论的评价

产品周期理论运用动态分析技术，从技术产品垄断角度解释了战后美国跨国公司对外直接投资的动因和特征，尤其解释了"何时"和"去哪儿"投资的决策，具有一定的合理性。这个理论不仅对发达国家跨国公司发展战略的制定有指导意义，对发展中国家利用跨国公司的直接投资的战略制定也有一定的指导意义。因为跨国公司向发展中国家进行直接投资，要生产的只是标准化的、已进入衰老阶段的产品，所以，发展中国家不能放松本国的技术研究和产品开发工作。该理论也有一些缺陷，例如，仍局限于对美国跨国公司的研究，只是进行经验的分析与描述，缺乏抽象的实证分析，因此，其结论仍有很大的局限性。

2.4 边际产业扩张理论

20 世纪 70 年代中期，一些日本学者提出了"垄断优势理论和产品周期理论不适于早期日本企业"的观点，明显的证据是日本企业早期对外直接投资基本上既没有垄断优势，也没有来自产品生命周期运动的推力。日本企业早期的对外直接投资具有一些与美国企业不同的特点。为解释美国跨国公司行为而提出的垄断优势理论和产品周期理论，当然不能解释日本企业早期的对外直接投资问题，因此理论界产生了创立符合日本国情的对外直接投资理论的要求。在这种条件下，日本的国际经济学家小岛清（Kiyoshi）教授提出了一种新的跨国公司理论，用于解释早期日本式的对外直接投资，这就是边际产业扩张理论，又被称为"小岛清理论"、"日本式对外直接投资理论"。

2.4.1 边际产业扩张理论的主要内容

在研究日本早期对外直接投资的基础上，小岛清提出了一个解释日本早期对外直接投资的理论，即边际产业扩张理论。其核心内容被概括为：对外直接投资应该从本国（投资国）已经处于或即将陷于比较劣势的产业（可称为边际产业，也是对方国家具有显在或潜在比较优势的产业）依次进行。

为了清楚地表达他的观点，小岛清用一幅图来形象地进行阐述。在图 2-1 中，Ⅰ-Ⅰ 线

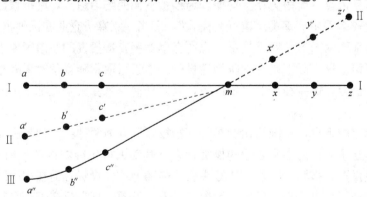

图 2-1 边际产业扩张理论

是投资国日本的商品成本线，假定其中由商品 a 至商品 z 都可用 100 日元生产出来。Ⅱ-Ⅱ 线（虚线）是对方国家商品成本由低到高的顺序线（假设 a' 是 0.8 美元，z' 是 5 美元）。两线相交于 m 点，这一点表示按外汇汇率计算（如 100 日元＝1 美元）两国 m 商品的成本比率相等（因此，在美元汇率上涨时，Ⅱ-Ⅱ 线会整体向左上方移动，下跌时则向右下方移动）。以 m 商品为分界点，左边的 a，b，c 产业就是日本的边际产业，而右边的 x，y，z 产业则是日本具有比较优势的产业。边际产业扩张理论就是说，对外直接投资应当从 a，b，c 等边际产业开始。这种投资的结果是使对方国家相应产业的商品成本降低至 a''，b''，c''。对方国家以这些商品与日本交换 x，y，z 商品，双方就能实现利益更大、数量更多的贸易。

如果与上述顺序相反，从 z，y，x 等母国具有比较优势的产业开始进行对外直接投资，那就是逆贸易导向的美国式的对外直接投资。这样投资的结果，虽然带来了对方国家商品成本降低（低于 z'，y' 和 x'），但不可能使母国有比较优势的产业形成更大的比较优势，只不过是用国外的生产代替了本国的出口贸易而已。

小岛清的边际产业扩张理论有着丰富的含义。从其基本理论出发，小岛清列出了下列重要推论。

① 可以把"比较优势（成本）原理"作为国际贸易和对外直接投资理论共同的基础。这是因为在贸易方面，根据既定的比较成本，一国大力发展有比较优势的产业，出口其产品；同时缩小有比较劣势的产业并进口该产业的产品，就可以获得贸易利益。在对外直接投资方面，如果投资国从趋于比较劣势的边际产业开始进行投资，使对方国家原来因缺少资本、技术、经营技能而没有显现出来的潜在的比较优势显现出来或增强起来，就可以扩大两国间的比较成本差距，为进行有更大贸易利益的贸易创造条件。这就是说，贸易应按既定的比较成本进行，而直接投资则应当创造新的比较成本。两者都是以比较成本原则为依据的，因而可以把两者建立在同一个综合理论的基础之上。

② 按边际产业扩张原则进行对外直接投资，不是取代贸易，而是补足贸易、创造（或扩大）贸易。判断对外直接投资与贸易是互补关系还是替代关系，最根本的依据就是判断它是否按边际产业扩张原则进行，或者说是否为日本式的。

③ "边际产业"概念可以扩大，更一般地可称为"边际性生产"。其中，不仅包括已经显现比较劣势的劳动密集产业（边际产业），而且包括已显现比较劣势的中小企业（边际企业）和某些行业中装配或生产某种特定部件的劳动密集的生产过程或部门（边际部门）。"边际生产"是这些行业、企业和部门的统称。

④ 应立足于"比较成本原则"进行判断。要经常考虑至少两种商品、两个国家的比较问题，要应用"比较之比较的公式"，即进行比较成本（一国的两种商品的成本比率）的比较分析，而不要停留于一种商品、一种行业或一个企业的分析。用于比较分析的商品最好是多种。

⑤ 应重视"产业移植的比较优势"这一概念在对外直接投资中的意义，并建议从投资国与接受投资国之间技术差距最小的产业开始依次进行移植，同时由技术差距较小的投资国的中小企业充当这种移植的主体。

⑥ "比较成本与比较利润率两者相关的主张"。凡是具有比较成本优势的行业，其比较利润率也会较高，这就是比较成本与比较利润率对应原理。这一原理既适用于国际贸易，也适用于对外直接投资，因此可以用比较利润率来对国际贸易和对外直接投资进行判断和

分析。

2.4.2 关于小岛清理论的评价

小岛清根据国际分工的比较成本原理来研究日本早期的对外直接投资，其理论分析和结论不同于海默与维农等人的理论。他的理论发表后在学术界产生了很大的反响，一些人表示全面赞同，但也有不少人认为该理论存在着一些含糊不清和相互矛盾的地方。

1. 存在的问题

对小岛清理论的批评意见主要集中在以下四个方面。

① 所谓日本式贸易创造型投资，主要是指 20 世纪 60 年代末 70 年代初，在"贸易立国"方针指导下，日本集中对经济发展水平较低、劳动力成本低廉的国家（主要是东南亚地区）的资源开发工业或劳动密集型产业的直接投资。后来，日本企业的海外直接投资出现了与美国式对外直接投资"趋同"的趋势，没有继续保持向劳动密集产业投资的模式，也不是贸易创造和扩大型的投资模式。小岛清理论显然不能解释这种变化的动因，而只能说明日本在战后一个时期对外直接投资的特点，因而缺乏普遍意义。

② 小岛清关于"美国式的对外直接投资是将最具有比较优势的产业转移至国外"的观点也是站不住脚的。从实践方面看，美国对外直接投资生产的产品是技术成熟或标准化的产品，投资的对象是可能出现强劲竞争对手的发达国家。可以说，美国转移至国外的产品肯定不是"最具有比较优势"的产品，而是"边际性产品"。从理论方面看，广泛用于解释美国式对外直接投资的垄断优势理论和产品周期理论都没有说过美国应在国外先生产"新产品"。产品周期理论还强调新产品应先在母国生产，只有当技术标准化以后，为应付激烈的价格竞争，才逐步向其他发达国家和发展中国家转移，其目的实质上是获得对方国家的比较利润率或比较成本优势，这与小岛清的"边际产业扩张理论"具有高度相似性。

③ 小岛清理论全盘接受了完全竞争的假设，闭口不谈垄断因素在对外直接投资中的作用是不现实的。

④ 小岛清理论回避了"边际产业扩张"模式对于发展中国家经济发展的消极影响，过于美化了发达国家对外直接投资的积极作用，掩盖了发达国家通过对外直接投资来维护现存的不合理的国际分工格局，维护它们在国际竞争中的垄断优势和领袖地位的真实意图。

2. 合理之处

小岛清的边际产业扩张理论也有一些合理的地方。例如，向对方国家转移边际产业（或振兴其有比较优势的产业）的观点、顺贸易导向投资模式的观点、从技术差距小的技术开始依次不断移植新技术的观点、把比较优势原理作为国际贸易和对外直接投资理论的共同基础的观点等，对对外直接投资理论的进一步完善都具有不可否认的作用。

2.5 内部化理论

研究跨国公司理论的学者在寻求建立所谓对外直接投资一般理论的过程中，不能不认真地对日益扩大的跨国公司内部贸易现象作出解释。据联合国跨国公司研究中心早期对世界上最大的329家跨国公司的调查，1977年，母公司出口中平均均有1/3为公司内部贸易，其中美国公司的比例为45%，西欧公司为30%，日本公司为17%。到20世纪80年代初，世界贸易中有30%为公司内部贸易，这一比例进入90年代后已升至1/3。此外，据《1994年世界投资报告》公布的资料，80%的国际技术转让费用的支付发生在同一公司内部。公司内部贸易日益扩大，反映跨国公司有着利用内部贸易实现其经营目际的强烈动机。这种动机的内涵、原因是什么呢？换句话说，跨国公司为什么不利用现存的世界市场同其他企业交换商品，而是通过对外直接投资、扩大公司内部交易来实现其经营目标呢？英国里丁大学学者巴克莱（Peter J. Buckley）与卡森（M. Casson）在1976年提出了一种答案。他们在合著的《国际经营论》中进一步完善了这个理论。之后，加拿大学者拉格曼（A. M. Rugman）又深入研究了内部化与跨国公司对外直接投资的关系，扩大了内部化理论的研究范围。还有一些学者在他们的独立研究中也获得了趋同于内部化理论的结论。由于内部化理论能较圆满地解释跨国公司对外直接投资与内部贸易问题，因而受到了普遍的重视。

2.5.1　市场内部化的动机

内部化理论的基本思想是：市场是不完全的，各种交易障碍和机制的缺陷妨碍了许多交易及大量贸易利益的取得；跨国公司可以通过对外直接投资，将交易活动改在公司所属的企业之间进行，从而形成一个内部市场，部分地取代外部市场，借以克服市场交易障碍和机制缺陷，以获得更大的贸易利益。

内部化理论的基础是市场不完全假设。该理论着重研究中间产品市场的不完全问题。中间产品是指已完成半加工，需进一步加工的原材料和零部件等，泛指为满足企业生产需要而交换的产品。随着生产分工的不断深化和协作的复杂化，知识、信息、专利、技术、管理技能和商誉等"信息"产品越来越重要，并且成为一类特殊的中间产品。"信息"产品的研究与开发耗费时间长，费用大，具有"自然垄断"的性质，卖方多采取差别价格法作价，具有"共享性"的特点，在市场上交易极容易泄密扩散。这些特殊性会带来市场的不完全；反过来，市场的不完全又会影响"信息"产品专用权价值的实现。例如，买方对专有技术缺乏了解，因而不愿出合理的价格；卖方要向他证明专有技术的作用和使他确信其价值，就要让买方有更多的了解。如果是在外部市场上交易，就存在技术泄密的风险。另外，"信息"产品在交易中一般只发生使用权的让渡，而不发生所有权的让渡。卖方为了维持对"信息"产品的垄断权并获得多次转让的收益，不愿让渡其所有权；但买者担心多次转让的技术必定会有多个使用者（即买方的竞争对手），不愿出高价购买一个市场份额小、竞争风险大的没有所有权的技术。这就是说，"信息"产品市场的买方具有不确定性。拉格曼甚至认为，有些"信息"产品是不存在外部市场的，这是市场失效的典型。外部市场的不完全影响了"信息"产品的交易，卖方与买方都难以获得这一交易的贸易利益，不如跨国公司在内部进行交易和有保密地、协调地利用这些"信息"产品。这是促使跨国公司进行横向（水平）一体化扩张的重要原因。

中间产品市场的不完全必然带来昂贵的交易成本，致使利用中间产品市场变成不经济行为。内部化理论具体地运用交易成本来解释内部化产生的原因和基本动机。交易成本是由于市场存在缺陷（如信息不对称、竞争不完全性及交易条件的不稳定和交易监督的风险等）给交易双方带来的附加费用。市场结构的类型是决定交易成本大小的主要因素。在完全竞争市场上，价格信号机制十分灵敏，产品质量、供应量的信息也易于搜集，因而买卖双方没有什么对方不知道的"秘密"，于是任何一方既不能提出与市场价不同的价格要求，也不能提出强人所难的交易条件。完全竞争使双方成本趋近于零。但是，完全竞争在现实中是不存在的，现实中的市场基本上都是不完全的，信息不对称、伪劣产品、垄断定价及不履行合同等现象时常可见。不完全会使市场机制失灵，使许多交易难以进行或困难重重。在这样的市场上，买卖双方都要投入大量的人力、物力或财力来确定交易价格，确定合同双方责权（即交易条件）和监督履行合同，因而交易成本高昂。过高的交易成本使企业利用外部市场来组织生产分工变得很不经济。因此，只要企业能在其内部组织交易并且能比外部市场花费较少的成本，企业就会自己来从事这些交易并使之内部化。

2.5.2 跨国公司实现内部化的途径

跨国公司拥有一定的技术知识优势，本来可以有多种途径来利用这些技术知识优势，但由于市场不完全或交易成本过高，因而对对外直接投资的选择有重大影响。内部化理论提出的一个重要观点认为，对外直接投资是跨国公司实现市场内部化超越国界的表现。

建立企业内部市场，关键是要培养三个基本的市场主体：一是中间产品供给者；二是中间产品的需求者或购买者；三是市场的组织管理者。外部市场的组织管理者角色通常由政府和行业协会（或商会）来承担，而在企业内部市场上，公司总部尤其是高层决策管理者要承担组织管理者的角色；外部市场上中间产品的供给者和需求者分别是独立的企业，由于所有权不同，因而交易障碍多，但在企业内部市场上，中间产品的供应者和需求者都应当是企业的成员。所谓内部市场，就是企业的一个成员与另一个成员之间围绕着企业中间产品转移而形成的交换关系；而市场内部化则是指企业在其内部形成中间产品的供给者与需求者的过程。直接投资是企业形成内部中间产品供给者与需求者的基本途径。正因为内部市场是以企业的直接投资为前提的，所以中间产品的供应、需求及其交易活动都被置于同一所有权及其控制之下，不再存在交易障碍，因而技术、知识与信息等中间产品就能被广泛、快速、安全和经济地"交易"和利用。为了在国外形成企业内部中间产品的供给者或需求者，使企业内部市场超越国界，跨国公司就要从事对外直接投资。

市场内部化的目的主要不在于实现生产或资本集中产生的规模经济效益，而是为了取得内部化本身的好处。内部化的好处是多方面的。例如：通过内部市场，跨国公司可以把与中间产品转移相关的若干相互依赖的生产经营活动置于统一的控制之下，从而保证有一个协调不同生产阶段的长期供需关系；可避免买方的不稳定性，消除市场不完全的各种不利影响，把中间产品的交易成本降到最低水平。此外，跨国公司还可以通过在内部市场上实施转移价格，谋求使市场内部化的收益最大化。

实行转移价格制度是保证内部市场有效运行的重要手段。正如拉格曼所说："公司内部的调拨价格起着润滑剂的作用，使内部市场能像外部市场一样有效地发挥作用。"这里的转移价格，又称为调拨价格、划拨价格、内部价格，是公司总部高层管理者根据公司的全球战略目标和谋求最大限度利润的要求，用行政或制度手段规定的公司体系中母公司与子公司之间、子公司相互之间进行内部交易所使用的价格。它的最大特点是排除了市场供求关系的影响，仅服从于公司全球战略和阶段性经营目标。在跨国公司的内部市场上实行转移价格，是公司内的一项制度，具有强制性，其目的也在于获得利用外部市场不能获得的各种"好处",如逃避税收、避开风险、增加利润、转移资金等。转移价格成为跨国公司内部市场规定的交易条件,买卖双方没有必要去发现价格或讨价还价,因而交易成本受到严格的控制。

2.5.3 关于内部化理论的评价

1. 内部化理论的贡献

内部化理论比较系统地总结和吸收了早期各派的跨国公司理论,从市场内部化的角度来考察和解释跨国公司对外直接投资行为,揭示了外部市场与跨国经营之间的一些重要联系,极大地补充和完善了跨国公司理论。可以说,内部化理论是西方学者跨国公司理论研究中的一个重要转折点。与早期的跨国公司理论相比较,它有以下四个重要贡献。

(1) 关于市场不完全属于市场机制内在缺陷的观点

内部化理论认为,市场不完全并非规模经济、知识寡占或关税壁垒所致,而是由市场机制本身的缺陷导致市场失效和产品的特殊性质及谋求垄断的势力所致。而早期的理论把市场不完全归因于规模经济优势、知识寡占优势等,即归因于个别企业,是欠有说服力的。

(2) 关于市场不完全可以用内部化途径来消除的观点

因为内部市场的成本要低于外部市场交易费用,所以内部化理论提出要用内部市场取代外部市场的观点。早期的理论认为,跨国经营是为了谋求新的垄断,形成新的市场不完全,这一观点不能解释发展中国家跨国公司发展的动因。

(3) 关于跨国经营是市场内部化跨越国界的表现的观点

内部化理论认为,跨国公司对外直接投资是为了创造更多的内部交易,让公司的技术知识或"信息"产品得到更广泛的利用。尤其是在存在关税壁垒、专利技术易于泄密或扩散的条件下成本更高,内部化的动机更强,因而对外直接投资会成为主要的跨国经营方式。

(4) 关于提高经营管理水平是跨国经营优势的主要来源的观点

早期的跨国公司理论强调技术知识等垄断优势在跨国经营中的重要性。但内部化理论认为,要以市场内部化来节约外部市场交易成本,关键是要加强企业管理,提高对内部市场的协调和管理能力,以降低内部化成本。

2. 内部化理论的缺陷

内部化理论是西方学者在探讨建立跨国公司一般理论时形成的,虽有较高综合性,但不少学者认为它并未涵盖一切,仍不足以拥有"一般理论"之雅称。它不能解释对外直接投资的时机、地理方向及其与跨国经营战略的联系,缺乏对世界经济环境或宏观经济影响的分析。海默、维农等人对跨国公司垄断行为特征的分析,在内部化理论中未给予充分的重视和利用。这些说明,内部化理论中还有值得进一步补充、修正和完善的地方。

2.6 国际生产折衷理论

国际生产折衷理论是英国里丁大学的教授邓宁(John H. Dunning)提出的。邓宁是著名的跨国公司专家,早在 1976 年,他就提出了要用折衷主义方法来解释国际生产活动,特别是跨国企业国际经营活动的观点,但只是形成了折衷理论的胚胎。直到 1981 年,邓宁出版了《国际生产和跨国公司》一书,其中系统地整理和阐述了他的折衷理论,并将其动态化,至此方形成对目前跨国经营和直接投资影响最大的理论框架。

2.6.1 国际生产折衷理论的特点和基本观点

国际生产折衷理论是在综合早期的对外直接投资理论的基础上形成的,它将企业的特定垄断优势及国家的区位、资源优势结合起来,提供了一个解释跨国公司开展国际经营的方式选择、区位选择与行业选择行为的综合分析方法。

1. 国际生产折衷理论的特点

国际生产折衷理论又称为国际生产综合理论,与早期的对外直接投资理论比较起来,它有三个特点。

① 吸收了过去 20 年中出现的各种对外直接投资理论的精华,尤其是继承和发扬了内部化理论。

② 与直接投资的所有形式都有关系。

③ 能够解释企业进行国际经济活动的三种主要形式:对外直接投资、出口贸易和许可证交易。

2. 国际生产折衷理论的基本观点

邓宁认为,跨国公司的国际经营决策是由企业优势、内部化优势和区域优势这三组变量决定的。这三组变量的不同组合决定跨国公司在出口贸易、对外直接投资与许可证交易之间的选择。如果这三组变量满足以下条件,跨国公司就会从事对外直接投资。

① 企业有高于其他国家企业的垄断优势,如技术知识优势。

② 企业通过内部市场来扩大对这些优势的利用比出售或出租给外国公司更有利。

③ 企业在东道国结合当地要素投入来利用其拥有垄断优势比利用母国要素投入更有利。

2.6.2 企业优势

企业优势是指一国企业拥有而外国企业无法获得或拥有的有利经营条件、资产及其所有权。它又称为所有权特定优势、竞争优势或垄断优势。这些优势来自对有形资产和无形资产的排他性占有。有形资产包括企业规模、规模经济性、多样化经营及对产品或原料市场的垄断;无形资产包括专利、商标、专有技术、管理技能等。拥有无形资产类的企业优势对跨国公司从事国际生产极为重要。

企业优势的大小与直接投资的区位(即东道国)中企业的所有权特定优势情况有关,因为企业优势是跨国公司与国外企业两者的优势相比较的反映。发达国家的跨国公司在发展中国家通常拥有较高的企业优势,这是由于发展中国家企业的优势较低所引起的。

不同国家的企业通常具有不同的所有权特定优势。这说明母国的资源禀赋的水平与结构、经济发达程度对该国企业所有权特定优势的范围、特点与培育有很大影响。例如,在经济发达的国家,人员素质高,技术密集型产业或企业容易获得技术创新方面的优势。国内市场大小、人均收入水平、有关产业或产品的价格水平及政府政策,关系到对于该国企业所有权特定优势的培育与强化。国内因素的影响在跨国经营的初期最为明显,但随着跨国经营广度与深度的扩展,随着技术的扩散和标准化,发达国家的对外直接投资格局会出现趋同化的变化。企业之间所有权特定优势主要受企业运行机制、组织管理能力及经营战略的影响,国内因素的影响将减弱。

所有权特定优势是企业从事国际经济活动,尤其是直接投资的必要条件。这些优势必须是跨国公司所特有的、独占的,必须是在公司内部可以自由移动,并且可跨越一定空间距离来利用的。这样,这些优势就可以在对外直接投资及跨国生产中有效地发挥作用。

2.6.3 内部化优势

邓宁认为,一个企业有了所有权特定优势并非一定要进行对外直接投资活动,因为对外直接投资并非肯定是最优的选择。这个企业实际上至少有两种途径来利用其所有权特定优势:一是把所有权资产或资产的使用权出售给国外企业,使其资产的利用外部化;二是企业自己利用这些所有权资产,即把资产的利用内部化。内部化的表现形式就是企业到国外去进行直接投资,建立能利用所有权特定优势的子公司。企业到底选择哪个途径,取决于两条途径收益的比较。

所谓内部化优势,是指企业通过对外直接投资,将其所有权特定优势的利用内部化而拥有最大收益的优势。内部化优势表明,企业通过建立自己的子公司或分支机构,将其所有权资产的使用内部化,要比通过外部市场取得贸易利益的途径更为有利。邓宁认为,企业使其所有权优势内部化的动机是避免外部市场不完全性对企业经营的不利影响,以保持和利用企业的技术创新地位。市场不完全既包括中间产品市场的不完全,也包括最终产品市场的不完全。市场不完全又可分为结构性的市场不完全和知识性的市场不完全。前者是指竞争壁垒、高交易成本等;后者是指获得生产与销售信息很困难或成本很高。政府的干预措施也有可能破坏完全竞争机制。市场不完全可能会使利用外部市场的企业的各种优势丧失殆尽。在这种情况下,企业对其优势的利用实行内部化,避开不完全的外部市场,可获得最大的收益。

内部化优势对跨国公司的国际生产具有重要意义。在邓宁看来,跨国公司的国际竞争能力不是来自对技术的占有,也不是来自传统的垄断优势,而是来自技术优势的内部化。因此,从事国际生产的跨国公司,不仅要拥有一定的企业优势,而且要精于内部化。

2.6.4 区位优势

对外直接投资通常是为了把企业优势、内部化优势与东道国当地要素投入与市场吸收力结合起来加以利用。由于世界资源分配不均匀,有些资源的空间移动相当困难,各国和地区的经济条件、文化环境及政府政策也有差异,因此跨国公司在不同国家或地区进行直接投资的利益也会不同。跨国公司应当选择拥有"区位优势"的国家或地区进行直接投资。

区位优势,是指一个国家相对于其他国家为外国企业在该国投资设厂提供的更有利的条件。区位优势是对外直接投资的充分条件,它的大小取决于:要素投入和市场的地区分布状况,各国生产要素的成本与质量,基础设施的完备、充裕程度,政府政策、金融制度与金融状况,市场容量与消费需求构成,以及由于经济条件不同而形成的国内市场与国外市场的差异和由历史、文化、语言、风俗、偏好、商业惯例等形成的社会背景等因素。就一般情况来说，劳动力成本较低，对企业生产的产品需求量较多，没有政策性或政治性风险的国家或地区具有区位优势。

企业从事国际生产时必然受到区位因素的影响。只有国外区位优势大时，企业才有可能从事国际生产。哪个国家的区位优势越大，企业在那个国家从事生产的可能性也越大，因为企业可以利用该国的要素投入和市场条件而获得较大的内部化利益。从总体上看，区位优势不仅决定着企业从事国际生产的倾向，而且决定着它的对外直接投资的部门结构、地区结构和国际生产的类型。

2.6.5 邓宁的基本结论

邓宁认为，一国企业是否应从事国际生产和对外直接投资，应当全面研究和评价它是否具备企业优势、内部化优势和区位优势。三类优势是相互结合、缺一不可的，任何一类优势都不能单独用来解释国际生产和对外直接投资的倾向，只有同时具备这三类优势时才可以进行对外直接投资。如果一个企业仅具备企业优势但缺乏内部化优势和区位优势，它就只能采用许可证贸易方式，通过技术贸易而受益。如果企业具备了企业优势和内部化优势，但缺乏区位优势，它就可以采用出口贸易方式，通过商品出口而得利；由于有一定的规模经济效益（来自内部优势的收益），因而出口所得利益高于技术贸易利益。如果同时具备三类优势而企业采用出口贸易方式，就会丧失由区位优势带来的收益；但如果企业采取对外直接投资组织国际生产，就可以全面获得来自三类优势的收益。这就是说，对外直接投资是充分利用三类优势的最佳方式。

从总体上看，邓宁理论较成功地综合吸收了早期各种跨国公司理论的精华，通过对外直接投资决定因素的分析，归纳出三组变量，令人满意地解释了跨国公司对外直接投资应具备的条件，对当代跨国公司理论的发展具有重要意义。尽管对这一理论也有一些批评意见，例如，它被认为没有清楚地说明三类优势（变量）在时间过程上的变化性态、相互之间的联系与影响，以及优势大小程度差异对国际生产具体类型选择的影响，但仍被认为是迄今最完备的模式。

本 章 小 结

跨国公司理论是在跨国公司实践的基础上逐步建立起来的。从20世纪60年代开始，已先后出现了多种不同的理论学派。对各种理论的了解，有助于我们加深跨国公司这一经济现象的认识，也有助于正确指导企业的跨国经营活动及加强对跨国公司的管理。

美国学者斯蒂芬·海默所提出的"垄断优势理论"认为：跨国公司对外直接投资源于它们拥有垄断优势和市场的不完全性。另一些经济学家在海默理论基础上，进一步认为垄断优势包括知识优势、产品差异优势、规模优势、管理优势及资本优势。

哈佛大学教授雷蒙·维农提出的"产品周期理论"、日本国际经济学家小岛清提出的"边际产业扩张理论"、英国学者巴克莱与卡森提出的"内部化理论"都分别从不同的角度解释了跨国公司对外直接投资的原因及机理。

更值得一提的，还是英国里丁大学教授邓宁所提出的"国际生产折衷理论"，该理论指出跨国公司的对外直接投资取决于公司的企业优势、内部化优势和区位优势，这三组变量的不同组合决定了跨国公司在出口贸易、对外直接投资与许可证交易之间的选择。该理论被认为是迄今为止最完备的解释跨国公司直接投资现象的理论模式。

关键术语

要素禀赋理论　　垄断优势理论　　产品周期理论　　边际产业扩张理论　　比较优势　　比较劣势　　内部化理论　　市场不完全　　国际生产折衷理论　　企业优势　　内部化优势　　区位优势

复习思考题

一、选择题

1. 下列各项理论中，（　　）项属于跨国公司理论。
   A. 垄断优势理论　　　　　　B. 产品周期理论
   C. 边际产业扩张理论　　　　D. 内部化理论

2. 国际生产折衷理论的基本观点包括（　　）。
   A. 企业有高于其他国家企业的垄断优势
   B. 企业通过内部市场来扩大对这些优势的利用比出售或出租给外国公司更有利
   C. 企业在东道国结合当地要素投入来利用其拥有垄断优势比利用母国要素投入更有利
   D. 企业优势的大小与直接投资的区位中企业的所有权特定优势情况无关

3. 企业进行国际经济活动的主要形式包括（　　）。
   A. 并购与重组　　　　　　　B. 对外直接投资
   C. 出口贸易　　　　　　　　D. 许可证交易

4. 产品从进入市场开始，就开始了生命周期运动，其过程包括（　　）几个阶段。
   A. 创新阶段　　　　　　　　B. 成长阶段
   C. 成熟阶段　　　　　　　　D. 标准化阶段

5. 跨国公司的垄断优势包括（　　）。
   A. 知识优势　　　　　　　　B. 产品差异优势
   C. 规模优势　　　　　　　　D. 管理、资本优势

二、思考题

1. 新古典国际资本流动理论的观点是什么？为什么说它不是真正的跨国公司理论？
2. 20世纪60年代以后陆续提出的一些跨国公司理论有哪些共同的出发点？
3. 垄断优势理论的观点是什么？对该理论应作如何评价？
4. 产品周期理论的观点是什么？如何评价这一理论？

5. 边际产业扩张理论的核心是什么？该理论有什么合理及不合理之处？
6. 叙述内部化理论的基本思想。内部化理论的贡献和缺陷是什么？
7. 国际生产折衷理论的基本观点是什么？如何评价这一理论？

案例分析

微软：见证中国纪元

作为软件、服务和解决方案领域的领先企业，微软公司自1975年成立以来，一直致力于为全世界用户创造新的机遇、价值和体验。30多年来，微软始终引领技术变革，提供卓越的软件产品、解决方案和服务，满足客户和市场的需求，帮助企业和个人实现潜能。微软也从最初的三个人的创业公司，成为今天拥有8万多名员工、年营业额超过600亿美元、合作伙伴遍及全球的跨国企业。

1992年，微软在北京设立代表处，1995年成立微软（中国）有限公司。近20年来，微软在中国的规模不断壮大，员工总数超过3 000人，分支机构和业务覆盖全国，涵盖基础研究、产品开发、市场销售、技术支持和教育培训等多个层面。微软在中国已拥有超过4 000多个注册合作伙伴，中国已经成为微软全球最重要的战略市场之一。微软中国也已成为微软除美国总部以外，机构设置最全面、功能最完备的子公司。同时，微软一直非常重视在中国进行研发和创新。微软在中国的研究机构不断升级。2006年成立微软中国研究开发集团，由微软亚洲研究院、微软亚洲工程院和分布于北京、上海、深圳的五大产品中心、战略合作部组成，涉及基础研究、技术产品孵化、产品开发和战略合作，研发人员超过1 800人。未来3年，微软在中国的研发投入将超过10亿美元。微软还通过资金、技术、人才和市场等多方面支持和参与中国的信息化建设，携手打造健康的产业链，与本地伙伴实现共赢。IDC报告显示，2007年微软在中国每创造1元收入，与微软合作的其他企业就会创造出合计16.89元的收入。

微软的经营理念可从它在中国市场上的以下几个方面看出来。

1. 群策群力开启"中国纪元"

改革开放30多年来，高速成长的中国经济和持续扩大的市场规模，为跨国企业提供了丰富的业务和创新机遇。其中，1992—1997年是跨国企业中国事业的起步阶段。1992年，微软在北京设立了代表处。"起步"的特征表现为：跨国企业在中国的主要工作是完善机构职能和进行初步的市场开拓。微软是跨国企业中较早开展用户研究、产品测试和产品本土化的公司。和其他许多外资企业一样，那一时期微软在华研发投入更侧重于"D"（Develop）而非"R"（Research），换而言之，由于植根尚浅，对国内产业和市场环境的认识不够深入，大多数跨国企业的本土化都处在初级阶段。

1998年，微软、英特尔等IT企业率先在中国建立基础研究和产品开发机构，表明一些跨国企业已真正做好了扎根中国的准备，并将本土化作为一项长期任务，战略合作阶段就此拉开序幕。

2003年，微软在北京建立了微软亚洲工程院。这一在微软架构中独一无二的研发机构的诞生，不是因为公司突然萌生了特定的产品开发需求，而是出于微软领导者对中国人才的创造力和激情的由衷信任。工程院的成立同样获得了总部的巨大支持,微软在世界其他国家和地区从没有过类似的机构设置。

2006年,微软在一期合作圆满成功的基础上,分别与国家发改委和信息产业部签署了第二期合作谅解备忘录。微软承诺在5年内投入1亿美元与中国的软件企业进行合资及合作;向中国软件企业提供1亿美元的软件技术支持、软件开发和软件测试服务订单;每年微软还向中国厂商提供7亿美元的硬件产品出口订单;建立一系列试验室促进技术合作和创新;共同建设软件开发和信息技术应用人才培训体系等。

2. 与中国软件产业共成长

(1) 贡献"中国智造"

对创新的执著追求、对合作的高度重视是微软引领产业进步和革新用户体验的关键。与中国软件产业共同成长,携手打造健康的产业链,致力于促进创新则是微软公司在中国的长期战略和一贯承诺。多年来,微软通过根植本土来构筑和谐产业生态圈,通过吸纳和整合优秀人才来加速创新经验的移植,通过对中国市场独特发展状况的研究和体察来定制适合本土客户的技术、产品和解决方案,通过扩大投资规模、强化外包合作与合作伙伴们携手向前。今天,微软已堪称为一家真正的"中国公司",并不断为"中国制造"向"中国智造"的转化,贡献着自己的心力。

(2) 打造中国软件产业生态链

多年来,微软一直在通过战略投资、联合创新、人才培养、技术和商业机遇分享等形式向国内同仁移植创新经验,打造完整的产业生态链,促进产业升级。根据IDC发布的一项全球调研报告,2007年,微软携手合作伙伴共建的生态系统为中国软件产业"创造超过1 200亿元"的价值。

与中国软件产业共成长,是微软在中国坚定不移的发展战略和长期承诺。在战略投资方面,微软已经对包括浪潮国际、中软国际、大连华信等本地企业进行战略投资。在人才培养方面,自2003年以来,微软通过与发改委和信息产业部的合作,已经培训了数以万计的软件架构师和高级项目管理人员。技术合作方面,微软一直与产业合作伙伴展开多种形式的技术合作。2008年10月,安装了微软Windows HPC Server 2008操作系统的曙光5000A以每秒233.47万亿次浮点运算的系统理论峰值和每秒180.6万亿次浮点运算的实测Linpack峰值,成功跻身全球超级计算机500大排行榜第10名。微软和曙光的成功合作,向世界表明了中国已成为世界上除美国外第二个可以研发生产百万亿次超级计算机的国家。此外,微软还与地方政府及合作伙伴精诚合作,在成都、辽宁、合肥、广州、江苏等地打造了20个微软技术中心,并成功地把十几项专利技术授权给本地合作伙伴使用。

3. 做良好的中国公民

在以信息技术推动产业升级、加速中国创新进程的同时,微软在中国还积极以自律、负责任的态度积极参与和谐社会的建设。进入中国以来,微软始终以"做良好的中国公民"为己任,积极整合公司优势资源,与政府有关部门及其他机构合作,推动缩小数字鸿沟,帮助各层次、各地区的人们视线自己的最大潜能。

2003年11月,教育部——微软(中国)"携手助学"项目正式启动。2006年,微软与信息产业部签署了合作备忘录。合作的重点之一是助力农村信息化建设、缩小数字鸿沟。微软承诺五年内投入不少于2.5亿元,用以加强与中国信息产业界的全面合作,帮助提升中国软件企业的开发创新能力，同时推动农村信息化建设，缩小数字鸿沟。

此外，微软的员工还以志愿服务的方式回馈社会。每个员工每年拥有三天带薪志愿者服务假，微软员工会上门为盲人讲电影、在社区学习中心授课或是参与"携手助学"农村支教活动等，以不同形式投入到社区事务和公益活动中。

（资料来源：王志乐．2009跨国公司在中国报告．北京：中国经济出版社，2009．）

【案例思考题】

1. 微软公司在中国开展的经营活动说明微软具有哪些方面的优势？微软公司又是如何利用这些优势的？

2. 如何利用跨国公司的理论来解释微软公司在中国市场的投资和经营活动？

第 3 章 跨国公司的全球战略

导读

20世纪80年代以来，跨国公司的经营管理进入到了一个新的阶段，许多跨国公司的经营管理的重点开始放到战略管理上，而战略管理的基本特征是面向全球市场，谋求长远利益，强化内部协调发展。面向全球市场是现代跨国公司战略发展中最重要的、也是对世界经济最有影响的特征，它使现代跨国公司进入全球战略管理阶段，既谋求向全球市场扩张，充分利用每一个国家和地区的资源，又加强内部联系，将分散在不同国家和地区的子公司组成一个战略性的全球战略体系，使跨国公司及真正的国际化垄断组织出现在国际竞争之中。本章主要介绍跨国公司全球战略管理的基本原理和基本方法，说明跨国公司全球战略思想、目标、对策及管理过程。

3.1　跨国公司战略的演变

3.1.1　跨国公司战略的发展过程

跨国公司的全球战略是从跨国经营战略发展而来的。应该肯定的是，跨国公司的战略管理很早就有。这是因为跨国经营伴有大量资本的投入，但是企业又面临着大量的不确定因素，经营决策稍有失误，都会给企业带来严重的损失。所以，决策者们必须从战略管理的高度，认真分析国际市场的特征及其变化，分析经营环境及其可能存在的机会与威胁，科学地制定全面战略规划，用以指导企业的跨国经营。从历史发展过程的角度来看，跨国公司的经营战略大体上有三种。

1. 境外产销战略

跨国公司产生初期，随着产品出口销售这种经营形式的转变，多采取"境外产销战略"，即为了进入国外市场，站稳脚跟，到国外某个市场进行直接投资，实行就地生产，就地销售。实施境外产销战略的经营活动范围只限于投资所在东道国，条件是满足东道国国内市场的需要，其战略特征是利用东道国的优惠政策、某些廉价生产要素或其庞大的市场容量等条件，向东道国市场转移产品的生产基地以取代出口。

这一战略具有明显的进入目的性和视野局限性，而且相对来说投资少、成本低。实施这一类战略的企业原先多数是产品出口企业，在从事某些产品生产和在东道销售方面已有一定的基础,可利用现有的销售网点、生产设备、技术和人际关系。实施这类战略,经营范围相对较小,协调量也较小,对新建立的跨国公司比较适用。

2. 境外供应战略

跨国公司在国外站稳脚跟以后,就要谋求业务发展。一般情况下,为增强资本安全性和赢得本国政府支持,公司往往采取"境外供应战略",即为了促进母公司和每个子公司发展经营,廉价地提供它们需要的但母国供应短缺的原材料、半成品或其他的生产要素,而扩展在投资所在东道国的生产经营活动。这种战略大多涉及自然资源的开发,出口国无力增加供应,于是跨国公司就在当地建立子公司,开采那些自然资源,再组织出口销售。这种战略把国外生产经营和商品销售安排在两个国家,不再局限于东道国一国市场,因而决策视野与战略内容比起境外产销战略来,更广泛复杂一些。进入东道国不再是目的,而只是一种手段。

3. 全球经营战略

当今不少跨国公司将大部分资本投放于世界各国市场,国外分支机构和子公司分布广泛,经营业务、销售收入和利润依赖于世界市场。在这种情况下,才出现了跨国公司的"全球经营战略",即要从全球市场经营的要求出发,对公司的有限资源进行全球性的战略配置,追求实现"全球性的战略目标"。全球经营战略把决策视野扩大到全球化的程度。

3.1.2 跨国公司实施全球战略的动因

全球战略在20世纪80年代前后被提出来,不是偶然的,而是有其一定的客观原因的。

1. 跨国公司经营规模及对外直接投资的扩大是推动它们走向全球战略管理的内在原因,也是最根本的原因

第二次世界大战以后,尤其是从50年代后期起,世界贸易自由化和相对稳定的国际货币体制的建立,为跨国公司对外直接投资的发展创造了良好的条件。首先是美国的跨国公司得到了迅速的发展。在战后10余年间,由于日本、西欧各国受到战争的严重破坏而亟待恢复,又缺资金,因此非常欢迎美国人投资。而美国则利用"援助"的机会,特别是通过实施"马歇尔计划"、"道奇计划"和"第四点计划",带动私人资本和商品的输出。例如,1948年3月美国国会通过的"马歇尔计划"以援助欧洲复兴为名,要求接受援助的国家大量购买美国货,取消或放宽对美国公司对外投资和商品输出的限制,为美国公司大开绿灯。这样,从1950年到1960年,美国公司对外直接投资总额由117.88亿美元上升到318.65亿美元,增长了170%。进入60年代以后,虽然西欧和日本迅速恢复了经济,但由于美国与西欧、日本之间贸易收支长期不平衡,最终导致了美国私人公司向外直接投资的迅速发展。从1960年到1969年,美国私人对外直接投资增加了123%,总额达到710.16亿美元。美国跨国公司向西欧的资本扩张活动,引起了西欧各国的恐慌。为了同美国的跨国公司相抗衡,西欧的一些大型垄断企业,在20世纪60年代后期,依靠本国政府的支持,纷纷进行合并,形成更大规模的国际性垄断企业。例如,1966年意大利的化学垄断组织蒙特卡提尼和曼迪生公司合并成立了蒙特爱迪生公司;1967年,法国有色冶金业巨头齐纳公司和库尔曼公司合并成为齐纳-库尔曼公司,之后又同制铝集团垄断组织贝希奈公司合并,成为西欧有色冶金业最大的跨国公司。有些则是跨国界的跨国公司的合并。例如,意大利的菲亚特汽车公司与法国的西特罗汽车公司的合并，联邦德国的联合飞机制造公司和荷兰的福克飞机制造公司的合并。日本在这一时期也出现过一些企业并购高潮。在政府的支持下，1964年发生了三菱和三重公司的合并；1966年日产汽车与王子汽车两公司的合并；1968年日商与岩井两大综合商社的合并；1970年八幡与富士两大钢铁大王的合并及1971年日本第一银行与日本劝业银行的合并。这些合并产生出一批规模巨大的跨国公司，同时也使它们对外直接投资迅速扩大起来。

跨国公司对世界各国，特别是对发展中国家直接投资的急剧增长，一方面推动了世界经济的发展，另一方面也使这些跨国公司的规模迅速扩大。据联合国贸发会议公布的报告指出，在经济实力方面，某些跨国公司与一些发展中国家——如智利、巴基斯坦或尼日利亚——不相上下，或是超过他们。

跨国公司经营规模的扩大和对外直接投资的急剧增长，促使跨国公司从一般的经营战略过渡到了全球化战略。

2. 进入20世纪80年代以后国际市场竞争激烈化，是跨国公司实行全球战略的直接原因

在20世纪80年代以前，各国跨国公司实行的基本上是区域市场渗透战略。例如，在20世纪50年代，美国公司的海外直接投资主要集中在拉丁美洲和加拿大（两者约占总额的70%）。进入20世纪60年代后，美国海外直接投资大量进入欧洲市场，使美国在欧洲的直接投资远远高于在其他国家和地区的直接投资。欧洲、日本的跨国公司对外直接投资大多数也集中在欧洲市场。这样，欧洲市场曾经成为发达国家跨国公司最集中的地区，也曾经是世界上最大的市场。在欧洲市场上跨国公司经营力量过度集中，导致那里出现竞争的激烈化以后，欧洲、日本的跨国公司把经营业务扩张到了加拿大、拉美各国，甚至对美国进行直接投资。一些发展中国家的跨国公司也基本上向这些地区进行直接投资。因此，到1980年出现了美国吸收的外国直接投资额超过了它输出的对外直接投资额。1980—1986年间，各国对美国的直接投资额以21.26%年平均速度增长，美国又成为跨国公司最大的投资市场。到1986年，外国对美国的直接投资额已占世界对外直接投资总额的40%以上。与此同时，世界各大跨国公司的注意力开始向亚太地区新兴的发展中国家转移。例如，中国的对外开放使得它开始成为了世界上吸引外资最多的国家。对外直接投资的迅速发展使欧洲和日本的跨国公司在规模和技术方面缩小了与美国的差距，形成了美、日、欧三足鼎立的局面。但是跨国公司投资市场的过度集中，导致了区域市场竞争的激烈化，一些跨国公司的投资收益率开始出现了负增长的现象。为了寻求合理地配置资源，提高资源配置效率和投资收益率，跨国公司的高层管理决策者们开始意识到，要寻找和开发利用全球性的投资机会，综合利用各国市场和相对优势，以此来实现企业的长远发展，也就是说，要实施全球战略管理。

3. 科学技术的加速发展也是推动跨国公司实施全球战略的一个重要原因

科学技术的加速发展是20世纪最突出的社会现象之一。科学技术的发展一方面表现为新的发明创造不断涌现，新产品、新技术层出不穷，促进了经济的发展，丰富了社会生产和生活的内容，改变了人们的生产和生活的方式。另一方面表现为新产品从发明到正式生产的开发周期、从投入市场到被市场淘汰的市场寿命周期不断缩短。例如，照相机从发明到正式生产经过了12年（1827—1839年），电话从发明到应用经过了56年（1820—1876年），但到20世纪，原子弹从发明到制成仅用了6年（1939—1945年），集成电路只用了3年（1958—1961年），而1970年激光的发明到应用，只用了两个月的时间。导致新产品开发周期不断缩短的主要原因是社会对科学技术研究与新产品开发研究的投入迅速增长起来。凡是在那些研究人员和资本投入比较密集的开发研究领域，新研究成果问世的加速度一般都较大，新产品的开发周期缩短的速度比较快。新产品加速问世，使市场上已有的产品迅速地被淘汰。例如，汽车的结构型号年年不同，服装的花色款式日新月异。收音机的问世淘汰了留声机，而收录机的出现又挤掉了部分收音机市场，电视机的出现使收录机、收音机的市场进一步缩小。计算机自问世以来，已经发展到第五代，换代的间隔时间越来越短，换代产品的性能、质量提高幅度也越来越大。应该强调的是，绝大部分新技术、新产品都是由跨国公司创造的，产品更新换代速度不断加快也是跨国公司在区域市场上谋求技术领先优势的经营行为所造成的。这种过快的产品更新换代速度不允许跨国公司从新产品、新技术上得到最大限度的投资回报。这实际上意味着技术资源处于低效率利用状态。跨国公司的管理决策者们注意到，各国技术发展水平是不平衡的，在一个国家进入被市场淘汰阶段的某种产品，在其他的一些国家则可能是新产品。将这些产品出口到其他国家，或者在其他的某个国家实行当地生产就地销售，就可以扩大产品销售量，延长产品的市场生命周期。这样就可以使跨国公司技术资源的利用效果大大提高。跨国公司只有实行全球战略，才有可能实现这一目的。

进入20世纪70年代以后，新的科技革命的浪潮席卷全球。新的科学技术，包括计算机技术、生物工程、新材料、新能源、航天技术、光导纤维、生态农业、信息技术等等开始在一些国家首先发明、发现并进而大量应用。现代科学技术迅猛发展的一个重要特点是，新技术以群体形态出现，带来了一个个新的产业群、产品群，从而引起国际产业结构、国际市场环境和国际贸易结构的巨大变化。新兴产业取代"夕阳产业"而成长，生产要素的结构由劳动密集型向资本、技术密集型转变，各类商品市场的国际化程度不断提高，跨国公司经营的国家或地区范围越来越大。这些变化客观上要求跨国公司在经营方向和经营结构上作出转变，而实现这一转变需要花费相当大的人力、物力和财力，如果贸然行事，可能导致公司资源得不到最佳配置而降低经营效果。因此，为了保证公司实现正确的转变，就一定要高瞻远瞩地制定科学的全球战略决策。

3.1.3 实施全球战略的条件和意义

一个跨国公司要实施全球战略，一般情况下，必须具备以下三个方面的条件。

① 有众多的子公司分散在世界各地，国外经营业务量在整个公司中占有相当高的比重，具有适应全球市场需要的资本与技术优势。

② 公司生产分工无论是在广度还是深度上都达到很高程度，因而存在着在全球范围内寻求资源与市场的需要。

③ 有一个由强有力的决策-指挥中心及其控制的高效率信息沟通系统为主体构成的全球战略管理体系。

只有在上述条件下，跨国公司才有必要把战略决策视野从局部或从母国转向全球，才有可能制定并实施全球经营战略，前两个条件一起说明实施全球战略的必要性；第三条件着重说明实施全球战略的可能性。为了有效地实施全球战略，跨国公司通常建立高度集中的管理体制，实行集中决策、分散经营的原则。在这种体制下，分散在世界各地的各子公司、各分支机构都要服从总公司的决策，这样就把各子公司、各分支机构联系起来，组成一个有机整体，即"内部一体化的经营体系"。此外，考虑到国际经营环境复杂多变，竞争激烈，对于许多具体的、执行性的、需要及时作出决定而不允许延误的问题，不能都由总公司来进行决策，因而在总公司统一领导下，各分支机构和子公司又保持适当的经营自主权，这样就可以面对各种变化的环境及时作出相应的反应，只要符合整个公司的战略利益，总公司不予干预。这样就能够充分发挥各分支机构和各子公司的主动性和积极性，保证整个公司从微观到宏观的资源配置或经营组织的合理化。

实施全球战略对于跨国公司的经营发展具有重要意义。

首先，通过全球战略，可以把各分支机构和各子公司联结起来，加强公司的统一性、合作性、协调性，强化公司在世界市场上的整体功能；其次，通过对资源利用和商品销售的全球统一调配，提高了资金、技术、人力、物力和信息的使用效率，能够获得来自全球市场的最大效益；其三，通过实施全球战略，跨国公司不断开拓和渗透国际市场，不断攀登技术创新、产品开发和管理科学化的新高峰，就可以提高公司对世界市场的普遍适应性和竞争能力。

3.2 跨国公司全球战略的定义和特征

3.2.1 跨国公司全球战略的含义

战略一词原本是军事用语，意为指导战争的谋略。在《辞海》中，将战略一词定义为"泛指重大并带有全局性和决定全局的计谋"。20 世纪 70 年代后期，西方国家的企业，为了在激烈的国际竞争中实现自己的经营目标，将这一军事术语用于企业的经营管理。

跨国公司全球战略，是指跨国公司在全球范围内进行资源的优化配置，以期达到长期总体效益的优化，即在正确战略思想指导下，在科学分析国际经营环境和自身经营条件的基础上，为求得长期生存和发展而作出的总体、长远的谋略。这既是公司战略思想的集中体现和经营范围的科学界定，又是制订规划（计划）的基础。具体地说，跨国公司的全球战略，就是在经营活动中，以全球的竞争视野和思维方式，在考虑来自世界任何国家和地区的激烈竞争和各种可能变化的环境制约因素时，要从全球、长远的角度出发，最合理地配置和使用各种有限资源，对各种市场作出合理的选择、组合及有效的进入。从其制定要求看，全球战略就是从机遇和风险的角度评价现在和未来的环境，用优势和劣势评价公司现状，进而选择和确定公司的全球、长远目标，制订和选择实现目标的行动方案。

需要强调指出，全球战略应当是一个以变革为实质内容的概念。跨国公司生存在激烈变化、严峻挑战的环境中，要在这种环境中生存发展，必须通过不断革新的姿态，创造性地经营企业。也就是通过实施具有革新实质的全球战略，使公司从适应（或不适应）目前的环境状况转变成适应未来的另一种环境。而要实现这种转变，仍用过时的经验来管理公司，或仅仅进行一些局部改进都是不可能的，必须积极勇敢地面对环境的变化，采取革新性的措施。也就是说，要冷静地分析环境的变化及其原因，洞察未来的动向，确定环境对公司发展的影

响,然后从全球出发,谋划出革新公司状况的对策。要变革公司,就要正确地回答以下四个方面的问题:

① 应该变革什么?
② 应向什么方向变革?
③ 应变革到什么程度?
④ 怎样实现这些变革?

这就是全球战略所要解决的本质问题。总之,公司在国际变化激烈、挑战频生的环境中,必须探索未来的动向,寻求发展未来事业的机会,变革公司现在的经营结构,选择通向未来的经营途径。

3.2.2 跨国公司全球战略的特征

跨国公司全球战略有以下一些特征。

1. 全球性

全球战略不受任何民族、国家的局限,不是简单孤立地考虑一个特定国家的市场和资源,不是处理一时一事的得失,而是全面考虑世界的市场和资源,在多国基础上取得最大的经济效益,实现全球经营目标。它是以公司的全局为对象,根据公司全球发展的需要而制定的。它所规定的是公司的全球行动,虽然它必然包括公司的地区活动,但这些地区活动是作为全球行动的有机组成部分在战略中出现的。

2. 长远性

全球战略是公司谋取长远利益的发展要求的反映,是公司对未来较长时期内如何生存和发展的通盘筹划。它不是以短期的国际市场经营的成败得失为着眼点,而是谋求国际市场经营长期的发展,而且为了长远的发展,有时还会牺牲眼前的利益。虽然它的制定要以公司当前外部环境和内部条件的情况为出发点,但是这一切都是为了更长远的发展,是长远发展的起步。凡是为适应环境条件的变化所确定的、基本不变的长期目标和实现目标的行动方案都是战略。而那种针对当前形势灵活地适应短期变化、解决局部问题的方法都是战术。

3. 纲领性

全球战略规定的是公司在全球的长远目标、发展方向和重点,以及所采取的基本行动方针、重大措施和基本步骤,这些都是原则性的、概括性的规定,具有行动纲领的意义。全球战略必须通过展开、分解和落实等过程,才能变为具体的行动计划。

4. 抗争性

市场就是战场,跨国公司的经营如同作战,公司为了开拓占领市场,就必须战胜对手,而跨国公司的全球战略,就是关于公司在激烈的竞争中,如何与竞争对手抗衡的行动方案,同时也是迎接来自各方面的许多冲击、压力、威胁和挑战的行动方案。它与那些不考虑竞争、挑战,而单纯为了改善公司现状,增加经济效益,提高管理水平等为目的的行动方案不同。只有当这些工作与强化公司竞争力和迎接挑战直接相关,具有战略意义时,才能构成全球战略的内容。

5. 风险性

跨国公司的全球战略，规划的是未来的公司经营活动。跨国公司未来的外部环境是变化的，有很大的随机性，因此现在看来是很正确的全球战略，在实施过程中也会遇到这样或那样的风险，从而也就决定了全球战略决策具有如下性质。

① 决策的对象复杂，很难把握住它的结构，并且没有先例，对其处理也没有经验可循。

② 面对的问题常常是突发性的、难以预料的，所依据的是来自国际市场未来如何变化的很少的情报。

③ 决策的性质直接涉及公司的前途，进行这种决策不仅要有长时间的准备，且见效时间长，风险也大。

④ 评价困难，难以标准化。

跨国公司的全球战略，由于民族文化的差异，还会反映出各自民族文化的特征。

跨国公司的全球战略，由于具有全球性、长远性、纲领性、抗争性、风险性等特征，因此，它对跨国公司的全球经营具有十分重要的作用。

① 它使跨国公司有长远和基本的经营活动方针及奋斗目标，不断攀登技术、产品和管理的新高峰，提高公司的应变能力和竞争能力。

② 它将跨国公司的多种经营活动有条不紊地组织起来，能最有效地使用资金、技术、人力和物力，有效地发挥经营活动的整体功能，达到全球一体化的效果。

③ 它能统一跨国公司内部职工的思想行动，有助于调动各级人员的主动性和创造性。

因此，全球战略的意义就在于使跨国公司具有统一性、灵活性、有效性。可以这样说，一个跨国公司如果没有自己的全球战略，它的经营活动就没有了灵魂，就不可能有科学合理的经营战略组合，不可能谋求长期的发展。事实也证明，跨国公司的各子公司，若团结于一个共同的战略目标之下，它们的经营效果要比其所在国的当地公司好得多。

3.3 跨国公司全球战略的基本内容

3.3.1 全球战略的基本结构

作为对整个公司长远发展的安排，跨国公司全球战略要全面协调各部分的经营活动，突出整个公司的战略特色。因此，一项完整的跨国公司全球战略应该包括四个层次。

（1）整个公司的全球总战略

全球总战略是说明跨国公司长远发展的战略思想、战略目标、战略对策。

（2）各个国家和地区市场的经营战略

用来说明跨国公司经营的核心国家和地区、重要国家和地区及辐射国家和地区，说明在每个国家和地区组织经营的动机、目标、计划与任务。

（3）子公司、分支机构层次的经营战略

将整个公司全球战略任务分解以后，具体落实到每个子公司、每个分支机构。子公司、分支机构战略的任务就是对如何落实、确保完成整个公司的总战略任务进行安排。

(4) 经营业务类别和产品类别的战略

对各个经营领域中跨国公司或各子公司及分支机构如何开展经营活动,如何协调发展作出总体安排。

从纵向来进行分析,每种不同的战略又都是由以下三个部分组成。

(1) 战略思想

即一个战略的基本理论依据,用来说明这个战略为什么是这样而不是那样,其要点(基本路线和方针)是什么,成功的可能性和成功价值(能达到的目标)为多大。

(2) 战略目标

即一个战略要实现的总目标和具体目标,用于说明要达到的经营状态、发展速度、经营安全性和投资收益率等。

(3) 战略对策

即实施一个战略的人力、物力、财力投入的安排及技术的、管理的控制措施。

跨国公司全球战略就是由包括战略思想、战略目标和战略对策的总公司战略、子公司战略和业务(产品)战略构成的一个战略体系,它表现出与一般企业经营战略的悬殊差异。以下重点讨论跨国公司总公司全球战略的内容。

3.3.2 跨国公司的全球战略思想

跨国公司的全球战略思想是指导制定和实施全球战略的基本依据和行动准则,是跨国公司全球战略的基本内容之一。正确的战略思想是制定和实施全球战略的灵魂,是公司成功的关键。一个正确的战略思想,可以保证公司在复杂环境中方向端正,发展顺利,取得成功,达到目标;反之,战略思想不对,就会使公司经营被动,到处碰壁,甚至走入歧途。因此,跨国公司树立正确的全球战略经营思想至关重要。

1. 跨国公司全球战略思想的基本观念

① 全球用户观念。用户就是"上帝",要为满足全球消费者的需求服务,树立公司的国际信誉,保证公司牢固地立足于国际市场。

② 全球竞争观念。国际市场竞争是激烈、复杂的,但又是不平衡的。必须从全球出发,选择对自己经营最有利的市场。

③ 全球创新观念。求新求善,创造新的国际需求。例如,有的产品、技术在某国已过时,但在另一国却是新颖的,要从全球的需求差异考虑创新。

④ 全球时效观念。时间是经营的生命,机不可失,时不再来。要从全球角度考虑整体、长远的经济效益。

⑤ 全球系统观念。制定战略时,要把全球作为总体研究,考虑全球性的发展规律和方向,着眼于整体的动态平衡和全球的协调、控制。

2. 影响跨国公司全球战略思想的因素

跨国公司的全球战略思想受多种因素的制约。由于它是公司外部经营环境和内部经营条件的反映,因而也会受到企业文化及公司高层管理人员素质的影响。跨国公司的全球战略思想不能以个人好恶来确定,而要符合国际社会现代化大生产的需求。这主要表现在以下几方面。

(1) 要符合发展现代商品经济的要求

商品经济与以往相比，呈现出许多新的特点，如国际分工更加细致，协作更加紧密；产品由劳动密集型转向资本、技术密集型；产品的生命周期由长变短；国际市场竞争更加复杂、激烈；消费者的需求由求实、求廉转向求新、求美等。所有这些都要求跨国公司树立相应的全球战略思想。

(2) 要符合国际社会发展的要求

每个国家都有自己的社会制度，有国家和民族的利益，为了加强管理，促进本国经济的发展，都会制定出相应的政策和法律。国际社会为了管理好国际经济，也会根据国际政治、经济的发展和变化，制定出相应的政策和法律。这也要求跨国公司不能只从自身的利益出发，而要树立本国利益、东道国利益、国际经济利益相协调的思想；否则，必然要碰壁。

(3) 要符合国际市场和资源优化组合的要求

跨国公司的经营不能像国内企业那样，仅在国内寻求发展的机会，而要去考虑寻找全球性的机遇、全球性的选择，展望全球未来的发展。

跨国公司的最高领导人的思想观念，对跨国公司全球战略思想的形成与确定有直接的联系，因此要求跨国公司领导班子要有全球观念，有全球战略头脑，能高瞻远瞩、居安思危，能求实创新、敢冒风险、灵活应变。

3.3.3 跨国公司的全球战略目标

跨国公司的全球战略目标，是指跨国公司在一较长时期要达到的全球经营的总水平或预期效果。它是全球战略的核心，是全球战略思想的具体化、定量化。

1. 全球战略目标的内容

跨国公司的全球战略目标，一般包括以下几个方面。

(1) 生产经营方向

跨国公司要研究开发产品的种类、经营业务范围的扩大与缩小，以及生产经营方式的变化等。

(2) 用户和市场方向

其中，包括主要服务对象的确立和转变，主攻市场及市场的组合，市场占有率的水平等。

(3) 自身的发展方向

其中，包括生产规模、技术水平和管理水平的提高，主要的技术经济指标水平，在国际同行业中的地位及如何处理母国与东道国的关系等。

战略目标一般要用一套综合性的指标体系来表示，因此确定全球战略目标的过程，就是具体地选择指标体系和确定各项指标内容的过程。全球战略目标要求的指标体系，一般由数量指标和质量指标两部分构成，具体包括：利润指标、投资收益、销售收益、市场占有率、股份红利、质量控制、降低成本、产品研制、人事安排、公司形象、政府关系、环境保护等。

大多数公司往往以利润作为最重要的指标，但不能简单地规定获取利润的指标，因为利润只是公司经营的结果，它并没有为公司提出前进的方向，而其他指标完成得好坏却会直接影响利润指标。利润的大小可以由投资收益率、销售收益率和股份红利率来计算。其计算公式分别为

$$投资收益率 = \frac{纯利润}{全部资本} \times 100\%$$

$$销售收益率 = \frac{纯利润}{总销售额} \times 100\%$$

$$股份红利率 = \frac{纯利润}{全部股份} \times 100\%$$

跨国公司的全球战略目标对跨国公司的经营有着重要的作用。正确的全球战略目标，能指明跨国公司在一定时期内的经营方向和奋斗目标，突出生产经营活动的重点，把压力变成动力，引导跨国公司持续前进。确立全球战略目标，有利于把跨国公司的各部门、海外子公司的活动联成一个有机整体，产生一种"向心力"、"凝聚力"，获得整体的经营效果。建立以全球战略目标为核心的生产经营目标体系，有利于开展目标管理，实行全员经营，调动职工的积极性和创造性。

2. 全球战略目标的检验标准

一个好的有效的全球战略目标的检验标准如下。
① 层次清楚：如总目标、分目标及关系经营成败的关键目标十分明确。
② 要便于衡量：将定性与定量结合起来，尽可能用数字表示，使之具有良好的可比性。
③ 可操作性强：目标有充分的客观依据，积极可靠，留有余地，切实可行。
④ 具有协调性：各种目标在内容上要协调配套，在时间上要同步，形成体系。
⑤ 具有激励性：目标具有鼓舞作用，能激发职工的积极性、创造性。
⑥ 灵活性：目标相对稳定，但在内外部经营环境条件发生重大变化时，也可及时调整。

3. 影响全球战略目标的因素

跨国公司在确定全球战略目标时，会受到各种因素的影响，只有在认真分析研究这些因素的基础上，才可能作出正确的选择。影响全球战略目标的因素主要有以下几个方面。

（1）原全球战略目标的制约

原全球战略目标是全球战略新目标的起点。当人们要对过去全球战略经营目标实施的不良后果负责时，往往会限制全球战略新目标的确定。因此，跨国公司的领导人不应受过去全球战略目标的约束，应敢于负责、勇于开拓，去制定并实施新的全球战略目标。

（2）全球风险的承受力

跨国公司的全球风险承受力包括物质承受力和心理承受力两种。物质承受力，是在实施全球战略目标失败情况下仍然维持公司经营的物力、财力的大小；心理承受力，是跨国公司领导人的心理特征。有的领导敢于冒风险，有的领导不喜欢冒风险，这对全球战略目标的确定有很大的影响。跨国经营总是有一定风险的，跨国公司的领导人应具有勇于承担风险的心理素质。

（3）全球经营环境

跨国公司的全球经营环境有一般环境和具体环境的区别。一般环境，是指国家和地区的社会制度、经济发展水平、技术水平、文化水平等；具体环境，是指本跨国公司产品的需求者、竞争者、生产经营的联合者及供应者的情况和态度。全球经营的具体环境直接影响跨国公司全球战略目标的确定，充分研究具体环境，有利于制定正确的跨国公司全球战略目标。

（4）公司自身条件的约束

公司自身条件，即公司内部因素，包括管理水平、生产能力、市场营销、财务状况、研究与发展,以及对外部环境变化的应变能力。

① 管理水平:公司管理方法是否科学化、合理化、现代化,以及公司经营效率、管理人员素质等。

② 生产能力:生产能力发挥情况、规模经济的情况、生产要素的供应潜力、技术工艺等新动向,以及生产设备适应国际市场变化的能力等。

③ 市场营销:产品在目标市场的销售情况、边际效益、产品的未来"生命循环"情况,以及销售渠道是否畅通,广告宣传媒介是否广泛而有效等。

④ 财务状况:目前及未来资金转移的能力,利润、股息水准与目标,成本控制及预算制度等。

⑤ 研究与发展:目前及未来对新工艺和新产品研究的能力、方向、资金、设备及人员等。

⑥ 对外部环境变化的应变能力:供给与成本的变化、外部需求的变化、竞争对手的力量、政府政策法令及管制措施、社会公众的态度等。

对公司内部因素必须认真分析研究,以了解自己的长处和不足,这样才能制定出好的战略目标。

(5) 跨国公司文化的影响

跨国公司文化是跨国公司员工共同的价值观和支持跨国公司全球战略的思想基础。不同的跨国公司文化,会对全球战略目标有不同的选择。

3.3.4 跨国公司全球战略对策

全球战略对策是实现全球战略目标的保证,是形成战略优势、增强竞争地位的方式方法,是跨国公司全球战略的基本内容之一。它和全球战略目标相比具有多样性、灵活性的特点。跨国公司在制定和实施全球战略对策时,要掌握好以下三点。

1. 收集信息,研究变化

跨国公司的全球战略对策,主要是用来对付竞争对手的。因此,要对竞争态势进行仔细分析,要研究需求者、竞争者、联合者、自身状况等的变化情况。

(1) 需求者

即企业产品的用户。从对产品的需求关系看,他们可以分为直接的、间接的、潜在的、差异的;从时间上看,他们可以分为长期的、短期的、临时的;从需求程度看,他们可分为大量的、中量的、少量的;等等。需求者是跨国公司的命根子,是研究的首要对象。跨国公司应认真研究用户要什么,为什么要,要多少,影响需求的政治、经济、社会文化的因素是什么及其变化趋势等。

(2) 竞争者

即争夺用户的对手。跨国公司的竞争者有直接的、间接的、潜在的,是研究的重要对象,公司要制定出与之抗衡的积极对策。

(3) 联合者

是跨国公司的朋友。联合者可分为紧密的、松散的、临时的。跨国公司应正确选择联合者及其联合方式。

(4) 自身状况

跨国公司要正确估价自身的优势和劣势、长处和短处、竞争力的大小。在国际市场中,需求者和敌、友、我四方各自独立,既有矛盾又互相联系,形成一个完整的体系。在国际市场的变化过程中,他们之间的关系可以相互转化,如竞争者可转化为联合者,联合者也可转化为竞争者,需求者也可转化为联合者。跨国公司应以"我"为核心,以"需"为争夺对象,以"友"为联,与"敌"抗衡,来制定实现全球战略目标的对策。

2. 捕捉战机,善出奇兵

国际市场的竞争是瞬息万变的,会出现许多意想不到的情况,其中有些是有利的,可以利用。只有善于捕捉这些战机,出奇制胜,才能使公司成功。当然,这些战机具有可变性、短暂性、隐蔽性。

3. 机动灵活,改变态势

改变态势,就是改变跨国公司在竞争中的被动地位。为此,要采取机动灵活的战略对策,因时、因地、因事、因势制宜。能否改变竞争态势,是衡量战略对策正确与否的重要标志。

总之,跨国公司全球战略思想、目标和对策这三个基本内容是融为一体的,三者缺一不可。

3.4 跨国公司全球战略的类型

研究全球战略类型的目的是为了更好地选择战略,为公司决策者提供帮助。从几种不同的角度,可以将全球战略分为不同的类型。

3.4.1 依照公司偏离战略起点的程度划分

公司的战略起点,是指跨国公司制定战略时已经达到的在国际同行业中的地位和水平。根据偏离战略起点的程度可把全球战略划分为以下三种。

1. 退却型战略

退却型战略,是指采取从公司现有战略的基础起点往后倒退的战略。这种战略常用在经济不景气、国际需求紧缩、资源有限、产品滞销时期,即国际市场吸引力与公司营销能力均不足的时期。它包括两种类型。

① 以退为进:先暂时从现有的地位与水平往后倒退,等条件成熟后再大踏步前进。

② 失败性的退却战略:公司市场吸引力微弱,且公司能力衰减而被迫退却。

2. 稳定型战略

亦称防御型战略。公司经过对各种条件的分析后,只能保持在现有战略基础水平上,或者仅有较少的增长并采用各种措施防御竞争对手,但又不主动出击。它包括两种基本类型:

① 积蓄力量等待大发展的战略,又称积极防御战略;

② 顶住压力、威胁,维持公司现状的战略,又称为消极防御战略。

3. 发展型战略

发展型战略是指公司在现有基础水平上向更高一级的方向发展的战略。它可选择以下几种发展方向。

1)集中生产单一产品或劳务战略

这种战略是指集中公司的资源,以较快的速度来增加现有产品、劳务中的某一种或几种的销售量及市场占有率或利润额。在社会需求日益增大的情况下，这种战略最能获得成功，是最常采取的发展战略之一。

2）密集型发展战略

这种战略是指发展与公司现有产品或劳务相似的新产品或新劳务。当公司的生产和销售尚有发展潜力时，采取积极的措施，开辟新的业务领域，增加新的花色品种，使公司经营多样化，从而全面扩大生产和销售，提高公司适应环境的能力，减少风险和获得更多的发展机会。这是使新产品或新劳务能继续利用公司原有的专门技能和技术、经验、生产线、销售渠道等基础之上的发展战略。

3）一体化发展战略

这种战略是公司在购、产、销三方面实现一体化，使加工制造、原料供应和市场销售实行联合，从而扩大生产和销售的能力。一体化发展战略的具体形式有以下三种。

（1）前向一体化战略

公司扩大经营业务，将过去销售的产品改为自己生产另一类产品的原料，从而扩大业务的经营范围。例如，石油加工提炼业，利用原油作原料，向前延伸，生产化工产品、药品、化妆品、农药、化肥等。

（2）后向一体化战略

公司通过收买或合并原料供应公司，从过去由供应商提供原料改为自己生产原料，实行供产联合。例如，汽车制造厂由原来靠购买轮胎、玻璃等改为靠自己生产。

（3）水平一体化战略

公司收买或合并同类企业，以扩大生产规模，提高竞争能力。其具体方式是购买竞争对手的普通股或投资，或两个集团共同经营。

4）多样化发展战略

公司通过创建新厂或兼并别的企业（或公司），经营与公司业务没有联系或联系不大的跨行业的业务，形成生产多种产品的综合体系。这样，公司能保持"持续的"开创力和应变力。公司的开创力指发展之道，应变力指生存之道。没有生存，就没有发展；没有发展，更无法生存。采用这种战略是利用其他部门的财力补充自己，分散风险，向具有优惠条件的经营部门转移，以提高公司整体的营利能力。

根据上述战略，公司应当选择最佳产品投资组合。也就是说，选择能够产生最大经济效益的产品或业务进行投资，对按产品分工的各部门、各地区实行区别对待，哪些该发展，哪些该维持，哪些该收缩，哪些该放弃，都应一一反映在全球战略之中。

3.4.2 按战略主要涉及的地区范围来划分

按战略主要涉及的空间来划分，具体有以下三种。

1. 本国中心战略

在母公司的利益和价值判断指导下制订出战略计划，旨在通过跨国公司高度一体化的全球活动来取得全球竞争优势。最典型的是组成全球性的若干产品集团，通过各个产品集团经理，负责保证实现必要的全球一体化。这是一种出于经济利益的诱因，以产品集团为主的模式。

采用本国中心战略，总部中一般拥有众多且有实力的计划人员，由上而下，周密制订出正式计划，总部仔细审阅各子公司经理提交的战略计划，并对计划的实施及时进行监督检查。这种战略多为汽车、化工、钢铁、大型电子设备等行业的跨国公司采用，因为它们的上游部门（研究、开发、制造）活动的增加价值比重很大。采用这种战略，各类子公司在研究、开发、制造活动中就会节约成本。总部有个集中的战略计划，就能合理安排各子公司上游部门的活动进度表；但采取这种战略，须时刻掌握东道国政府的需要和意向，否则就会丧失市场。

2. 多元中心战略

该战略是以一个地区为主，特别是从东道国需要出发的全球战略，它是从东道国的文化需要出发，在公司总部的一般经营原则指导下，由各子公司负责实现利润目标和合法性的平衡。其特征是：从财务上监督、控制的全球战略，总部只有很少的计划人员，主要是集各子公司计划之大成。

由于多元中心战略是从东道国的需要出发，因而要付出重复投入资金及经济优势受到限制的代价；但在有些业务领域中具有竞争优势。例如，联合承担财务风险，共同支付研究与开发费用，以及出口协作、子公司之间的技术转让等。因此，这种战略适用于下游部门（推销、服务）活动价值增加较多的行业，如包装、消费品、饲料、化妆品等。

3. 全球中心战略

这种战略适用于全球性系统决策的方法，把不同的子公司统一起来，通过全球商务网络来实现盈利与合法性的平衡。它是一种将产品和地区结合起来的两维结构的双重管理体制，一维着重适应性，另一维着重一体化。若某子公司执行以某国为中心的战略，它可以实施业务的适用性和地区的一体化战略计划。美国现有5%的跨国公司采用这种战略。采用这种战略对高层管理部门的要求很高；否则，在对两维进行调整时就会出现混乱。

3.4.3 按战略成功关键因素的不同来划分

公司所处的环境不同、产品不同、技术不同，因而使公司成功的关键因素也往往不同。这样，公司可以根据成功的关键因素，在全球战略中突出某一因素，以此为战略中心。按战略中心的不同，可以把公司全球战略划分为三种基本类型。

（1）低成本战略

低成本战略包括价格求廉与数量求多战略。在这种战略中，成本（价格）与数量紧密相关。它的核心是使跨国公司的产品成本比竞争对手低，也就是在追求产量规模经济效益的基础上降低成本。采用低成本战略，尽管公司会面对强大的竞争对手，但公司仍能在本行业中获得高于年均水平的收益。实行低成本战略可以使公司进入一种成本—规模的良性循环。

（2）差异化战略

差异化战略是跨国公司通过专利技术，以及凭借其他技术与管理措施，生产出在性能上、质量上优于现有标准产品的有所差别的产品；或者在销售方面，通过市场广告宣传和加强推销活动，使用户对本公司的产品产生与众不同的印象。它包括品种求新与质量求优战略，还包括在产品的功能与外观、产品售前售后的服务和产品的市场促销三个方面，寻求与竞争对手的差异化，以吸引顾客。公司为了制造出差异化产品，就要在产品设计、工艺技术、产品性能上充分发挥创造性。

（3）重点战略

重点战略是指跨国公司将战略目标集中到国际市场的某一部分，在这一部分上建立产品在成本或产品差异上的优越地位。重点战略的决策与国际市场的细分紧密相关,没有市场的细分,就无所谓重点与非重点,所以重点战略决策的首要工作是对产品的市场进行细分,找出对本公司最有利的细分市场。重点战略能够使公司集中自己的力量专为某类细分市场服务,因此比较容易成功。

3.4.4 按战略符合主、客观条件程度来划分

这里所说的主、客观条件,是指跨国公司在充分利用客观条件的基础上,经过主观努力所达到的条件。根据战略符合主、客观条件的程度可以分为三种。

(1) 保守型战略

这种战略没有充分利用公司的潜力,所确定的战略目标和对策水平低于经过努力能够达到的水平,因而公司实现目标有比较大的保险系数。

(2) 可靠型战略

该战略所制定的总战略目标与对策水平,正好与公司经过努力所能达到的水平和地位相适应,采用的手段和措施落实,条件具备,分析具体,决策正确,符合客观可能性。

(3) 风险型战略

该战略所制定的总战略目标与对策水平,超过了企业经过努力所达到的水平与地位,在与竞争者的抗衡中有一定的风险。决策的可靠程度不同,但一旦决策成功,就可以为公司带来巨大的"风险利益"。

上述跨国公司全球战略的分类如图3-1所示。

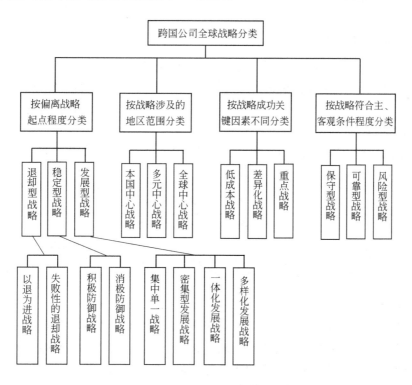

图3-1 跨国公司全球战略的分类

3.5　跨国公司全球战略管理过程

跨国公司全球战略管理,是指对跨国公司全球战略的制定和实施进行管理。其管理过程可分为两大阶段:全球战略制定阶段和全球战略实施阶段。制定阶段的管理工作,主要是如何组织力量,按必要的程序和方法把战略制定出来;实施阶段的管理工作,主要是如何通过组织系统把战略贯彻下去并变为员工的行动,也包括对战略实施过程的控制。

3.5.1　全球战略的制定

跨国公司全球战略的制定是一个比较复杂、连续的过程,又是一个适应探索的过程。它包括:

① 全球战略思想的形成过程;
② 调查研究过程;
③ 战略决策过程;
④ 战略具体化和实施中的完善过程。

也就是说,制定跨国公司全球战略是一个在正确的全球战略思想的指导下,在对自身条件正确评估并对全球战略经营环境进行科学分析的基础上,确定战略目标,明确战略重点,划分战略阶段,制定战略对策的过程。在这一过程中,往往要拟订出两个以上的方案进行评价、选优。

1. 全球战略思想的形成过程

关于全球战略思想在3.3节已经阐述过。这里需要强调的是,全球战略思想是全球战略思维的结果,全球战略思维是全球战略的逻辑起点。公司的全球战略制定过程是从战略思维开始的,而战略思维本身也是一种过程,是思想从模糊到明确的过程,也就是战略思想的形成过程,如表3-1所示。

战略思维是一种高要求的思维过程,跨国公司的决策者必须有高度的思维能力,包括洞察能力、分析能力、综合能力、统筹能力等。

表3-1　全球战略思想的形成过程

战略理论→战略分析→战略判断→战略推理			
以正确的理论作为指导	对自身条件及战略环境进行的分析	对自身条件及战略环境进行的理性判断	从各项认识中,通过正确的推理形式形成战略思想

2. 调查研究过程

制定战略的基本特点是预见性,即要以未来市场的预见为基础,设计、安排企业的最佳战略行为方案。对未来市场的预见是否准确,是否全面,直接关系到战略方案是否可行,最后的决策是否能达到最优。为了提高对未来市场预见的准确性和全面性,战略制定者首先必须做好调查研究工作,全面收集各国市场过去已经发生的、现在正在进行的和有关计划安排未来要发生的变化资料,掌握全球市场态势变化的规律,预见非计划安排的未来市场的变化及整体未来市场的态势。

调查研究的首要任务是收集各方面的信息资料。以客观世界为基础,以事实为依据,实事求是,是研究市场变化规律、预见未来市场态势的基本原则。坚持这一原则,就要以科学的态度,求实的精神,系统地收集市场资料。一般将资料分为两种类型:一类是原始资料,也称为第一手资料或初级资料,是指未经分析和整理,反映个别的、具体事件的资料;另一类是次级资料,也称为第二手资料,是指已经经过分析和整理的资料。收集原始资料一般需要花费较多的时间和费用,但容易获得有价值的资料;收集次级资料可以节省时间和费用,但有可能资料的适用性较差。通常情况下,为了系统地、经济地收集到客观、适用的资料,可以先进行案头调查、收集、整理各种次级资料,然后根据需要,再组织进行实地调查、收集原始资料,以补充信息量。

其次,要掌握各类资料的信息内容,并把它们综合起来,形成对客观事物的整体认识。这是调查研究的核心,也是调查研究的关键。对于调查研究所取得的资料和数据,要经过"去粗取精,去伪存真,由此及彼,由表及里"的分析和研究,从而掌握市场经济现象之间的内在联系,得出合乎市场运行规律的结论,并且对现实市场运行状态和发展阶段、发展趋势作出正确判断。

最后,在掌握了市场发展规律和判断了现实发展阶段的基础上,进一步对未来的一段时间市场的发展轨迹和可能的态势作出推断和估计。由于经济现象按规律发展一般具有连续性、因果关系和先兆性等特点,因而其未来的发展情况是可以预测的。要借助于合乎市场发展规律的科学的预测方法,进行演绎式、归纳式或者其他形式的逻辑推理,推断未来市场的情况,为战略决策的制定提供有效的依据。

3. 战略态势的分析

在经过调查研究得到相关的资料和数据以后,要对公司所处的市场和公司自身进行战略态势的分析,这一过程包括对东道国经营环境的分析、产业分析、竞争对手分析和公司自身状况分析等。

1) 东道国经营环境分析

企业从事跨国经营活动,所面临的是与母国完全不同的跨国经营环境。这种由不同国家的经济、政治、文化、法律和自然条件等因素构成的跨国环境更为复杂、变幻莫测和难控制。

东道国的经济环境因素主要包括一个国家的生产力发展情况、居民物质生活水平、产业的构成及发展趋势、科技发展水平,以及经济增长的稳定性等。经济因素是直接影响公司在东道国从事生产经营活动的基本的、具有决定意义的条件。

2) 产业分析

产业分析主要是指考察在同一产业市场上发生作用的主要竞争力量,包括产业中潜在的竞争对手、供货商、顾客、替代产品生产商等。这几种竞争力量在市场中的相互作用,决定了市场竞争的性质和产业对潜在投资者的吸引力。由于产业内外各种因素的影响,产业会发生不断的变化。分析导致产业变化的主要因素及其影响,是战略分析的一项重要内容。把握住这些因素的变化规律,可以更准确地预测出产业的变化趋势。对于绝大多数产业,其变化的主要动因包括以下九个方面。

(1) 产业长期增长率的变化

产业增长率的变动直接影响着市场供求关系、企业的进入与退出和企业之间竞争的激烈程度。产业长期增长率提高会促成现有企业增加投资、扩大生产规模,并吸引更多企业进入该产业。

(2) 顾客群体及其产品使用方式的变化

这种变化会影响到企业的产品促销和顾客服务方式,改变生产规模。

(3) 产品创新

产品创新可以扩大产业市场的买方群体,促进产业增长,提高竞争对手之间的产品差异程度。成功的产品创新会增强公司的竞争优势。

(4) 技术变化

技术进步可以大大改变产业面貌,或开创一个全新的产业。技术进步可以降低产品成本,改变资本需求、经济规模和企业纵向一体化行为。

(5) 市场营销创新

当企业成功地运用了新的营销方式,它们可以扩大产业市场的需求,降低单位产品成本,提高产品差异程度,从而影响市场竞争的性质。

(6) 大型企业的进入和退出

国外大型跨国公司进入以前由国内企业垄断的产业后,往往会改变产业市场的结构、竞争规则和竞争方式;同样,大型企业的退出也会影响到市场结构和竞争性质。

(7) 跨国经营环境的变化

近年来,跨国经营环境的一个重大变化就是全球经济一体化。许多产业的全球化发展使得企业之间的竞争打破了国界的限制。市场结构和企业竞争行为的变化必须从全球角度考虑。企业进入某一全球性产业,必须考虑的不是当地竞争对手的反应,而是在全球市场中占支配地位的竞争对手的反应。

(8) 成本与效率的变化

企业成本的降低和效率的提高产生于规模经济或学习曲线效应。产品成本的降低,会直接导致产品价格的降低、市场份额的重新分配和市场结构的变化。投入要素成本的变化也会对产品生产企业的竞争行为和经营绩效产生影响。

(9) 政府政策的变化

政府产业组织政策及产业结构政策的变化对产业结构调整和企业的竞争行为都有显著影响。政府的对外开放政策或行业保护政策则决定了外国企业在国内市场中所处的地位。对跨国公司来说,东道国政府政策的变化直接影响着跨国经营环境的优劣。

3) 竞争对手分析

竞争对手分析包括确定产业中的主要竞争对手及其竞争范围和竞争策略。实行多国战略的企业,需要分析不同东道国市场中的竞争对手;实行全球战略的公司,分析的重点则是全球市场中的主要竞争对手;实行跨国战略的公司,既要分析主要的全球性竞争对手,又要分析各东道国当地的主要竞争对手。

4) 公司自身状况分析

公司自身状况分析大体上分为四个步骤。

(1) 对现行战略进行评价

包括考核公司近期的战略性绩效和战略的各部分是否协调一致。具体的考核指标有市场份额变动、相对于竞争对手的利润率变动、投资收益的趋势变动、长期竞争优势增强还是削弱。

(2) 进行 SWOT 分析，即分析公司的强项、弱项、面临的外部机会和竞争对手的威胁

公司的强项或实力体现在它所拥有的技能、核心能力、组织资源和竞争力方面；弱项则是公司缺少的能力或使其处于劣势的条件。市场机会是制定战略中必须考虑的一个重要因素。企业开展跨国经营活动，在很大程度上是希望抓住国外市场的机会。只有那些具有较强竞争实力的公司才有可能真正抓住市场机会。

(3) 分析公司相对于竞争对手的成本优势或劣势

通常采用的方法是经营活动-成本链分析，即基于公司生产经营活动的各个环节分析成本。这样可以找出在哪个环节上应该扭转成本劣势。

(4) 分析公司的竞争实力或在市场中的竞争地位

这需要在决定竞争优势的主要因素上逐个与竞争对手进行比较分析。在竞争战略的制定上应扬长避短，以强项或长处为基础制定战略。

4. 全球战略决策过程

这一过程就是全球战略方案制订和选择的过程。此过程投入的是全球战略思想和环境分析结果的各种信息，产出的是全球战略方案。

全球战略决策过程的基本步骤有：规定公司的使命和目标；战略备选方案的探索和制订；战略方案的选择。在战略方案中，要明确规定战略目标、战略阶段、战略重点和战略对策等。

全球战略决策应解决以下基本问题。

① 公司的经营范围和战略经营领域。即通过规定公司从事生产经营活动的行业，确定公司以什么技术满足什么需要，明确公司的性质和所从事的事业。

② 公司的战略态势。即决定公司在战略期内是采取增长姿态，还是采取稳定姿态或退缩姿态。

③ 战略关系的方针政策。即决定公司在处理各种战略关系时应遵循的各种准则，包括如何竞争的准则。

④ 战略优势的发挥和建立。

⑤ 如何谋取和分配公司资源。

⑥ 实行上述战略在组织方面应采取的措施。

战略方案就是对上述基本战略问题深思熟虑后进行统筹谋划，然后经过综合归纳而形成的。

跨国公司在选择、决定全球战略方案时，可以从战略目标选择的正确性、方向性、可行性、目标、环境、条件动态平衡的水平、适应性、灵敏度、重点、阶段、对策的针对性、稳妥性、兑现率等几个方面去进行衡量，以便选择、制订出一个比较好的方案。

5. 战略具体化和实施中完善的过程

跨国公司全球战略方案确定后，必须通过具体化，将其变为实际行动措施，才能实现战略目标。在战略具体化和实施过程中，常常由于原来分析不周，判断有误，或者国际环境发生了预料之外的变化，使全球战略的某些部分失去了指导作用，因而必须在全球战略具体化和实施过程中对战略方案进行修改完善，使其更加正确。

全球战略制定过程示意图如图 3-2 所示。

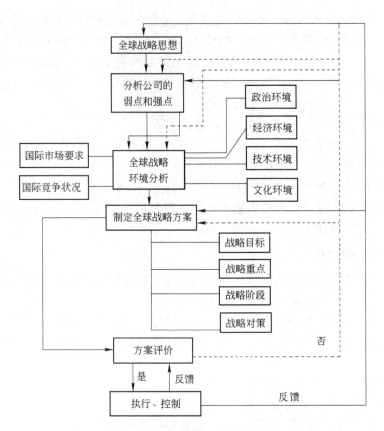

图 3-2 全球战略制定过程示意图

3.5.2 全球战略的执行

全球战略的执行是指贯彻和实施已选定的战略所进行的活动。这些活动包括建立相应的组织结构，制订相应的计划，克服出现的各种阻力等。

跨国公司全球战略付诸实施时，需要分解方案的内容。首先，在空间上的分解。各部门、各子公司在什么时候完成什么任务？达到什么目标？其次，为了保证全球战略方案的有效执行，往往要进行方案的宣传教育，以及组织、人事等方面的改革。

3.5.3 全球战略的控制

在全球战略执行过程中需要搞好全球战略控制。所谓全球战略控制，是指为保证全球战略计划的执行，对实际经营成果、信息反馈和纠正措施等不断进行的评审工作。

1. 全球战略控制的必要性

全球战略控制之所以必要，是因为在全球战略执行过程中会出现以下两个问题。

（1）主观认识上的偏差

因为个人的认识、能力、掌握信息的局限性，以及由于个人目标和公司目标上的不一致所造成的全球战略欠佳，在战略执行过程中由于指挥上的失误而造成的实际成效与战略目标的差距。

(2) 客观条件出现意外改变

全球战略计划的局部或整体，由于客观因素的变化，已不符合跨国公司的内、外部条件。全球战略是对跨国公司的未来作出的总体构想，不确定的因素很多，从而需要修订战略。

2. 对跨国公司全球战略方案执行控制的基本要素

(1) **战略评价标准**

评价标准是工作成果的规范，是从完整的全球战略计划中选出的关键条款。以此可对工作成果进行评价，确定其是否达到了全球战略目标和怎样达到的战略目标。评价标准同战略目标、计划要求一样，包括定性标准和定量标准。

(2) **实际经营成果**

即公司在全球战略执行过程中实际到达的水平和经营的成果。

(3) **经营成果评价**

即把实际经营成果与评价标准进行比较，找出实际经营成果与评价标准的差距及其产生的原因。这是发现全球战略执行过程中是否存在问题和存在什么问题，以及为什么存在这些问题的过程。要做好这项工作，需要选择正确的控制系统和方法，并在适当的时间、地点进行评价。

(4) **战略调度**

通过经营成果评价发现问题，然后必须针对问题产生的原因采取措施，随时进行调度，不断平衡、协调战略方案。因此，战略调度是战略控制的重要环节，也是战略方案顺利执行的重要保证。为此，跨国公司应设置强有力的战略调度机构和配置精明强干的调度人员，要不断地进行战略分析，及时发现战略方案执行中的问题，并定期召开战略协调会议，以进行战略调度。

战略控制的过程实际上就是将实际经营成果与战略评价标准进行对比，发现差距，找出原因，并进行纠正的过程（见图3-3）。

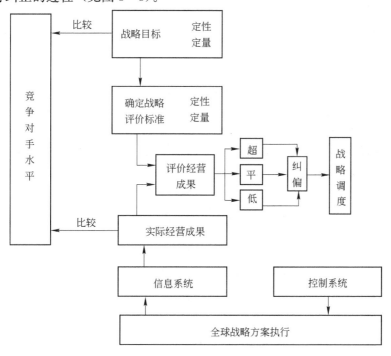

图3-3 全球战略控制示意图

本章小结

跨国公司全球战略是从跨国经营战略演变而来的。从历史发展过程看,跨国公司经营战略有境外产销战略、境外供应战略、全球战略三种。跨国公司全球战略是指跨国公司在全球范围进行资源的最优化配置,以期达到长期总体效益的最优化,即在正确战略思想指导下,在科学分析国际经营环境和自身经营条件的基础上,为求得长期生存和发展而作出的总体、长远的谋略。全球战略包括战略思想、战略目标、战略对策等内容。对全球战略的管理过程包括战略的制定、执行和控制。

关键术语

全球战略　全球战略思想　全球战略目标　全球战略对策　风险承受力　全球经营环境　自身条件约束　退却型战略　稳定型战略　发展型战略　本国中心战略　多元中心战略　全球中心战略　低成本战略　差异化战略　重点战略　战略制定　战略执行　战略控制

复习思考题

一、选择题

1. 跨国公司的发展型战略可以选择(　　)等几种不同的发展方向。
   A. 集中生产单一产品或劳务战略　　B. 前向一体化战略
   C. 后向一体化战略　　D. 多样化发展战略

2. 跨国公司全球战略的特征是(　　)。
   A. 纲领性　　B. 全球性
   C. 抗争性　　D. 风险性

3. 按战略主要涉及的地区范围来划分,具体有(　　)等几种类型。
   A. 全球中心战略　　B. 多国中心战略
   C. 多样化中心战略　　D. 多元中心战略

4. 按战略成功关键因素的不同来划分,可以划分为(　　)等不同的类型。
   A. 低价格战略　　B. 集中化战略
   C. 差异化战略　　D. 重点战略

5. 全球战略目标的内容包括(　　)等。
   A. 产业发展方向　　B. 自身发展方向
   C. 用户市场方向　　D. 生产经营方向

6. 按照战略符合主、客观条件程度来划分,可以划分为(　　)等三种。
   A. 稳定型　　B. 风险型
   C. 可靠型　　D. 保守型

7. 跨国公司对竞争态势进行分析,要研究(　　)的情况。
   A. 需求者　　B. 联合者

C. 自身情况 D. 竞争者
8. 依照公司偏离战略起点的程度划分，跨国公司的全球战略可以划分为（　　）等类型。
   A. 退却型 B. 稳定型
   C. 创新型 D. 发展型

二、思考题

1. 跨国公司全球战略的定义和特征是什么？
2. 跨国公司全球战略的基本内容是什么？
3. 影响全球战略目标的因素有哪些？
4. 跨国公司在制定和实施全球战略对策时，应掌握好哪几点原则？
5. 跨国公司全球战略包括哪些类型？
6. 跨国公司全球战略管理过程包括哪些内容？

案例分析

海尔集团的发展战略

海尔集团是世界第四大白色家电制造商、中国最具价值品牌。旗下拥有240多家法人单位，在全球30多个国家建立本土化的设计中心、制造基地和贸易公司，全球员工总数超过五万人，重点发展科技、工业、贸易、金融四大支柱产业，已发展成全球营业额超过1 000亿元规模的跨国企业集团。自2002年以来，海尔品牌价值连续七年蝉联中国最有价值品牌榜首，2008年海尔品牌价值高达803亿人民币。

曾经一个亏空147万元的集体小厂如何迅速成长为拥有白色家电、黑色家电和米色家电、产品包括86大门类13 000多个规格品种，冰箱、冷柜、空调、洗衣机、电热水器、吸尘器等，产品市场占有率均居全国首位的中国企业的？在短短的二十多年时间中，海尔是如何做到如此飞跃的呢？从探析海尔的成长历程及海尔战略制定实施过程我们或许可以找到答案。

海尔集团在发展中先后实施名牌战略、多元化战略和国际化战略，2005年底，海尔进入第四个战略阶段——全球化品牌战略阶段，海尔品牌在世界范围的美誉度大幅提升。

1. 名牌战略阶段（1984—1991年）。这一阶段海尔的名牌战略的提出是当时企业内部和市场外部客观条件造成的。海尔1984年起步时是一个濒临倒闭的集体小厂，海尔艰难起步并确立冰箱行业的名牌地位，其代表事件就是"砸冰箱"，通过砸掉76台有问题的冰箱砸醒职工的质量意识，树立名牌观念。海尔决定引进世界上最先进的电冰箱生产技术，生产世界一流的冰箱，创出冰箱行业的中国名牌。1988年海尔获得了中国冰箱行业历史上第一枚国家级质量金牌，标志着名牌战略初步成功。这一阶段在海尔的发展史上有一点不可磨灭的是通过专心致志做冰箱，做世界一流的冰箱，积累了丰富的管理经验和技术人才，初步形成了海尔的管理模式，为第二个阶段的腾飞打下了基础。自1990年以来，海尔采取"先难后易"的出口战略，即首先进入发达国家建立信誉，创出牌子，然后再占领发展中国家的市场，取得了显著成效，因而出口量逐年翻番。以海尔产品的高质量树立了国际市场信誉。并坚持在发展中对国际市场布局进行多元化战略调整，因此创出了在国内市场稳固发展的同时,有力地开拓了国际市场的大好局面。海尔在走向国际市场时由于坚持了创中国自己的国际名牌的战略,因此,出口产品都打海尔自己的品牌,并努力通过质量、售后服务等树立海尔品牌的国际形象。

2. 多元化战略阶段(1992—1998年)。海尔从1984年到1991年做了7年冰箱,从1992年开始,海尔充分利用世界家电产业结构调整的机遇及国内的良好发展时机,在国内家电企业中率先开始了多元化经营。1997年,海尔从白色家电领域进入黑色家电,如电视机等,随后又进入计算机行业;然后进入了冷柜、空调、洗衣机等白色家电领域,从一个产品向多个产品发展,从白色家电进入黑色家电领域,以"吃休克鱼"的方式进行资本运营,以无形资产盘活有形资产,在最短的时间里以最低的成本把规模做大,把企业做强,并取得了辉煌的业绩。与此同时,产品开始大量出口到世界各地。这期间,海尔为国际化经营打下了坚实的基础。有了名牌战略和多元化战略打下的基础,海尔集团作为国内家电知名品牌的生产厂家,在国内市场上占据了明显的优势。但它认为,正是由于有了较高市场份额,才是积极向外扩张发展跨国经营的最好时机与充要条件,内在动力已经具备。

3. 国际化战略阶段(1998—2005年)。海尔的产品批量销往全球主要经济区域市场,有自己的海外经销商网络与售后服务网络,Haier品牌已经有了一定知名度、信誉度与美誉度。在这一阶段,海尔提出由海尔的国际化向国际化的海尔转变。海尔的国际化是国际化海尔的一个基础,只有先做到了海尔的国际化才能去做国际化的海尔。国际化是海尔的目标。在做海尔的国际化时,就是要海尔的各项工作都能达到国际标准:质量要达到国际标准,财务的运行指标、运行规则应该和西方财务制度一致起来,营销观念、营销网络应达到国际标准。"出口"是针对海尔的国际化而言,但国际化的海尔就不同了,"海尔"已不再是青岛的海尔,设在中国的总部也不再仅仅是向全世界出口的一个产品基地。中国的海尔也将成为整个国际化的海尔的一个组成部分,还会有美国海尔、欧洲海尔、东南亚海尔等。国际化的海尔是三位一体的海尔,即设计中心、营销中心、制造中心三位一体,最终成为一个非常有竞争力的具备在当地融资、融智功能的本土化的海尔。国际化的战略其最终目的就是成为一个真正在每一个地方都有竞争力的,而且辐射到全世界各地的国际化海尔。

4. 全球化品牌战略阶段(2006至今)。"创新驱动"型的海尔集团致力于向全球消费者提供满足需求的解决方案,实现企业与用户之间的双赢。面对新的全球化竞争条件,海尔确立全球化品牌战略,启动"创造资源、美誉全球"的企业精神和"人单合一、速决速胜"的工作作风,为创出中国人自己的世界名牌而持续创新。全球化品牌战略和国际化战略有很多类似,但是又有本质的不同。国际化战略阶段是以中国为基地向全世界辐射,但是全球化品牌战略阶段是在当地的国家形成自己的品牌。国际化战略阶段主要是出口,但现在是在本土化创造自己的品牌。海尔努力在每一个国家的市场创造本土化的海尔品牌。

(资料来源:王志乐. 走向世界的中国跨国公司. 北京:中国经济出版社,2007.)

【案例思考题】

1. 收集有关海尔的资料,分析海尔的跨国经营经历的阶段?并分析海尔全球战略的核心思想、目标和对策是什么?

2. 海尔集团的跨国经营之路对我国其他企业有什么启示?

第 4 章 跨国公司对外直接投资

导读

对外直接投资是国际资本运动的一种重要形式。跨国公司主要是通过对外直接投资发展起来的一种国际性企业经营实体。跨国公司在东道国开办独资或者合资企业，并对所投资的企业拥有经营管理权。与之相对应的是跨国公司的对外间接投资，它不拥有对所投资企业的经营管理权。对外直接投资是跨国公司经营管理的一项重要内容。本章的重点是对外直接投资的含义、动机；对外直接投资环境和投资的可行性研究；现代跨国公司对外直接投资中出现的所有权和控制权；各国对对外直接投资的鼓励和保证等问题。

4.1 跨国公司对外直接投资概述

4.1.1 跨国公司对外直接投资的定义

跨国公司对外直接投资（Foreign Direct Investment，FDI），是指跨国公司为了取得东道国企业经营管理上的控制权而输出资金、技术、管理技能等不同形式的资产或要素的经济行为。

对跨国公司对外直接投资定义的理解应注意以下两点。

① 跨国公司对东道国企业实现有效控制的基本途径之一是控股。控股有绝对控股与相对控股之分。所谓绝对控股，是指投资主体拥有企业 50% 以上的股权；而相对控股是指投资主体只在相对份额上比他人控制更多的股权而达到控制该企业的状况。在现代股份公司的股权结构中，由于股东的分散，投资主体往往无须 50% 以上的股权就可实现相对控权。股东的分散程度越高，实现相对控权所需持有的股权百分比越低。在股东高度分散的情况下，仅持很低比例的公司股权即可实现控股。

② 在对外直接投资中，货币及实物资本的提供往往伴随着技术和管理技能的转移，所以有效控制除了由持股比例来体现以外，还可以由投资者对海外企业经营资源的直接支配程度或者营销网络、市场及技术标准等来体现。跨国公司在对外直接投资中大都提供的是一揽子生产要素，即既可以包括货币、实物等有形资本，也可包括知识、技术、企业家经验等无形资本。

4.1.2 对外直接投资与对外间接投资

与对外直接投资相对应的是对外间接投资（Foreign Indirect Investment，FII）。间接投资也称证券投资，即投资者通过在市场上购买股票、债券或其他金融资产获得收益。对外间接投资则是一国投资者购买其他国家企业和政府机构发行的股票、债券或其他金融资产的经济行为。对外直接投资与对外间接投资的主要区别在于以下四个方面。

① 对外直接投资包括货币资本、技术、设备、管理技能和企业家声誉等无形资产；对外间接投资则只包括货币资本。

② 对外直接投资不涉及资产的所有权变更，即这种投资是在企业内部进行的跨越国界的投资；而对外间接投资是在市场上进行的跨越国界的投资，资产的所有权在市场交易的同时在买方和卖方之间易手。

③ 对外直接投资的目的是获得对外投资企业经营管理的控制权；对外间接投资的目的则是获取金融资产权益。

④ 在企业的资产负债表中，对外直接投资属于在厂房、设备或其他有形资产和无形资产上的投资；对外间接投资则列入企业持有的有价证券项目中。

在实践中，许多跨国公司中的对外投资既包括直接投资也包括间接投资。显然，如果一国企业通过在证券市场上收购其他国家企业的股票获得对这些企业的全部或部分所有权，但是却不参与管理和经营决策，这种投资只能算间接投资。投资者对国外企业的控制权是对外直接投资的最重要标志，而控制权的大小则取决于国外企业的所有权。

4.1.3　对外直接投资的资金来源

跨国公司进行对外直接投资，所需资金的来源主要有以下四个方面。

(1) 跨国公司的内部资金

包括母公司通过参股形式向国外子公司注入资本，从其他国外子公司调集的资金，以及国外子公司盈利的再投资。

(2) 在母国筹集的资金

包括跨国公司的母公司从母国银行或其他金融机构获取的贷款，在母国证券市场上发行债券，从母国政府或其他组织获取的贸易信贷及各种专项资金。

(3) 在东道国当地筹集的资金

包括以母公司名义从东道国金融机构贷款，在东道国证券市场发行债券。

(4) 国际资金来源

包括以母公司名义在第三国筹集资金，向国际金融机构申请贷款，在国际主要资本市场发行债券。

虽然跨国公司资金来源渠道较多，但选择合适的资金来源，必须综合考虑各种影响因素，如融资成本、汇率变化、东道国的有关政策等。

4.2　对外直接投资的动因与条件

4.2.1　对外直接投资的动因

关于跨国公司为什么要进行对外直接投资这个问题，涉及企业跨国经营的动因。一般认为其包括获取生产资源、开拓新市场、提高效率等。

1. 获取生产资源

以比母国更低的成本在国外获取生产资源，是跨国公司进行对外直接投资的动因之一，目的是保证原材料供应，并增加公司在现有市场上的竞争优势，从而获得更多利润。

跨国公司期望在国外获取的生产资源大体上分三类：一是自然资源；二是廉价劳动力资源；三是技术和管理技能。以获取自然资源为目的的跨国公司，多数是以生产中间产品为主。这类公司可能来自发达国家或资源贫乏的发展中国家。它们在国外投资建厂，以保证国内生产所需的矿石、能源、农产品和其他原材料。例如，汽车轮胎生产企业在国外建设橡胶种植园，石油公司在中东地区投资勘探和开发油田。有的公司进行对外直接投资，是为利用只局限于东道国当地的资源，如旅游、汽车出租、建筑、医疗和教育服务等。

以获取廉价劳动力资源为主的跨国公司，基本上是劳动力成本比较高的发达国家企业。这类公司在劳动力成本比较低的发展中国家或新兴工业化国家投资，建立劳动密集型生产基地，生产的中间产品或最终产品出口到母国或其他国家。东道国通常设立自由贸易区或免税区，吸引这类直接投资。母国有时也会对跨国公司从其国外子公司进口的产品减免关税。但是，随着东道国经济的发展，劳动力成本会趋于提高，这时跨国公司就需要把生产向劳动力成本更低的国家和地区转移。例如，美国的耐克公司20世纪60年代在日本投资生产运动鞋。到70年代，日本工人工资大幅度提高后，该公司把生产设施转移到韩国和我国台湾地区。到80年代，韩国和我国台湾地区的劳动力成本失去了竞争力，该公司又转向我国内地投资建厂。只要东道国经济发展较快，这种以获取廉价劳动力为目的的直接投资，就不可能长期在一国维持下去。

以获取技术和管理技能为目的的跨国公司，主要是发展中国家或新兴工业化国家中的企业，直接投资流向美国和欧洲经济发达国家的高新技术产业。例如，韩国、印度、我国台湾地区的一些企业通过合作联盟的形式在经济发达国家设立分公司，提高自己的技术能力和管理水平。

2. 开拓新市场

以开拓新市场为目的进行的对外直接投资，是指在东道国设立生产性子公司，为当地市场和邻近国家市场提供产品和服务。在多数情况下，企业已经通过出口形式将产品打入东道国市场，只是因为东道国关税和运输成本提高，企业才放弃出口，转向当地生产。东道国市场发展到一定规模并具有良好发展前景，是跨国公司进行这类投资的前提。除此之外，还有以下四个主要原因促使跨国公司以直接投资形式进入其他国家市场。

① 企业的国内客户或供货商把他们的生产经营活动扩展到国外，为了保护与客户和供货商的业务关系，企业需要进入其他国家市场。例如，20世纪80年代和90年代，西方发达国家中会计、审计、咨询、法律和广告等服务行业的公司大规模向其他国家扩展业务，主要原因就是他们的客户的全球化大扩张。

② 企业在东道国投资建厂，可以更好地了解当地客户的偏好、商业惯例和市场需求的变化，以便对产品进行必要的改进，使之适应当地市场需求。而且，在东道国投资建厂，有助于跨国公司在当地建立广泛的商业关系，以便在与当地企业的竞争中处于更有利的地位。

③ 运输成本和政府政策是促使企业通过直接投资进入其他国家市场的重要因素。如果

相对于产品的生产运输成本较高,而且东道国市场需求增长允许当地生产达到最低有效经济规模,企业就会放弃出口,选择在东道国直接投资生产当地市场所需产品。因此,在地理位置上离主要市场越远的国家的企业,就越可能从事这种类型的直接投资。有时,政府有关政策和进口管制促使跨国公司重新选择从事产品生产的国家。

④ 作为全球性生产和营销战略的一项重要内容,跨国公司通过对外直接投资进入主要竞争对手所在的国外市场。随着一些产业发展成国际性或全球性产业,产业中的寡头垄断企业趋于在世界上所有主要区域市场中竞争。例如,饮料行业中的可口可乐和百事可乐,汽车行业中的美国通用汽车公司、德国大众汽车公司和日本本田汽车公司等。这种具有战略目的的对外直接投资分为主动和被动两种类型。主动投资者制定全球发展战略,积极向具有较大增长潜力的市场扩张。被动投资者则采取跟进战略,即主要竞争对手进入一国市场,他们也跟着进入该国市场。

以开拓新市场为目的的许多跨国公司,把国外子公司看作独立发展的生产单位,而不是跨国经营活动整体中的一个有机组成部分。因而,这些国外子公司趋于根据当地市场情况独立制定决策或发展战略。到20世纪80年代末,跨国公司的这类对外直接投资占世界对外直接投资的比重达到45%,其中30%投向发展中国家。

3. 提高效率

跨国公司为提高效率进行对外直接投资,目的是利用各国在生产要素、文化、经济体制、政府政策等方面的差异,在全球范围内合理配置资源,从而获得规模经济或分散风险所产生的效益。

从事这类对外投资的企业通常是具有丰富经营经验的大型跨国公司。效率的提高则产生于产品的专业化跨国生产。这要求跨国公司的产品和生产过程具有很高的标准化程度,并能在国际市场上得到广泛的认同。

这类对外投资能否成功,取决于两个前提:一是存在产品的全球性市场;二是有效利用不同国家生产条件的差异。产品的全球性市场是指产品不需根据各国消费者的口味、偏好或其他要求进行适应性调整,就能被广泛接受。具有类似经济结构、收入水平和文化背景国家的市场需求通常有趋同现象。这是形成全球性市场的基础。跨国公司可以在世界范围内建立少数专业化程度很高的生产基地,大规模生产产品,销往各国市场。有些跨国公司在经济发达国家建立资本、信息或技术密集型子公司,而在发展中国家建立劳动密集型子公司,这样可以充分利用各国的不同生产条件提高效率。

4.2.2 对外直接投资的前提条件

跨国公司进行对外直接投资只有动因是不够的,还必须具备一些前提条件。

(1) 跨国公司要具备能够与东道国当地的竞争对手抗衡的竞争优势

进入东道国市场,跨国公司置身于相对陌生的经营环境,相对于竞争对手具有很多劣势。例如,对东道国文化、产业结构、法规、政府政策等不熟悉,存在语言障碍,没有与客户、供货商及各种有关社会组织和机构建立起良好的业务关系。跨国公司的优势主要表现在资本、技术、专门知识、管理技能、市场营销技巧及生产、广告或新产品研制中达到的规模经济等方面。

(2) 跨国公司必须具备能够有效协调国外子公司生产经营活动的组织能力

显然，一个企业拥有专门知识、技术或规模经济优势，并不能保证对外直接投资成功，而可以通过技术转让或出口商品利用这些优势。如果通过对外直接投资发挥这些优势的作用，则必须建立有效的组织系统作为保证。

（3）东道国能够提供一些有利条件，吸引跨国公司的直接投资

例如，许多发展中国家为了吸引国外直接投资，制定优惠政策，改善投资环境，建立保税区和经济特区。

4.3 对外直接投资环境分析

4.3.1 对外直接投资环境的含义

投资环境，顾名思义，是指投资者进行生产投资时所面临的各种外部条件和因素，其英文是"Investment Climates"，直译为"投资气候"。投资是一种冒险，如同自然界的气候一样，"投资气候"也会因为各种因素的影响而变幻莫测，令人难以捉摸，从而影响投资者的投资行为。

对外直接投资环境则是指一国的投资者进行对外直接投资活动时所面对的各种外部条件和因素。投资环境是一个综合性概念，它是由决定和影响投资的各种因素相互依赖、相互完善、相互制约所形成的矛盾统一体。按构成要素可把投资环境划分为四大部分：政治环境、自然环境、经济环境和社会环境。政治环境，是指东道国的政治状况、政策和法规等。它包括一国政府对外国投资者的态度，还有革命、战争、内乱、政局稳定程度等情况。自然环境，是指自然或历史上长期形成的与投资有关的气候、地理条件，如地形、地理位置、气候、降雨量、风力等。经济环境，主要指影响某国或某地区进一步投资的各种基础设施，如居民的收入水平；该国或该地区所处的经济发展阶段；经济制度与市场结构基础设施或经济基础结构等。经济环境是影响国际投资的最直接、最基本的因素，常常是对外投资决策者首先考虑的问题。社会环境，是指对投资有重要影响的社会方面的关系，如文化背景、宗教习惯、教育、国民心理等因素。

4.3.2 对外直接投资环境的分类

1. 按投资环境包含因素的多寡进行分类

按投资环境包含因素的多寡，可分为狭义和广义的投资环境。狭义的投资环境主要指投资的经济环境，包括经济发展水平（国民收入、经济增长速度）、经济体制、经济发展战略、基础设施、外汇管制、金融市场的完善程度、币值稳定状况等。广义的投资环境除经济因素外，还有社会文化、政治、自然环境等可能对投资发生直接或间接影响的各种因素。

2. 按投资环境表现的形态分类

按投资环境表现的形态不同，可分为硬投资环境和软投资环境。硬投资环境是指那些具有物质形态的影响投资的因素，如交通运输、邮电通讯、供电、供气、供水、环境保护、社

会生活服务和旅游设施等；软投资环境是指那些不具备物质形态的影响投资的因素，如政策、法规、合作对象的经济管理水平等。

3. 按投资环境的属性分类

按投资环境的属性不同，可分为自然投资环境和人造投资环境。例如，具有观赏和旅游价值的湖光山色，具有开采价值的矿藏资源等属自然环境；而生产、生活及社会性的基础设施则属人造投资环境。

4. 按投资环境的地域范围分类

按地域范围不同，可把投资环境分为国家宏观环境和地区微观环境。前者指整个国家范围内影响投资的各种因素的总和；后者指一个地区范围内影响投资的各种因素的总和。

4.3.3 对外直接投资环境的特点

对外直接投资环境的特点如下。

（1）综合性

投资环境是由政治、经济、自然、社会、文化等影响投资流量与流向的诸多因素交织而成的一个综合体。在这些众多的因素中，虽然各自对投资的流量、流向、效益所起的作用不同，但它们都是构成完整和良好的投资环境所必需的。投资者在作出投资决策时，要综合各方面因素，统筹兼顾。

（2）整体性

投资环境是一个有机整体，各大部分相互影响、协调，互为条件，构成了一个完整的投资环境系统，其中任何一种因素的变化，都可使涉及投资活动的其他因素发生连锁反应，进而导致整个投资环境的变化，影响投资者对投资环境的评价，从而影响投资的规模及其流向。

（3）区域性

区域性投资环境是相对于国家投资环境而言的，它是国家投资环境的有机组成部分。投资环境区域性的存在，可能会使同一种项目投资或投资方式在此地适用，而在彼地不适用。因此，投资者在进行投资决策时，既要考虑国家因素，又要找准具体投资地区，以达到投资的目的。

（4）动态性

影响投资环境的各种因素都处在不断变化之中，因此投资环境也在不断变化，各种因素的变化，都会改善或恶化投资环境。因此，在进行对外投资活动时，首先要发现、寻找各种因素变化的动向和规律性，根据投资环境的动态性特点，合理选择投资的规模和方式，决定投资的流向等。

4.3.4 对外直接投资环境评价

投资者在进行国际投资活动时，必须对投资环境进行评价，以作出正确的投资决策。对国际直接投资环境进行评价，大多是将众多的投资环境因素分解为若干具体指标，然后综合评价。目前国际上常用的比较典型的评价方法主要有以下几种：投资障碍分析法、国别冷热比较法、投资环境评分分析法、动态分析法、加权等级评分法，抽样评价法、体制评估法。

1. 投资障碍分析法

投资障碍分析法是依据潜在的阻碍国际投资运行因素的多寡与程度来评价投资环境优劣的一种方法。这是一种简单易行的、以定性分析为主的对外直接投资环境的评价方法。其要点是：列出国外投资环境中阻碍投资的主要因素，并在所有潜在的东道国中进行对照比较，以投资环境中障碍因素的多少来断定其坏与好。阻碍国际投资顺利进行的障碍因素主要包括以下10类。

① 政治障碍：东道国政治制度与母国不同；政治动荡（包括政治选举变动、国内骚乱、内战、民族纠纷等）。

② 经济障碍：经济停滞或增长缓慢；国际收支赤字增大、外汇短缺；劳动力成本高；通货膨胀和货币贬值；基础设施不良；原材料等基础产业薄弱。

③ 资金融通障碍：资本数量有限；没有完善的资本市场；融通的限制较多。

④ 技术人员和熟练工人短缺。

⑤ 实施国有化政策与没收政策。

⑥ 对外国投资者实施歧视性政策：禁止外资进入某些产业；对当地的股权比例要求过高；要求有当地人参与企业管理；要求雇用当地人员，限制外国雇员的数量。

⑦ 东道国政府对企业干预过多：实行物价管制；规定使用本地原材料的比例；国营企业参与竞争。

⑧ 普遍实行进口限制：限制工业品和生产资料的进口。

⑨ 实行外汇管理和限制投资本金、利润等的汇回。

⑩ 法律、行政体制不完善：包括外国投资法规在内的国内法规不健全；缺乏完善的仲裁制度；行政效率低；贪污受贿现象严重。

投资障碍分析法的优点在于能够迅速、便捷地对投资环境作出判断，并减少评估过程中的工作量和费用，但它仅根据个别关键因素就作出判断，有时会使公司对投资环境的评估失之准确，从而丢失一些好的投资机会。

2. 国别冷热比较法

国别冷热比较法又称冷热国对比分析法或冷热法，它是以"冷"、"热"因素表示投资环境优劣的一种评估方法，热因素多的国家为热国，即投资环境优良的国家；反之，冷因素多的国家为冷国，即投资环境差的国家。这一方法是美国学者伊西·利特瓦克和彼得·拜于20世纪60年代末提出的，他们根据美国250家企业对海外投资的调查资料，将各种环境因素综合起来分析，归纳出影响海外投资环境"冷"、"热"的七大基本因素、59个子因素，并评估了100个国家的投资环境。所谓"热国"或"热环境"，是指该国政治稳定、市场机会大、经济增长较快且稳定、文化相近、法律限制少、自然条件有利、地理文化差距不大；反之，即为"冷国"或"冷环境"；不"冷"不"热"者则居"中"。现以其中10国为例分析比较其投资环境的"冷"、"热"程度（见表4-1）。在表4-1所列的七大因素中，前四种的程度大就称为"热"环境，后三种的程度大则称为"冷"环境。当然中为不大也不小，即不"冷"不"热"的环境。由此看来，一国投资环境的七个因素中，前四种越小，后三种越大，其投资环境就越坏，即"越冷"。表4-1所列的10个国家从前到后的顺序就反映了这10个国家在评价当时的投资环境由"热"到"冷"的排序。

表 4-1 美国观点中的 10 个国家投资环境的冷热比较

国别		政治稳定性	市场机会	经济发展与成就	文化一元化	法令障碍	实质障碍	地理文化差距
加拿大	热	大	大	大		小		小
					中		中	
	冷							
英国	热	大			大	小	小	小
			中	中				
	冷							
德国	热	大	大	大	大		小	
						中		中
	冷							
日本	热	大	大	大	大			
							中	
	冷						大	大
希腊	热				小			
			中	中	中			
	冷	小					大	大
西班牙	热							
			中	中	中			
	冷	小					大	大
巴西	热							
			中	中	中			
	冷				小		大	大
南非	热							
			中	中		中		
	冷	小			小		大	大
印度	热							
			中	中	中			
	冷			小		大	大	大
埃及	热							
					中			
	冷	小	小	小		大	大	大

在这样研究中,学者们还计算了美国 250 家企业在上述东道国的投资进入模式分布频率。结果表明,随着目标市场由热类国家转向冷类国家,企业将越来越多地采用出口进入模式,越来越少地采用投资进入模式。在一般热类国家,出口进入模式占所有进入模式的 47.2%,在当地设厂生产的投资进入模式占 28.5%,技术许可贸易模式占 24.3%。与此形成鲜明对照的是,在一般冷类国家,出口进入模式占所有进入模式的 82.6%,投资进入模式仅占 2.9%,技术许可贸易模式占 14.5%。

3. 投资环境评分分析法

投资环境评分分析法又称多因素等级评分法，它是由美国经济学家罗伯特·斯托鲍夫（Robert Stobaugh）于1969年提出的。等级评分法的特点是：首先将直接影响投资环境的重要因素分为八项，然后再根据八项关键因素所起的作用和影响程度的不同而确定其不同的等级分数，再按每一个因素中的有利或不利的程度给予不同的评分，最后把各因素的等级得分进行加总作为对其投资环境的总体评价，总分越高表示其投资环境越好，越低则其投资环境越差（见表4-2）。

表4-2 投资环境评分分析法

序号	投资环境因素分析	评分
1	资本抽回：	0~12
	无限制	12
	只有时间上的限制	8
	对资本有限制	6
	对资本和红利都有限制	4
	限制繁多	2
	禁止资本抽回	0
2	外商股权：	0~12
	准许并欢迎全部外资股权	12
	准许全部外资股权但不欢迎	10
	准许外资占大部分股权	8
	外资最多不得超过股权半数	6
	只准外资占小部分股权	4
	外资不得超过股权的三成	2
	不准外资控制任何股权	0
3	对外商的管制程度：	0~12
	对外商与本国企业一视同仁	12
	对外商略有限制但无管制	10
	对外商有少许管制	8
	对外商限制并管制	6
	对外商有限制并严加管制	4
	对外商严加限制并严加管制	2
	外商禁止投资	0
4	货币稳定性：	4~20
	完全自由兑换	20
	黑市与官价差距小于一成	18
	黑市与官价差距在一成至四成间	14
	黑市与官价差距在四成至一倍之间	8
	黑市与官价差距在一倍以上	4
5	政治稳定性：	0~12
	长期稳定	12
	稳定，但因人而治	10
	内部分裂，但政府掌权	8
	国内外有强大的反对力量	4
	有政变和动荡的可能	2
	不稳定，极可能发生政变和动荡	0

续表

序号	投资环境因素分析	评分
6	给予关税保护的意愿： 给予充分保护 给予相当保护，但以新工业为主 给予少许保护，但以新工业为主 很少或不予保护	2～8 8 6 4 2
7	当地资金的可供程度： 成熟的资本市场，有公开的证券交易所 少许当地资本，有投资性的证券交易所 当地资本有限，外来资本不多 短期资本极其有限 资本管制很严 高度的资本外流	0～10 10 8 6 4 2 0
8	近5年的通货膨胀率： 小于1% 1%～3% 3%～7% 7%～10% 10%～15% 15%～35% 35%以上	2～14 14 12 10 8 6 4 2
	总计	8～100

从斯托鲍夫提出的投资环境评分分析法的表格中可以看出，其所选取的因素都是对投资环境有直接影响的、为投资决策者所关切的因素，同时又都具有较为具体的内容，评价时所需的资料易于取得又易于比较。在对具体环境的评价上，采用了简单累加计分的方法，使定性分析有了一定的数量化内容，同时又不需要高深的数理知识，比较直观，简单易行，一般的投资者都可以使用。在各项因素的分值确定方面，采取了区别对待的原则，在一定程度上体现出了不同因素对投资环境作用的差异，反映了投资者对投资环境的一般看法。这种投资环境评价方法的采用有利于使投资环境的评价规范化。但是，这种评价方法存在三个缺陷：

① 对投资环境的等级评分带有一定的主观性；

② 标准化的等级评分法不能完全如实地反映环境因素对不同投资项目所产生影响的差别；

③ 所考虑的因素不够全面，特别是忽视了某些投资硬环境方面的因素。

4. 动态分析法

投资环境不仅因国别而异，在同一国家内也会因不同时期而发生变化。因此，在评价投资环境时，不仅要考虑投资环境的过去和现在，而且还要预测环境因素今后可能出现的变化及其结果。这对企业进行对外直接投资来说是十分重要的，因为这种投资短则5年或10年，长则15年或20年以上，有的甚至是无期限。这就需要从动态的、发展变化的角度去分析和评价投资目标国的投资环境。美国道氏化学公司从这一角度出发制定出并采用了动态分析法。

道氏公司认为企业在国外投资所面临的风险为两类。第一类是"正常企业风险",或称"竞争风险"。例如,竞争对手有可能生产出一种性能更好或价格更低的产品。这类风险存在于任何基本稳定的企业环境中,它们是商品经济运行的必然结果。第二类是"环境风险",即某些可以使企业环境本身发生变化的政治、经济及社会因素。这类因素往往会改变企业经营所必然遵守的规则和采取的方式,对投资者来说这些变化的影响往往是不确定的,它可能是有利的,也可能是不利的。道氏化学公司把影响投资环境的各因素按其形成的时间及作用范围的不同分为两部分:一是企业现有的业务条件;二是有可能引起这些条件变化的主要原因。这两部分又分别包括40项因素。在对这两部分因素作出评价后,提出投资项目的预测方案的比较,可以选择出具有良好投资环境的投资场所,在此投资经营将会获得较高的投资效益。

表4-3中第一栏是企业现有业务条件,主要对投资环境因素的实际情况进行评价;第二栏是引起变化的主要原因,主要考察社会、政治、经济事件今后可能引起的投资环境变化;第三栏是有利因素和假设的汇总,即在对前两项评价的基础上,找出8～10个使投资项目获得成功的关键因素,以便对其连续地进行观察和评价;第四栏是预测方案,即根据对未来7年中的环境变化的评估结果提出4套预测方案供企业经营决策时参考。道氏化学公司的动态分析以未来7年为时间长度,这是因为该公司预计投资项目投产后的第7年是盈利高峰年。

表4-3 投资环境动态分析法

1. 企业现有业务条件	2. 引起变化的主要原因	3. 有利因素和假设的汇总	4. 预测方案
估价以下因素: ① 经济实际增长率 ② 能否获得当地资本 ③ 价格控制 ④ 基础设施 ⑤ 利润汇出规定 ⑥ 再投资的自由 ⑦ 劳动力技术水平 ⑧ 劳动力稳定性 ⑨ 投资优惠 ⑩ 对外国人的态度 ⋮	估价以下因素: ① 国际收支结构及趋势 ② 被外界冲击时易受损害的程度 ③ 经济增长相当于预期目标的差距 ④ 舆论界和领袖观点的变化 ⑤ 领导层的确定性 ⑥ 与邻国的关系 ⑦ 恐怖主义的骚扰 ⑧ 经济和社会进步的平衡 ⑨ 人口构成和人口变动趋势 ⑩ 对外国人和外国投资的态度 ⋮	对前两项进行评价后,从中挑选出8～10个在某国某项目能获得成功的关键因素(这些关键因素将成为不断查核的指数或继续作为投资环境评价的基础)	提出4套国家或项目预测方案: ① 未来7年中关键因素造成的"最可能"方案 ② 若情况比预期的好,会好多少 ③ 若情况比预期的糟,会如何糟 ④ 会使公司"遭难"的方案

动态分析法有优点也有缺点,它的优点是充分考虑未来环境因素的变化及其结果,从而有助于公司减少或避免投资风险,保证投资项目获得预期的收益;它的缺点是过于复杂,工作量大,而且常常带有较大的主观性。

5. 加权等级评分法

加权等级评分法是前面所介绍的投资环境评分分析法的演进,该方法由美国学者威廉·戴姆赞于1972年提出。企业在运用这种方法时大体上分三个步骤:

① 对各环境因素的重要性进行排列,并给出相应的重要性权数;

② 根据各环境因素对投资产生不利影响或有利影响的程度进行等级评分，每个因素的评分范围都是从 0（完全不利的影响）到 100（完全有利的影响）；

③ 将各种环境因素的实际得分乘以相应的权数，并进行加总。

表 4-4 就是采用加权等级评分法对甲、乙两国投资环境进行评估和比较的情况。按照总分的高低，可供选择的投资目标国被分为以下五类：

① 投资环境最佳的国家；
② 投资环境较好的国家；
③ 投资环境一般的国家；
④ 投资环境较差的国家；
⑤ 投资环境恶劣的国家。

表 4-4 投资环境加权等级评分法

按其重要性排列的环境因素	甲国			乙国		
	(1) 重要性权数分	(2) 等级评分 0～100	(3) 加权等级评分 (1)×(2)	(1) 重要性权数分	(2) 等级评分 0～100	(3) 加权等级评分 (1)×(2)
① 财产被没收的可能性	10	90	900	10	55	550
② 动乱或战争造成损失的可能性	9	80	720	9	50	450
③ 收益返回	8	70	560	8	50	400
④ 政府的歧视性限制	8	70	560	8	60	480
⑤ 在当地以合理成本获得资本的可能性	7	50	350	7	90	630
⑥ 政治稳定性	7	80	560	7	50	350
⑦ 资本的返回	7	80	560	7	60	420
⑧ 货币稳定性	6	70	420	6	30	180
⑨ 价格稳定性	5	40	200	5	30	150
⑩ 税收水平	4	80	320	4	90	360
⑪ 劳资关系	3	70	210	3	80	240
⑫ 政府给予外来投资的优惠待遇	2	0	0	2	90	180
加权等级总分			5 360			4 390

表 4-4 中甲国的加权等级总分为 5 360 分，大于乙国的 4 390 分，这意味着甲国的投资环境优于乙国的投资环境。如果公司面临在甲、乙两国之间选择投资场所的机会，甲国是比较理想的选择。

6. 抽样评估法

抽样评估法是指对东道国的外商投资企业进行抽样调查，了解它们对东道国投资环境的一般看法。其基本步骤是：

① 选定或随机抽取不同类型外商投资企业，列出投资环境评估要素；
② 由外商投资企业的高级管理人员进行口头或笔头评估，评估通常采取回答调查问卷的形式。

国际投资者可以通过这种方法了解和把握东道国的投资环境；同时，东道国政府也可采取这种方式来了解本国投资环境对外国投资的吸引力如何，以便调整吸引外资的政策、法律和法规，改善本国的投资环境。组织抽样评估的单位通常是欲从事国际投资活动的企业或国际咨询公司，也可以是东道国政府的有关部门或其委托的单位。

这种抽样评估法的最大优点是能使调查人得到第一手信息资料，它的结论对潜在的投资者来说具有直接的参考价值；缺点是评估项目的因素往往不可能列举得很多，因而可能不够全面。

7. 体制评估法

体制评估法是香港中文大学闵建蜀教授于1987年提出的。这种方法不局限于各种投资优惠措施的比较，而是着重分析政治体制、经济体制和法律体制对外国投资的政治风险、商业风险和财务风险所可能产生的直接影响，并指出企业的投资利润率不仅仅取决于市场、成本和原材料供应等因素，而且取决于政治、经济和法律体制的运行效率。

在体制评估法中，闵建蜀确立了五项评估标准，即稳定性、灵活性、经济性、公平性和安全性。这些标准反映了一个国家政治与行政体制、经济体制和司法体制的运行效率，它对外国投资的政治风险、商业风险和财务风险将产生直接的影响，从而关系到外资企业能否实现其投资的利润目标。

4.4 对外直接投资的可行性研究

4.4.1 可行性研究的概念

所谓可行性研究，是指在投资决策前，为揭示能否获得最佳效益而运用多学科知识，对投资项目进行调查分析、技术经济论证的一种综合性研究过程。

一项好的可行性研究，应向投资者推荐技术经济的最优方案，即在各种可行的投资方案中选择最佳方案。其研究结论，可使投资者明确，从企业角度看该项目具有多大的财务获利能力，投资风险有多大，是否值得投资建设；可使银行和其他资金提供者明确，从贷款者角度看该项目是否能够按期或提前偿还资金。这种在投资前期进行全面、系统的分析研究，是保证弄清拟建项目在技术、经济、工程上的可行性，避免和减少建设项目的决策失误，加强投资决策的科学性，提高项目的综合投资效益的根本措施。

4.4.2 可行性研究的阶段划分

一般情况下，一个完整的可行性研究应包括投资机会研究、初步可行性研究、详细可行性研究和评价报告四个阶段。各阶段研究的内容由浅入深，项目投资和成本估算的精度要求由粗到细，研究工作量由小到大，研究的目标和作用逐步提高，因而研究工作的时间和费用也逐渐增加。这种循序渐进的工作程序，既符合项目调查研究的客观规律，又能节省人力、时间和费用，从而取得良好的经济效果。因为在任何一个阶段，只要得出"不可行"的结论，就可立即刹车，不再继续进行下一步研究；如果认为可行，则转入下一阶段的工作，并可根据项目的规模、性质、要求和复杂程度的不同，进行适当调整和精简。如对规模小和工艺技术成熟或不太复杂的工程项目，可直接进行可行性研究；对有的项目，经过初步可行性研究，认为有把握的，就可据以作出投资决策。

1. 投资机会研究

投资机会研究，又称投资机会确定，其任务是提出项目投资方向的建议。即在一个确定的国家或地区，根据自然条件、市场需求、国家产业政策和国际贸易情况，通过调查、预测和分析研究，选择建设项目，寻找投资的有利机会。

投资机会研究一般比较粗略，它主要是从投资的效益和盈利的角度来研究投资的可能性，进行投资机会鉴别，提出备选项目，以引起投资者的投资兴趣和愿望。投资机会研究可分为一般机会研究和项目机会研究。一般机会研究就是对某个指定的地区、行业或部门鉴别各种投资机会，或是识别和利用某种自然资源或工农业产品为基础的投资机会。在对一般投资机会作出最初鉴别之后，再进行项目的机会研究，即将项目的设想转变为概略的项目投资建议，以引起投资者的注意，使其作出投资响应，并从几个有投资机会的项目中具体地作出抉择，然后编制项目建议书，为初步选择投资项目提供依据。经批准后，列入项目建设前期工作计划，作为投资者对投资项目的初步决策。

2. 初步可行性研究

初步可行性研究，是正式的详细可行性研究前的预备研究阶段。经过投资机会研究认为可行的建设项目（即项目建议书批准后），表明该项目值得继续研究，但在不能肯定是否值得进行详细可行性研究时，就要先做初步可行性研究，以进一步判断这个项目是否具有较高的经济效益。经过初步可行性研究，认为项目具有一定可行性，便可转入详细可行性研究阶段；否则，就终止该项目的前期研究工作。

初步可行性研究阶段的主要目标有以下三个方面。

（1）分析投资机会研究的结论，并在占有详细资料的基础上作出初步投资估价

需要深入弄清项目的规模、原材料来源、工艺技术、厂址、组织机构和建设进度等情况，进行经济效果评价，以判定是否有可能和必要进行下一步的详细可行性研究。

（2）确定对某些关键性问题需要进行专题辅助研究

例如：市场需求预测和竞争力研究，原料、辅助材料和燃料动力等供应和价格预测研究，工厂中间试验、厂址选择、合理经济规模，以及主要设备选型等研究。在广泛的方案分析比较论证后，对各类技术方案进行筛选，选择最佳经济效益方案，排除一些不利方案，缩小下一阶段的工作范围和工作量，以利于节省时间和费用。

（3）鉴定项目的选择依据和标准，确定项目的初步可行性

根据初步可行性研究结果编制初步可行性研究报告，判定是否有必要继续进行研究。如通过所获资料的研究确定该项目设想不可行，即立即停止工作。本阶段是项目初选阶段，研究结果应作出是否投资的初步决定。

3. 详细可行性研究

详细可行性研究又称最终可行性研究，通常简称为可行性研究。它是工程前期研究的关键环节，是项目投资决策的基础。它为项目决策提供技术、经济、商业方面的评价依据，为项目的具体实施建设和生产提供科学依据，因此该阶段是进行详细深入的技术经济分析论证阶段。其目标有以下三个方面。

① 深入分析研究有关产品方案、生产纲领、资源供应、厂址选择、工艺技术、设备选

型、工程实施进度计划、资金筹措计划，以及组织管理机构和定员等各种可能选择的技术经济方案，并推荐一个以上可行的投资建设方案。

② 着重对投资总体建设方案进行企业财务效益和国民经济效益的分析和评价。对投资进行多方案比选，确定一个能使项目投资费用和生产成本降到最低限度，以取得显著经济效益和社会效益的最佳建设方案。

③ 确定项目投资的最终可行性和选择依据标准，对拟建投资项目提出结论性意见。可行性研究的结论，可以是推荐一个认为最好的建设方案；也可以提出一个以上可供选择的方案，说明各自的利弊和可能采取的措施；或者提出"不可行"的结果。如果最终评价结果的数据表明项目是不可行的，则应该调整各种参数和生产纲领，调整原材料投入或工艺技术，以便提出可行方案；当方案调整后经过经济技术评价仍属不可行，则拟建项目不能进行投资。

4. 评价报告

按照可行性研究结论编制出最终可行性研究报告，并作为项目投资决策的基础和重要依据。

4.4.3　可行性研究的基本内容

对外直接投资项目的可行性研究基本内容，包括市场分析、生产条件分析、投资效益分析、总体配套能力分析四个方面。

1. 市场分析

要论证一个投资项目的可行或不可行，首先应从分析市场需求做起。因为若要确定一个投资项目有无必要进行，首先要预测生产出的产品的市场销路、价格水平、盈利程度。对那些利用外资的项目，掌握国际市场动向尤为重要，其产品如果不能外销，则无法按期还本付息，必然负债，这对投资者来说也一样。所以，市场分析是可行性研究的关键。

市场分析主要是分析对市场要求影响较大的因素的变化，其主要内容包括以下四个方面。

① 明确生产什么样的产品。这必须有产品的技术规范和特性。

② 预测市场对这种产品的可能需要量。这应从东道国和其他国家来预测产品需求量。

③ 货源分析。预测这一产品的可能供应量。

④ "市场渗透"程度。所谓"市场渗透"，是指预测投产后可能占有市场的多大份额。

市场分析的准确性，直接关系到某项目投产后生产成本的高低和利润的大小，因此，市场分析的意义是十分重要的。在进行市场分析的过程中应注意下列一些问题。

① 市场需求预测要有资料，如人口、收入水平及与产品消费有关的政府政策、法规，代用品的生产情况等。

② 对市场需求的分析，除对消费量的估计外，还要分成几个部分进行预测：一是按产品的性质划分；二是按消费者来划分；三是按地区划分。

③ 科学掌握市场需求预测的时间。

④ 市场分析，除了分析销售量外，还要分析价格。

2. 生产技术条件分析

生产技术条件分析包括：资源、原材料、能源供应是否可靠，价格如何，交通运输能力，供水能力，环境保护，职工福利设施和基础设施是否方便优越，技术工艺是否先进，厂址选择是否合适，协作配套是否落实，工程造价是否合理，这个项目对技术力量的要求、来源和培训方法等。

3. 投资效益分析

投资项目可行性研究不仅要视其技术上是否先进适用，还要看经济上是否合理有利，能否取得最佳投资效益。这就要求对投资项目进行投资效益分析。投资效益分析要从建设投资的计算和经济效益两个方面进行。

1）建设投资的计算

一般按下列程序进行。

第一阶段是起始阶段，通常用于一个假设性的项目。它只要提供这个项目的产品的方案、建厂地点和工厂平面图，就可以利用已经建成的同类型但不同规模的工厂的平面图及所需的投资额进行比较概算。这叫概算法，误差一般在±30%以内。

第二阶段为概算阶段，通常用于说明某一项目建设的可能性的一般概算。这既需要前一阶段的资料，又要有设备或主要设备的明细表、价格和总安排图纸，以供粗略计算。这叫研究估算法，误差一般在±30%以内。

第三阶段为初步估算阶段，通常用来决定这个项目的可行性，并帮助制订主要预算。这除了需用前一阶段的资料外，还需要有概略范围以及电动机、管道、单纯电路等图表，以作出初步估算。其误差在±20%以内。

第四阶段是最终估算阶段，通常用于决定这一项目所需的准确的投资数额。这需要增加管道系统图、设备明细表和初步设计。其误差在±10%左右。

最后阶段为详细评估阶段，是计算和投资的根据。这需要增加施工图、详细设备规格和价格。其误差在±5%以内。

2）经济效益分析

经济效益是指投资所创造的利润与投资的比例关系。分析投资项目的经济效益可从两个方面进行：一是从一个项目的微观投资效益分析，即"财务分析"；二是从全部投资的客观经济效益分析，即"经济分析"。

(1) 财务分析

一个投资项目的财务分析是很复杂的，需要从多方面研究其可行性。

① 从项目投资利润率的高低来分析。投资利润率的衡量指标分为投资收益率和基准收益率。前者指项目建成后，每年获得的净收入和建设投资额之比；后者是由东道国根据不同部门盈利水平所作的规定。只有当建设项目的投资收益率大于基准收益率时，该项目才能得到批准。

② 从项目投资回收年限的长短来看，即分析投资效益的投资回收期和追加投资回收期。前者指一个项目建成后，从投产开始到全部投资收回所需要的时间；后者指采用一种新型工艺，投资往往较大，但采用新型工艺后成本会降低，所追加的投资可从降低成本费用方面收回来。从追加到收回投资的期限，即为追加投资回收期。

③ 从资金的时间价值来衡量。在项目生命周期内，要分别算出现金流入的现在值和现金流出的现在值合计，然后进行对比。如果流入大于流出，方可考虑投资。

④ 从国际竞争能力看，可用净外汇效益现在值（创汇）和换汇率来衡量投资效益。净

外汇效益现在值为总外汇收入现在值减去总外汇支出现在值。换汇率，即产品出口得到的净外汇收益与产品出口中国内付出的各项费用的比值。

⑤ 从产量规模上分析，可以通过收支平衡来衡量投资效益。收支平衡点的产量，就是产品销售收入等于保本时的产量。在销售价格和生产成本一定的情况下，产量必须在收支平衡点的产量以上，投资企业才能盈利，否则就要亏损。

（2）经济分析

这是就投资对投资者整体收益的经济影响进行分析。它主要从两个方面进行：一是分析与投资相关的各种因素的效益，如分析与外部相关的工程、基础设施的投资效益等；二是分析环境保护的效果，投资者要选择环保费用最低的方案，同时要尊重东道国环境保护权益。

4. 总体配置能力分析

总体配置能力的分析，就是从实际情况出发，量力而行。它包括配套能力、消化能力和偿还能力三个方面。对配套能力的分析，主要是分析东道国的国内投资、设备、原材料、燃料、动力、运输及土建工程等是否成龙配套；东道国消化能力是投资者获取收益的关键因素，消化能力如何，决定投资的经济效益；东道国的偿还能力对投资者来说是一个十分重要的问题，没有偿还能力项目的盲目投资，只能把投资者钉在债车上，一些发展中国家背上沉重的债务负担就是深刻的教训。

4.5 对外投资的所有权与控制权

4.5.1 对外直接投资和证券投资

资本输出分为证券投资和直接投资两种。证券投资是通过购买国外公司公开发行的股票或证券，以取得股息或利息的一种对外投资形式。其特征是：投资者贷出资本，以便获得利息报酬，但不能控制资本的运用，对企业并不参与管理与经营。直接投资则是指跨国公司把生产资本输出到国外，在国外某个东道国设立独资经营的子公司或收购、参与当地企业的股份，直接进行生产经营活动，对子公司或合营企业进行全部或部分控制。国际货币基金组织在《国际收支指南》中，给"直接投资"所下的定义为："直接投资是指投资者为获得持久的收益，到国外经营所进行的企业投资。投资者之所以这样做，目的是要在企业管理中具有有效的发言权。"可见，直接投资与证券投资的一个重要区别，就是前者对于所投资本拥有控制权，达到一定数量的投资，就能取得对企业的管理权，使投资与管理结合起来。而后者投资是为了获得收益，对所投资本不拥有控制权，投资和管理是分开的。

在第一次世界大战前后，对外投资主要是证券投资。1914年，英国海外投资占国际投资额的50%以上，而其海外投资的90%属证券投资性质。证券投资的风险低，投资方向主要取决于利息率的高低。当时海外利息率高，英国拿出国内储蓄的25%～40%用于海外投资，投向利息报酬较高的国家。

第二次世界大战后，美国的对外投资在世界上取得了独一无二的地位。美国企业家不满足获得区区可数的利息差额，而采取直接投资方式，以后其他发达国家也开始普遍采用。因此，在战后资本输出中，证券投资逐渐退居次要地位，被私人的和政府的直接投资所替代。

直接投资的性质和作用跟证券投资是不同的。直接投资既可以一揽子进行资金、技术、人才、管理技能的转移及商品的转移，又可以提高资本的利用率。直接投资在每个投资项目中都分担风险和分享利益。因此，直接投资的资金价值并不能说明是接受投资国从直接投资中所得到的全部收益。

4.5.2 股权投资和非股权投资

跨国公司向国外进行直接投资时，其类型主要有股权投资和非股权投资两种。由于这两类投资的途径不同，它们对企业的所有权和控制权的程度也不相同。

1. 股权投资

股权投资是指以资金形式投资国外，经营企业并对企业拥有所有权和控制权的投资。公司持有的所有权不同，对企业的控制程度也不相同。一般来说，所有权与控制权成正比例关系。所有权大，控制权就大；所有权小，控制权就小。按照公司对国外企业持有所有权的不同，跨国公司对外直接投资的股权参与方式有四种类型：

① 全部控权——母公司拥有子公司股权的95%以上；
② 多数控权——母公司拥有子公司股权的51%～94%；
③ 对等控权——母公司拥有子公司股权的50%；
④ 少数控权——母公司拥有子公司的股权在49%以下。

股权就是所有权，是支配企业的关键。占有股权比重越高，越能控制该子公司的经营活动。但是，跨国公司对国外企业的实际控制，"并不必然地与形式上的合同安排的所有权格局一致"。即使股权少，仍可通过选派经理和专业人员控制生产技术、销售渠道及掌握资金的来源与运用等手段来施加干预。有的在投资合同中规定，跨国公司享有少数否决权；有的在董事会名额分配上处于优势地位；有的把企业经营管理权置于另外规定的经营合同之下。

2. 非股权投资

非股权投资是指不以持有股份为主要目的的投资方式。它包括技术授权、管理合同、生产合同，以及提供或租赁工厂设备、分包合同、共同研究开发、专业化、合作销售、共同投标和共同承担工程等。其中，最常见的非股权投资是技术授权、管理合同和生产合同。技术授权与管理合同是两种不必直接动用资金的投资方式。

① 技术授权：跨国公司将其研究开发成果中的专利权、商标及制造加工技术授给当地企业使用，收取权利金和技术费。
② 管理合同：跨国公司与当地企业订立合同，将其先进的企业管理技术运用于当地企业管理，收取管理提成费。
③ 生产合同：与当地企业订立提供产品的合同（如提供机器设备、原材料、生产方法、操作工艺及生产技术等），但由当地企业自行负责实际生产活动。

生产合同不同于技术授权和管理合同，需要投入一笔资金，但这三种形式都以不享有所有权为其特征。

在非股权投资方式下，跨国公司或明或暗地控制了当地企业。其控制可分为积极控制和消极控制两种。积极控制是指颁发许可证,将领许可证者纳入其全球营业网中,如同外国投资者享有股份控制权一样。消极控制是指外国投资者将东道国的业务活动与其国际活动完全分离。因此,非股权投资控制的程度可能大,也可能小。

非股权投资虽不是直接投资,但实际上它是直接投资的替代物,其好处是不需要股份投资,不承担财务风险,但实力强大的跨国公司,仍可以依仗它们的先进技术、经营管理和销售方面的优势,加强对国外企业的控制地位。采取非股权投资方式,对东道国来说可以更多地拥有企业的控制权,分享企业利益。由于非股权投资具有以上优点,20世纪70年代以来,这种投资方式发展迅猛,已成为重要的国际合作经营方式。事实上,非股权投资已成为过渡到股权式合资经营的预备阶段。

4.5.3 跨国公司的股权参与策略

股权参与策略,是跨国公司"全球战略"的核心。跨国公司选择什么样的股权参与形式,首先要考虑本公司的自身情况,如公司资本的大小,拥有的技术是一般技术还是尖端技术,产品有什么特色,经营管理能力和在国际竞争中所处的地位等;其次要考虑东道国的情况,如法令限制和经营策略等。下面结合股权参与形式、东道国的法令限制和经营策略来探讨跨国公司的股权参与策略及其变化趋势。

1. 对股权参与的法令限制因素

各国政府对外国企业到本国投资均有不同的法律规定。例如,日本、西班牙、斯里兰卡、印度、墨西哥、巴基斯坦六国,对外商投资设厂坚持要有本国股东参与合营,但坚持的程度有所不同,致使一些坚持独资经营立场的跨国公司有时因形势所迫而不得不作出一些改变。当然,有些国家为达到利用外资和引进先进技术的目的,也会作出一些让步,但法令的限制对跨国公司的股权终究是有影响的。除上述六国外,各国政府均规定很多行业不对外商开放,而只允许国营或由本国人经营,有些国家还规定在一些行业中,必须采取与本国当地政府合营的投资方式。这些法令规定都对跨国公司的股权参与策略有很大影响。

2. 全部拥有和多数拥有股权策略

为推行既定的经营策略而需中央集权的跨国公司,为达到对某子公司的高度有效控制,最愿意独资经营而不愿意当地股东参与到它们的子公司中。这种需要绝对控制权的经营策略,包括以下几种:

① 用市场营销技术标榜本公司产品与众不同;
② 生产合理化及降低生产成本;
③ 控制原料来源;
④ 与同行业竞争并抢先推出新产品。

推行上述策略的跨国公司之所以要高度控制其国外子公司,这是因为它们认为当地股东对执行这些经营策略不会有什么帮助。

事实上,一个跨国公司所采取的经营策略可能同时存在上述几种,而且往往不断地变化。所以,它们对股权控制的情况常常是多年实践的积累,初期的经营策略可能需要合营,而后期则需要独资经营。目前,跨国公司中近半数是合营的,而另一半则是独资经营的。

3. 拥有少数股权策略

同上述相反的另一种情况是，跨国公司采用产品多角化策略，不断研究开发新产品，在新产品的营销和市场分析等各个方面需要当地股东协助，或者为了获得重要原料的供应，或者因跨国公司的规模太小，在此情况下，往往要求同当地股东合营。

跨国公司采用拥有少数股权策略并不意味着放弃对子公司的控制。在这种情况下，公司可能通过下列方式加强对子公司的控制：

① 分散股份，使得拥有少数股权的投资者上升到实际上处于多数拥有者控制企业的地位；

② 把股权分为有投票权的股权和无投票权的股权，可使少数拥有股权的投资者，通过保留投票权的方法来达到控制企业的目的；

③ 通过掌握某些关键的决策权和经营权来实现对企业的控制，如通过控制某些相关的经营渠道和控制技术转让来控制企业等；

④ 在董事会中采用委任的办法，可使少数拥有股权者控制多数拥有股权的股东。

4.6 对到国外直接投资的鼓励和投资保证

国外直接投资相对于国内投资来说利润高，但风险很大。发达国家为了鼓励跨国公司对外直接投资，保证其投资的安全与收益，采取了一系列的法律手段和政策措施，主要表现在投资鼓励和投资保证两个方面。

4.6.1 鼓励对外直接投资的措施

发达国家采取的鼓励本国企业向国外直接投资的措施，包括以下几个方面。

1. 对国外投资收益采取优惠的税收政策

外国投资者在东道国投资办企业，东道国对外国投资者在本国境内的收入有权课税；母国政府对本国的国外投资者在国外的收入也有权课税。这样，同一纳税人可能负担双重纳税的义务，即使他在东道国享受了低税率或减、免税收的优惠，但仍须向母国政府纳税，故无实惠可言。为了避免双重课税，发达国家采取的优惠措施主要有两种：一是税收抵免，即国外投资者在东道国已纳的税款，可以在母国纳税额中相抵扣减；二是税收减让，即凡纳税人在税源国已征了税，在母国可免征税收。税收减让措施对向国外投资者更有实益，但大多数国家采用税收抵免办法。

2. 政府向投资者提供资金和技术协作

主要发达国家政府对本国跨国公司，无论在东道国独资经营，或者与东道国合资经营，都给予资金和技术方面的帮助。

（1）在资金方面的帮助

其具体做法有以下三个方面。

① 政府出资和贷款，直接参与投资活动。

② 政府设立特别基金，资助投资者在国外投资。例如，美国政府对其海外私人投资公司的资助项目；法国对工业的"第二种贷款"，为海外投资提供设备补助金；日本输出输入

银行、海外经济协力事业团等机构的贷款和认购股份。

③ 设立由政府资助的金融开发公司,其任务首先是向国外投资项目投资"风险基金"。贷款或出资是对私人投资的资金融通,既不需要当地政府保证,也不需要对贷款提供担保,只要求该资助的项目经东道国承认。其次是资助开发海外投资市场有成绩的跨国公司,在技术、资金融通及对投资项目的评估和总投资额的决定等方面给予资金支援,这将有助于增加投资者在当地银行界的资金周转,改善当地合作者与国外投资者的关系。

(2) 在技术援助方面的帮助

其具体做法是,由发达国家政府提供资助,设立培训机构,为国外投资企业(尤其是发展中国家)培训各种技术人员。此外,政府协助民间非营利团体进行咨询服务工作。例如:美国企业为了推广其企业经营技术,成立了"国际经营服务队";日本设立了"世界经营协议会"。

3. 提供投资信息及促进投资活动

发达国家为了鼓励国外投资,向投资者提供东道国的经济状况和投资信息,以便投资者进行投资抉择。政府提供情报的主要渠道是有关政府部门和驻外使领馆。另外,联合国开发计划署也是向发展中国家提供投资援助和多边技术援助的重要渠道。政府对投资者进行可行性研究或"投资前调查"所需资金,予以全部或部分资助。政府所资助的调查资金,通常为调查费用的一半,待将来投资项目实现后,投资者应偿还政府资助的费用。有些国家将这项资金引入政府预算,从财政上予以保证。

4. 多边投资担保机构及解决投资争端的国际中心

(1) 多边投资担保机构

20世纪60年代以来,许多国家对建立一个国际投资多边担保机构很感兴趣,进行了定期的讨论。1974年,阿拉伯国家首先建立了一个地区性机构——阿拉伯投资担保联营机构。该机构为阿拉伯成员国之间的投资提供担保、情报信息和技术援助。该机构的成功,推动世界银行于1981年倡议并建立了一个由投资国和东道国资助和控制的多边投资担保机构。该机构通过下列措施改善在发展中国家的投资气候:

① 为外国投资的非商业性风险提供担保;

② 通过调查研究,提供信息和技术援助,以及倡导政策上的协作,作为世界银行和国际金融公司促进外国直接投资活动的补充。

(2) 合理解决投资争端的国际中心

合理解决投资争端是保证私人企业国外投资活动的重要措施之一。例如,1965年,世界银行建立了解决投资争端的国际中心,通过提供双方都可接受的程序,解决东道国和外国投资者之间的争端,它有助于改善直接投资的结构。解决投资争端国际中心的成员不断增加,现已有82个成员。

4.6.2 对外直接投资保证及保险制度

对外直接投资保证制度,是指对投资项目所受的损失要百分之百地补偿。而对外直接投资的保险制度,则是指在一定条件下,对投资项目所受的损失只给予一定比例的补偿。然而,目前世界各国所实行的投资保证,实际上是投资保险。

由于直接投资是长期投资,通常以建厂和购置机器设备等方式进行,因而要承担各种政治风险。例如，没收、冻结通货、战争、革命或暴动等与东道国政治、社会、法律有关的人为风险，这些都不是投资者所能左右的。这里不包括自然灾害或一般性商业风险。投资保证，主要是指政治风险的保证。为了使现有的和潜在的投资者放心，鼓励其对外直接投资，保障其利益，各国政府都制定了种种保护措施。

各国的投资保证及保险制度的特征，可归纳为以下几点。

(1) 投资保证和保险制度通常称之为"国家保证"或"政府保证"

其特点为：只限于对海外私人直接投资，承担关于政治风险的保险责任，不包括一般商业风险，而且政府的保证不仅给予事后的补偿，更重要的是防患于未然。

(2) 担保的风险范围

各国的投资保证及保险制度，都是对外汇、征用和战争三种政治风险进行保险。凡经认可的投资项目，可以就三种风险之一或其全部进行保险。

外汇风险，是指作为被批准的投资项目的利润、权利金、劳务费、其他收入及投资本金不能在东道国兑换成国际货币（如美元）或本国货币时所发生的风险。

这种外汇风险产生于三种情况：

① 东道国政府实行外汇管制，停止或限制外汇；

② 东道国政府外汇短缺，无能力兑换；

③ 东道国政府实行歧视政策，对投资者采用不同汇率。

东道国当地货币的贬值或升值，均不在外汇保险之列。

征用风险，是指被批准的投资项目，由于东道国实行征用、没收或国有化等措施，引起投资财产的全部或一部分的损失。

战争风险，是指由于战争、革命、内战及暴动等引起投资财产的损失。一般来说，行政人员被绑架及规模较小的骚动等都不包含在保险范围之内。

(3) 保险费和损失补偿

国外私人直接投资者与政府保险机构订立保险契约，规定由投资者承担保险费义务，政府承保机构承担保险责任。若发生事故，政府承保机构按契约的规定向投资者补偿因事故所受的损失。前面所说的三项政治风险的综合保险费，各国是不一样的。加拿大为 3%；德国、挪威、丹麦为 0.5%；瑞典为 0.7%；比利时、澳大利亚为 0.75%；法国、荷兰为 0.8%；英国为 1%；瑞士为本金的 1.25%，利润的 4%。一旦发生事故，通常，承保机构补偿投保者实际损失的 90%，投资者自负损失的 10%。

(4) 担保风险的期限

各国的立法对于担保风险的期限也不一致，通常最长期限为 15 年，个别的也不超过 20 年。

除了政府机构对国外直接投资者进行保险外，分担政治风险的另一个途径是私人保险业务。20 世纪 70 年代初，英国伦敦劳合社保险公司的保险商和经纪人，首先创立了海外投资与出口合同的政治保险。从那以后，这种做法得到很大发展。据世界银行统计，1982 年，估计私人保险公司保险总额达 80 亿美元，总保险费约 9 500 万美元。

目前，许多发展中国家为了更多地吸引外资，也通过了有关保护外资不受没收的法令，一些国家还把这种法令纳入宪法。发展中国家与发达国家已经签署了大约 200 项保护投资的双边协议，这些协议包括了转移和没收风险。此外，有 23 个国家制订了投资担保方案。例如，1980 年 10 月，中国同美国投资鼓励及保证协定换文正式生效，由美国海外私人投资公司对美国企业在中国的直接投资承担政治风险的保证和保险。

本章小结

本章对跨国公司对外直接投资的含义作了界定，指出对国外企业是否拥有经营控制权是对外直接投资的重要标志。在对外直接投资过程中，投资环境的研究是十分重要的问题。对投资环境的分析有不同的方法，包括投资障碍分析法、国别冷热化比较法、投资环境评分分析法、动态分析法、加权等级评分法和抽样评价法，等等。对外直接投资的可行性研究进一步从项目本身来进行研究论证，避免或减少了投资项目的决策失误。各国为了促进本国企业开展对国外直接投资，建立了种种投资鼓励和投资保证制度。

关键术语

对外直接投资　　对外间接投资　　投资环境　　对外直接投资的可行性研究　　所有权与控制权　　股权投资　　股权参与策略　　投资鼓励　　投资保证

复习思考题

一、选择题

1. 狭义的投资环境主要指投资的经济环境，包括（　　）等。
   A. 经济发展水平　　　　　　B. 基础设施
   C. 外汇管制　　　　　　　　D. 币值稳定状况

2. 企业对外直接投资的可行性研究包括（　　）等方面。
   A. 市场分析　　　　　　　　B. 经营状况分析
   C. 投资效益分析　　　　　　D. 竞争对手分析

3. 硬投资环境大体是指（　　）等方面有物质形态的影响投资的因素。
   A. 交通运输　　　　　　　　B. 政策法规
   C. 邮电通讯　　　　　　　　D. 环境保护

4. 在进行投资效益分析时，要进行建设投资的计算。建设投资的概算阶段要求误差在（　　）以内。
   A. ±20%　　　　　　　　　B. ±30%
   C. ±10%　　　　　　　　　D. ±25%

5. 人造投资环境是指（　　）等。
   A. 环境保护　　　　　　　　B. 矿藏资源
   C. 基础设施　　　　　　　　D. 邮电通讯

6. 投资环境的特点包括（　　）等方面。
   A. 整体性　　　　　　　　　B. 区域性
   C. 竞争性　　　　　　　　　D. 时效性

7. 根据构成要素，对外投资环境可以分为（　　）等几大部分。
   A. 政治环境　　　　　　　　　　B. 文化环境
   C. 经济环境　　　　　　　　　　D. 自然环境
8. 罗伯特·斯托鲍夫的"投资环境评分分析的八项分析因素"包括（　　）等。
   A. 市场需求　　　　　　　　　　B. 政治稳定性
   C. 当地资金可供程度　　　　　　D. 货源分析

二、思考题

1. 什么是对外直接投资？它与对外间接投资有哪些区别？
2. 跨国公司对外直接投资的动因是什么？
3. 对外直接投资环境如何分类？有哪些特点？
4. 如何运用罗伯特·斯托鲍夫的"投资环境评分分析法"对投资环境进行分析？
5. 对外直接投资可行性研究包括哪些阶段和内容？
6. 什么是对外直接投资的投资鼓励和投资保证？分别有哪些内容？

案例分析

LG电子在中国的直接投资

LG电子是信息家电和移动解决方案领域的世界一流企业，成功地将数码时代的核心技术集于一体并使之商用化。LG电子通过领先推出数码电视、互联网家电、下一代移动通信等数码产品，不断巩固其在全球数码领域的领导地位。LG电子以数码显示器与媒体、信息通信、数码家电三大事业为中心，拥有遍布世界各地的76个生产企业、销售商和研究机构，员工达64 000余人。2004《商业周刊》全球电子百强企业排名，LG电子名列第一。

LG电子1993年在广东惠州成立了在中国的第一家合资企业，之后，通过推进选择和集中的战略，不断扩大投资，倾力打造在中国各地投资企业，努力把它们发展成为拥有世界性规模和生产能力的生产基地。自2000年起，中国成为LG电子全球化的生产基地。从核心部件一直到数码家电和移动终端，LG电子已经在中国构筑了全部产品的生产体系。

目前，以中国有限公司为中心，LG电子在中国拥有惠州、天津等19个生产企业、9个分公司、34个营销部和10个服务中心，员工达34 400余人。

LG电子在华共投资建立的19个生产企业中（见表4-5），LG电子（惠州）有限公司是世界最大的光存储器生产企业，LG电子（天津）电器有限公司是世界最大的空调器生产企业。2003年，LG电子先后在青岛、南京、昆山和杭州成立的GSM终端、等离子体、笔记本电脑和光盘等生产企业，进一步强化了LG电子在华移动通信和数码产品的生产力量。上述企业通过不断的革新活动，确保了生产能力、产品质量和生产成本的竞争力。从2002年起，除了新成立的生产企业外，所有企业均实现了盈利。

表4-5　LG电子在华投资企业情况

企业名称	成立时间	地点	主要产品或经营范围
LG电子（惠州）有限公司	1993.10	惠州	音响、CD-ROM
LG曙光电子有限公司	1994.8	长沙	彩色显像管、彩色显示管、电子枪

续表

企业名称	成立时间	地点	主要产品或经营范围
LG伊特（惠州）有限公司	1994.10	惠州	Motor、Tuner、HIC
LG电子（沈阳）有限公司	1994.12	沈阳	彩色电视机
北京LG电子产品有限公司	1995.8	北京	F'BT/DY
LG电子（天津）电器有限公司	1995.8	天津	微波炉、空调、吸尘器、马达、空调压缩机
上海乐金广电电子有限公司	1995.8	上海	录像机、VCD、DVD
南京LG熊猫电器有限公司	1995.12	南京	洗衣机
LG电子（秦皇岛）有限公司	1995.12	秦皇岛	铸件
泰州LG春兰家用电器有限公司	1995.12	泰州	冰箱、冰箱压缩机
LG同创彩色显示器有限公司	1997.9	南京	显示器
广州LG普仕通信科技有限公司	1999.3	广州	ADSL设备
乐金飞利浦液晶显示（南京）有限公司	2002.7	南京	TFT-LCD Module
LG麦可龙（福建）电子有限公司	2002.1	福州	Shadow Mask
浪潮LG数字移动通信有限公司	2002.2	烟台	CDMA手机
LG电子青岛有限公司	2003.3	青岛	GSM终端
昆山微永电脑有限公司	2003.4	昆山	笔记本电脑
LG电子（南京）等离子	2003.5	南京	PDP、PJT、LCD
LG电子杭州有限公司	2003.9	杭州	光盘

LG电子通过在北京、上海、广州、成都、沈阳、武汉、济南、南京和杭州这九个主要基地成立的分公司巩固在中国市场基础的同时，实现了营业人员和组织的当地化，开展了以当地为中心的营销活动。LG电子通过发起人制度的运用、当地化营销与贵族营销的开展、文化与体育营销的推广和"井冈山特工队"、"数码大长征"等销售队伍的组建，开展了更为积极的营销活动。同时，LG电子还通过"爱在中国（I LOVE CHINA）"的系列活动和春节营销活动等，开展了符合特别活动和各种商机的营销活动。

与此同时，LG电子还致力于构筑完善的服务制度，运营着分布中国各地的服务中心、家电特约服务店、部件简易供应站、终端修理特约店等服务网络。目前，LG电子向顾客提供的服务有：引入LG彩虹服务品牌而实施的24小时处理制度、加入PLI保险、空调巡回服务、800免费电话服务等各种形式的服务。

LG电子在华营业/服务组织情况如下：

营销总部——北京

分公司——9个

营销部——34个

SVC直营店——10个

家电特约店——650个

移动通信特约店——270个

LG电子从进入中国市场的初期开始，就在各个生产企业中设立了研究所，致力于研发的当地化。2002年，LG电子在北京成立了研发中心，从事GSM/GPRS移动终端、下一代移动通信、信息家电、设计四大核心事业领域的研究工作。该研究中心在家电领域，致力于设计和生产技术力量的提高，而在信息通信和下一代信息家电领域，致力于开发面向中国市场的产品。该研究中心在大力强化数码电视等显示器研究的同时，力争与原有研究所保持有机的结合，以最大限度地提高相互间的相乘效果。

LG电子于1998年成立的北京设计分所，通过与LG电子的全球设计网络合作，不断致力于强化其设计研究开发力量。结果，LG电子的DLP投影电视、MP3播放机等12个产品入围2004年中国国际设计奖，使得LG电子成为入围产品最多的企业，充分展示了LG电子在设计领域的领先地位。

LG电子在2005年，向研发领域投资4 100万美元，将研发人员增至2 000多名，使其在中国的研发组织发展成为世界研发活动的中心。

LG电子为了充分利用中国的人才，实现人才的经营资源化，实施了人才的当地化战略。1998年，LG电子在中国的当地员工为8 252人，2000年超过1万人，2003年达到28 500人，到2004年底，当地员工总数达到了34 500人。目前，LG电子在中国34 000多名员工中，从事生产的员工最多，占54%；其次是营销人员，占30%；管理人员占12%；研发人员占3%；其他人员占1%。

从2003年起，LG电子在其中国本部内设立了GR组，致力于开发反映中国人的情绪和文化。为了确保和培养当地的优秀人才，LG电子重点实施了与中国著名大学开展产学合作、招聘资深员工、确立成果主义文化等计划。同时，LG电子为了以相互信赖为基础，确立面向未来的劳资关系，倾注了多方面的努力。特别是为了确保优秀人才，从2002年起，LG电子面向清华、北大等30多所中国名牌大学的博士生、硕士生和大学生，开展了奖学事业，并在中国首屈一指的名牌大学清华大学开设了"China MBA"课程，致力于培养下一代当地经营领导。

LG电子通过开展各种公益活动，参与中国地区社会的发展，成长为深受消费者喜爱的中国企业。

爱在中国。一直以来，LG电子本着"与中国人民一起分享喜悦和分担痛苦"的想法，以LG电子中国有限公司和各生产企业为单位，蓬勃开展了社会贡献活动。2003年中国发生非典时，LG电子开展了全国性的"爱在中国（I LOVE CHINA）"的运动。LG电子向市民分发了印有"爱在中国（I LOVE CHINA）"的标语和记有非典预防方法的消毒棉，向北京市卫生局赠送了灭菌微波炉、抗菌洗衣机、吸尘器等价值相当于100万美元的家电产品等。

为培养人才开展奖学金事业。自1999年起，LG电子在沈阳先后成立LG希望小学、LG希望中学和LG彩电村，设立了奖学金，支援教育器材等；从2003年起，LG电子在南京面向当地大学生开展奖学事业，还与三个当地的中学学生缔结兄弟关系，向他们支援了奖学金，并向学校支援了显示器和运动器材；从1999年起，LG电子在惠州坚持不懈地开展了修理校舍、捐赠计算机和打印机、支援奖学金等活动；LG电子在烟台也开展了向附近小学捐赠计算机等活动。

分享爱心，让世界充满温馨。LG电子中国有限公司将员工的工资零头积攒起来，建立LG献爱心基金，用于帮助陷入困境的员工和地区市民。惠州企业从1999年起开始向残疾儿童和先天性心脏病儿童支援医疗费用和手术费用；南京企业从2003年起与南京东南大学附属中大医院联合开展了LG献爱心微笑活动，向80名上唇裂隙儿童提供了免费矫正手术。天津企业于2003年纪念中国残疾人日举行了盛大的音乐会，并向天津市残疾人协会赠送了捐款和全体员工的礼物。

营造文化气息，提高人民的生活水平。LG电子曾于2001年与中国北京电视台联合推出了"荧屏连着你和我"的电视节目，赢得了中国电视观众的积极响应。从2003年起，LG电子开始赞助中央电视台的"LG移动电话金苹果"节目，该节目是以中国的主要大学为单位，选拔200余名学生参加智力、体力、应变能力竞赛的综合娱乐节目。

支援体育事业，丰富休闲和保健活动。LG电子通过赞助中国的大型体育活动，不仅为中国人民的休闲和保健生活注入了活力，也增进两国间的友谊。迄今为止，LG电子赞助了LG杯足球大会、支持北京申办奥运会、世界大学生运动会和釜山亚运会等大型体育活动。LG电子还于2003年赞助了四国女子足球邀请赛、四大洲花样滑冰大会、第47届世界乒乓球锦标赛等。同时，LG电子还从2003年起开始赞助中国国球乒乓球国家代表队。

（资料来源：王志乐. 跨国公司在中国报告. 北京：中国经济出版社，2005.）

【案例思考题】
1. 韩国的LG集团为什么在中国大量地进行直接投资？试分析我国的投资环境。
2. 试分析LG电子在华投资的特点。

第 5 章 跨国公司的技术转让

导读

科学技术既是第一生产力,也是当今国际市场上重要的交易对象。跨国公司借助其资本垄断优势,与本国或国外的大学和科研机构建立密切的联系,借以收集和利用最新的科技成果,网罗优秀科技人才,集中进行技术研究与开发(R&D),从而使它拥有很强的技术垄断优势。目前,世界上新技术和新工艺的 90% 及国际技术转让的 75% 为不同类型的跨国公司所控制。为了适应经济全球化的进程,许多国家把加强本国经济在国际市场上的竞争力作为其对外战略的首要支柱,这一战略也为跨国公司在全球范围内使用或转让技术敞开了大门。

跨国公司的技术转让,既可在公司范围内部进行,又可在公司与公司外的企业之间进行,其形式是多种多样的。本章首先介绍技术转让的客体及其类型,其次介绍技术转让形式和价格制定技术,最后介绍有关技术转让的策略。

5.1 技术与技术转让概述

5.1.1 技术及其特点

所谓技术,是指人类运用科学知识和实践经验所创造的技能、工艺和装备,它是生产过程中的劳动手段和方法。

历史上的生产资料,都是同一定的科学技术相结合的。历史上的劳动力,也都是掌握了一定的科学技术知识的劳动力。科学技术正是渗透到生产力的各要素之中并与之紧密结合,才成为生产力的组成部分的。人类生产的发展史,就是一部科学技术水平不断提高并反过来促进生产力水平不断提高的历史。

技术是一种商品,这种特殊的商品,是随着商品生产的发展、社会分工的扩大及科学技术的进步,特别是在西方国家建立专利制度以后,才逐渐脱离物化产品而独立出来成为商品的。技术的使用价值,是凝结于商品体内的,体现了技术知识对社会生产的有用性。它的使用,可以实现技术进步,提高劳动生产率,提高社会生产的经济效益。技术的价值是凝结在技术商品中的活劳动和研究开发过程所耗费的物化劳动。

技术商品具有以下几个特点。

(1) 知识性

技术转让中的标志——技术，一般是指知识形态的技术。例如，一项生产技术、一种制造工艺或一项经营管理技术，只能表现为图纸、技术资料或示范操作，在技术贸易中称为"软件"。

(2) 继承性

科学技术是人类在生产斗争和科学实验的长期实践中积累的经验总结。继承是创新的基础和前提。有些新技术，虽然是在崭新的科学理论指导下研究开发出来的，其原理虽有不同，但总体上仍然含有继承老技术的部分因素。

(3) 时间性

技术有它的寿命周期：一种是技术的自然寿命周期，即指一项技术从产生、发展，一直到衰亡、被淘汰为止的全过程；另一种是技术的经济寿命周期，指一项技术从开始使用，经过不断改进而日益成熟，应用范围逐步扩大，从开始时的只有少数几家企业使用，后来迅速扩大、普及，直至出现另一种新技术取而代之。技术的经济寿命周期一般包括：投入使用（导入期）、趋向普及（成长期）、广泛应用（成熟期）、逐步淘汰（衰退期）四个阶段。某项新技术，在刚开发时可能很先进，但由于技术变革的日新月异，技术时效周期缩短，随着时间的推移，出现了更新的技术，原来的技术就会被淘汰。

5.1.2 常见的技术分类方法

1. 按运用领域分类

按产业部门来分类，可分为农业技术、工业技术、销售技术、服务技术等。在此基础上又可进一步细分。例如，农业技术又可分为种植技术、养殖技术、捕捞技术等；工业技术又可分为机械设计技术、机械制造技术、材料处理技术、电子技术、光学技术、控制技术等。

2. 按作用对象与功能分类

按技术被运用时的作用对象与功能，大体上分为生产技术和管理技术两大类。生产技术指作用于劳动对象，使之变为可满足生产或生活需要的产品的制造技术，或者直接用于满足生产和生活需要的服务技术。各种生产资料、图纸、工艺规则、操作程序和加工原理等都是生产技术的代表。管理技术则是指制订计划、沟通信息、组织指挥、监督控制、人事管理、财务管理和营销组织的技术。通常，生产技术与管理技术又分别被称为硬技术与软技术。

3. 按技术生命周期阶段分类

按技术的成熟程度、普及应用情况及与其他技术的替代关系，可以判断一种技术目前所处的生命周期阶段。一般来说，技术生命周期可分为创立初期、成熟期和衰退期三阶段。创立初期的技术新颖度高，被改进完善的余地大，但被少数人所专用；成熟期的技术为广泛运用，并且已相当完善，适用性很强，在生产实践中发挥着重要作用；衰退期技术相对陈旧过时，有些新技术正在逐步取代这种技术。

4. 按受法律保护情况分类

有些技术已经广泛普及，每个企业都可运用，没有专用权问题。换句话说，使用这些技术是不受法律限制的。但也有一些技术为少数企业专用，这种专用权受法律保护，其他企业很难了解这些技术的内容，即使了解也不能自主地运用。一般来说，受法律保护的技术大多属于先进技术,当用于制造某种新产品,或者用于处理某些事物时,比其他技术更加有效。

法律承认并保护一些先进技术的专用权,主要动机是保护创造这些技术的企业或个人的革新与创造的积极性。许多专家学者都认为,跨国公司是当代新技术的主要源泉。而发达国家的企业、个人,尤其是跨国公司从事革新与创造的积极性,与有关法律(亦称为知识产权制度)的保护与激励是分不开的。

当然,法律对有关先进技术的保护都是有时间限制的。为了加快技术的扩散运用,促进社会生产力的发展,知识产权制度允许技术专有权所有者向其他企业转让其技术,另一方面规定法律保护期,如美国专利保护期限为 17 年,加拿大为 20 年。各国法律规定的保护期一般都在 10~20 年之间。这种法律规定,促使专利技术所有者加快对受保护技术的使用和从中获益。

5.1.3　技术转让的含义

技术转让是指技术供应方通过某种方式将某项技术及有关的权利转让给技术接受方的行为。

国际技术转让(International Technology Transfer),指的是将技术(包括技能、工艺和知识等要素)从一国到另一国、从一个企业到另一个企业的转移。

国际技术转让可以通过技术援助、技术贸易及技术人员的流动与共同研究开发等途径进行。技术转让的行为,从技术供应方角度来看,是技术的输出;从技术接受方的角度来看,是技术的引进。技术的转让可以是无偿的,也可以是有偿的。国际技术贸易的发展证明,技术的有偿转让在当今世界的技术转让中起到越来越重要的作用。

5.1.4　国际技术转让的客体

联合国 1981 年 4 月制定的《国际技术转让行动守则》中指出:"技术转让是指关于制造产品、应用生产方法或提供服务所需要的系统知识的转让,不包括货物的单纯买卖或租赁。"这一段话实际上界定了技术转让的客体的范围。一般来说,国际技术转让的客体都是受法律保护的(因而除转让途径外,接受方无法获得或不能使用有关技术知识)、先进的(具有新颖性和高效率性)技术。按照受法律保护的方式,技术转让的客体可大致分为三大部分:专利、专有技术和商标。

1. 专利技术

专利技术是指经向本国或外国政府申请注册,得到注册国认可并依法公布,授予首创者一种独占权利并给予法律保护的发明创造。注册国授予该发明创造的首创者的独占权利,就是专利权。专利权通常简称为专利。

1) 专利技术的内容

专利技术的内容通常包括三种。

(1) 发明

即人们在利用自然的过程中,运用新知识而创造的前所未有的新事物或新方法。发明又可分为三类。

① 产品发明。指利用发明者的创造性构思制成的全新产品,如机器、设备、工具、用具等。

② 物质发明。指利用发明者的创造性构思或创造性方法，将两种或两种以上的原料（元素）进行合成而制得的合成物或化合物。

③ 方法发明。指发明人经过创造性构思而提出的，将一种物质改变成另一种物质所需的或处理某些技术问题的新方案或新方法，如制造方法、化学方法、计算方法等。

(2) 实用新型

亦称为"小发明"，是指对产品的形状、构成或其组合方式作出的改进、革新方案，这种方案能带来产品技术性能的提高，制造效率的提高和使用更加方便、美观等多方面的效果。

(3) 外观设计

指对产品的外观形状、图案、色彩、造型或它们之间的相互结合所做出的富于美感、且适合在工业上应用的新设计。

2) *专利技术的特征*

一项发明创造能够得到法律承认和保护而成为专利技术，必须具备三项基本特征，即新颖性、先进性和实用性。

① 新颖性。即该项发明创造应当是前所未有的，严格地说，在申请专利之前从未曾被公开发表、使用或以其他形式为公众所知，与已有的技术均不相同。

② 先进性。又称为创造性。指该项发明创造同申请日以前已有的技术相比，有明显的独创性和实质性进步。

③ 实用性。指该发明创造在工农业生产部门或其他部门能够实际运用并能产生积极效果。

发明人为使其发明创造获得专利权，必须向有关国家的主管部门提出申请，并对发明的内容及其作用、实施方法等予以说明。专利当局按照法律规定进行审查，不仅审查其专利申请文件是否正确，而且按照新颖性、先进性、实用性的标准对发明的技术内容进行"实质性审查"，两者均符合要求时才授予专利权。新颖性、先进性和实用性也是一项发明创造获得专利权的实质条件。

3) *专利权及其性质*

专利权是注册国法律承认并保护的对某项发明创造的独占权利，它意味着：只有专利权获得者，可以在一定时期内依法使用该发明创造进行生产、销售专利产品和转让专利技术。任何他人未经许可不得使用该发明创造；否则，即为侵权，将受到有关法律的制裁。专利权的性质有三点。

① 地域性。即一国确认的专利权只在该国范围内有效。如果没有有关条约规定，对其他国家无效。

② 时间性。即专利权只在注册国法律规定的期限内有效。

③ 独占性。即同一项发明创造的独占权只能授予一次，其他人做出的同样的发明创造不能再得到专利权。

2. 专有技术

专有技术又称为技术诀窍或"诺浩"（取"Know-how"之音），在国际上缺乏统一而严谨的定义，通常指那些先进而实用、未经公开、未申请专利、可以传授和转让的、生产或经营所必需的技术知识、技能和经验。专有技术包括的内容非常广泛和复杂，且实用性很强。

因此，在国际技术转让中，专有技术转让贸易所占的比重越来越大，已成为技术转让贸易中主要构成部分。

和专利技术相比，专有技术具有以下特点。

① 秘密性。专有技术是不公开且他人难解其详的技术知识。秘密性是技术诀窍的基本特征。

② 自我保护。各国对专有技术都没有专门的法律予以保护，因而其保护主要依赖于专有技术所有者的自我保护，少数情况下也可以通过合同法、侵权行为法、公平竞争法来加以保护。

③ 长期性。只要专有技术所有者自己不泄密，该所有者就可长期地独自运用该专有技术并从中受益。

3. 商标

商标是工商企业为方便对其产品的识别，并与他人生产或销售的产品相区别而在其产品上作出的标志。一般来说，一种商标代表着一定水平的商品品质，一旦为消费者所接受，就可起到促进销售的作用。在当代商品经济中，商标已成为企业参与市场竞争的重要武器，也是企业创造销售额和利润的无形资产。为保护商标所有者的正当权益，许多国家通过专门立法，授予商标所有者一种商标专用权（亦称为商标权）。这样，商标就成为一个法律名词，一般指注册商标或者说已授予专用权的商标。

转让的商标主要指名牌商标。在当今商品经济社会中，存在着一个普遍的规律，即名牌商品销路好，名牌商品能卖出好价钱。许多跨国公司借助其技术优势和营销优势，都创立了自己的名牌商标。利用这些名牌商标，它们不断加快了对市场的扩张和渗透。其中，把商标作为技术贸易的对象进行转让，已成为它们的一项重要策略和市场渗透环节。

国际技术贸易中的商标转让有两种做法。

（1）转让商标使用权

商标所有者允许他人在一定时期、一定市场范围和一定商品上使用自己的注册商标。这种转让关系通常由双方签订许可合同来确定。接受方必须保证产品质量，以维护商标的名誉。

（2）转让商标

即商标所有者将其注册商标及与商标相关的一切权利（尤指专用权）转让给他人。

跨国公司的商标转让一般在其内部母子公司之间或子公司之间进行，而且基本上只转让商标使用权。这是因为，跨国公司寻求以全公司的力量，最大限度地运用其名牌商标，独占市场。

5.2 跨国公司技术转让的方式

技术转让是指技术供应方通过某种方式把某项技术及其有关的权利转让给技术接受方的行为。通过技术转让，有关的技术就可以得到广泛运用，可以在促进生产力发展中发挥更大作用。技术转让有有偿转让和无偿转让之分。无偿技术转让，也称为非贸易性技术转让，通常表现为政府间援助、专家讲学、科技人员交流、留学、出国考察等形式。有偿技术转让是以技术为商品，通过买卖方式进行转让。跨国公司的技术转让基本上都是采取有偿方式。其具体的形式是多种多样的，其中最主要的是通过许可证贸易的方式，此外还有特许专营、技术援助交钥匙项目管理和对外直接投等诸多方式。跨国公司可根据技术转让的具体条件选择合适方式。

5.2.1 许可证贸易

许可证贸易，也称为许可贸易，是指技术转让双方通过签订技术许可协议，由技术接受方（引进方）支付一定的报酬或使用费，让技术转让方（供应方）将自己所拥有的某项技术的使用权、产品制造权和销售权转让给技术引进方。技术引进方获得了有关技术知识及其使用权，就可进行产品的生产与销售，取得开拓和发展新业务的主动权。技术供应方通常称为许可人（Licensor），不仅要转让相关的全部技术知识，而且要转让相关技术的使用权、产品生产权与销售权。技术引进方为被许可人（Licensee），承担给许可人支付报酬或使用费的责任。

1. 不同客体的许可证贸易

许可证贸易的客体是有关新产品的生产技术或有利于产品销售的商标。按客体的具体内容，有专利许可证贸易、专有技术许可证贸易和商标许可证贸易三种。

（1）专利许可证贸易

专利许可证贸易是指通过签订许可证协议，专利所有者将自己的专利使用权转让给购买人的一种有偿技术转让方式。专利使用权的转让可以单独进行，也可以结合机器设备的买卖来进行。在专利许可证贸易合同中，必须详细列出专利的申请日期、申请国家、有效期限及发明名称；明确说明转让专利使用权的许可证类别；应提供的资料、图纸、文件、信息，购买方使用专利的领域、销售产品的地区，保密义务及专利使用费数额和支付方式等。

（2）专有技术许可证贸易

通过签订许可协议，在购买者同意以某种方式支付使用费的条件下，专有技术的所有者将专有技术的使用权转让给购买者，这种有偿技术转让方式是专有技术许可证贸易。

专有技术的价值依赖于保密的严格性。严格保密对于转让双方都是非常重要的。在实际做法上，专有技术许可证贸易大多是同产品贸易或同专利、商标许可证贸易结合进行的。专有技术许可协议要明确规定，双方承担的保密责任；该技术的基本内容，如应提供的资料、数据、图表和操作要领、技术能产生的效果、能让产品达到的技术水平；如何让购买方人员掌握该技术；使用专有技术的产品领域，产品销售范围；使用该技术中的有关设备和原材料的供应问题；使用费及其支付方式等。

（3）商标许可证贸易

通过签订许可协议，商标专用权所有者向购买者转让商标的使用权，这种交易即商标许可证贸易。一般来说，转让使用权的商标应当是名牌商标，这样购买者就可以利用名牌的影响扩大销路，并借以扩大购买者产品的知名度。对转让方来说，出售商标使用权不仅可获得使用费收入，而且可以扩大自己的商标在特定地区的影响。商标许可证贸易中要规定，购买方产品质量应达到的水平及商标转让方应提供的技术援助和质量监督；转让方的商标广告与宣传；商标供应与使用范围；使用费及其支付方式等。

2. 许可证贸易的类别

在许可证贸易中，有的技术接受方得到的使用权是独占的，但有的使用权不是独占的。按照接受方是否取得许可协议中专利、专有技术或商标的独占使用权，许可证贸易又有不同类别。

（1）独占许可

指在规定的地域和时间内，接受方对引进的技术拥有独占的使用权，技术转让方和任何第三者都不得在此地域和时间内，使用同一技术，制造和销售产品。由于接受方拥有技术使用权很大，其使用费也很高。

（2）排他许可

即在规定的地域和时间内，只有转让方和接受方两者拥有使用所引进的技术制造和销售产品的权利，不允许任何第三者使用该技术生产和销售产品。转让方不得将该技术转移给会在该地域和时间内生产和销售产品而与接受方进行竞争的任何第三者。

（3）普通许可

指转让方（许可人）允许接受方在规定的地域和时间内使用所转让的技术制造和销售产品，同时又保留在该地区和时间内自己使用该技术，以及将该技术转让给第三者的权利。在这种许可下，接受方所获得的技术使用权很小，因而使用费很低。

（4）可转让许可

转让方在向接受方转让技术的使用权时，还转让了部分转让权，因此接受方在指定的地域和时间内，有权将引进技术的使用权再转让给第三者。这种许可证贸易又称为分许可。

（5）交叉许可

如果技术转让双方分别将各自拥有的价值相当的技术使用权转让给对方，这种许可证贸易称为交叉许可。交叉许可一般互不收费，而且每一方获得的对方技术使用权可以是独占的，也可以是非独占的。该类许可证贸易大多发生在实力相当的跨国公司之间的高新技术转移领域。

在许可证贸易中，转让方必须向引进方提供有关的技术资料，并负责培训引进方的技术人员与生产操作人员和进行必要的技术指导，以保证引进方切实达到许可协议规定的各项技术经济指标。接受方必须按时缴纳使用费，并保守秘密。

5.2.2 特许专营

特许专营是自 20 世纪 50 年代以来迅速发展起来的一种技术转让方式。它是指在经营中已取得成功经验的企业，将其商标、商号名称、服务标志、专利、技术诀窍及经营管理方法的使用权转让给另一家企业，并由此扩大产品销售或者取得使用费收入。特许专营实际上是许可证贸易的一种特别方式；专营许可方（即技术供应方）不仅转让技术和商标（商誉），还传授统一标准的经营方法。这种做法在商业、服务业尤其多。这些行业，专营许可方要求专营接受方严格按照统一的经营规范组织经营，其中包括使用同样的商号名称和商标，出售同样名称、同样品质的产品，采用同样的店堂装潢和服务器具，接待顾客的方式、程序和公司口号也相同，连工作人员的工作服和饰物也相同，典型的如麦当劳汉堡包、肯德基炸鸡、意大利馅饼等。专营许可方的这种统一标准化要求，既是为了维护其自身的商誉，也可以扩大它的影响。

1. 特许专营的类别

特许专营大体上有三种类型。

（1）产品专销

即专营许可方要求专营接受方只销售许可方的产品。这是一种最简单的专营方式，由于特许专销的产品是名牌产品，市场销路好，专营接受方容易接受。但专营许可方不得索取使用费收入。

（2）服务专营

专营接受方使用专营许可方的商标（商号）和按照统一规定的制度和标准，开展服务业务。如美国的爱维斯（Avis）轿车出租公司在其母国国内和海外按服务专营方式开展业务，约70％的专营点是专营接受方独立占有的，通过与Avis公司签订特许专营协议，实行服务专营。

（3）营业风格特许专营

专营接受方不仅采用专营许可方的商标、商号或服务招牌，而且按照许可方的技术规程和质量标准生产同样的产品，店堂布置、销售方式、管理制度与经营风格也与许可方相同。

2. 特许专营的优缺点

对于跨国公司来说，特许专营有以下好处。

① 投资小。跨国公司能以较少的投资迅速地扩展国际市场。

② 风险小。由于专营接受方为东道国企业，政治风险小，跨国公司面临的风险也较小。

③ 进入快。因专营许可方有特殊的市场影响力，通过特许专营，专营接受方有较大的盈利机会，所以专营接受方队伍容易发展，销售局面容易打开。

但是，由于特许专营的接受方只引进技术和管理方式（管理经验），跨国公司没有股权参与，没有直接投资，因此缺乏对专营接受方的有力控制，由此产生以下缺点。

① 特许费收入有限。一般按专营接受方收益的较小比例提取许可费收入。

② 有可能培育自己的竞争对手。特许专营契约有有效期限的规定，一旦专营接受方掌握了全部技术和管理技能，拥有了一定经营实力，就会脱离专营许可方，独立经营。此时，专营许可方就会完全丧失目标市场。

跨国公司只是在产品不能出口到对方市场，在东道国直接投资风险大，盈利机会很小，生产经营过程又能比较容易地转移到对方市场的情况下，才采用特许专营方式。为增加特许费收入，可向多家当地企业发放特许证，如像麦当劳的做法。为防止专营接受方脱离本公司，专营许可方通常不允许专营接受方从事产品开发、管理创新，而是将这些职能集中在母公司进行。但是，专营许可方的这些做法会限制专营接受者的盈利能力，会引起专营接受者的不满，要求降低特许费数额。

5.2.3 技术援助

技术援助是跨国公司所采取的灵活性很大的一种技术转让方式。技术转让方通常要充分考虑引进方本身的技术条件、人员素质和对先进技术的吸收消化能力，根据所转移技术的复杂程度及预计应达到的目标，然后决定所采用的技术转让方式。技术援助的具体形式很多，主要有以下几种。

(1) 工程咨询

工程咨询主要是指对工程建设项目进行可行性研究和评价，进行工程设计，指导编制工程建设规划，监督工程建设进度与质量，为决策者提供科学依据。

(2) 产品与技术咨询

主要是指对对方企业生产技术系统的诊断和技术服务，其内容包括：专业设备与生产线的设计；新材料、新工艺、新技术的应用研究；新产品鉴定；指导编制技术改造规划及其实施等。

(3) 经营管理咨询

主要是对客户企业的经营战略、管理体系、生产过程组织、经营业绩、社会形象及公共关系等方面进行诊断，发现问题，提出改进意见，指导客户企业组织战略性经营。

(4) 市场调研与营销策划

主要帮助客户企业搜集、整理顾客需求、市场竞争及其他方面的资料与情报，分析与选择目标市场，指导制定市场营销战略规划和市场营销组合策略，帮助建立营销状态监督与控制体系。

(5) 培训技术人员和管理人员

技术转让者为对方企业培训专业技术人员或操作工人，培训管理人员，也可达到技术转让的目的。有的培训是将对方企业人员送往母公司学习与考察来进行的，有的则是派专家到对方企业在现场进行技术传授。

(6) 技术援助服务

技术转让方派出人员到对方企业安装、调试设备，定期进行设备保养和检修，进行原材料或机器设备进厂验收及其他技术服务工作。

5.2.4 交钥匙项目

交钥匙项目是通过签订成套设备买卖合同，跨国公司把成套工厂设备买卖与技术转让结合进行的做法。在这种合同中，通常包括帮助培训有关技术人员和工人，完成安装、调试和试生产。合同执行完毕，用户企业即可得到开工生产的工厂"钥匙"，直接进入正常生产状态。由于这种合同涉及成套设备的买卖，又有整套生产技术转让的内容，实际上相当于一个"工厂"的买卖，因此交易额巨大，是目前发达国家向发展中国家进行技术转让的一种可获巨额利润的方式。

以交钥匙"工厂出口"的形式来进行技术贸易的做法被广泛用于化学工业、石油工业和石油精炼工业。在这些行业，出口销售成套设备和整个工厂的即期现金流量远远高于应用这些设备和技术的最终产品的即期现金流量，并且不担心来自技术购买者的潜在竞争威胁。这种技术转让方式对那些谋求从国外引进设备与技术，但对外国企业封锁最终产品市场的国家，尤其适用。

5.2.5 管理合同

企业为提高自己的经营管理水平，在对本企业的所有权和控制权得到保证的前提下，通过签订管理合同，由技术供方（通常是外国的跨国公司）向本企业提供管理技术并参与管理。管理通常分为两种：一种是全面经营管理，即由技术供方派员出任企业总经理和其他部门经理,负责技术、商业与行政管理;另一种主要是承担技术管理,也就是由技术供方派出技术人员对企业协助管理。近年来,某些发展中国家的采矿、石油、制造业及旅游部门,采用这种管理合同方式,获取了先进的管理技术。

5.2.6 对外直接投资

对外直接投资的目的是为了获得最大的利润。它一直是跨国公司进行国际技术转让的主要渠道之一。通过这一方式,跨国公司不仅将资金、设备、原材料和零部件,而且连同专利技术、专有技术及商标等先进技术与管理知识,一起输入海外子公司。在这种技术转让方式中,母公司在技术转让方面具有绝对决策权,子公司必须接受母公司的技术转让,并保证对技术保密不再扩散。

由于对外直接投资有股权参与和非股权参与等形式,因而技术转让的途径或方式各有区别,实际上通过对外直接投资进行技术转让的做法主要有以下两种。

(1) 国际合作经营

国际合作经营是一种直接投资与技术转让相结合的合作方式。它可以在产品制造、销售、资源开发、工程建设或科学研究等各种领域进行合作。国际合作经营一般是由两个或两个以上不同国籍的投资者在选定的国家或地区(通常在投资者中的一方所在国)投资,按东道国的政策、法令组织起来的,以合同为基础的"法人式"或"非法人式"的经济联合体。外国合营者在合作经营方式下提供技术和设备,实际上实现了国际间的技术转让。

(2) 国际合资经营

国际合资经营也是一种直接投资与技术转让相结合的合作方式。它是由两个或两个以上不同国籍的投资者,在选定的国家或地区(通常在投资者中的一方所在国)联合投资,并按东道国的有关法令组织起来的企业。合资经营各方可以以各种形式投资,包括现金、实物和各种产权。西方跨国公司在国外投资建立合资经营企业,往往是以机器设备、技术和资金入股;有时,仅以设备、资金入股,而将技术按许可交易方式转让给合资企业。

5.2.7 合作生产

两个或两个以上的具有技术优势的企业为共同生产某一产品而进行的生产上的合作,称为合作生产。合作双方(或各方)根据各自的生产、管理或销售等技术特长,商定经营的专业分工,分别完成不同零部件的加工,然后在一方装配最终产品;或者相互提供对方不加工的零部件,各自装配产品,自行销售。合作生产中所采用的各种技术,需在合作生产协议中明确安排,可以由各方提供,形成统一的产品设计和技术标准;也可以经由共同研究与开发来提供,如共同设计产品,共同确定零部件形状与规格,共同编制制造工艺;也可以仅限于零部件分工生产,企业之间在技术上互相合作,扬长避短;还可以由一方提供先进技术和图纸资料,另一方生产产品,以技术提供方名义或者以两家共同生产的名义进行销售,利润按共同商定的比例分配。

5.2.8 补偿贸易

补偿贸易是买方在信贷基础上从卖方购进设备,然后用生产的产品或商定的其他商品或劳务偿还设备贷款。在购进设备的同时，买方通常需要购进与使用和设备有关的专利技术和专有技术，例如生产产品所需的特定专业技术知识、设备的操作与维修保养知识，为获得这些技术知识，通常需要卖方提供技术培训和服务。

5.3 跨国公司的技术转让策略

跨国公司进行国际技术转让，是有原则、有目的的。从总体上说，国际技术转让必须为全球经营战略服务，必须带来跨国公司总利润的增长。为此，在技术转让中就必须讲究策略。

5.3.1 技术转让内容的选择策略

跨国公司向海外子公司或其他企业转让的技术，从与跨国公司母公司所使用技术的关系来看，可大体分为四类：尚未使用但准备使用的技术；尚未使用也不准备使用的技术；正在使用且会继续使用的技术；还在使用但即将放弃使用的技术。每种技术的转让，都有一定的选择理由。

1. 转让尚未使用但准备使用的技术

从现代技术变革的情况来看，一种新技术都是由若干子技术构成的系统知识。一个跨国公司要想独立完成全套的子技术，会面临两大难题：一是研究与开发成本很高，风险很大；二是研究开发周期长。这就是说，一个跨国公司在短时间里研究开发几项子技术是可能的，但若想完成全套技术的研究开发，仅用自己的力量是困难的，也是有风险的。为了分摊研究开发成本和风险，加快研究开发的进程，以便早日投入商业化生产，许多跨国公司联合起来共同进行技术研究开发。通常的做法就是将整套新技术开发任务进行分解，各公司研究开发其中一项或几项子技术，然后通过交叉许可，互相转让技术，使每个公司能够运用整套新技术。

2. 转让尚未使用也不准备使用的技术

企业在技术的研究开发过程中通常会取得各种性质的成果。有一些是企业追求的、并有能力应用的；也有一些是企业不想要的，或者无条件去运用的。后者就可以作为技术商品转让给其他企业。

我们经常可以发现一些跨国公司专门为其他企业进行产品设计或技术开发的情况，这些公司并不打算自己使用这些研发成果。一方面原因是这种研发是受其他企业的委托进行的；另一方面原因是跨国公司要利用这些研发成果去巩固原料供应市场，或者利用这些技术去扩展中间产品购买市场。通过提供这些技术，跨国公司的生产经营就有了稳定的原料供应或稳定的产品销路，因而能进一步发挥优势，获得来自比较优势增长的好处。

3. 转让正在使用且会继续使用的技术

跨国公司向海外其他企业转让的大多为正在使用的技术。因为是正在使用的技术，其应用效果已经有实践资料证明，技术引进方容易接受；技术转让方因已取得该技术的收益，技术水平也得到提高，转让该技术的机会成本和风险较小，故只要能更多地获得来自该技术的收益，也愿意转让。

转让正在使用且会继续使用的技术的典型例子是转让商标使用权。可口可乐、百事可乐等商标既被可口可乐公司、百事可乐公司继续沿用,也被许多其他企业采用。另外,麦当劳汉堡包、肯德基炸鸡、意大利馅饼等通过特许经营方式渗透全球市场,但并不改变这些跨国公司母公司对有关技术的所有权和使用权。这些公司通过转让这些技术,在不增加投资的条件下,增加了大量的现金流量或利润。

有些国家出于国防安全的考虑,或为了扶植民族工业,在某些部门和领域只愿引进技术而不欢迎外商投资。跨国公司为跨越政治障碍而进入该国市场,往往采取转让技术的方式,而这些技术基本上都是跨国公司正在使用并且会继续在母国使用的技术。

4. 转让正在使用但即将放弃的技术

跨国公司向其他企业转让的大多数技术是它们正在使用但即将放弃的技术。对于这一点,维农的产品生命周期理论已作出过解释。按照这一理论,跨国公司转让其正在使用但即将放弃的技术,是伴随产品生命周期临近终点阶段的国际生产行为的一部分。随着产品生命周期过程接近于终点,产品就要冲破国内市场的限制向全球扩散,并引起生产地点和技术使用权的国际转移和重新配置。维农提出产品生命周期理论的实践基础,是美国跨国公司对外直接投资与技术转让的传统做法。

小岛清曾将"美国式"的对外直接投资和技术转移形容为"飞地"式的,不符合比较利益原理。与此相应地,"日本式"的对外直接投资和技术转移是以比较利益原理为基础的,所转移的都是在日本已经失去比较优势,但在东道国正在形成比较优势的产业。根据对象不同,日本的技术转让内容与方式也不同。对发达国家,采用直接投资方式,转让的是比较先进的技术;对发展中国家,转让的是东道国"适用技术",即:劳动密集型产品的生产技术;已经成熟的标准化技术;稍加修改就能适应当地情况的适用技术;大中小型企业都用得上的技术;某些专有技术和经营管理技术。日本在向他国转移已失去比较优势的产业及其技术时,国内则大力发展那些具有比较优势的产业和技术。这样,资金技术的转移与生产要素重新配置的结果,使双方国家的产业结构更符合比较利益原理,促进了双边贸易的发展。

一个国家的某种产品市场的限制因素是可以变动的,例如消费者收入增长导致购买力变强;消费者偏爱或需求结构变化;供应者增加引起竞争激烈;新产品上市、资源限制及政策法规的变动等。市场的变动往往是引起产业结构调整的主要原因,包括引起该产品生产的国际化和国际分工格局的调整。在此过程中,跨国公司向海外企业转让其正在使用但即将放弃的技术,是一种理智的必然的选择。

5.3.2 技术转让方式的选择策略

尽快回收技术开发中的投资,并以技术换市场,是跨国公司进行国际技术转让的主要目的。因此,在如何进行技术转让问题上,跨国公司根据不同情况,通常采用以下三种策略。

1. 以技术投资和建立子公司为技术转让的优先方案

跨国公司对于已有的技术优势,既要设法最充分地加以利用,使之为公司带来更多的超额利润,也要尽力加以保护,使"肥水不外流"。因此,跨国公司的技术转让,相当一部分是以对外直接投资形式来进行的。通过直接投资,跨国公司可绕过对方关税壁垒进入他国市场,也可实现技术转让的内部化,即只向子公司转移其优势技术。

跨国公司的内部技术转让大量采用纵向垂直形式,即母公司大量投资从事研究与开发,发明新技术,除自己使用外,也转让给子公司。子公司只是技术的接受方,其薄弱的科研活动仅仅是为了使引进的技术吸收、消化,适用于当地市场环境。这样就形成了具有技术产生、传递、应用、适应、反馈、调整等多重机制的一体化内部技术转移系统,并且使资金运动、技术运动和管理运动三者高度一体化。

在不同类型的直接投资中,跨国公司转让技术的方式是有区别的。对于拥有全部股权的子公司,实行无偿或低价提供系统性技术,以提高其利润率;对于与东道国合资经营的企业,所提供的技术往往折算成股权投资或索取较高的使用费。但在一般情况下,母公司拥有合资企业的股份越多,就越愿意转让其先进的、系统性的技术。跨国公司的这种策略与它们向非附属企业转让技术的做法差别很大,在后一种技术转让场合,跨国公司通常只提供一般技术、保护关键技术;只提供外围技术、保护核心技术;只提供成熟的或标准化技术,保护崭新技术,并且附带限制性条款。

2. 对不同的输入国实行不同的技术转让方式

跨国公司对发达国家主要采取互换许可策略,转让先进技术。其原因是,由于当今世界范围内高技术的迅速发展和高技术产业的兴起,工业发达国家为保持自己在高技术方面的优势,对一些尖端技术和高新技术实行了保护性措施。一国的跨国公司为从某个工业发达国家获得先进技术,就采取交叉许可策略,以先进技术换先进技术,由此可使发达国家继续保持技术领先地位。

对于发展中国家,跨国公司则着重转让其成熟的技术或过剩技术。这种策略所利用的是各国经济、技术发展不平衡条件。一种技术在发达国家进入到成熟期时,它在发展中国家可能还处在开发期。这一技术生命周期差现象及由此形成的技术梯度,为跨国公司延长其技术寿命,继续从中谋利创造了机会。

3. 在资本技术密集产业转让技术主要采取成套设备转让形式

成套设备的交易不仅包括巨额产品的出口,而且包括数额颇丰的技术转让费。比如,日本三菱重工财团,于1982年向中东产油国转让了四座炼油厂的成套设备,技术转让费高达4.5亿美元;这些设备的生产能力占中东产油国计划建厂要形成的总生产能力的40%。有统计发现,目前跨国公司40%以上的销售额和49%国外销售集中在化学工业、机器制造、电子工业和运输设备四大资本技术密集部门。业务集中度这样高的原因之一是这些部门中成套设备交易量大。在许多新兴的工业部门,资本技术密集化程度都很高,大多采用"整个工厂"或"整个实验室"的技术转让方式,除了成套设备外,还包括人员培训、安装调试、试生产等许多项目,即所谓的"交钥匙项目"。由于能同时获得大笔产品销售收入和数目相当可观的技术转让费,因此越来越多的跨国公司热心于转让成套设备和交钥匙项目。

5.4 技术转让定价与转让支付方式

5.4.1 技术定价

1. 技术价值和技术使用价值

前面已经提到,技术作为商品,具有价值和使用价值。技术的价值是指研究开发这项技术所花费的物化劳动（包括研制过程中所消耗的工具设备、实验器材、试剂材料等）和活劳动（科研、辅助人员所花费的劳动时间）的总和。技术的使用价值则是指在一定的环境和条件下技术同物化劳动和活动相结合而产生的有效价值（如提高劳动生产率、创造新产品、增加经济效益等）。

然而，技术又是一种特殊的商品。首先，技术生产过程有它的特殊性。新技术的开发通常是非重复性，非"批量生产"；即便是同类技术，其开发所采用的研制手段和研究条件不同，其所耗费的活劳动和物化劳动也是不同的。这种新技术通常是最先开发成功的，会得到社会的承认，而其他单位的重复研究活动，则得不到社会的承认。其次，技术的交换也具有自己的特点。一般商品交易是所有权的转移，买方一旦买了某个商品，就可以在任何时间和地点享有该商品的所有权，而技术贸易中所转让的技术，只是该技术的使用权，而且运用这种权利，还有时间和地区的限制；一般商品交易通常是买卖双方的简单交换，而技术转让往往是双方经济技术合作的全过程。由于技术转让这个特殊商品具有上述特点，因此不能单纯以技术所包含的价值量作为确定技术价格的基础。

2. 技术价格的要素

一般来说，技术价格的要素包括以下三项。

① 技术研究开发费用的分摊，也就是对技术开发所耗费的物化劳动和活劳动的补偿。由于技术通常是技术占有者自己先使用，而且可以多次转让，供方只能要求受方对技术的研究开发费用提供一定比例的补偿。

② 增值成本，即供方为转让技术而花费的费用（包括派出谈判人员、复印资料、提供样品、培训人员等有关的劳务和管理费用）。

③ 利润补偿或分享。利润补偿，是指对由于转让技术使供方在受方市场或第三国市场上失去了推销技术产品的份额所蒙受利润损失的补偿。在国际市场上，谁掌握新技术，谁就能在竞争中处于有利地位，从而保证获取高额利润。若把一项新技术转让给别人使用，就意味着让别人分享他的利益，而他自己则受到损失。因此，供方要从受方使用该技术所取得的收益中分享到部分好处，以补偿损失。利润分享，是指一项转让技术的采用，能大量节约原材料、能源，成倍地提高劳动生产率。该技术使用范围越广，经济效益越高，受方得益越大，因此，供方要从受方的得益中分享利润。由此可见，技术的价格往往与技术的推广应用成正比。

技术价格的三个要素中，利润补偿或分享已成为技术价格的主体。利用该技术所产生的经济效益越大，其利润补偿或分享就越高；反之亦然。所以，技术价格的高低是以利用该技术所能带来的经济效益的大小为转移的。

3. 技术定价的影响因素

可以肯定，技术价格的确定是在供受双方所能接受的最低额和最高额之间浮动。供方能够接受的转让技术最低价格，应该是增值成本与机会成本，即由于转让技术所造成的费用和利润损失的补偿之和。最高技术价格也有一定的限额。技术价格究竟确定在供受双方的最低额和最高额之间的哪一点上，对谁比较有利，往往受某些因素的影响和制约。这些因素有以下四个方面。

（1）技术的性质

技术价格的高低，受技术生命周期和技术所处生命周期阶段的影响。各种不同的技术有其不同的生命周期。对于专利技术来说，其生命周期从获得专利权时起至专利有效期届满为止。在技术的生命周期内，技术所处的阶段可分为投入阶段、发展阶段、成熟阶段和衰老阶段。一项技术在生命周期的不同阶段，其价格也不同。通常说来，当技术处于实验室阶段，未进入商业化生产时，其价格就低些；当技术已经研究开发，进入商业化生产，其经济效益日益明显时，价格就高；而当技术已进入衰老阶段，即将被淘汰，其价格必然要低。除此之外，首创的先进技术，需要相当高的科技能力才能开发利用；难于仿制的新技术、新工艺、新产品，它们的价格亦高；而那些易于仿制和利用的技术，其价格就低些。

（2）供受双方相互的讨价还价能力

谈判能力对技术定价起着较大的作用。而谈判能力的强弱则主要依赖于各自的竞争地位、市场知识、谈判技巧，甚至某种政治因素。

（3）技术市场的竞争结构

在国际技术贸易中，技术定价则受着技术市场竞争结构和技术供求关系的影响。由于各种技术在市场上的竞争程度不同，它们的定价也就不同。技术市场的竞争结构，一般按供方的竞争地位分为独家垄断、少数几家垄断和准垄断。从事研究开发的科技人员，往往处于准垄断地位。在技术市场上，供应方取得独家垄断地位，一般是通过申请专利权，对某项技术或某项产品取得独占性所有权；或者将非专利技术通过保守秘密，作为专有技术控制在自己手里。在技术处于独家垄断的情况下，供方总是力争获得能创造最高利润的价格水平。当技术市场上出现了几家供方时，任何一家供方在作出定价决策时，都要认真考虑别家供方可能作出何种反应。因此，技术供方一般都要把自己的技术价格定得比同类技术价格略低一些，以取得竞争优势。这种竞争结构，给受方在进行技术询价和谈判时提供了"货比三家"的机会。

（4）签订技术转让合同的条件

转让双方承担的责任及受方享受权利的大小，都会影响技术的定价。另外，技术转让费的支付方式不同，双方承担的风险不同，也会影响技术的定价。如果技术价格的支付采取一次总付方式，即双方一次性商定一个价格并一次付清。这种方式对受方来说风险较大，因为技术转让费的支付基本上是在技术产生效果之前。如果技术价格的支付采取分期提成方式，即双方约定在一定期限内，受方按技术产品净销售额的一定比例作为报酬向供方支付，则双方分担的风险和责任比较合理。支付方式不同，价格也就不同。

此外，技术定价还受技术供方定价的目标和策略的影响。技术定价的目标和策略，是指供方从销售的角度来确定技术转让的价格。一般来说，供方在技术转让和技术转让定价时，既要根据该技术的实际成本和机会成本，又要把定价与企业的国际营销战略目标结合起来。针对不同的目标市场及其客观环境与条件，同一项技术，由于转让的对象不同，技术定价有时也会不同。

5.4.2 技术转让的支付方式

1. 一次总算支付

一次总算，就是将技术转让的一切费用，在交易双方签订合同时一次算清，并在合同中加以规定。

一次总算支付通常有两种形式，即一次付清和分期支付。

一次付清方式的付款，通常是在许可方转让的技术资料交付完毕，经引进方核对验收后进行的。这种支付方式比较简便，但由于它是在引进方还没有获得实际的经济收益之前就完成的，因此对于引进方来说，将承担很大的风险。

总算计价、分期支付的方式，是国际技术转让中的一种折衷方案，即一次总算计价，然后分期付清。这种方式的支付原则是与许可方完成合同的工作量结合起来的，即按许可方完成多少工作量，引进方支付多少合同价款，通常分几次付款。

第一次付款是在合同签订以后。引进方先支付一笔约为合同总价5%～20%的款项。这笔费用相当于预付金，一般不超过合同总价的25%。

第二次付款一般在技术资料交付后进行。付款的比例通常为合同总价的35%～50%，一般不超过55%。对于技术资料比较多、需要分批交付的合同来说，也可以再分成若干次支付，每次付款的金额应与交付资料的数量成比例。在附有关键设备的技术转让中，设备的交付时间一般比资料的交付时间要晚，付款的时间也应相应地推迟到设备交付后进行。设备付款比例一般为设备总价的75%左右。

在按合同正式投产以后，进行第三次付款。付款的比例一般为合同总价的20%～30%。这部分付款主要支付许可方在合同工厂施工、安装、调试等技术服务费和引进人员培训费。

最后剩下5%～10%的合同价款，可作为合同的"风险"保险，在成功地实现技术效果，生产出合格的产品后再付清。

2. 分年提成支付

分年提成支付，是指技术转让项目先不作价，待引进方使用转让技术生产出产品，而且已经销售出去以后，按年产量或销售额或利润及其他双方商定的基数，每年提取一定的比例，逐年偿付给许可方，连续支付若干年。

分年提成方式是技术转让双方容易接受的支付方式，因为这种支付是在引进方已有收益之后进行的，在安排支付上不会有太大的财务困难；对于许可方来说，由于技术的边际成本为零，提成费即为其纯利润，当然也会接受。通常，提成费的估算方法为

$$F = Q \cdot P_n \cdot Y \cdot R$$

式中：F——提成费；

Q——引进方使用转让技术后每年生产产品的数量；

P_n——单位合同产品的净销售价或利润；

Y——提成年限；

R——提成率。

3. 综合计价支付方式

在实际的技术转让中，较多采用"入门费"加"提成费"的综合计价支付方式。

综合计价方式是引进方在同许可方签订合同后或在收到交付的技术资料后，先支付一笔约定的金额，然后再按提成比例逐年支付。先支付的一笔费用通常称为"技术入门费"。入门费实际上具有定金的性质。一般来说，入门费最低也要能补偿许可方在技术转让过程中和执行合同时的全部费用，它包括资料准备、报价、设计、差旅费和技术指导费等。在采用综合计价支付方式时，入门费的金额不应定得过高，一般占技术总价的10%～20%；提成部分占技术总价的80%～90%。入门费的计算，可以以"实际的账面发生数"为根据，双方

进行协商确定。

5.5 技术转让的政策因素及管理控制

5.5.1 技术转让政策的特点

技术转让政策,是一个国家的政府对技术交往活动作出的宏观的、原则性的规定。它明确规定这个国家在一定时期内的技术交往过程中提倡什么、限制什么、反对什么,它是制定技术进出口法令条例和发展规划等的依据。

技术转让政策具有以下特点。

(1) 技术转让政策的任务,是处理国家间技术活动和其他社会活动的关系。

它不仅为科学技术本身的发展规律所制约,而且又由经济规律所支配;它不仅为生产力的发展水平所影响,而且直接由生产关系的性质所左右。

(2) 政策不是法令,只具有一般的指导性质。

它只规定技术交易活动的方向、规模和速度,确定各部门、各领域技术转让活动的优先次序,并给予不同程度的支持或限制。

(3) 政策不能随意改变,也不是一成不变的

随着国家科学技术、经济发展总目标的变化及公司外部和内部环境形势的变化,技术转让政策也要相应调整。这样,才能保持技术转让政策的相对稳定性和连续性。

正确的技术转让政策,能促进一国经济发展战略目标的实现;能利用世界上一切先进的科学技术成果,以有效地缩小差距,在较短的时期内赶上或超过发达国家;能配合国家的发展目标选择技术,合理分配资源,划分国内外技术分工的界限,并建立机构予以具体落实;能保证有效地应用引进的技术及其创新成果,促进技术在各生产领域内的传播、改良和创新;能提高整体科学技术水平,包括建立一支结构合理、比例协调的科学技术队伍。

与此相反,错误的技术政策必将把国家间的技术交往活动引入歧途,造成重大的损失。我国政府在技术转让政策方面曾经坐失良机,因而扩大了与世界上技术先进的国家间的差距,改革开放以来,才逐渐扭转了这种局面。

5.5.2 各国的技术转让政策

当前,世界各国根据自己的自然条件、经济条件和社会条件,采取了不同的技术转让政策,概括起来主要有鼓励政策和限制政策。

1. 鼓励政策

各个国家一般都积极鼓励引进外国的先进科学技术,特别是领导世界潮流的尖端技术,只是侧重点和程度有所不同。

1) 西方发达国家对技术转让的鼓励政策

(1) 由政府直接进行的技术传播政策

发达国家不仅每年投入巨额的研究开发资金(或采取与民间企业共同开发,或对民间企

业的研究开发予以资助等），使社会技术成果能为社会企业所充分利用，而且政府还出面推进技术开发的国际化。

(2) 技术传播的沟通政策

一般来说，发达国家都重视技术传播，而且加强技术传播的组织机构。例如，美国具有发达的通讯技术及知识咨询产业，拥有组织化的技术传播机构，故而成为世界的技术市场中心。先进的现代通讯技术和手段，使技术传播速度越来越快。

(3) 西方各国大都采取科技咨询政策和技术教育政策

大多数国家及企业，通过咨询处理、传递、管理等相关技术来建立科技咨询网络，加强咨询管理系统。

2) 发展中国家对技术转让的鼓励政策

(1) 鼓励发达国家投资、设厂，促进外国企业带入先进技术，并向本国化、本地化发展

大多数发展中国家，通过利用劳动许可签证的办法，促进外资企业录用本国人员。例如，巴拿马法律规定，外国在巴拿马的企业，必须雇用巴拿马当地职工，一般是 1∶8，即企业中一名外国职工，须雇用当地职工 8 名，但企业中的外国技术人员不在此限。

(2) 对外国科技人员给予优惠待遇，促进技术转让

例如，东南亚诸国对外国技术人员采取"工作许可制"，使其能在该国停留，以做好技术转让工作。

(3) 努力创造良好的投资环境，采取措施吸引外资及其先进技术，并对外国企业的投资和技术提供保证

发展中国家不仅努力改善交通、通讯、能源、教育等技术转让的基础工作，而且还将重点放在物质装备的建设上。这是因为广大发展中国家这类的建设比较差，技术装备又落后，为适应现代化设施的要求，必须投入大量的资金，才能获得较先进的技术。

(4) 对技术先进且本国所急需的项目给予税收优惠

例如，我国政府于 1986 年 10 月 11 日颁布的鼓励外商投资的规定中规定："外国投资者提供先进技术，从事新产品开发，实现产品升级换代，以增加出口创汇，或者替代进口的生产型企业，国家给予特别优惠。"

2. 限制政策

关于技术转让的限制政策，发展中国家和发达国家有所区别。发展中国家或地区主要在引进技术方面予以一定条件的限制；而发达国家则主要在技术输出方面，特别是尖端技术、军事技术方面，予以一定条件的限制。

对于引进技术，各国根据不同的技术类别，分轻重缓急区别对待。有的国家将科学技术分成几类，并给予不同的政策措施：基础工业与基础科学予以重视；传统工业技术，则加速转让；具有发展前途的工业，选择有利的技术；尖端技术部门，慎重考虑。

各国对可以免费自由取得的技术（如对已过期的专利权，公开性的技术知识或自身已解决的技术等）禁止引进；对那些具有不合理的、限制性的合同也予以拒绝。

对于技术输出，世界各国之间，特别是发达国家和发展中国家之间的政策不尽相同，但总的说来，当前各国之间相互关系中，技术摩擦正在加剧。

过去，东西方国家之间的技术转让，一直受政治因素的影响。随着苏联的解体和东欧国家的变化，冷战时代结束，情况虽然有所缓和，但对技术转让的限制政策，并未解冻。近年来，

世界一些新兴国家发展迅速,例如 BRIC'S(即巴西、俄罗斯、印度、中国)的发展,特别是中国的和平崛起,促使西方发达国家的技术转让政策进行调整。重点放在了"防止尖端技术外流"方面。在对其他技术领域的输出、转让方面,一般也采取有节制的、有选择的政策。

5.5.3 各国对技术转让的管理

世界各国对技术转让活动都实行政府的宏观管理和控制,设置专门机构,制定有关政策法规,使技术转让有利于实现国家的发展目标。按各国技术转让管理的松严情况来划分,世界上技术转让管理分为三个层次:全面管理、银行管理和自由化。

1. 技术转让的全面管理

技术转让的全面管理,是指政府设立专门管理技术转让的机构,对技术、经济等方面实行较为全面的管理。从当前情况看,实行全面管理的是一些发展中国家。这主要是因为发展中国家技术水平较低、经济实力比较弱,在技术转让过程中往往处于不利的地位,所以企业迫切需要国家作为后盾,开展技术转让活动。

发展中国家管理技术转让工作的做法大体相同,主要是通过审批、注册各项技术转让合同来控制,并且还建立一套审批、登记注册的制度来规定审批程序和手续,一般经过以下几个程序。

① 由报批合同的企业填报申请表,详细说明引进方和输出方的生产、经济、技术现状和引进技术的内容、理由、收益等。

② 按规定程序,送有关部门进行技术、经济和法律方面的审议。

③ 审批同意后,登记注册,发许可证或通知文件,由银行付款。

④ 规定审批时间。

2. 银行管理

所谓银行管理,是指政府通过国家银行或中央银行,从技术费用的结汇上对技术转让进行管理,实行政府干预。发展中国家从技术转让的自由化阶段过渡到全面管理阶段,经历了银行管理阶段;而一些新兴的工业化国家如日本,则是逆向的,即从全面管理阶段到自由化阶段,也经历了银行管理阶段。

3. 自由化

自由化,是指政府对技术引进基本上不加干预。当然,这里的自由也只是相对的,对企业的技术转让和合作,不是无限制的自由放任,而是有限制的自由。只有在符合国家利益和社会公共秩序的条件下,技术才可自由地进出口。

发达国家在实行技术转让自由化政策时,也并不是随心所欲的。它们一般通过"公平贸易法"、"反托拉斯法"等有关法令,对技术转让活动进行检查、监督,甚至限制和禁止。

本 章 小 结

技术也是商品,可以通过技术转让进行交易。国际技术转让的客体包括专利技术、专有技术和商标等。技术转让的形式是多种多样的，主要包括许可证贸易、特许经营、技术援助、管理合同、交钥匙项目和对外直接投资等。

跨国公司有技术转让行为发生，是为了保证公司战略目标的实现、总利润的增长。基于这一目的，会采用不同的策略和方式。技术价格的构成要素和影响技术价格高低的因素及技术价格的支付方式也是要引起关注的问题。

关键术语

技术　技术生命周期　技术转让　专利技术　专有技术　商标　许可证贸易　独占许可　排他许可　普通许可　可转让许可　交叉许可　特许专营　技术援助　交钥匙项目　技术价格　利润分享　利润补偿　一次总算支付　分年提成支付　综合计价支付

复习思考题

一、选择题

1. 技术是商品，它具有（　　）等特点。
   A. 知识性　　　　　　　　　B. 动态性
   C. 继承性　　　　　　　　　D. 时间性

2. 技术引进方、技术输出方和第三方都拥有对某项技术的使用权，这一类许可贸易称为（　　）。
   A. 独占许可　　　　　　　　B. 交叉许可
   C. 排他许可　　　　　　　　D. 普通许可

3. 技术转让的费用支付，可以采用一次总算、分期支付的方式。根据这种方式，要有（　　）的合同价款，作为合同的"风险"保险。
   A. 10%～20%　　　　　　　B. 20%～30%
   C. 5%～20%　　　　　　　 D. 5%～10%

4. 专利技术的内容，通常包括（　　）。
   A. 发明　　　　　　　　　　B. 实用新型
   C. 创造　　　　　　　　　　D. 外观设计

5. 特许专营的类型有（　　）。
   A. 贸易专营　　　　　　　　B. 产品专销
   C. 服务专营　　　　　　　　D. 营业风格特许专营

6. 跨国公司的技术转让策略包括（　　）。
   A. 转让尚未使用但准备使用的技术
   B. 转让尚未使用也不准备使用的技术
   C. 转让正在使用且会继续使用的技术
   D. 转让正在使用但即将放弃的技术

二、思考题

1. 什么是技术？技术商品有哪些特点？

2. 技术转让的含义是什么？国际技术转让的客体包括哪些？
3. 跨国公司的技术转让有哪几种方式？
4. 许可证贸易有哪几种类型？相互间有何区别？
5. 试述跨国公司技术转让的内容和方式选择策略。
6. 技术价格的构成要素和影响因素是什么？

案例分析

惠普公司国际化经营中的技术转让

美国惠普公司（HP）是由 David Packard 和 Bill Hewlett 于 1939 年在美国加州硅谷创立的，故取名为 Hewlett-Packard。惠普的创办，被公认为等同于硅谷的诞生，惠普公司被称为硅谷文化的代表。经过半个多世纪的努力，目前，它已成为世界闻名的国际电子公司，其主要产品为计算机及外围设备、电子测量仪器、化学分析仪器和医疗电子设备。自从 20 世纪 60 年代起，惠普公司开始跻身于计算机领域，在之后的十多年中突飞猛进，到 20 世纪 70 年代末，计算机产品的销售额已占了全公司营业额的一半以上。进入 20 世纪 80 年代，惠普公司率先推出了基于 RISC 技术的精密体系结构的计算机系统，不仅确立了公司自身遵循开放系统标准的发展方向，而且大大推动了整个计算机工业的发展，从而使惠普公司成为全球开放系统领域公认的先驱。今天，惠普公司已在 120 多个国家建立了全球性的生产销售服务网络，是全美第二大计算机公司，列全美 500 家大企业中的第 19 位，1992—1996 年已连续五年被评为最受仰慕的计算机公司之首。近几年来，惠普在《财富》杂志评选的世界 500 强中，排名不断上升，2004 年跃升至第 24 位。

2001 年 9 月，惠普以 240 亿美元收购康柏，世界各地的权威机构几乎把这次合并列为当年全球十大并购之首，两大集团的联合在规模上造就了一个巨人。合并后的惠普拥有 15 万员工，年营业收入达 817 亿美元，在 IT 服务领域惠普位列第三，在服务器产品、PC 系列产品与手提设备等领域，惠普已成为全球最大的厂商。

跨国公司是国际直接投资的主要承担者，惠普作为一家大型企业，随着对外直接投资的扩大而成为国际知名的跨国公司。在当今经济全球化日益加强的情况下，对外直接投资已不是单纯货币资本的转移，而是货币、技术、设备、管理和经验等要素的一揽子转移。通常，一般高科技企业在海外投资的时候，是将低附加值的生产制造活动转移到海外子公司，而将高附加值的研发活动留在母公司，向海外子公司转移关键技术或发展子公司自主创新的能力，将会影响到母公司的优势地位。但是，惠普公司作为世界知名跨国公司，认为海内外公司是一个整体集团，注重的是全球资源的最佳组合及整体利益的最大化。

惠普公司在新加坡的海外投资，是跨国公司向海外子公司进行技术转让最成功的典范。20 世纪 70 年代，惠普在新加坡投资的工厂主要负责 HP-53 型计算机的组装和生产键盘、显示器。20 世纪 80 年代新加坡工厂生产喷墨打印机时，其中已有 80% 的零部件是来源于子公司自己的采购渠道。到了 20 世纪 90 年代，惠普新加坡工厂开始对打印机的一些功能进行局部改进，其中最成功的一项改进是针对日本市场的需求，将美国母公司的 500c 彩色喷墨打印机在机械结构上加以重新设计，并开发出专门针对日文的软件，使惠普成功地打开了日本市场。之后，新加坡工厂又自主开发了便携式打印机，这个新产品后来在美国获得了卓越设计奖。

惠普公司敢于把研发活动和关键技术转移到海外子公司，海外子公司又开发出具有本土特色的技术，不仅使创新技术回流到母公司，在全球市场形成新产品畅销的热潮，还可以为跨国公司创造全球市场的竞争优势。如果仅仅把海外子公司看成是生产基地，缺乏全球化的经营思维和技术转让的长期规划，就只能在这些地区赚取微薄的劳动力成本价差的利润，而无法成为全球领先的跨国企业。

一个有远见的跨国公司，要想从海外投资中获取丰厚的回报，就必须有计划地进行技术转移的战略规划，而不应该把海外子公司当成简单的生产基地，对海外子公司的投资应考虑劳动力资本、税赋和其他因素的最优结合。

（资料来源：林康．跨国公司经营与管理．北京：对外经济贸易大学出版社，2008．）

【案例思考题】

1. 惠普公司是如何树立起自身的技术优势的？
2. 作为一个发展中国家，面对跨国公司的技术转让策略应采取什么样的对策才能达到本国和跨国公司双赢的目的？

第 6 章 跨国公司的经营方式

导读

跨国公司的经营方式是指跨国公司对生产要素及其生产成果所采取的运营方式，以及处理各种经济关系的运营方式，也就是谋划、组织管理公司经营活动的基本方法和形式。跨国公司的经营方式随其所处环境、本身的战略目标、能力及时间的不同而不同，即使是同一个公司，其采用的经营方式也常常多样化。跨国公司的经营方式可以分为股权经营、非股权经营及跨国战略联盟三类。每种经营方式都有自身的特点，跨国公司需要根据不同的情况加以选择，灵活运用，以利于公司的经营。

6.1 跨国公司的股权经营方式

股权经营是指跨国公司通过向国外输出资本、经营企业，并获得该国外企业经营管理权的经营方式。它可以分为四种类型：

① 独资经营方式，即母公司拥有海外子公司的全部股权或股权在95%以上；
② 多数股经营方式，即母公司拥有海外子公司51%以上、94%以下的股权；
③ 少数股经营方式，即母公司拥有海外子公司49%以下的股权；
④ 对等股经营方式，双方各拥有50%的股权。

多数股、少数股、对等股三者又称为合资经营方式。

6.1.1 独资经营方式

独资经营是跨国公司按照东道国的法律和政策，并且经过东道国政府批准，在其境内单独投资建立全部控权的子公司，独立经营，自负盈亏的一种海外经营方式。

一般来说，发达国家的跨国公司拥有较强的资本实力和技术优势，因而独资经营方式曾一度成为他们的主要选项。到了20世纪90年代以后，由于一些发展中国家开展国有化运动，或者对外国企业的股权参与采取种种限制和管理措施，因此跨国公司在发展中国家设立独资企业的增长势头有所减弱，转向较多地采取与当地资本合营的方式。当然，这中间也有特例，例如像中国这些年来一直坚持开放的政策，欢迎外商投资，给外资创造良好的投资环境。在这种情况下，外国公司对中国的政策、市场环境不断地了解，因此更多的合资企业的外方反而更青睐独资经营的方式，也就成了情理之中的事情。

跨国公司采取独资经营方式包括以下几方面的优点。

① 拥有海外子公司的全部股权，因而母公司就可以对子公司实行高度自立的控制，能用自己的人担任子公司的董事长和总经理，掌握子公司的经营决策权。于是，就可以将子公司完全置于全球战略部署之中，使之为创造跨国公司的整体经营优势和赢得利润增添一份力量。

② 采取独资经营方式便于保守专有技术和管理技能秘密。跨国公司要充分取得内部化优势，在国外子公司中充分利用其垄断优势，就要向国外子公司提供专利技术、专有技术及管理技能。然而，如果国外子公司不是独资企业，其他企业就有机会接触和了解这些专利技术、专有技术和管理技能，从而难以避免泄密。当国外子公司是独资企业时，跨国公司在转移和利用其作为垄断优势的技术与管理技能的过程中保密安全程度最高。

③ 采用独资经营方式，由母公司对海外子公司加以完全控制，可以减少母公司与子公司之间可能出现的矛盾和分歧，从而可以提高跨国公司的运行效率。

6.1.2 合资经营方式

合资经营方式是跨国公司与国外企业共同投资、共同经营、共担风险、共负盈亏的经营方式。它与契约式的合作经营不同。合资经营是股权经营，按股分配利益；合作经营是合伙关系，按协议分配利益。合资经营的企业有两种选择：一种是在东道国建立合营企业；另一种是与国外联合，在第三国建立合营企业。

1. 合资经营企业的形式

合资经营企业，通常分为股份有限公司和有限责任公司两种形式。

（1）股份有限公司

它是市场经济中企业筹措社会资本的一种有效形式，其主要法律特征是：

① 公司的全部资本均分为股份，全体股东就其所认购的股份尽出资义务，对公司的债务负有限责任；

② 可能通过公开发行股票的方法筹集资金，股票可以自由转让。

上述特征显然适用于建立规模较大的企业，是典型的合资公司。西方学者的研究成果表明，在进入并取得海外制造业市场的美国公司中，有 40% 左右是通过股份有限公司来完成的。

（2）有限责任公司（也称股权式有限公司）

它由两个以上的有限责任股东组成。各股东按自己的出资额对公司债务负有限责任，既有资合的性质，也有人合的因素。从资合来讲，公司的信用基础是资本，股东对债权人不负直接责任；就人合而言，它与无限公司有些相仿，不能公开发行股票，股东的出资凭证（股单）不能自由转让。有限责任公司有众多可取之处，例如，它的法定资本额较低，设立手续简便，管理机构比较简单等，因此是建立海外中小型企业理想的形式。

在决定创建海外企业时，要结合投资意图加以选择。如果在国外经营的贸易和投资活动所需资金不多，则考虑成立有限责任公司，这样可以利用资本输入国当地法律对有限公司的便利条件，达到简单、便利、经济、实用的目的。如果从事大规模投资活动而又缺乏资本时，则可以考虑利用股份有限公司来筹集资金。但在没有创办海外企业的丰富经验的前提下，由于股份有限公司涉及股票上市等一些复杂的法律问题，须十分慎重，应做好可行性研究才可行事。

2. 合资经营的利弊

合资经营方式是跨国公司在东道国进行直接投资的最为普通的形式。

1) 合资经营的好处

从跨国公司来看,合资经营较独资经营有其特有的优点,具体如下所述。

① 可以减少或避免政治风险。由于内外合营,可减少东道国政策变化或被征收的风险。

② 由于企业是合资经营,共负盈亏,外国投资者除享受对外资的优惠外,还可获得东道国对本国企业的优惠待遇。

③ 可以利用当地的合伙者与东道国政府的关系,了解所在国政治、经济、社会、文化等情况,保证取得企业经营所需的信息资源,以便增强其竞争能力;而且,通过与当地合伙者的关系,便于取得当地财政贷款、资金融通、物资供应、产品销售等优惠,从而提高企业的经济效益。

④ 如果以机器设备、工厂产权、专有技术、管理知识作为股本投资,实际上是输出了"产品";如果合资企业生产中使用的原材料需要进口,则外国投资者又可以获得原料商品优先供应权。

⑤ 合资企业产品往往是东道国需要进口的产品或当地市场紧俏的产品,这就有了一个稳定的销售市场。

从东道国(尤其是发展中国家)来看,采用合资经营方式引进外资有如下几点好处。

① 合资经营是利用外资,弥补本国建设资金不足的一种较好的办法。这种方式有别于从国外借款,无须还本付息,不增加国家债务负担,而且吸引的外资数额一般比其他方式大,使用的期限也更长。

② 可以引进先进技术设备,填补东道国国内技术空白,发展短线产业部门,促进企业的技术改造和产品的更新换代。因为合资企业与双方利弊密切相关,外国投资者从其本身利益出发,会在提供先进技术、设备安装、生产工艺等方面起指导作用。

③ 合资企业产品可以利用外国公司的销售渠道打入国际市场,扩大出口创汇。合资企业产品能否进入国际市场,能否创汇,直接关系到企业外汇的平衡,关系到外资本息的外汇支付问题。通常,外国公司愿意提供销售渠道,扩大出口。

④ 可以获得科学的管理方法,提高现有熟练劳动力的技术水平和设备的有效使用率;提高生产率以增加利润。

⑤ 有利于扩大当地人员的劳动就业和原材料供应;带动国内有关配套协作企业的发展;增加税收。

2) 合资经营的不利

由于目前发展中国家的技术、管理等比较落后,在多数股合资企业中,很大程度上要受西方发达国家跨国公司的控制。另外,由于背景、兴趣与动机不完全一致,合资各方易产生一定的心理障碍,而且在企业经营管理上也易产生分歧,很难衡量双方在管理上所做的贡献。因此,选择好合资伙伴至关重要。

3. 合资经营企业的建立

进行合资经营要谈判解决一系列的问题。这些问题主要有以下五个方面。

1) 合资企业的资本构成

它包括三个方面的内容。

（1）注册资本

它是指合资企业在东道国有关当局登记的资本，是各方出资的总和，是对外承担债务所负责任的资金限额。

（2）投资比例

这是合资各方在合资企业注册资本中所占的份额。各方需要在平等互利的基础上，协商恰当的投资比例及各投资者所持的普通股、优先股数额。

（3）出资方式

合营的资金在时间上可以一次交纳，也可以分期交纳，在形式上有现金、实物、工业产权三种。

合资各方需确定好各方以何种形式，在什么时间，投入多少资金；对实物、工业产权要商定如何作价、折旧。

2) 合资企业的组织与管理

它主要是商定好如下几件事：一是确定董事会的组成人员及其职权；二是确定合资企业的机构，确定总经理和副总经理及其职责、待遇；三是安排部门经理；四是确定合资各方对合资企业的责任、管理权限等。

3) 合资企业的供销业务

其中包括：原材料从哪里购买、质量规格、价格；产品内外销的比例、价格、商标及商品的名称等。

4) 合资企业的财务及利润分配

这需要根据国际惯例、东道国的有关规定，确定合资企业财务会计的内容、方法，以及利润和留存的比例等。

5) 合营的期限

合营的期限一般有固定和不定两种。固定期限要确定年限；同时，合资各方还要讨论合营期限内股权转让的原则、条件，以及"当地化"的有关规定等。

此外，合资各方还要商定解决争议的方式。其方式一般有协商、调解、仲裁、诉讼，其中以协商为最佳。

4. 合资经营方式的发展趋势

跨国公司对国外子公司的所有权问题，是由单一的独资经营逐步走向各种形式的合资经营。跨国公司为了对企业进行严密的控制，为了技术和经营方针的"保密"，为了减少企业经营管理和利润分成等方面的矛盾，曾经坚持独资经营的方式。20世纪70年代以来，面临发展中国家地位的加强，跨国公司为了确保国外子公司的一席之地，逐渐采取了弹性立场和灵活的股权形式。

从发展中国家的情况来看，由于技术资金等方面的原因，它们在调整限制政策的同时，以更优惠的鼓励措施吸引外资。例如，避免采取简单的国有化手段，提供财政和税收优惠，放宽外汇管制，鼓励利润再投资等。合资经营既能满足东道国吸引外资的要求，又能使投资者达到扩大经营、取得盈利的目的。因此，近期内合资经营仍然是对发展中国家投资的主要方式，有稳步发展趋向。

6.2 跨国并购

6.2.1 并购的概念、类型、动因与特点

1. 并购的概念

并购（Mergers and Acquisitions，M&A）是收购与兼并的简称，是指一个企业将另一个正运营中的企业纳入自己企业之中或实现对其控制的行为。在并购活动中，出资并购的企业称并购企业（公司），被并购的企业称目标企业（公司）。跨国并购是指外国投资者通过一定的法律程序取得东道国某企业的全部或部分所有权的投资行为。跨国并购在国际直接投资中发挥着重要的作用，现在已发展成为设立海外企业的一种主要方式。跨国并购行为有投资者单独出资进行的，也有联合出资进行的。

收购与兼并既有相同之处也有区别。两者的相同之处主要表现在以下两个方面。

① 基本动因相似。或者为扩大企业市场占有率；或者为扩大经营规模，实现规模效益；或者为拓宽企业经营范围，实现分散经营或综合化经营。总之，都是增强企业实力的外部扩张策略或途径。

② 都以企业产权为交易对象。

收购与兼并的区别主要在于以下三个方面。

① 在兼并中，被兼并企业作为法人实体将不复存在；而在收购中，被收购企业仍然以法人实体的形式存在，其产权可以是部分转让。

② 在兼并后，兼并企业成为被兼并企业新的所有者和债权债务的承担者，是资产、债权、债务的一同转换；而在收购后，收购企业是被收购企业的新股东，以收购出资的股本为限承担被收购企业的风险并享有相应的权益。

③ 兼并活动一般发生在被兼并企业财务状况不佳、生产经营陷于停滞或半停滞之时，兼并后一般需调整其生产经营，重新组合其资产；而收购活动多数出现在企业的生产经营处于正常状态之时，产权转让后对企业运营的影响是逐步释放的。

并购与合并（分新设合并与吸收合并）也是两个既有区别又有联系的概念。并购一般是以并购企业为主，目标企业处于被动地位，而合并时（主要指新设合并）两个企业的地位则相对平等；并购后，并购企业的名称仍然保持，目标企业的名称有的不存在有的还存在，但合并后（主要指新设合并）合并双方原有的名称一般都不复存在了，而是出现了一个全新的名称，通常是合并双方名称的合二为一。当然，并购过程中有时也伴随着合并，对于吸收合并而言，其结果与并购的结果有相似之处。

2. 并购的类型

企业并购的形式多种多样，按照不同的分类标准可划分为不同的类型。并购的主要类型有以下几种。

（1）按并购双方产品或产业的联系划分

依照并购双方产品与产业的关系，可以将并购划分为横向并购（同一行业领域内生产或

销售相同或相似产品企业间的并购,如一家汽车制造厂并购另一家汽车制造厂)、纵向并购(处于生产同一产品不同生产阶段的企业间的并购,分向后并购和向前并购,如一家钢铁厂并购一家矿山或一家钢材贸易公司)和混合并购(既非竞争对手又非现实中或潜在的客户或供应商的企业间的并购,分产品扩张型并购、市场扩张型并购和纯粹型并购,如一家家电企业并购一家石化企业或一家银行)。

(2) 按并购的出资方式划分

按并购的出资方式划分,并购可分为出资购买资产式并购(并购方筹集足额的现金购买被并购方全部资产)、出资购买股票式并购(并购方以现金通过市场、柜台或协商购买目标公司的股票)、出资承担债务式并购(并购方以承担被并购方全部或部分债务为条件取得被并购方的资产所有权或经营权)、以股票换取资产式并购(并购公司向目标公司发行自己公司的股票以换取目标公司的资产)和以股票换取股票式并购(并购公司向目标公司的股东发行自己公司的股票以换取目标公司的大部分或全部股票)。

(3) 按涉及被并购企业的范围划分

按并购涉及被并购企业的范围划分,并购可以分为整体并购(指资产和产权的整体转让)和部分并购(将企业的资产和产权分割为若干部分进行交易,有三种形式:对企业部分实物资产进行收购;将产权划分为若干份等额价值进行产权交易;将经营权分为几个部分进行产权转让)。

(4) 按并购是否取得目标公司的同意划分

根据并购是否取得目标公司的同意划分,并购分为友好式并购(并购公司事先与目标公司协商,征得其同意并通过谈判达成收购条件的一致意见而完成收购活动)和敌意式并购(指在收购目标公司股权时虽然遭到目标公司的抗拒,仍然强行收购,或者并购公司事先并不与目标公司进行协商,而突然直接向目标公司股东开出价格或收购要约)。

(5) 按并购交易是否通过交易所划分

按并购交易是否通过交易所划分,并购分为要约收购(并购公司通过证券交易所的证券交易持有一个上市公司已发行股份的30%时,依法向该公司所有股东发出公开收购要约,按符合法律的价格以货币付款方式购买股票获得目标公司股权)和协议收购(并购公司不通过证券交易所,直接与目标公司取得联系,通过协商、谈判达成协议,从而实现对目标公司股权的收购)。

(6) 按并购公司收购目标公司股份是否受到法律规范强制划分

依照是否受到法律规范强制划分,可以将并购分为强制并购(指证券法规定当并购公司持有目标公司股份达到一定比例时,并购公司即负有对目标公司所有股东发出收购要约,以特定出价购买股东手中持有的目标公司股份的强制性义务)和自由并购(指在证券法规定有强制并购的国家和地区,并购公司在法定的持股比例之下收购目标公司的股份)。

(7) 按并购公司与目标公司是否同属于一国企业划分

按是否同属于一国企业划分,并购分为国内并购(并购企业与目标企业为同一个国家或地区的企业)和跨国并购(并购企业与目标企业分别属于不同国家或地区)。

3. 并购的动机

在市场经济环境下,企业作为独立的经济主体,其一切经济行为都受到利益动机的驱使,并购行为的根本动机就是为了实现企业的财务目标即股东权益的最大化。当然,并购的具体动因多种多样,主要有:扩大生产经营规模,实现规模经济,追求更高的利润回报;消灭竞争对手,减轻竞争压力,增加产品或服务的市场占有份额;迅速进入新的行业领域,实现企业的多元化和综合化经营;将被并购企业出售或包装上市,谋取更多的利益;着眼于企业的长远发展和成长,谋划和落实企业的未来发展战略等。

4. 当前跨国并购的特点

西方国家的企业并购以美国最为典型,到20世纪90年代初,美国历史上大体出现过四次重点发生在国内的并购高潮:第一次以横向(水平)并购为主,发生在1899—1903年;第二次以纵向(垂直)并购为主,发生在1922—1929年;第三次以混合并购为主,发生在20世纪60年代;第四次以杠杆并购为主,发生在20世纪70年代中期至90年代初期。于20世纪90年代中后期主要出现在发达国家的并购高潮是世界历史上的第五次企业并购高潮。这一次并购高潮以跨国并购为主,其突出的特征有以下四个方面。

① 从地域来看,这次跨国并购高潮主要出现在美欧之间,特别是美国与几个欧洲大国之间。原因是这些国家大型跨国公司多,产业之间的关联性强,跨国直接投资数量大。

② 从行业结构来看,这一次并购高潮以跨国横向并购为主,集中在服务业和科技密集型产业。主要原因有:一是企业经营战略重心发生转移,强调核心业务与核心竞争力;二是企业经营环境发生变化,各国鼓励自由化及私有化,从而鼓励外资进入。

③ 从并购方式来看,换股成为主要方式。并购企业增发新股换取被并购企业的旧股,有节约交易成本、不必发生大量现金的国际流动等方面的考虑;还有可以合理避税及实现股价上扬(在并购方实力雄厚的前提下)的考虑。

④ 从并购规模来看,这一次超过以往几次。一般认为,超过10亿美元的并购为大型并购,这一次并购高潮中所涉及的金额超过几十或上百亿美元的很普遍,有的达到了上千亿美元。

大规模跨国并购风行的原因主要是:研发费用上涨加速了并购活动的发展;国家对经济活动干预的减少为企业并购创造了有利的外部条件;股市的繁荣为跨国并购提供了充裕的资金。

6.2.2 对外直接投资企业两种建立方式的比较

对外直接投资企业的建立可以采取两种基本方式,即在东道国创建一个新的企业和并购东道国已经存在的企业。跨国公司需要根据不同的情况对这两种企业设立方式进行比较分析,然后再决定采用哪种方式建立海外企业。

1. 并购东道国企业方式

目前,并购方式已经成为设立海外企业的一种主要方式。与创立新企业相对应的这种海外直接投资方式是指对东道国已有的企业进行并购。

并购海外企业方式的优点有以下五个方面。

① 可以利用目标企业现有的生产设备、技术人员和熟练工人;可以获得对并购企业发展非常有用的技术、专利和商标等无形资产;同时还可以大大缩短项目的建设周期。

② 可以利用目标企业原有的销售渠道,较快地进入当地及他国市场,不必经过艰难的市场开拓阶段。

③ 通过跨行业的并购活动，可以迅速扩大经营范围和经营地点，增加经营方式，促进产品的多样化和生产规模的扩大。

④ 可以减少市场上的竞争对手。

⑤ 通过并购后再次出售目标公司的股票或资产，可以使并购公司获得更多利润。

并购海外企业方式的缺点有以下四个方面。

① 由于被并购企业所在国的会计准则与财务制度往往与投资者所在国存在差异，所以有时难以准确评估被并购企业的真实情况，导致并购目标企业的实际投资金额提高。

② 东道国反托拉斯法的存在，以及对外来资本股权和被并购企业行业的限制，是并购行为在法律和政策上的限制因素。

③ 当对一国企业的并购数量和并购金额较大时，常会受到当地舆论的抵制。

④ 被并购企业原有契约或传统关系的存在，会成为对其进行改造的障碍，如被并购企业剩余人员的安置问题。

2. 在东道国创建新企业方式

创建海外企业可以是由外国投资者投入全部资本，在东道国设立一个拥有全部控制权的企业，也可以是由外国投资者与东道国的投资者共同出资，在东道国设立一个合资企业，但它们是在原来没有的基础上新建的企业。

创建海外企业方式的优点有以下四个方面。

① 创建新的海外企业不易受到东道国法律和政策上的限制，也不易受到当地舆论的抵制。

② 在多数国家，创建海外企业比收购海外企业的手续要简单。

③ 在东道国创建新的企业，尤其是合资企业，常会享受到东道国的优惠政策。

④ 对新创立海外企业所需要的资金一般能做出准确的估价，不会像收购海外当地企业那样会遇到烦琐的后续工作。

创建海外企业方式的缺点有以下三个方面。

① 创建海外企业常常需要一段时间的项目营建期，所以投产开业比较慢。

② 创建海外企业不像收购海外企业那样可以利用原有企业的销售渠道，因此不利于迅速进入东道国及其他国家市场。

③ 不利于迅速进行跨行业经营和迅速实现产品与服务的多样化。

6.3 跨国公司的非股权经营方式

非股权经营方式，是指跨国公司在东道国的公司中不拥有股权，而是通过为东道国的公司提供与股权没有直接联系的资金、技术、管理、销售渠道等，与其保持密切联系并从中获取各种利益的一种经营方式。

非股权经营方式是 20 世纪 70 年代以来逐渐被跨国公司广泛采用的经营方式，特别是进入 20 世纪 90 年代以后，发展中国家吸引外资竞争非常激烈，然而由于这些发展中国家民族主义的政策特性，以及与发达国家相比，其市场的不完善、投资环境的不足等原因，使得发达国家的跨国公司不愿意花费过大的成本在发展中国家进行独资经营和合资经营，因而越来越多地使用非股权投资方式。据联合国跨国公司中心报告，20世纪90年代以来，非股权经营方式发展非常快，已成为重要的国际合作经营方式，许多东道国特别是发展中国家，多赞成这种方式，并且按合作生产办法和专业化协议进行合作，已成为东西方合作的最重要的形式。

非股权经营方式与股权经营方式相比，有以下几个特点。

① 跨国公司以转让技术、提供服务、合作生产获取利润。

② 对东道国来说，可以更多地拥有企业控制权并获得先进技术、管理经验和产品，而且又不必在境内建立长驻的外贸所有权实体，因而乐意接受。

③ 可为跨国公司今后的直接投资做准备。

④ 跨国公司需要拥有技术、管理、生产上的优势和能力，凭借这些能力加强对东道国企业的控制。

跨国公司非股权经营的具体形式很多，常见的有：合作经营、技术授权、合同安排和技术咨询这四种。

6.3.1 合作经营

合作经营是指两个或两个以上国家的投资者通过协商签订合同或契约，规定各方的权利和义务，联合开展生产经营活动的经营方式。合作经营又可以分为两种具体形式。

1. 有实体的合作经营（合作经营企业）

跨国公司可以与东道国企业共同组成一种无股权参与的契约性经济组织，即建立合作经营企业。合作经营企业是合作经营中最紧密的联合体。它是根据东道国的有关法律，通过签订合同而建立的经济实体，在东道国具有法人地位，受法律保护。合作期限一般较短。合作经营各方的投入和服务等不计算股份或股权，权利与义务由合同规定，不取决于投资比例。合作经营企业的经营管理机构按合同规定来建立，一般以董事会为最高权力机构，日常生产经营管理由以总经理为首的经营管理系统负责。

2. 无实体的合作经营

跨国公司与东道国企业也可以在没有组成统一经济实体的情况下，进行合作生产、合作制造、合作建设、合作开发资源和合作销售。这是一种以合同为基础组成的松散型合作经营方式，没有统一的经济实体，不具有法人地位。日常的合作经营活动由投资各方组成联合管理机构，或委任其中一方，或聘请第三方负责进行管理。

20世纪80年代以来，由于发展中国家对自然资源的自主权得到了加强，但资金、技术相对比较贫乏，因而发展中国家之间、发达国家与发达国家之间的合作经营，在形式和数量上有很大的发展，并出现了合作经营的新形式——合作开发，即跨国公司和其他国家的企业或资源国合作，对自然资源（如海底石油资源）进行勘探和开发。合作开发仍然以合同为基础。通常，资源国首先通过招标方式选择一家或几家外国投资开发公司，然后以中标者的投标书为基础进行协商，签订资源开发合同。合作开发大体上分两个阶段进行：第一阶段，跨国公司提供全部投资，负责对资源进行物理勘探，承担全部风险；第二阶段，如果跨国公司发现了具有商业开采价值的资源，就与资源国企业联合起来，共同投资、进行开采，并从销售收益中对各种耗费进行补偿，取得利润。

6.3.2 技术授权

技术授权,又称许可证贸易。其最初的意思是指"政府授予权利或特权",现在则通指授权使用的专有的工业产权或技术,以此作为商品实行作价转让。

技术授权涉及工业产权或技术,包括专利技术、专有技术、商标等。专利是一种受国家法律保护的工业产权,它是各国政府在一定时期内,授予技术发明人的一种法定权益。在法律保护的地区和期限内,任何人要使用专利技术,必须事先征得专利权所有者的许可,并付给一定的报酬;否则,即构成专利侵权。商标,是生产者或销售者在自己生产和销售的商品上附加的以区别于其他商品的显著标记,通常由文字、图形组成。商标可以转让、出售。对专有技术或专门知识,联合国世界产权组织"联合国标志局"于1977年制定的《发展中国家保护发明示例法》定义为"有关使用和运用工业技术和制造的方法和技术",而世界保护工业产权协会则定义为"为实际应用一项技术而取得的,并能使一个企业在工业、商业、管理和财务等方面运用于经营的知识和经验"。与专利和商标不同,专有技术或专门知识是一种未经专门程序批准的非法定权利,不享有特定法律保护,只能由协议或合同来保护。

在进行技术授权时,买卖双方需签订一项许可证协议,卖方在一定条件下允许买方使用其发明技术、商标、专有技术或专门知识,买方从卖方获取使用、制造、销售某产品的权利,得到相应的技术知识,同时支付一定的费用,并掌握有关业务。这是使用权的转让,可以说是一种"技术租赁"。

技术授权协议主要包括以下四个方面内容。

① 序言部分,确定协议当事人及所申请的或授予的权利等。

② 主条款部分,确定所授予的权利范围及当事人双方承担的义务。

③ 有关权利部分,规定权利金计算方法,明确支付权利金的条件和基础。

④ 其他必要条款,包括:协议的年限和解除;有关不可抗力及适合何国法律、仲裁等事项的规定;协议公证并向有关国家当局登记;等等。

授权人(跨国公司)对许可证的控制是个重要问题。控制主要是为了防止受权人蓄意或因违约而对其他的业务经营者造成损失或干涉。对许可证的控制,有的属于法律问题,有的属于实际可能的问题。控制有积极控制和消极控制。积极控制是跨国公司(卖方)指引买方行动,例如提供较长时期的技术情报和技术服务,这如同卖方享有股份控制权一样。在这种情况下,许可证的出售者把购买者纳入了自己范围的营业网,如同对待它们的子公司一样。消极控制是买方的活动与卖方的国际活动完全隔绝。在这种情况下,卖方主要是坚持质量标准等要求。

许可证的价格(使用费)按提成费确定,有些按提成率确定。

虽然技术授权几乎没有风险,但不是没有缺点。其缺点有以下三个方面。

① 被许可人有可能掌握该项技术,从而使许可方失去技术垄断,增加新的竞争者。

② 由于许可人没有亲自参与经营管理,不能获得在国外生产和经营的经验,市场也始终掌握在被许可人手中。

③ 销售额大小直接影响跨国公司的收益。由于提成费一般都在5%以下,若销售额太小,提成费有时甚至不能弥补寻找合作伙伴和签订协议的开支。

6.3.3 合同安排

合同安排，又称非股权安排，是跨国公司在股权投资和人事参与之外所采取的另一种手段。跨国公司以承包商、代理商、经销商、经营管理和技术人员的身份，通过承包工程、经营管理等形式取得利润和产品，开辟新的市场。这种方式不要股份投资，财务风险较小。联合国跨国公司中心在一份研究报告中指出，合同安排的性质基本上是"直接投资的代替物"。

美国麻省理工学院教授法默和理茨认为，合同安排包括制造合同、工程项目合同、交钥匙项目合同、管理合同、国际分包合同和劳务输出合同等。

1. 制造合同

制造合同是跨国公司与当地企业订立产品供应合同的一种方式。具体地说，是由跨国公司提供必要的订单、机器、原料、生产方法及技术等，由当地企业负责员工的招聘、管理、支薪及实际生产等活动。它可采取双方分别按照自己的设计制造，然后配套成龙，也可采用一方的技术图纸分工制造，必要时还可由跨国公司帮助培训人员或派专家指导，在技术上总负责，又可将一个产品的工作各做 50%，然后以 1∶1 对等交换，都不支付外汇。这种交易方式将技术、生产、销售结合在一起，跨国公司可以利用当地的人员、厂房、设备，并可避开关税等限制，进入国外市场，还可以降低运输成本等。这种方式需要找好合作伙伴。运用这种方式最显著和发展最快的是汽车制造、电力工业、电子工业、化学工业、建筑机械和采矿设备制造业等。

2. 工程项目合同

跨国公司为外国政府或厂商从事道路、交通等工程建设，在提供机器、设备及原料的同时，还提供设计、工程管理等多项服务，因而是出口货物及劳务的混合体。在工程建设期间，承建公司在外国境内负责管理。工程完成后，管理权即移交当地。

3. 交钥匙项目合同

交钥匙项目合同，也称包建项目合同。它是由跨国公司与国外企业签订协定，由跨国公司建造一个整体项目，也就是跨国公司为东道国建设一个工厂体系，承担全部设计、建造、安装及试车等。试车成功后，承建公司即将整个工厂体系移交当地管理。承包的跨国公司，不仅承担着按照规划或设计合同建造项目的全部责任，并承担项目的开动、效率和消耗指标的义务，以保证国外企业在接收项目时能按照合同规定顺利投产。承包项目不仅包括成套设备的输出，往往还包括技术帮助、技术指导、职工培训，以及经营管理的指导等。

4. 管理合同

管理合同是指某国外企业由于缺乏技术人才和管理经验，以合同形式交由跨国公司经营管理。管理合同是转移管理的一种方式，即管理能力强的跨国公司，以其优秀的管理人员和先进的管理技术，到海外为当地企业负责经营管理实务并获取管理费。这属于国际性的管理技术贸易。管理契约一般限定在一定的时间内，通常在 5~10 年之间。管理合同对东道国来说，是一种不承担风险即可获得国际经验的手段；对跨国公司来说，是新加入者在国际市场寻找安身之处的一种途径。经验丰富的跨国公司积极追求管理合同，认为它并不次于股份经营，其全球统一调配的作用也很大。

5. 国际分包合同

国际分包合同通常是指发达国家的总承包商向发展中国家的分包商订货，后者负责生产部件或组装成品的合同，最终产品由总承包商在其国内市场或第三国市场出售。这种合同大部分是短期的，且每年续订一次。

6. 劳务输出合同

劳务输出合同是指为特定项目劳务输出国公司或政府与输入国签订的提供技术或劳动服务的合同。劳务输出是劳务合作中的最初级形式，输出方除提供劳务人员外，不支付费用，不承担风险。

6.3.4 技术咨询

技术咨询服务，是东道国把要解决的技术问题、技术经济方案论证等向跨国公司提请咨询，跨国公司则为之提供有效的服务，包括收集信息、预测趋势、拟订计划、制订方案、帮助决策、承包任务、组织实施等，并相应取得报酬。提供技术咨询服务的行业一般被视为"软件企业"。第二次世界大战以后，随着科学技术的高速度发展，各种技术咨询机构遍及世界，尤其是在发达的资本主义国家发展十分迅速。我国的咨询工作也进入了国际市场。

咨询业务的内容主要有以下六个方面。

（1）政策咨询

通过调查研究，进行技术经济预测及政局分析，为制定政策和策略提供技术经济依据和灵敏的信息。

（2）工程咨询

对各种类型的工程建设项目（包括新建、扩建、改建的投资方案）进行可行性研究，提供工程设计、施工、设备购置、生产准备、人员培训、生产运转、商品销售、资金筹措等方面的服务。

（3）方案讨论

为国外各部门企业的各类技术和经济问题（如资源开发、技术引进、基本建设、产品设计、工艺方案、城市规划等）的合理解决提出咨询报告，提供最优化的方案和实施办法。

（4）人员培训

接受国外委托，代培科研人员和管理人员，或派出专家协助委托单位开展科学研究和生产技术工作。

（5）企业诊断

帮助国外企业解决重大的生产经营问题。例如，对提高产品质量、提高劳动生产率、降低成本、减少消耗、扭亏为盈等提出可行性建议和措施。

（6）技术服务

通过建立实验中心、测试中心、分析中心、数据中心、计算机中心等，为科研部门、企业间接提供技术服务，或派人帮助对方解决专门技术问题。

上述非股权经营方式并非单独运用，跨国公司往往根据需要和可能，与股权经营方式结合在一起，形成组合型经营方式。

6.4 跨国战略联盟

所谓跨国战略联盟（Strategic Alliances of Transnational Corporation），是指在两个或两个以上的国家中，两个或更多的跨国公司为实现某一战略目标而建立的互为补充、互相衔接的合作关系。在生产专业化程度日益加深的今天，单凭一家跨国公司的自身力量来开发系列化产品，垄断市场，绝非易事，而通过企业间跨国界的合作，达到彼此的目标，甚至为了避免在竞争中两败俱伤而携手合作，此类观念已被越来越多的跨国公司所接受。因此，不同国籍的公司也开始竞相走上跨国合作经营的道路。而跨国战略联盟只是诸多跨国合作经营方式中的一种较为松散和灵活的经营方式。

6.4.1 跨国公司经营方式的发展轨迹

在20世纪50年代，以独资经营为主要经营方式，跨国公司一般都力图通过拥有全部股权或多数股权对国外子公司进行直接控制，不需与外国投资者或所在国举办合营企业，以利于实行技术转让，减少在经营方针、利润分成等方面的矛盾。

20世纪60年代以后，合资经营变为主要经营方式，一些发展中国家为了保护本国资源，发展民族经济，纷纷对外国企业实行国有化，或通过逐步降低外国资本在原有企业或新建子公司的参股比例的方式，对股权采取种种限制和管理措施。面对这种国际经济、政治形势的变化，跨国公司不得不改变坚持拥有全部股权或多数股权的做法，接受采用少数股权参与的方式，与所在国举办合营企业。跨国公司同意与发展中国家分享股权，甚至主动要求降低原有企业中的股权比例，并不意味着它们放弃对企业的控制权。事实上，跨国公司即使在占有少数股权的情况下，仍然可以利用它们拥有的技术、管理和销售等方面的优势，保持对企业经营和管理的决策权，进而保持它们对企业的控制权。

20世纪70年代中期以来，一些发达国家的跨国公司，为了适应国际政治和经济形势的变化，并从自己的长远战略利益考虑，在发展中国家的经营活动中采取了更加灵活的方式。它们利用自己生产和经营多样化的特点，凭借其雄厚的资本实力及在技术、经营管理等方面的优势，越来越多地采用非股权经营方式。

进入20世纪80年代后期，跨国战略联盟这一方式迅速兴起，成为20世纪90年代跨国公司经营的新方式并形成一种新趋势。

6.4.2 跨国战略联盟兴起的主要原因

跨国战略联盟为什么会在20世纪90年代得到兴起并发展迅速？关于这个问题，较普遍地认为可归纳成以下几方面原因。

（1）跨国战略联盟能够适应当今技术飞速发展的时代

技术革命普遍地把产品推向高度技术化和复杂化。一项产品的完成，涉及越来越多的科技领域和生产环节。产品向高技术方向不断更新，成为一切企业生存的基础，而对跨国公司更为重要。因为一项复杂的高技术产品，从策划、设计、试制，到有关设备筹备、批量生产的实现和市场渠道的开拓，已综合地表现为规模越来越大的战略工程，使得一些巨大的跨国公司都望而却步。跨国战略联盟则能够以市场为纽带，通过强强联合，把各种科研机构和各行各业的企业集合起来，为着共同的战略目标组成灵活、协调的生产-销售网络。

(2) 跨国战略联盟有可能实现降低投资成本、提高规模效益的目的

资源对于需求来说总是短缺的，随着各国经济的发展和调整，全世界对资本、劳力、技术等资源的需求增长得更快。资源需求的增长，已经使投资成本大大提高，今后还会更快地提高。投资成本之所以会更快提高，还由于经营战略的涉及面越来越广，要想通过投资建立完整的战略经营体系，就很难在每个环节上都获得规模效益，甚至在每个环节上都不能获得规模效益。投资成本的提高，对直接投资（独资和合资企业的扩展）是个很大的限制。而跨国战略联盟能够以少量投资（甚至用不着投资），就可以有效地、适当地动员起所需要的各种资源，各合伙人在各自承担的环节上，也会有更多的机会来降低投资成本和提高规模效益。

(3) 跨国战略联盟有利于形成灵活协调的产销网络，实现产品结构的多元化

面对激烈竞争的世界市场，要想在国际化经营上站稳脚跟，就必须更快地推进产品结构多样化和建立相应的多种市场渠道，并且还要具有生产迅速转轨和市场渠道灵活变动的能力。若想通过增设独资分支机构，广建合资企业，从而扩展跨国公司的产销体系来做到这些，是不现实的。即使有能力建设这样的多样化的经营体系，也很难做到反应敏捷、转换灵活。跨国战略联盟就是形成灵活协调的产销网络，从而能较容易地做到产品结构多样化的灵活转换。同时，跨国战略联盟还能够联合各方面的力量，缩短从设计新产品到正式投产的时间，从而更有利于开拓市场、占领市场。

(4) 跨国战略联盟有利于减少经营风险

通过广设独资分支机构和合资机构，建立内部增值链体系，是适应于战后所确立的关贸总协定自由贸易体制的。但现在的情况是：战后自由贸易体制解体，世界市场分裂，新的贸易保护主义抬头，世界市场变得更加动荡不安和变化莫测。内部增值链体系由于其新增价值的实现形式而要冒越来越大的经营风险，因为其所有的新增价值，都要在最后产品的一次销售上得到实现，一旦受阻便全线瓦解。跨国战略联盟因为其价值实现是分段进行的，而且能够以更为广泛的网络掌握更多的市场渠道，所以减少了经营风险。

6.4.3 跨国战略联盟的主要特征

(1) 战略联盟合作形式灵活

跨国战略联盟的建立，使合作双方比单方自行发展具有更广阔的战略灵活性，最终可以实现双赢。战略联盟也不同于企业间的并购，并不强调伙伴之间的全面相容性，它所重视的是相互之间某些经营资源的共同运用，对相容性的要求是部分的、有选择的。根据不同的选择，可以组成各种不同类型的战略联盟，具有灵活、快速、经济等优势，因而受到企业的青睐。

(2) 战略联盟在竞争中有联合，使合作者在各自独立的市场上保持竞争的优势

与竞争对手结成联盟，可以把竞争对手限定到它的地盘上，避免双方投入大量资金展开两败俱伤的竞争。

(3) 战略联盟促进了企业组织结构创新

战略联盟是一种新的经营方式，在这种新方式的联合状态下，必须要建立不同于一般企业的组织结构形态。

(4) 战略联盟在增加收益的同时减少风险

分担风险，也使企业能够把握住有较大风险的机遇。

(5) 战略联盟充分利用了宝贵的资源

战略联盟的协同性能整合联盟中分散的公司资源，使它们凝聚成一股力量。

(6) 战略联盟加强了合作者之间的技术交流

通过联盟还可获得重要的市场情报，使营销领域向纵向或横向扩大，使合作者能够进入单方难以渗透的市场，有助于市场领域的扩大和销售额的增长。

6.4.4 跨国战略联盟的类型

跨国公司间的战略联盟是一种复杂的战略决策。由于联盟的对象不同、联盟的目的和动机及联盟方的联盟能力和条件不同，采取的联盟方式也不同。如果根据这些战略联盟的形式、方向、性质来划分，则大致可以将跨国公司间的战略联盟划分为以下几种。

1. 按联盟企业的主体地位差异划分

(1) 互补型联盟

这种联盟被认为是战略联盟的高级阶段，其形成基础在于跨国公司之间存在互补性优势。这些联盟较多地存在于发达国家的跨国公司之间，互补合作的领域包括技术设计、加工制造和营销服务，组合的资源包括无形和有形资产。例如德国的戴姆勒——奔驰汽车公司就与日本松下公司共同开发、制造和经营自动汽车组成战略联盟，目的在于通过分摊产品开发与生产投资的成本以迅速有效地进入各自的市场领域。

(2) 接受型联盟

按经济体制和经济发展水平的不同，可进一步细分为东西方联盟（体制差异性公司间联盟）与南北方联盟（发展水平差异经济体的公司之间所形成的联盟）。这类联盟一般被认为处在低级阶段，联盟企业的目的在于实现对另一方的市场进入，而不是为了对付市场竞争，所以它实际上是克服跨国公司进入东道国壁垒的一种战略性选择。

2. 按联盟企业的产业合作方向划分

(1) 横向战略联盟

指同属一个产业或行业部门，生产、销售同类产品企业之间的联盟，或者在同一市场上产品或服务互相竞争的企业间的联盟，这是企业扩大经济规模、实现经济扩张的一种有效方式。这是由处在同一行业或为潜在竞争对手的跨国公司之间所建立的战略联盟。这种类型的战略联盟最常见的是在共同进行生产、产品联合营销之前从事合作研究与开发。其目标是扩大经济规模、降低或分散风险、加快新技术的扩散、降低进入目标市场的壁垒、增加扩充的选择性、增强产品间的兼容性、改善质量、对买方需求更迅速地调整。实施横向战略联盟的重要原因是与组建合资企业和横向并购相比，它的成本有望降低。

(2) 纵向战略联盟

是指分属两个不同行业部门，但两者之间又有直接投入产出关系的企业间的联盟，其特点是把相连的几个生产阶段置于同一企业的管理之下，即把加工、制造、销售置于同一行业，实行一条龙管理。这是在从生产到流通的整个环节中，处在不同环节上的跨国公司之间所建立的战略联盟。通过这种联盟所实施的合作，能够减少或防止因信息不对称所造成的劣势，有助于产业政策的实施。纵向战略联盟能够作为纵向一体化的一种有效替代，减少因依赖于相关资源所导致的一系列问题，消除纵向供货体系中的不确定性，降低因购入投入品价格波动所可能引致的损失。

（3）混合战略联盟

是指两个或两个以上相互间没有直接的投入产出关系和技术经济联系的企业间的联盟，或者是两个或两个以上产品与市场都没有任何关系的企业间的联盟。其目的在于扩大企业自身结构，扩大经营能力，增强市场控制能力，实现多角化经营，利用产品组合的经济性和高市场占有率来谋求企业的发展。这是康采恩公司通过签订协议组建其他业务或者与某一主业相同的经营战略联盟形式。其目的往往多样，它是驱动横向和纵向战略联盟动因的一种混合。

3. 按照联盟企业之间的相互依赖、结合程度划分

1）股权式联盟

指涉及股权参与的企业间联盟，具体又可划分为对等占有型国际战略联盟和相互持股型战略联盟两种。

（1）对等占有型联盟

指合资生产和经营的项目分属联盟成员的局部功能，双方母公司各拥有50%或相当接近比例的股权，以保持相对独立性。

（2）相互持股型联盟

联盟成员为巩固良好的合作关系，长期地相互持有对方少量的股份。与合资、合作或兼并不同的是，这种方式不涉及设备和人员等要素的合并。有时这类联盟也采取单向的、少量投资于其他公司的情况，目的在于与这些公司建立良好的合作关系，如IBM公司在1990—1991年间大约购买了200家西欧国家软件和计算机服务公司的少量股份，借此与当地的经销商建立起了良好的联盟关系，打入了西欧市场。

2）契约式联盟

指借助契约建立的、不涉及股权参与的合伙形式，如联合市场协议、订单生产协议、相互资源协定、交叉特许、联合研究与开发等，其中以后者最为常见。

（1）联合研究与开发

通常是共同投入优势资源联合进行产品和工艺的研究开发，分享现成科研成果，共同使用科研设施和生产能力，在联盟中注入各种优势。此外，比较松散的还有：签订技术交流协议，即联盟成员间相互交流技术资料，通过"知识"的学习以增强竞争实力；生产营销协议，即通过制定协议，共同生产和销售某一产品。这种协议并不使联盟内各成员的资产规模、组织结构和管理方式发生变化，而仅仅通过订立协议来对合作事项和完成时间等内容作出规定，成员之间仍然保持着各自的独立性，甚至在协议规定的领域之外相互竞争。

（2）产业协调协议

建立全面协作与分工的产业联盟体系，较多地见于高科技产业领域。

3）两种联盟的主要区别

① 契约式国际战略联盟更强调相关企业的协调与默契，从而更具有国际战略联盟的本质特征。其在经营的灵活性、自主权和经济效益等方面比股权式国际战略联盟具有更大的优越性。

② 股权式国际战略联盟要求组成具有法人地位的经济实体，对资源配置、出资比例、管理结构和利益分配均有严格规定；而契约式国际战略联盟无须组成经济实体，也不必常设机构，结构比较松散，协议本身在某种意义上只是无限制性的"意向备忘录"。

③ 股权式国际战略联盟依各方出资多少有主次之分，且对各方的资金、技术水平、市场规模、人员配备等有明确的规定，股权大小决定着发言权的大小；在契约式战略联盟中，各方一般都处于平等和相互依赖的地位，并在经营中保持相对独立性。

④ 股权式联盟要求按出资比例分配利益，而契约式联盟中各方可根据各自情况，在各自承担的工作环节上从事经营活动，获取各自收益。

⑤ 股权式联盟通常初始投入较大，转置成本较高，撤资难度大，灵活性差，风险大，政府的政策限制也很严格；但契约式联盟则不存在这类问题。

⑥ 股权式联盟有利于扩大企业的资金实力，并通过部分"拥有"对方的形式，增强双方的信任感和责任感，因而更利于长久合作，但不足之处是灵活性差；契约式联盟具有较好的灵活性，但企业对联盟的控制能力差，松散的组织缺乏稳定性和长远利益，联盟内成员之间的沟通不充分，组织效率低下等。

4. 按照联盟所在价值链位置不同划分

(1) 资源补缺型国际战略联盟

指上游企业与下游企业结成的国际战略联盟。具体有两种情况：一是拥有独特技术的企业为了接近海外市场或利用对方的销售网络而结成的联盟；这类联盟在取得资源互补、风险共担、规模经济及协同经济等优势的同时，往往忽视自身核心能力的提高；另一种是企业与用户的联合型国际战略联盟，企业借此将生产、消费、供给、需求直接联系起来。

(2) 市场营销型国际战略联盟

该类联盟多流行于汽车、食品和服务业等领域，重在互相利用各自价值体系中的下游环节，其目的在于提高市场营销的效率和市场控制的能力。此种联盟较适合于抢占市场，适应多样化的市场需求，但因为它的主要目的在于降低环境的不确定性，而非致力于提高联盟各成员的核心能力，因而能带来持久的竞争力。

(3) 联合研制型国际战略联盟

这类联盟的合作领域侧重在生产和研究开发，参与联盟的企业充分利用联盟的综合优势，共享经营资源，相互协调，共同开发新产品和新技术。联合研制型联盟成员多为风险型企业，所以在微电子、生物工程、新材料等高科技行业较为常见。形式上又可进一步细分为知识联盟和产品联盟两种，它们的区别表现在以下四个方面。

① 知识联盟的中心目标是学习和创造知识，以提高核心能力；产品联盟则以产品生产为中心，合作的目的在于填补产品空白、降低资金投入风险和项目开发风险，以实现产品生产的技术经济要求，所以学习的重要性不大。

② 知识联盟比产品联盟更为紧密，跨国公司之间为学习、创造和加强专业能力，相关人员必须一起紧密工作；而知识联盟追求的是互相学习交叉知识，类似于师徒间的前后相互学习关系。

③ 知识联盟参与者更为广泛，能够在任何组织之间形成，只要组织有助于提高参与者能力；而产品联盟通常是在竞争者或潜在竞争者之间形成。

④ 知识联盟比产品联盟具有更大战略潜能，能够帮助成员扩展和改善基本能力，并有助于提高或更新企业的核心能力；产品联盟则可以帮助跨国公司抓住商机、保存实力。

几个著名的跨国战略联盟见表 6-1。

表 6-1 几个著名的跨国战略联盟[①]

企业群	结盟及竞争的背景
施乐—富士施乐	结盟时间长，以所有权和协议安排为基础，富士胶片公司及兰克公司对其关系产生影响；竞争对手为佳能、柯达等跨国公司；竞争领域为复印机及打印机
霍尼韦尔（Honeywell）—山竹（Yamatake）霍尼韦尔	长期的所有权关系加上范围广泛的协议安排为结盟基础，竞争对手为强生控制公司（Johnson Controls）和欧姆龙（Omron）；竞争领域为自动控制
富士通（Fujitsu）—安达尔（Amdahl）	长期的所有权关系和协议安排；竞争对手为 IBM 和日立；竞争领域为兼容机
Mips 集团	通过所有权关系和协议安排结盟，与 Mips 结盟的企业约 20 多个，成员几乎来自计算机产业的所有领域；竞争对手为惠普 HP、Sun 等其他大跨国公司；竞争领域为 RISC
ACE 集团	是一个松散的集团，起源于 Mips 集团联盟的核心，其后加盟的厂商数量超过 200 个，共同使用 RISC 技术标准；竞争对手为 Intel 及其他厂商和联盟
IBM—摩托罗拉—苹果联盟	通过所有权关系和协议安排结盟，是与 Mips 联盟和 Intel 竞争的核心联盟；竞争领域是 PC 机微处理器的技术标准
苹果—牛顿集团（Apple-Newton Group）	是开发、生产和销售"牛顿"品牌产品的苹果公司及其联盟的统称；竞争对手是销售其他个人数字通讯器材（PDAs）的厂商

6.4.5 跨国战略联盟的目标和管理

1. 跨国战略联盟的目标

（1）开拓新的市场

在经济全球化与区域化发展的进程中，对任何一个跨国公司来说，要在一个新市场上立足，都要预先大量投资；若与当地经营伙伴进行合作，便可节省大量资金。例如，全球著名的两大跨国集团——三菱公司与奔驰汽车公司，在汽车、宇航、集成电路等 11 个项目上达成合作协议，以求在欧洲统一大市场形成之前抢先进入欧洲。

（2）优化生产要素组合

即由合伙各方提供各自相对优势的要素，如资金、技术、人力、土地等。这种联盟的优越性在于入盟各方在生产过程中可以借助他人的力量来取得规模经济。

（3）分摊研究与开发费用

这为高技术部门的合作开辟了途径。例如，原联邦德国的 BMW 公司提供资金与营销渠道，美国的一家小公司提供专有技术，双方合作研制"机械视觉监督系统"。新产品投放市场后获得成功，美国这家小公司则大大降低了开发新产品的费用。

（4）消除不必要的竞争

---

① 资料来源：张纪康. 跨国公司与直接投资. 上海：复旦大学出版社，2004.

公司在经营过程中常常为了应付竞争对手而付出高昂的额外费用,但采取联盟的方式则可以消除不必要的重复竞争。例如,新加坡航空公司、瑞士航空公司与美国德尔塔公司之间达成联盟协议,三方协调航班,分派预订机座、维修保养及地勤服务等事务,这样它们就有余力进行营销和服务工作。

(5) 增强实力以对付共同的对手

联盟能保护各家入盟公司的经营安全,防止被第三者所接管。例如,英国国际计算机公司作为欧盟内极少数的幸存者,对于众多的挑战已招架不住,但与富士通公司合作后,赢得了信誉和利润。

2. 跨国战略联盟的建立

跨国战略联盟建立的一般步骤如下所述。

(1) 制定战略

这项工作通常包括:分析环境,以明确竞争对手的威胁;分析本公司所具有的市场机会;核查本公司的资源和生产能力;评估本公司在现在环境下的优势与劣势。然后,在共同考虑本公司长期与短期目标的基础上确定本公司的战略。在战略制定过程中,其关键是:

① 要明确本公司所具有的使命,这样公司的长期目标才能随之而定;

② 要从长计议,特别注重于相对竞争优势的取得,而不拘泥于一时一地的得失。

(2) 评选方案

这项工作几乎同步于战略的形成。事实上,为最后确定战略,公司须对各种方案进行评选。比如,是创建还是收购;公司是依然独来独往,还是参加战略联盟;等等。公司在评选这些备选方案时,除了应深刻而全面地领会这些战略方案外,还须知道实施这些方案需要的资源,以及这些方案对本公司文化所产生的影响。

(3) 寻找盟友

如果制定的战略要求建立一个联盟,那么就得寻找一个合适的合作伙伴。理想的合作者应能对联盟起到互补的作用。比如,在工艺技术、市场、资源或操作技能等诸方面的互补,合作的机会就会增大。这就要严格考察每个潜在的盟友,切忌匆忙择友;同时,应寻找那些具有共同经营思想的伙伴。另外,合作者的财务状况与组织结构也应是稳定的。这时,须考虑以下三个问题。

① 结成联盟后对公司的声誉有何影响?股市反应如何?

② 公司的高层管理者是否拥护联盟,或者说联盟将对他们的权力与职业生涯造成何等的影响?

③ 联盟的建立将引起客户、供货方、以前的合伙方及金融家们怎样的反应?

(4) 设计类型

建立何种类型的战略联盟,应贯彻因人制宜的原则,即对每个可能的伙伴,都应相应考虑联盟类型与构成方式。筹划联盟的过程应有中上层管理人员参与,这样可取得公司当局对联盟的支持和对联盟活动的协助。此外,应挑选善于在群体环境中开展工作的人担当联盟的管理人员,而曾与合作对方打过交道者不失为有利人选。

(5) 谈判签约

联盟类型一旦确定,加盟各方就要坐下来谈判,围绕目标、期望和义务等各抒己见,然后在取得一致意见的基础上,制订出联盟管理的方案。

3. 跨国战略联盟的管理

跨国战略联盟一旦结成，其管理问题也随之而生。就联盟内部管理而言，新的组织结构必须对市场总需求和竞争条件的变化作出迅速而灵活的反应。这就需要在最低限度内，不断地协调研究、生产加工和市场营销之间的关系，以便根据市场的需求动向，迅速研制新产品。另外，联盟内部的公司文化也需要做大幅度的调整，因为入盟各方原来所具有的公司文化已不适合联盟整体的要求。如果没有一个跨国战略联盟内部新的文化环境，经营观念上的冲突就在所难免。新的公司文化应包括三方面的内容。

① 根据各方的实力和意向，确定联盟的长期目标。合伙各方不应偏重于回避投资或降低成本（例如，将生产转移到低收入国家）这类狭隘的目标。

② 联盟各方的关系应以求得在产品开发、生产和营销上各方的贡献基本平衡为目标。为此，合伙各方需要树立相互学习、相互依存的观念。

③ 跨国战略联盟在战略目标集中于共同开发、共同生产某种产品或共同进入市场过程中，入盟各方应协调一致。

保护联盟各方的技术资产也是跨国战略联盟管理的一个重要内容。在结成战略联盟后，加盟各方都要投入资金、技术、人力等生产要素，这便产生了合伙各方之间的技术资产如何分享的问题。所以，在联盟的初创阶段，决策人员必须分析各方技术资产的性质，区分什么是独家的或专有的技术，什么是来自其他技术供给方的一般技术。专有权的要素（专利和注册商标）一般可以通过法律手段获得；而独特的生产技术、工程设计和材料加工诀窍等转让，则可以采取对等交换的方法，实行"有分寸地让渡"。从长远观点看，保持联盟内部技术公平的最佳措施是坚持研究与开发活动，实行技术吸收政策。因为随着生产力的发展和竞争的日趋激烈，老的技术被淘汰的几率会越来越高。

总的来说，跨国战略联盟在管理过程中，合伙各方应坚持相互信任、相互补充的原则。

6.5 影响跨国公司选择经营方式的因素

6.5.1 母公司的状况

跨国公司母公司自身的状况是公司选择经营方式的基本因素之一。其中包括技术、资金、管理、文化背景方面的状况。

1. 技术状况

技术状况在公司的对外投资、跨国经营活动中具有特别重要的地位。如果母公司的技术高超、先进，具有单独开发的能力，既可选择技术授权方式，又可将技术契约转化为股权，走合资之路；如果技术能力比较薄弱，则可选择跨国战略联盟之路。

2. 资金状况

母公司若有巨额资金，可以选择独资经营方式；若只有技术而无资金，则只好走"技术授权"或跨国战略联盟之路。

3. 经营管理的能力与要求

母公司制订长期计划而又考虑自身力量的不足，可以选择跨国战略联盟方式。母公司若想接近市场或顾客，可选择合资或独资的途径；反之，则可选择技术授权的途径。母公司若想囊括合资途径或敢冒风险，可选独资途径；反之，则选择合资途径。母公司若在管理上要求高度统一，掌握决策权，则要选择多数股合资或独资途径；反之，可选择少数股合资或其他途径。母公司若不愿派主管人员去不同文化背景的国家，即使技术、资金、管理等条件优越，也不适宜选择独资或多数股合资的途径。母公司若技术、资金条件好，但缺乏管理子公司的能力，最好选用少数股合资、技术授权等方式。

4. 母公司的文化背景

不同的文化背景和价值观的差异，必然影响经营方式的选择。美国和英国的公司，一般不愿意与东道国企业共享资产所有权。它们认为，当地合伙人只对怎样尽快从合资企业谋利感兴趣，在处理企业收益时追求增加红利，不愿再增加投资，这会影响合资企业的长期利益。它们只愿独资、多数股合资或技术授权。日本的公司对外投资则多为少数合资，它们认为这样的风险小，并可获得当地政府的许多优惠、特许。

根据上述条件和要求，跨国公司必须对自身的技术、资金和管理作通盘考虑，然后才能正确选择经营方式。

6.5.2 东道国的状况

东道国的状况是影响跨国公司选择经营方式的又一基本因素。其中，包括对跨国公司的税收政策、法律规定及其政治、经济状况等。

1. 当地合伙人的能力

跨国公司母公司想合资，但在当地没有适当的有能力的合伙人，合资就难以成功，只能选择其他方式。

2. 东道国对跨国公司税收方面的规定

若当地政府在税收上对合资、独资企业有不同规定时，母公司须根据税收政策规定考虑经营方式。

3. 东道国对投资比例的规定

不同的国家对注册资本有不同的规定，跨国公司去投资，必须按照规定执行。

有的国家从国家安全和利益出发来确定外资的投资比例。例如，美国虽没有实行甄别及审查外国投资的统一的外资法，但为了保护国家安全及经济利益，对投资部门、出资比例等仍有一定的限制。例如，在通讯方面，外国人在电报企业的合营公司或卫星通讯公司，所占股权不得超过20%；在交通方面，在美国注册的航空公司、船舶公司，外国投资者不能拥有超过25%的股权；在银行业，任何外国公司或外国人在美国设立分支机构，若股权超过25%的，须经联邦储备局批准；对于某些关系重大的企事业，则明令不准外国投资。

有的国家特别注意保护民族经济的发展，为防止外资的盲目流入而限定外资的投资比例。例如，加拿大一直对外国私人直接投资采取开放政策。第二次世界大战后，由于外国垄断资本大量涌入，造成加工产业结构失调及整个国民经济发展的不平衡。为了维护本国民族经济的发展，政府规定，在新建企业的投资中，一个外国投资个人、政府或其他公司，取得公司股份数额达到属于公开买卖有表决权股份的 5% 以上，或达到属于非公开买卖有表决权股份的 20% 以上，或多数外国投资者共同享有的股份总数已占公开买卖有表决权股份的 25%，或非公开买卖有表决权股份的 40%，都被视为"外国控制者"。在接管原有企业时，如果公司有表决权股份的 50% 为一个外国投资者或集团所控制，这种情况只限于接管资产在 25 万加元以上、营业额在 300 万加元以上的公司，并且必须申报，经批准后才被视为合法。

有的国家在国民经济发展总的产业政策指导下，把利用外资、引进技术与促进本国产业结构的优化和增加本国企业的国际竞争力有机结合起来制定引进外资的政策。例如，日本在很长一段时间内，凡外资参股超过企业股份 49% 者，很少得到批准。到 1963 年，才普遍实行国内外出资比例基准为 50% 对 50%。从 1967 年起，实行自由化方案，逐步按不同产业部门对外国人开放。自由化方案把产业分为三类，规定出资比例，按现有企业和新企业对外投资，采取不同的审批制度。

第二次世界大战后，发展中国家在坚持主权原则和自力更生的基础上，为了积极引进外资，促进国民经济的发展及工业化进程，一般规定：合营企业的外资比例不得超过 40%。这种规定保护了民族经济，但在很大程度上阻碍了外资的进入。东盟各国对外资的基本原则是，出口产品越多的企业，外资比例可以越大。如果产品销售以国内市场为主并依靠当地资源的企业，外资比例则受到限制。

东欧的一些国家大都规定，外资比例为 49%，本国占 51%。只有匈牙利规定，经财政部批准，允许外国合营者在劳务领域的投资比例可以大于本国合营者的资本。

4. 东道国的特殊政策

例如，阿拉伯国家对以色列进行内部控制，不允许以色列在阿拉伯国家境内开办独资企业，因此在阿拉伯国家没有一家以色列的独资企业。

6.5.3 特别成本的影响

公司在国际经营活动中，要根据成本最小化（或利润最大化）的原则，结合具体情况，既要选用一种最有利的形式，同时也要考虑同国际市场活动有关的特别成本的影响。

所有与国外市场有关的成本，可以分为基本生产成本（简称基本成本）和特别生产成本（简称特别成本）两大类。

基本成本，是指在生产过程中劳动力、资本、资源、技术及其他要素投入的价值量。它随产量变动而变化。基本成本可分为两种：一种是跨国公司在母国的基本成本（C）；另一种是跨国公司在未来东道国的基本成本（C'）。

特别成本，是指跨国公司采用不同形式进入国外市物时，相应就发生的各种额外成本。它可分为三种。一是出口销售附加成本（M'），它因收集东道国潜在市场信息而产生，开始很高，熟悉后会逐渐消失。二是国外经营额外成本（A'），也称对外直接投资的附加信息成本，是由于跨国公司在投资时对东道国的政治、经济、文化等状况不熟悉而产生的。三是技术优势丧失成本（D'），是指取得许可证后，跨国公司原有的技术优势可能丧失的风险成本。这三种特别成本的初始价值为：$M'<A'<D'$。随着时间的推移，它们将逐渐减少，其中 D' 减少最快，A' 次之，M' 最慢。

基本成本和特别成本的各种组合，构成了公司进入国外市场的不同成本，影响和决定着跨国公司经营方式的选择。其常用的判断方法有两种。

1. 赫奇法

赫奇法有五个变量：
① 跨国公司在母国的基本成本 C；
② 跨国公司在东道国生产的基本成本 C'；
③ 出口销售的附加成本 M'；
④ 在国外经营的额外成本 A'；
⑤ 技术优势损失成本 D'。

运用赫奇法，公司必须掌握三种特别成本的全部资料，才能作出理想的选择。其判断方法见表 6-2。

表 6-2 赫奇法判断表

比 较	选 择	理 由
$C+M'<C'+A'$	出 口	出口成本低于对外直接投资成本
$C+M'<C'+D'$	出 口	出口成本低于许可证贸易成本
$C'+A'<C+M'$	对外直接投资	对外直接投资成本低于出口成本
$C'+A'<C'+D'$	对外直接投资	对外直接投资成本低于许可证贸易成本
$C'+D'<C'+A'$	许可证贸易	许可证贸易成本低于对外直接投资成本
$C'+D'<C+M'$	许可证贸易	许可证贸易成本低于出口成本

2. 净现值法

净现值法考虑了选择中的动态因素。由于货币具有时间价值，公司在选择方式时，还应考虑贴现收入和成本（基本成本和特别成本）之间的差额（即利润），计算出口、直接投资、许可证贸易的净现值，选择在整个市场活动期内利润最大的净现值的经营方式。

6.5.4 行业因素

不同的国家从国家主权、产业优化的角度出发，对不同的行业制定了具体的外资投资规定。但从跨国公司自身的行业特点看，如果是采掘业，一般可采取非股权经营方式；若是高技术制造业，则可采取股权经营方式，其原因是技术、资本、管理有紧密联系；同时，也可避免给自己树立竞争的对手。

本 章 小 结

跨国公司在全球范围开展经营活动可以采用多种多样的经营方式。本章主要介绍了 3 种最常见的方式，即股权经营、非股权经营及跨国战略联盟。当代跨国公司在对外扩张时，更多地采用了并购的手段，通过并购建立独资或合资的企业以实现股权式经营。除此之外，从20世纪90年代以来，跨国战略联盟也呈蓬勃发展之势。在本章中对以上不同的经营方式均做了陈述。在本章最后对影响跨国公司选择经营方式的若干因素也作了介绍。

关键术语

股权经营　非股权经营　独资　合资　跨国并购　合作经营　技术授权　合同安排　跨国战略联盟　特别成本

复习思考题

一、选择题

1. 跨国公司的股权经营方式，包括（　　）等几种类型。
   A. 合作　　　　　　　　　　B. 独资
   C. 合资　　　　　　　　　　D. 加工

2. 根据赫奇法规定，当出口成本低于对外直接投资成本，也就是（　　）时，选择产品出口的方式。
   A. $C'+A'>C+M'$　　　　　B. $C'+D'>C+M'$
   C. $C'+M'>C'+A'$　　　　　D. $C'+D'>C'+A'$

3. 跨国公司的非股权经营方式，包括（　　）等几种类型。
   A. 技术交流　　　　　　　　B. 技术授权
   C. 合同安排　　　　　　　　D. 技术咨询

4. 跨国公司非股权经营方式中的合同安排，包括（　　）等几种不同的方式。
   A. 交钥匙项目合同　　　　　B. 供货合同
   C. 管理合同　　　　　　　　D. 国际分包合同

5. 跨国公司非股权经营方式中的技术咨询，主要有（　　）等几种不同的业务。
   A. 政策咨询　　　　　　　　B. 工程咨询
   C. 方案讨论　　　　　　　　D. 人员培训

6. 跨国公司战略联盟的目标主要有（　　）等。
   A. 开拓新的市场　　　　　　B. 引进先进技术
   C. 优化生产要素组合　　　　D. 分摊研究与开发费用

二、思考题

1. 什么是股权经营？它可以分为哪些类型？
2. 独资经营有什么优点？
3. 试分析合资经营的利弊；建立合资企业前要谈判解决哪些问题？
4. 什么是并购和跨国并购？
5. 简述非股权经营方式的含义和特点。
6. 什么是跨国战略联盟？跨国战略联盟的产生原因是什么？
7. 影响跨国公司选择经营方式有哪些因素？

案例分析

"松下中国"的低价策略

在中国，松下电器是高质量产品的代名词。与其他大多数外国公司一样，中国实行改革开放后，松下才开始大举进军中国市场。三十余年来，松下在中国的事业规模日益发展壮大，从最初向中国市场提供电视机、电冰箱等家用电器产品，向中国企业提供生产设备和技术至今，在中国内地和香港地区已经设立了从事研发、生产制造、销售和服务型等企业。截至今日，松下在中国地区（含香港地区）拥有80多家企业、约10万员工（含松下电工集团），事业活动涉及研究开发、制造、销售、服务、物流、宣传等多个方面。

进入中国整整三十多年，虽然成绩斐然，但是松下中国也存在不少诟病。为了重夺市场主导权，松下中国一面积极瘦身减负，一面省。中国式经验正在被其复制到全球市场。

1. 被动应对：100美元抛售方略

2009年12月3日，松下将其位于北京的松下彩色显像管有限公司的50%股权以100美元价格转让给京东方A（000725.SZ）。松下彩管隶属于MT映像显示株式会社。此后，原松下彩管由中外合资企业变更为内资企业，松下将失去对该项目的控股权。

京东方表示，此次受让是鉴于CRT被LCD替代的趋势，导致北京松下显像管公司主营产品市场急剧萎缩，以及松下彩管日方股东在战略上退出CRT行业等原因。但松下在显示行业有二十年的经历，拥有丰富的行业、市场、客户、管理经验和人才优势，完全有能力快速实现产业转型。

北京松下彩色显像管公司对松下来说意义非比寻常。1987年，松下作为第一家进入中国的日本公司，即从这家彩色显像管公司开始。如果说彩管行业的被迫放弃，来自于整个CRT行业的衰落，那么过去一年连续3个季度的亏损，则让松下不得不重新定位自己。

2009年的前三个季度，松下迎来了3个亏损。2008年第四季度亏损4 443亿日元（约合249.9亿人民币）；2009年第一季度，亏损530亿日元（约合41.7亿人民币）；到了2009第二季度，亏损依然高达469亿日元（约合36.9亿人民币）。

海外业务尤其让松下坐立不安，2009年第一季度，海外业务销售额与2008年同期相比锐减33%，第二季度依然锐减30%。

与其他日本公司一样，开始松下将业绩下滑归结于日元走强和金融危机双创。当第三个亏损来到之时，松下不这么看了，它开始反省自己的产品与市场战略问题。

2009年，松下决定向印尼市场推出生产单价为170美元的冰箱，并计划2010年以这一项目为蓝本，在印度、中国、巴西、墨西哥、土耳其和尼日利亚等国，生产一系列廉价的冰箱、空调器、洗衣机和电视机。

在松下最新的规划中，土耳其、中国、墨西哥、印度尼西亚、尼日利亚、保加利亚、克罗地亚等都将成为其2010年的首要战场，而这些新兴市场都将复制中国经验。

2. 经营受挫：昔日学生成对手

松下公司目前几乎涉及中国所有的家电生产领域，中国主流的家电企业都有向松下学习的历史。今天，这些过去的学生正在成为松下的对手，并使其不得不低头向后者学习中国式经验。

1987年,邓小平访日,与有"经营之神"美誉的松下幸之助相谈甚欢。邓小平回国后,即提倡引进日本企业。这样,松下以第一个入华的日企身份来到北京。此时,也正值松下牌冰箱、洗衣机、空调等白电产品以稳定的性能、优异的品质从日本向全球市场蔓延之际。

到了20世纪90年代,人们以拥有一台松下"画王"电视而兴奋;中国的企业家们,更是将松下幸之助奉为自己的老师。海尔文化当中的"日清日高",即每天清理完自己的工作,每天提高一点,就是张瑞敏学习松下的产物。TCL的家电产业布局亦有松下的影子,而美的集团更是将松下的小家电技术发展到淋漓尽致。

中国企业家们把强调制度、细节和风险的松下式管理经验,拿为己用,以至于当时市面上印制粗糙的盗版书《松下幸之助经营管理全集》也很畅销。

然而,当中国企业生产出质量类似而价格便宜得多的产品之时,松下的销售量遭受了重创——在中国的投资额超过7.5亿美元,拥有超过50家独资、合资企业,员工人数3万名的松下,面对着中国这块万台冰箱的巨大市场,其市场表现却没有与庞大的投资成比例。

2000年前后,松下高层一行人马踏上顺德的土地,想要看看这些中国企业到底凭什么能够取胜。当走进民营企业美的集团时,松下被其高效而灵活的机制所打动。美的一位人力资源负责人说:"当时松下看到美的充满活力,而自己创立的终身雇佣制正在成为效率的绊脚石。他们对我们的制度非常羡慕,但是想要废除终身雇佣制不那么容易。"

终身雇佣制是由创立于1928年的松下公司提出的。其创立者松下幸之助提出:"松下员工在达到预定的退休年龄之前,不用担心失业。企业也绝对不会解雇任何一个'松下人'。"这样一来,企业可以确保优秀的员工,员工也可以得到固定的保障。然而,当经历过第二次世界大战后的恢复期,这种稳定、温暖的文化使松下效率低下。

同时,松下发现,公司的经营单位的组织体系是由商品划分的事业部来构成的,这造成了松下集团内部在中国出现很多重复投资、经营分散的现象。2001年,排除万难,松下废止了其一手创立的事业部制和终身雇佣制。

3. 反省和复制:打出"超级性价比"旗号

表面上看,松下与其他日本企业一样,被冠以高科技的代名词;实际上,对于独创性的产品和技术的投入,松下总是比竞争对手显得较为缓慢。在日本同行中,松下公司甚至有"模仿公司"的谐称。松下的专长并不是与日本同行拼技术。松下在日本先后推出的晶体管收音机、收录机、彩电、冷气机、电炉等,均非其首创,而当时,产量和销量却常常做到最大。日本人常常用"技术的索尼,经营的松下"来概括这两个企业的特点。

有人向松下的管理层提议,"您是否认为制造高价产品的技术水平就高,制造低价产品的技术水平就低?低价产品只需要转用高价产品的制造技术就可以轻松地制造出来?"

日企非常喜欢高附加值产品。当谈到制造低价产品时该怎样利用最尖端的技术,日本企业很难回答。在其脑海中,低价产品代表着"技术水平低下,偷工减料"的意识根深蒂固。

在中国市场的战斗经验,让松下管理层深思。白色家电很难依靠单纯的技术取得市场。过剩的技术给一台简单的电器赋予了太多的功能,因此提升了售价,却降低了在海外市场的竞争力。

而既降低价格又富于高技术才是在海外市场竞争的利器,这也正是松下幸之助所倡导的"自来水哲学"。"秉承着自来水哲学,就是要以所有人都能接受的价格,打开龙头为消费者提供出不可或缺的丰富的产品,满足人们的需求。"

松下高层认识到,面向新兴国家市场的电器必须能够同时实现庞大数量和超低价格。也就是说,价格竞争无法回避。要想在新兴国家市场上称雄,需要找到能够最大限度降低器件价格的方法,这更考验智慧。为了降低成本,从2007年以来,松下开始将其在日本的制造业基地向中国、印尼、印度、墨西哥等新兴市场国家转移。到了2008年,在中国的杭州,松下洗衣机厂、洗碗机厂等相继建立,无锡还建成了松下的压缩机生产线,江浙地区已经成为松下目前最大的家电制造业基地。

反省和改革过后,松下率先在日企中打出"超级性价比"的旗号。2007年,松下向中国推出战略性商品。"所谓战略性商品,通俗点说就是低价商品。"

松下推出的第一个战略商品就是上海微波炉厂出产的微波炉,零售价仅为人民币398元,较同一款式的上一代产品便宜了37元。这将是一场应对中国市场价格的持久战。之所以说是持久战,是因为中国是最大的生产国、最大的消费国、最大的出口国。在中国市场失败,就会意味着在全球市场败北。

在跳出了巨大的亏损深渊之后,松下重新学习中国对手的经验,并将此复制到全球。

(资料来源:闫薇. 反复十复制"松下中国"的低价策略. 企业科技与发展,2010(6).)

【案例思考题】
1. 分析松下公司在中国的经营方式的变化及发生变化的原因。
2. 面对日本家电业巨头的低价策略,中国的家电企业如何应对?

第 7 章 跨国公司的组织管理

导读

为了有效地进行跨国经营活动,保证公司全球战略目标的实现,跨国公司必须建立一套高效、完整的组织结构,并不断提高跨国经营的组织管理能力。

跨国公司的组织按其性质可分为两类:一是法律上的组织;二是管理上的组织。法律上的组织是根据公司经营目标,为满足法律上的要求而设计制定的,主要作用是处理公司的财务和税收业务。管理上的组织是跨国公司为进行跨国经营管理而建立的组织,它涉及部门的设置、人员安排、权责分配、生产经营活动的控制与协调、信息交流的渠道等,主要作用是保证跨国经营活动的有效运行。本书讨论的主要是指管理上的组织。

本章要介绍两个方面内容:一是跨国公司的组织结构;二是跨国公司的管理控制体系。

7.1 跨国公司的组织结构概述

7.1.1 跨国公司组织结构的含义

跨国公司的组织结构,是为实现跨国经营目标而确定的一种内部权力、责任、控制和协调关系的形式。它既涉及跨国公司内部部门之间、岗位之间及员工之间的相互联系,也涉及公司内部的决策和控制系统。

与国内企业相比,跨国公司的组织结构往往要复杂得多。由于不同国家经营环境差别较大,人的价值观念、行为方式、文化背景和语言也不相同,加上距离遥远,给跨国公司的内部管理和协调增加了很大难度。跨国公司组织结构设计中面临的一个最棘手的问题,是集权或分权的程度问题。各东道国的市场条件、投资环境和政府政策不断发生变化,设在母国的公司总部很难全面、准确地掌握东道国的动态信息并作出及时反应,这就要求设在东道国子公司的管理人员具有一定的经营自主权,根据东道国的具体情况,酌情开展业务活动。另一方面,跨国公司总部需要从全局角度统一协调各东道国子公司的生产经营活动,合理配置有限资源,保证跨国经营总体战略目标的顺利实现。因此,跨国公司既要在母公司集中一定权力,加强跨国经营活动的统一计划和协调,提高总体管理效率,又要在一定程度上向海外子公司的经理分权,充分发挥他们的积极性和创造性。组织结构必须体现出这种集权和分权的要求。

7.1.2 跨国公司组织结构设置的原则

为了保证跨国公司内部各部门、各层次权力和责任的配置及作用的发挥,组织结构的设计和建立必须遵循以下的一般原则和特有原则。

1. 一般原则

(1) 组织结构的目标

组织管理要服从"管理的目标原则"。所谓管理的目标原则,是指任何管理过程都必须从明确目标和确定目标开始。这是管理中的一项重要原则。因此,企业在设计具体组织结构时,必须明确通过组织结构要达到的目标。跨国公司的组织结构是为保证跨国经营战略的顺利实施而建立的。跨国经营战略目标就是组织结构所应达到的目标。这意味着,跨国公司制定不同跨国经营战略,必须建立与之相适应的不同的组织结构。

(2) 管理范围与管理层次

管理范围是指组织中一个上级管理人员能有效管辖的下级部门数或人员数。在组织中为了保证统一管理和协调的有效性,必须建立一个不中断的等级链。这个等级链由上至下划分为不同的管理层次。在一定组织规模条件下,管理范围越大,则管理层次就越少,相应的组织结构类型称为扁平结构;管理范围越小,管理层次就越多,相应的组织结构类型称为高型结构。

(3) 各管理层的权力和责任

这个问题涉及跨国公司内部的部门划分。

由于各个部门均是公司组织管理系统的有机组成部分,每个部门中的管理人员,上至部门负责人,下至一般员工,都必须明确自己的职责,保证在整个组织体系中部门职能的有效发挥。由于各个东道国当地员工对权责的态度不同,社会组织结构、文化和价值观也存在差异,跨国公司各管理层上经理与员工的关系更加复杂。因此,区分和规定各管理层上不同岗位的职责,对保证跨国公司的有效组织管理尤为重要。

2. 特有原则

不同的跨国公司,其组织管理也会不同,但不论怎样建立其组织结构,所有跨国公司必须遵循其特有的建立组织结构的原则。

(1) 要符合技术与产品的要求

跨国公司进行产品生产,是一个积累运用有关专业知识和经验的过程。组织结构建设必须对基础技术的研究与开发、工程设备的设计与制造、产品设计与改进、工厂制造管理、销售前后的技术服务等环节予以合理安排。

(2) 要符合职能与专业的要求

企业总体上的生产经营职能是由诸多具体职能共同起作用时形成的,这些具体职能包括:计划职能、人力资源开发与管理职能、营销职能、研发职能、资金筹措与运用职能、会计监督与核算职能、法律保护职能、技术管理职能等。每项职能又包括若干专业,是运用若干专业知识,从事专业活动而形成的。建立企业的组织结构,重点在于对各个职能、专业进行充分考查、恰当作出安排。

(3) 要符合地区与环境的要求

跨国公司还应该掌握业务经营地区(或称目标市场)的专门知识,例如当地政治、经济、社会结构、政府、消费群构成、日常生活、风俗习惯等，充分考虑这些因素对跨国公司生产经营的影响，并且在组织结构上满足其特殊的要求。

上述三个原则的要求不仅在跨国公司的各项战略决策中反映出来，而且必然地要反映到组织结构建设上来。在组织结构建设中，上述三个原则的核心是：跨国公司中部门的设置与分工，人力、物力的配置及由此形成的组织功能，都能满足这些原则的要求。遵循这些原则来组建跨国公司的组织结构，公司的运行才能进入有序、平稳和有效的状态，才能全面贯彻执行全球战略对策，实现全球战略目标。

7.1.3 跨国公司组织结构的演变过程

跨国公司的组织结构不是一成不变的，而是随着内部和外部条件的变化发生着改变。跨国公司组织结构的变化主要取决于以下六种因素：

① 企业的所有权结构与法定状况；
② 成立的年限与规模；
③ 所从事的增值活动及其有关交易的数量和特点；
④ 与其他企业（包括供货商、顾客和竞争对手）建立的关系的形式；
⑤ 跨国经营活动的区域分布；
⑥ 制定并正在实施的跨国经营战略。

在跨国公司发展的不同阶段，以及不同类型的跨国公司中，这些因素所产生的影响并不相同。一般来说，跨国公司组织结构的演变大体经历了三个阶段。

1. 出口部阶段

在凭借出口方式进入外国市场的初期阶段，企业通常委托独立经营的贸易公司代理其出口业务。随着产品的出口量不断增大，企业可以设立一个出口部门，专门负责出口业务，并逐步在国外建立自己的销售、服务和仓储机构。

仅依靠出口开拓国际市场，具有很大局限性。东道国的关税、限额和其他进口壁垒会限制出口业务的发展。为了避开这些进口壁垒，企业可以采取许可证贸易和国外生产。但是，在这个阶段，跨国公司在国外的子公司数目不多、规模不大，经营的成败对母公司不起决定作用，加之母公司对东道国的情况不熟悉，子公司与母公司之间的关系比较松散。母公司通常不直接控制海外子公司，主要采取控股形式；而子公司往往具有高度自主权，子公司的经理拥有不受限制地制定与执行决策的权力。

随着在出口地区生产的增加，出口部门与公司其他部门的利益冲突会日益尖锐。由于在国外生产会导致出口部门的出口销售份额降低，所以出口部门宁愿继续出口而不希望增加海外生产。但对于大多数成功的跨国公司来说，这种情况持续时间不会太长。海外子公司的成功，使它们在公司中的地位得到加强。跨国生产经营积累的经验，使得母公司能够对海外子公司实施更加有效的控制，组织结构也会做出相应的调整。

2. 国际部阶段

随着企业跨国经营规模的扩大，海外子公司不断增加，要求企业建立一个独立的部门，与国内各部门的业务分开，专门负责开拓跨国经营业务，处理跨国经营中的特殊问题。20世纪60年代初，美国的跨国公司普遍采用的组织结构形式是设立独立的国际部，加强对国际业务的管理。

3. 跨国性组织结构阶段

当企业的跨国经营规模进一步扩大、海外子公司的数量和分布区域增加到一定程度时，只依靠一个部门来协调和管理跨国经营业务就很难满足组织管理的需要。实际上，在这个阶段，企业的其他部门也都在不同程度上介入了跨国经营业务中。为了适应跨国生产经营活动中组织管理的需要，企业的组织结构也会做出相应调整。一般地说，企业组织结构的调整与它们制定的跨国经营战略相一致。

实行多国经营战略的企业通常采取以地区为导向的组织结构，总公司设立不同部门负责管理和协调不同地区的跨国生产经营活动。实行全球经营战略的企业通常采取以产品为导向的组织结构，总公司设立不同部门负责管理和协调不同产品的跨国生产活动。实行跨国经营战略的企业采取以地区导向和产品导向相结合的某种网络一体化式的组织结构，负责不同地区的部门与负责不同产品的部门交叉在一起，管理和协调跨国生产经营活动。

总之，跨国公司的组织结构是在国内企业组织结构的基础上逐渐演变过来的。在这一演变过程中，组织结构随企业采取的跨国经营战略不同，以及跨国经营业务的发展而不断变化和完善。一般的跨国公司组织结构的演变过程可表示为：

销售部→出口部→国际部→地区划分的组织结构→产品划分的组织结构→
地区划分与产品划分结合在一起的组织结构

7.2 跨国公司组织结构的基本形式及选择

在实践中，没有一家跨国公司的组织结构完全符合某一种基本形式。每家公司的特定组织结构通常是包含了不同组织结构基本形式特征的混合体；而且，任何跨国公司的最佳组织结构是随时间推移不断变化的。尽管如此，讨论典型的组织结构基本形式还是必要的。

7.2.1 组织结构的基本形式

跨国公司有五种最基本的组织结构形式，它们是国际业务部、全球职能结构、全球地区结构、全球产品结构及混合式（矩阵式）结构。其中，前四种是传统的组织结构形式，最后一种是较为新型的组织结构形式。各种形式都有其各自的适用条件，也有各自的优缺点。每个跨国公司应根据各自业务的特点，选择最适合本公司的组织结构形式。

1. 国际业务部

1) 国际业务部的适用条件

这种组织结构是在国内企业组织结构的基础上增设一个专门负责国际业务的部门，其他部门均负责国内业务。国际业务部组织结构如图 7-1 所示。

从组织结构示意图中可以看出，这种组织结构是跨国公司发展早期阶段采取的一种组织结构的基本形式，它的适用条件主要有：

① 企业出口业务量小，产品品种较少，且产品的产量规模不大；

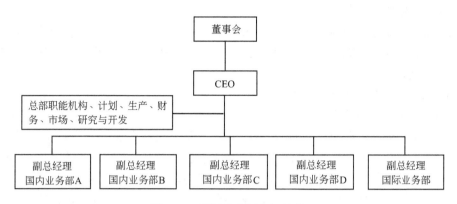

图 7-1 国际业务部组织结构

② 国外市场在地理上较为集中,国外业务的好坏对企业影响不大,因此企业无须考虑产品适应性和采取不同的市场营销战略。

2) 国际业务部形式的优点

(1) 集中国际业务

公司的国际业务本质上与国内业务相同,只不过比国内业务更复杂而已,需要具有多方面的知识和才能,以便对许多问题作出准确的判断并能迅速处理。国内业务部经理只需要处理一个市场上的投资、生产和销售。国际业务部经理则需要在几十个市场上处理投资、生产和销售;而且,国际业务部要分析和权衡更多的因素,比如某一产品是否需要进口,是否可以让当地生产某产品;比如在合同规定下,由当地制造商制造,由一家子公司负责销售,或由当地的一家独资企业生产等。

(2) 有利于形成统一的国际市场观念,制定必要的策略

公司在国外业务活动的成败,并非取决于单个产品线,而是取决于在国际市场出售什么产品及在国外生产什么产品最能获利。为此,公司的人力和财务资源,应集中在产品、工艺、专利、商标及最有发展希望、潜在获利前景最佳的专有技术上。

(3) 有关国外业务统一由一个机构指挥

这个机构集中指导国外业务,与国内业务分开,有利于体现最高决策者的要求,体现全球战略意图。

(4) 有利于正确处理国内业务和国际业务的关系

若不设独立的国际业务机构,公司会因面对许多国内问题而疏忽国外业务,许多上层领导也会因缺乏必要的知识、理论和洞察力而难于充分研究国际因素。设立国际部,授予其一定的权限,并将该部负责人列入最高领导层,这将有利于传递信息和作出全局性的战略安排。

3) 国际业务部形式存在的问题

(1) 潜在的渠道梗塞

国际业务部既能起到传递信息渠道的作用,同时也有梗塞渠道的作用。这是由于国际业务部在技术和产品专长方面必须依靠国内产品部,而国内产品部从技术上支持国际业务部,有时又不能满足要求。这可能有很多方面的原因,但最重要的是:由于国际业务部远离国内产品部进行业务活动,战线过长,情况不熟,渠道难免不畅。另外,无论国际业务部因失败而受损,或因成功而得益,国内业务部都没有直接责任,再加上各自记账的方法不同,因而使矛盾增加。

(2) 内、外销之争可能影响出口

国内产品部倾向从技术和职能上支持国际业务部，而往往不愿意牺牲国内市场和消费者去支持出口订单，使得国际业务部由于不能及时交货而失去国外销售市场，这必然有损于公司目前和未来的利益。

(3) 限制了整个公司管理才能的发挥

设立国际业务部，将公司各产品部、地区部的一切国外业务集中于一个部门，客观上产生了与国际部的关系问题，形成"我们、你们"之分。国际业务部经理可能认为"我们"特殊，"他们"根本不了解"我们"，这就容易造成国际部轻视各产品部，认为后者不懂国外业务；后者则认为前者无产品知识，因此而产生对立情绪，双方的管理技术亦因此而不能交流使用。

同时，设立一个国际业务部，还容易限制整个公司潜在的管理才能的发挥。实际上，这种潜在的管理才能有助于拓展世界市场。许多公司发现，国内业务人员和经理具有普遍的管理和参谋的才能，只需短时间的培训，他们就能具备处理国际业务的技能。

4) 跨国公司的转移价格策略对利润在各部门之间的分配产生影响

目前，跨国公司处理各分部之间的转移价格问题，所采取的办法有以下几种。

① 将国际业务部列为出口的利润中心，国内产品部变为成本中心，减少它们之间的内销和出口方面的摩擦。

② 将国内产品部列为接受利润信贷中心，国际业务部作为成本中心，从而减少它们之间对盈利的争夺。

③ 实行滑动利润的办法，避免国内产品部和国际业务部就费用和利润分享等问题发生争执。

2. 全球职能组织结构

1) 全球职能组织结构的适用条件

这种组织结构是按照生产、营销、技术、财务、行政管理等职能分设部门的组织结构。在这种组织结构中，企业总部制定跨国经营战略，各职能部门负责管理和协调属于本部门的国内外一切生产经营活动。财务部门负责国内外经营所需资金的筹措和预算；生产部门负责管理国内外的生产活动，制定产品标准，主持产品开发、质量监控，协调各生产子公司的关系。职能组织结构如图7-2所示。

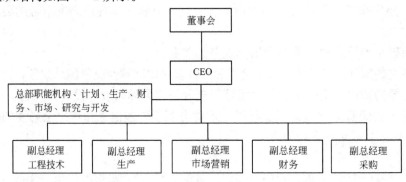

图7-2 全球职能组织机构

全球职能组织结构适用于产品品种不多、市场相对稳定的企业。

2) 全球职能组织结构的优点

① 注重业务机能专业化，根据主要的业务要求来划分和规定工作职责。这种按专业集

中机能的做法，有利于增加在全球范围内的竞争能力。

② 强调集中控制，由专业化经理对整个公司维持主线控制，不致出现人员重叠的现象。

③ 成本核算和利润获取的主要职责集中在公司上层，子公司没有利润核算问题，不会导致各利润中心彼此冲突的情况出现。

3) 全球职能组织结构的缺点

① 各职能部门相对独立，不利于相互之间的信息交流与沟通。

② 海外分公司面对多头领导，要向不同职能部门汇报，在制定综合决策时，可能会因为不同职能部门之间的协调问题而拖延时间。

③ 不同职能部门对海外子公司经营业绩的评价可能不同，不利于综合考核跨国经营活动。

3. 全球地区组织结构

1) 全球地区组织结构的适用条件

全球地区结构是由各地区经理负责某一地区相应的职能，公司总部仍保留全球战略计划和控制权力。

采用全球地区结构形式的公司，往往是产品线有限，但业务经营分布于许多国外市场，以地区为单位组织业务。

这种组织结构将整个公司业务分成若干个地区，每一地区对公司总裁负责。在政策许可范围内，地区组织对地区内所有活动有充分的管理权和控制权。

地区组织结构可分为两类：一类是地区-职能式结构，如图7-3的第一部分；另一类是

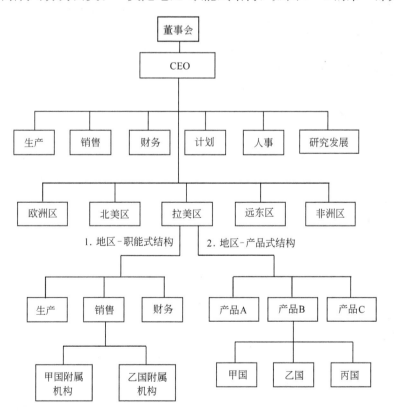

图7-3 全球地区组织结构

地区-产品式结构，如图7-3的第二部分。目前，一些具有广泛国外产品和地区利益的大公司，乐于采用此种组织管理形式。

地区组织结构的适用条件包括：

① 产品品种数量不多，各地区及地区内各东道国对产品要求的差异性较大，因而对产品的适应性要求较高；

② 东道国的关税、定额或其他关税壁垒较高，设在东道国的子公司的生产经营以满足当地市场需求为主；

③ 跨国经营活动的区域分布较为分散。

2）全球地区组织结构的优点

① 实现了地区性分散化。以地区为单位，使公司对不同地区和不同国家的环境能作出针对性很强的决策，强调地区内行使权力，将公司战略任务分配到各个地区，可以减轻公司上层管理机构经营全球业务的任务。

② 有利于适应不同市场的需要。地区性结构以子公司为利润中心，使商品更能适应当地市场的特殊需要。

③ 有利于地区内职能机构的相互配合，使其有效地行使权力。

3）全球地区组织结构的缺点

① 在地区结构里，业务集中于某一地区和几个国家，容易重视地区业绩，而忽视公司的全球战略目标。

② 以地区为中心的组织形式，往往会忽略产品改进、技术转让及地区间的技术协作。地区结构内的中层经理，过分忠诚于本地区，在处理上下左右关系时，常常抱着"我们地区特殊"的态度来对待地区间的事务和产品问题，使跨区转移技术情报和诀窍比较困难。

③ 采取地区结构的公司，各个地区往往重复设置产品和职能的专门人才，造成同类人员重叠，而地区总部又感到缺乏真正懂得国际业务的人。

4. 全球产品组织结构

1）全球产品组织结构的适用条件

这种组织结构根据主要产品的种类及其相关服务的特点设置部门，负责管理和协调不同类型产品的跨国生产经营活动。产品组织结构如图7-4所示。跨国公司的经营目标与战略由总部统一制定，每个产品部门以全球市场作为着眼点，对所负责产品的全球性生产经营活动进行管理和控制。

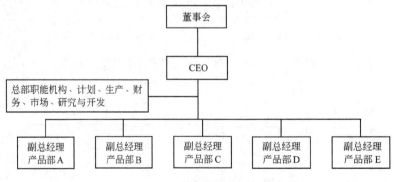

图7-4 产品组织结构

产品组织结构的适用条件包括：

① 存在产品的全球性市场，即多数国家对产品的需求具有趋同现象，产品不需要进行适应性调整；

② 产品品种较多，产品标准化程度较高，可以进行大规模生产；

③ 东道国国内的进口壁垒较低，产品及其零部件的运输成本较低，可以在全球范围内统一组织产品的生产与销售。

2）全球产品组织结构的优点

① 强调产品和技术。以产品和技术为重点，鼓励全球性产品规划，并将公司在产品制造和市场销售方面的技术运用到全球，直接开拓世界市场。

② 加强统一管理。产品计划建立在全球范围的基础上，在产品信息和新产品技术方面无国内和国外之分，对产品的发展加强统一管理。

③ 最大限度地缩小国内和国外的业务差别。全球性产品结构对每一产品注重国内和国外业务统筹安排，从产品利润着眼，每一个中心力争达到最高的利润目标。产品部领导只关心整个部的总利润，而不关心利润来自国内或国外。

3）全球产品组织结构的缺点

① 它削弱了有国外业务知识和专长人员的职责。全球性责任全靠那些具有产品知识和熟悉国内业务专长的人员来承担。产品部下属的地区经理很难开展工作，他们往往只能起"调解人"的作用，使基层经营与上层产品部达到业务上的沟通，而重大问题则留待产品部经理去处理。

② 不利于中央层的集中统一。公司上层领导对各自为政的不同产品部难以形成统一的决策，对长期投资、市场销售、资源分配及利润分配比例等全局性问题，缺乏中央层的集中统一。

③ 机构设置重叠。不同的产品部在一个国家内重叠设机构，不易协调。

④ 地区性功能被削弱了。不同产品部可能会同时在国外某一地区开展业务，但互不通气，也就无法相互利用对方的经验和知识。由于不同产品部在国外某地区的业务情况通过不同部门反馈回来，所以难以协调并形成统一的管理决策。

5. 混合式（矩阵式）结构

随着跨国公司规模的不断扩大和经营的多样化，不同的业务具有各自不同的需求、供给和变化中的竞争形态，这就要求跨国公司必须建立各种组织结构的组合，以不同的结构模式与其相适应。当某项业务达到一定规模时，公司即可为它设立一个全球性的机构。这样，整个公司便形成了混合式（矩阵式）的结构。通常所见的一种混合式结构，是既有国际部又有全球性产品部的混合式结构，如图7-5所示。

混合式结构可进一步演化为矩阵式组织结构，如图7-6所示。这种矩阵式组织形式，是由于公司业务中实际存在的多维依存关系而形成的一种新的网状或矩阵式组织结构。在这种组织管理形式下，一家工厂的管理者也许将同时接受两个上司（产品和地区副总裁）的领导。它打破了统一指挥的管理原则，使地区部门和产品管理部同时并行。地区部门对自己区域内的所有产品负有主要责任，而公司的产品部门则应就每一产品的长远规划、资本投资及在世界市场上的生产计划作出妥善安排。

采用矩阵式结构，有利于应付复杂的国际业务环境。当公司承受来自几个层面的压力时，

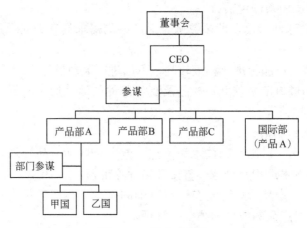

图 7-5 混合式结构

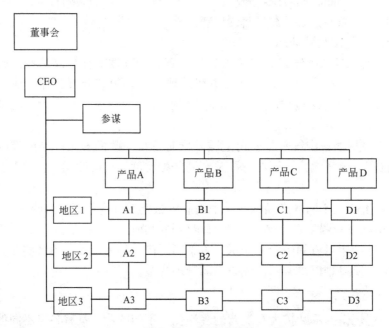

图 7-6 矩阵式结构

这种形式便于应付产品竞争的压力、技术发展的压力、东道国的压力等多方影响,并能将市场、竞争及环境等因素联系起来,以便进行综合分析和处置。采用这种结构,还可使各公司根据自身的情况,选择适合于本身的不同成分的组合,从而使公司具有某些方面的特色。

矩阵式结构普遍存在的弱点是:组织结构的复杂性,使各层次的关系和利益难以完全协调一致。若某些经理权势欲过强,则他们就有可能凌驾于矩阵组织之上,各行其是,影响组织效能的发挥。

以上所介绍的五种基本组织形式,反映了跨国公司所经历的管理机构的发展阶段。20世纪 60 年代以前,并没有形成一个全球性组织机构。20 世纪 60 年代之后,跨国公司实行全球组织机构体制,把国外和国内业务集中到母公司最高领导手里,由公司总部从全球战略出发,协调整个公司的生产和销售,统一安排资金和利润分配。即使在今天,跨国公司如何根据自身特点，设计自己的组织管理模式，仍是一个需要不断探讨和研究的课题。

7.2.2 跨国公司组织结构的选择

上述的五种跨国公司组织结构的基本形式各有侧重和利弊。究竟选择哪种组织结构形式，要从多方面考虑。下面仅从三个方面阐述这个问题。

1. 跨国经营战略与组织结构

跨国公司的组织结构是保证其跨国经营战略有效实施的一个重要条件。因此，公司选择的组织结构形式必须与它制定的跨国经营战略一致。

实行国际战略的跨国公司（即国际公司），多数处于跨国的初期阶段，海外子公司数量少、规模小，国外业务在整个公司中所占比重较小，只需设立一个专门部门管理和协调国外业务。因此，国际业务部组织结构适合于国际公司。

实行多国战略的跨国公司（即多国公司），海外子公司数量多，区域分散，对在不同东道国生产的产品要根据当地的市场需求情况，进行适应性调整。这要求公司按地理位置把国外业务分成不同区域，设立地区分部，根据本地区各东道国的特点管理和协调地区内的生产经营活动。因此，地区组织结构适合于多国公司。

实行全球战略的跨国公司，即全球公司的产品品种多，产品标准化程度高，多数产品已具有全球性市场。这要求公司以产品为核心，从全球市场角度统一管理和协调跨国经营活动。按产品设置部门可以满足这种要求。因此，产品组织结构适合于全球公司。

实行跨国战略的跨国公司，海外子公司数量多、规模大；产品品种多，部分产品属于全球性产品；另一部分产品则需要根据不同东道国的市场需求进行适应性调整。跨国经营活动分布的行业多，区域分散。这要求公司建立较为复杂的，既包含产品部门也包含地区部门的组织结构。因此，混合组织结构或矩阵组织结构适合于实行跨国战略的公司。

一般地说，随着企业跨国经营活动广度和深度的不断扩大和增加，跨国经营战略会不断调整，组织结构也需要进行相应改变，以保证跨国经营战略目标的实现。

2. 企业的跨国经营程度

企业的跨国经营程度可以用不同指标衡量，具有代表性的两个指标是：
① 国外销售额占销售总额的百分比；
② 国外生产的多样性，即跨国经营的产品品种的数量。

一般地说，企业的跨国经营程度不同，所采用的组织结构形式也不相同。美国学者斯坦福特（John Stopford）在20世纪60年代末对美国最大的187家跨国公司进行的研究证实了这种关系（见图7-7）。

根据斯坦福特等人的研究结果，国际业务部组织结构适合于国外销售份额低、跨国经营产品品种少的跨国公司；地区组织结构适合于国外销售份额高、跨国经营产品品种少的跨国公司；产品组织结构适合于跨国经营产品品种多、国外销售份额相对较低的跨国公司；混合组织结构和矩阵组织结构则适合于国外销售份额高、跨国经营产品品种多的跨国公司。

3. 管理人员的能力

跨国公司中管理人员的经营思想、业务素质和对外部条件变化的适应能力对其特定组织结构形式的选择具有重要影响。

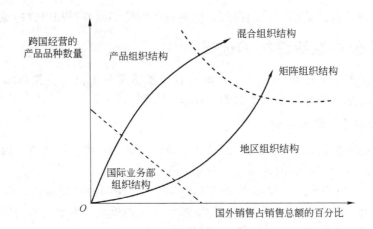

图 7-7 跨国经营程度与组织结构

首先是管理人员的经营思想。跨国公司中的管理人员若敢于创新、勇于冒险、富于开拓精神，则在管理上就可以采用分权程度较高的组织结构形式；如果管理人员思想比较保守，缺少独立承担风险开拓业务的能力，则在管理上应采用集权程度较高的组织结构形式。

其次是管理人员的业务素质，尤其是跨国经营管理的能力与经验。如果跨国公司中高级管理人员具有丰富的跨国经营管理经验，高素质管理人员较多，组织结构形式的选择会具有更大余地。

第三是管理人员适应变化的能力。跨国公司所处国内外经营环境不断发生的变化，以及跨国公司的业务扩展和经营战略的调整，都会对组织结构的调整提出要求。组织结构的重大调整会打破公司内部的平衡关系，引发部门之间和管理人员之间的利益冲突。不能适应这种变化的管理人员会对组织结构的调整设置障碍。因此，管理人员适应变化的能力越强，就越有利于跨国公司根据变化选择合适的组织结构。

7.3 跨国公司的管理控制体制

7.3.1 管理控制的必要性

跨国公司对其经营活动的控制是一个调节过程，即通过保持公司系统而稳定的生产经营管理活动，从而实现公司总目标的不断调节过程。这种控制要求公司最高层领导人通过信息的收集和反馈，比较实际效果与计划要求的差距，然后对出现的明显差异或问题作出相应的决策。跨国公司的管理控制职能，应使公司每一成员都能确知其所办之事是否属于应办之事。

在跨国公司实际运行过程中，由于控制职能未能发挥应有的作用而引起一些问题。例如，子公司与母公司之间在费用与收益分配上的矛盾和冲突。在母、子公司之间的金融活动和其他职能活动中，母公司可能要求当地利率高低不等的各子公司参与一系列金融关系，低利率地区的借款可能调至母国公司总部或调给其他高利率地区的子公司。为了考核成果，上述交易的费用与收益，势必有一个在各单位之间的分配和负担是否均等的问题。由于费用与收益的分配失宜，考核每个作为利润中心的子公司时，将引起子公司与公司整体之间，以及子公司之间的利益冲突。而这种利益冲突的根源在于国外子公司财务报表的调整不清晰，致使母公司对各子公司的成本和收益缺乏清楚的了解。总而言之，不仅一种内部转让价格（公司内部单位之间的利率）会引起母公司与子公司管理机构之间的利益冲突，而且一切形式的转让价格都可能如此，进而还可能导致跨国公司与东道国和母国政府之间的利益冲突。

另外，在公司开拓新市场时，公司下属各子公司或各分部门之间容易发生争夺市场客户的情况。当公司将既有产品推向国外新市场或向国外推出新产品时，公司下属各单位认为有利可图，就会在各自的既定经营分目标与其他单位分目标利益不一致的情况下互相争夺市场及客户。此外，跨国公司兼并其他公司或与其他公司合并时，如果投资、生产、营销计划未能得到及时的相应调整，也会出现这种"兄弟阋于墙"的矛盾冲突。概括地说，由于产品市场战略、多种经营战略、收购与合并战略或地域扩展战略的实行在公司总体层次上不一致，或者投资、生产与营销方面的组织战略不协调，都可能导致公司内部有关单位和部门的自相竞争。

此外，在同一个国家或地区，成立过多经营实体的情况往往在跨国公司分部门权力过大时出现。一些跨国公司内部，每个产品分部门在进入国外市场时，都要成立一个新的国外子公司，结果往往有四五个，甚至更多的小经营实体挤在同一地区经营。类似的情形，还有当国内独立的业务分部门将产品推向国外时，容易发生行政管理及国外服务机构重复设置的现象。

上述问题的出现，都是由于控制松懈，某个或若干个业务环节未能按计划或设想正常运转而造成的。控制就是为了监督这些环节，在某些环节发生偏差时，使经营管理者能够及早采取必要的措施，以保证公司总目标的实现。

由此可见，跨国公司对其经营活动进行控制的目的有以下三个方面。

① 为了发现公司各部门和各子公司偏离本公司全球战略目标的误差，并采取措施纠正偏差，以确保全球战略计划和全球战略目标的实现。

② 为了促使各直线和参谋组织之间、各子公司之间及母公司和子公司之间保持全球战略目标与分目标的平衡，保持整体战略计划和经营计划的协调。公司各层级管理人员可通过控制体系，使公司组织稳定和有序。

③ 为了保证国内外子公司和各部门管理人员（尤其是国外公司经理）的素质。

7.3.2 组织结构的设计与组织管理控制

1. 组织结构的设计

为使跨国公司能在复杂多变的环境中有效地经营，其组织结构的设计应尽可能使"产品"、"地区"和"职能"三者达到最佳的结合。因此，应结合下列各因素进行设计选择：

① 正确把握公司在全球经营中的演变过程，使其全球战略行之有效；

② 公司上层机构，对近期和长远的内外市场进行合理布局，并对全球性市场的环境分析、战略筹划、结构设计、业务程序、市场销售和计划控制等作出妥善安排；

③ 在谋求公司最优长远利润的目标下，公司结构应适应业务的性质及产品战略；

④ 公司组织结构应与企业管理哲学及经营特色相一致；

⑤ 使公司各层组织具有一定的应变能力；

⑥ 具有市场调研及信息处理的能力；

⑦ 公司各级管理人员的数量、素质及人才开发应与组织结构相配套。

2. 组织管理控制

当公司尚未真正开展全球战略经营时，国内市场大，国外市场小，许多公司采用国际部的组织形式，这有利于分清国外市场和国内市场的职责，有利于集中使用为数不多的精通国际业务的人力，有利于公司上层机构加强国外业务的管理和控制。当公司国际业务扩大后，此时全球性组织结构的选择和设计，应当适应公司业务性质及产品战略的要求。若产品线有限，而公司的成败并不取决于不同地区的不同市场趋势时，采用职能式组织机构有利于加强企业控制。例如，大部分石油公司采用从采掘到销售的垂直型结构，公司分设勘探、原油开发、精炼、运输和销售等职能部门。若公司产品线有限，且销售市场、技术和渠道无重大差异，但地区专门知识却特别重要时，则选用地区组织形式。若公司经营的产品线越来越多，技术复杂，销售市场差异甚大时，则选用产品式组织结构较为合理，更有利于公司的发展。

总之，在实际上，为加强公司控制，任何一种组织结构的设计，都必须从实际出发，处理好"得"与"失"的关系。例如：放弃一些职能部门的集权，以获得更多的产品和地区分权；放弃一些产品协调，以获得更多的地区协调；放弃一些地区协调，以获取更多的产品协调；等等。目前，这是各公司在寻求协调相互依存的业务关系的同时，实现分权的最佳办法。

7.3.3 企业决策的集中与分散

1. 与集中或分散决策有关的因素

企业的组织控制，说到底是一个集权与分权的问题。集中与分散并不是非此即彼，在有些决策必须集中的同时，其他决策却可以分散。企业的组织形式应体现决策的集中与分散相结合的原则，对集权层面、分权层面及决策的可分散程度，应有较为明确的划分。

跨国公司在决策中采用集中或分散的方式与下列因素有关。

(1) 公司的历史、规模及管理哲学

若历史悠久，国外业务量大，且经营思想保守者，往往偏向于集中决策；若公司分支机构设置时间长，实力雄厚，且盈利有方，则分散自治程度大。

(2) 经营效率的要求

现代企业受规模经济和合理化的制约，其产品设计、制造工艺、项目投资、研究开发等决策权由中央控制；而若干个决策时间性强，需现场决策方能获得最佳效益的经营项目，应取就地制宜的分散决策方式。

(3) 业务环境的差异程度

分支机构业务与母公司业务相似，倾向于集中决策；反之，则应取分散决策。

(4) 业务种类

诸如财务、生产、采购、计划及研究开发等项业务，以集中为主；而市场营销、宣传广告、客户安排等项业务，以分散为主。

(5) 各层面人员的数量和素质

例如，国外管理人员数量不足，素质较差，母公司对其信心不足，则集中比分散更好。

2. 决策的集中与分散同国际业务相互依存的关系

决策的集中或分散，反映了公司国际业务相互依存的程度。国际业务相互依存的程度越高，集中决策越能体现国外子公司与其他子公司的业务依存关系。当一个国外子公司的行动会影响其他子公司的情况下，若各单位分散决策，各自为政，各行其是，不顾及对公司其他部门的影响，这可能对个别公司的业务是最佳决策，但对整个公司的利益则适得其反。

在生产过程中，由于技术特征和子公司之间的投入-产出关系，决定了一家子公司的产品或副产品是供给其他子公司投入的原料，这就是技术工艺上的相互依存。在销售方面的相互依存关系虽然不及生产过程那么明显，但其影响力也是很大的。由于几家子公司都采用母公司的同类技术，生产同一产品或相似产品，就可能在国外市场上相互竞争；与此相反，各子公司在销售中，则可使用共同的销售渠道，以扩大出口。

公司集中决策的能力，往往取决于国际业务的组织结构和所有权结构状况。公司对拥有百分之百所有权的子公司的控制权，远比对不拥有所有权子公司的控制权来得大。现在，跨国公司较多地接受不控股权的国际业务合作形式，同时也以小股合伙者身份参与合资企业。从转让技术和签订企业管理合同的形式中，跨国公司也能维持一定程度的有效控制。

3. 集中决策与分散决策的优缺点

公司的决策者在组织机构设计中，应尽量利用决策的集中与分散的有利的一面。通过集中决策，充分发挥企业内部相互依存带来的降低成本和节约开支的好处；同时，尽可能分散应该分散的权力，以激发各单位的积极性和灵活性。

重要决策的集中，有其积极的一面，但也会对各子公司带来消极的影响。

首先，容易造成子公司管理者对其控制单位的经营状况无能为力，从而听从母公司摆布，失去经营动力。现代企业经营状况以成本—利润分析衡量，也有用 PIAA 方法 (Planned Information Acquisition Analysis，有计划的信息取得分析) 衡量。但是，重要决策被集中，子公司利润的大部分将由母公司的影响决定，子公司须向母公司按月、季、年呈报标准式报告，其内容包括财务收支、市场销售及技术信息等。这样，对子公司管理者控制领域中的有效刺激极小。

其次，集中决策要求母公司与国外子公司之间信息完全沟通。虽说现代化的通信设备和其他办公自动装置方便了通信联系，但要做到信息完全沟通，既费成本又耗时间，而且常常因语言表达不充分、观点不统一、文化标准不一致，以及东道国政府的管理等问题而影响总部的控制。为此，母公司应有计划地组织举办企业管理培训，定期组织现场观察、实际访问，召开有技术、财务、计划、行政和人事等有关人员参加的定期会议；组织国外子公司的经理人员同地区总部和公司总部人员的定期轮换。这样，有助于克服由于观点、文化标准、处事方法不同而带来的误解。

再次，由于国际市场和竞争环境的瞬息万变，应由子公司及时抓住机会，当机立断地作出决策，以避免损失。而集中决策则可能引起延误，坐失良机。

4. 跨国公司组织体制的演变

从历史来看，跨国公司组织体制的演变过程，实际上是一个不断分权的过程。而从公司组织体制的设计所要考虑的程序来说，每一步也是趋向于进一步分权。

对现代企业来说，在公司目标既定后，公司组织体制的设计要经历以下五步。

(1) 分工-责任的分派

基本的责任分派，是对公司业务依照某一标准进行分割。例如，一家从事制造业的公司，它在确定生产与销售的基本目标之后，进行组织设计的第一步就是要对公司的基本业务活动进行分类，然后根据分类的情况，设置相应的主管部门。对公司业务进行分类所依据的标准很多，在许多公司，分类的标准都是混用的，但通常以一个标准为主。

（2）管理职能的下放

在对公司业务活动进行分类并设置相应主管部门后，公司上层就要将管理职能下放到各主管部门。如果把公司业务分类划分为生产、销售、财务等职能部门，就要由这些部门按职能掌管公司相应的业务活动；如果按产品进行分类，将公司业务分为产品甲、产品乙、产品丙，就应相应设立产品的甲、乙、丙分部，由这些分部主管相应产品的业务。

（3）设立专门委员会

公司为解决产品多样化、拓展市场、新产品的开发与研究等问题，应设立一些专门委员会对相应的问题进行调查、研究，提出解决问题的方案，供公司上层管理者使用。在某种程度上，专门委员会拥有协调权，相当于公司上层管理者的智囊机构。专门委员会一般设有管理咨询委员会、经营委员会和技术咨询委员会。

（4）管理职能的协调——集体决策

为克服由于公司规模不断扩大、业务日益复杂带来的内部各单位之间的矛盾和利益分配的不均等问题，以实现公司的总体目标，客观上要求进行职能上的协调与多重意义上的集体行动。有的公司则直接设立协调委员会，收集各职能部门的意见，进行综合分析，提出解决问题的方案，以协调有关职能部门。

（5）决策权的下放

随着经营业务的复杂化、产品的多样化和地区的分散化，公司必须将一部分决策权下放到各个部门，但权力的下放并非没有限制。一般来说，对于关系到公司未来发展和总体计划的权力（如投资决策权）多集中于总部，而对于与经营活动密切相关的权力（如广告宣传权）则下放给营销部门。

综上所述，公司组织结构设计的过程是一个不断分权的过程。高层管理者把经营权逐步下放到具体执行的各主管部门，而将具有战略意义的权力集中到公司上层，因而公司权力的集中与分散是并行不悖的。分权的目的是为高层领导提供更多的、进行战略设计与决策的时机，为下层的具体经营提供更多的灵活性，以更好地实现公司设定的目标。

跨国公司是公司业务向国外扩展的结果，因而其组织设计的国内部分，即公司上层管理者同各职能部门或各分部的权力关系，基本相同于业务在国内的公司。它们之间的区别在于：跨国公司还存在着公司总部与国外子公司的权力关系问题。这些子公司与国内子公司的区别是经营环境的不同（不同的政府、不同的法律、不同的经营惯例），因而它们同公司总部的权力关系也就不同于国内子公司。

在跨国公司组织体制的发展过程中，公司总部与子公司之间的权力关系历经了三个阶段，采取了三种不同的形式。

（1）分权制

跨国公司组织体制的分权制，在母公司与子公司的关系上，体现为各子公司是实现利润的独立核算单位。根据公司的决策，各子公司负责产品设计、原料采购、成本核算、产品制造和销售。在完成公司规定的指标之外，子公司可以自行增加生产任务，采取必要的措施。

有的公司允许其子公司进行竞争。

采取分权制,最典型的例子是美国通用汽车公司。该公司采取分权制组织体制已有70多年了,这一体制已为发达国家许多跨国公司所仿效。其组织体制的基本原则可概括为:政策制定与行政管理相分离,分散经营与协调管理相结合,在分散责任的前提下实行集中控制。这样,既可分清责任,又可从协调管理中得到效率和效益,从分散经营中得到主动性和创造性,从而实现在统一的政策范围内各子公司行使最大的自主权,有利于公司的发展。

(2) 高度集权制

公司的高度集权制在母公司与子公司的权力关系上,表现为公司领导人的集中控制。公司总部是最高的统一指挥机构,它规定子公司的经营目标和策略。公司的目标高于一切,任何子公司的活动都必须为实现公司目标服务。公司领导直接听取子公司的汇报,然后发布指示与要求。公司领导人还定期或不定期检查子公司计划的执行情况,协调各子公司的业务活动。

(3) 集中控制与分权相结合体制

这种体制是把重大的决策权和管理权集中于公司董事会和总经理,权力自上而下贯彻体现,把需要灵活反应的具体安排和经营业务分散在各子公司,责任自下而上分层负担。

7.3.4 对国外子公司的管理与控制

1. 不同国家的跨国公司,其管理方法不尽相同

一般而言,以欧洲为基地的跨国公司,在管理方面居于美国和日本这两极之间。

美国的跨国公司要比日本和欧洲的公司规模大、分布广,为使拥有大量子公司的企业更好地合成一体,就有必要更多地采用正式的控制程序。美国公司比较注重个人负责、个人决策、短期雇用、迅速提升和评价、互不相关的利益关系,以及明确和正式的控制等。美国企业由上层经营者作出决策,然后逐级下达执行。这种决策方式有利于充分体现上层经营者的意图,所需要的时间少,行动迅速,便于捕捉战机;但由于其局限于上层经营者个人的智慧,其他人员既不参与意见,也不承担责任,因此决策执行起来阻力很大。

日本公司的特点,则是集体负责、共同决策、终身雇用、缓慢评价和提升、息息相关的利益关系,以及暗示和非正式的控制等。日本公司的决策过程既是垂直的又是水平的。上下级之间是垂直的关系,但同级的横向交流及其他人际交往要比西方公司多得多。日本公司采用U形决策方式,与美国公司的决策方式不同。U形决策方式是由上层经营者提出初步方案,经中层经营者下达,然后在基层广大从业人员中进行充分讨论,再由下而上逐层汇总而最终形成的决策。这种由上而下又由下而上的决策方式,形成了一个U字形,故称U形决策方式。这种方式的好处在于:能集思广益,发扬团体精神,实施起来省力;能较好地体现全体人员的意志,具有较强的竞争力。但由于决策过程时间较长,有时也会贻误战机。在决策过程中,日本企业还采用一种与日本文化相吻合的"决策碰头会"制度。它是一个企图满足每个人兴趣和需要的、协商和妥协的过程,而任何决策都包含着许多协商和交易。这种制度虽然费时费事,然而一旦作出决策,便能为全体人员理解,并为整个企业所接受。

由此可见,无论是欧美公司还是日本公司的管理活动,在很大程度上都受本国文化的制约。除此之外,这种管理控制还与其他因素有关。

2. 影响跨国公司对国外子公司管理控制的因素

(1) 子公司的规模

研究结果表明：子公司尤其是国外子公司的规模越大，其可能拥有的自主权就越大。因为这样的子公司主要以内部筹供方式为自己的要素投入提供自我服务，所以子公司的规模越大，控制的代价越高，越难以严格控制。

（2）子公司的数量

随着国外子公司数量的增加，母公司对它的控制程度会逐步加深。这是因为随着子公司数量的增加，母公司与各子公司之间有必要形成更正式的业务联系制度和更为频繁的汇报制度，母公司可据此决定计划的哪一部分应该变更。

因此，一些研究者认为，对子公司的控制程度是随着跨国公司的发展阶段而有所变化的。在初期，母公司对子公司的控制程度较低，随着子公司数量的增加，控制程度加深；但当子公司数量进一步增加时，因业务情况太复杂，母公司的控制成本急剧提高，此时，控制程度反而下降。

（3）产品的类型

生产资本密集型产品的子公司，要比生产劳动密集型产品的子公司受到更为严格的控制。因为前者投资数额大，技术要求高，只有严格精心管理，才能创造出较好的效益。

（4）子公司业务的多样化程度

随着子公司业务多样化程度的加深，子公司的业务日趋复杂，因此母公司对子公司的状况不大清楚，便不能很好地了解子公司的生产经营、财务管理、计划执行情况。此时，母公司只有通过控制系统，才能深入而细致地了解公司的产品和复杂的业务。

7.3.5 跨国公司组织管理控制的基本步骤

1. 确定目标

跨国公司管理部门在计划执行之前，就必须明确而详细地指出公司的长远目标和年度目标，并将此目标分解给各子公司，使子公司既有一个确定的奋斗方向，又有一个年度任务的近期分目标。有些跨国公司的国内外子公司所经营的产品广泛而多样，这样的公司虽然有一个总目标，但从子公司不同的业务控制角度看，公司总部的总目标及其下达给各业务单位的任务，可能并没有表达清楚，因为在子公司经理看来，总公司所分配给子公司的分目标，可能缺少有关某项经营业务目标的细节。

另外，对公司目标层次的结构，虽然表述得越具体越易于执行，但是公司总部仍然必须向各级员工宣布其某些抽象的目标，以便使各级经理人员在执行近期任务时，不忘公司长期的经营宗旨或"经营哲学"，从而能使局部利益与公司的全局利益相协调。

2. 确定衡量业绩的标准

只有根据公司目标制定出业绩衡量标准之后，控制机制才能发挥作用。制定衡量标准，涉及具体的公司管理内容，这里不作深入讨论。

3. 明确国外业务的最终负责者

由于跨国公司内、外部环境的特殊性和复杂性，还由于许多跨国公司对国内外子公司的组织领导是多维结构的领导，因此何人应最终对国外业绩负责，往往难以确定。有一定国际经验的跨国公司，总是尽可能地将基本职责明确在一个人身上。此人得到授权，有权力对不同部门的业务和不同工作人员的活动进行协调和集权控制。这个最终负责者为行使对国外业务的控制权,必须有权有责,责权统一,如果违反这一原则,那么跨国公司的控制机制就得不到充分、有效的发挥。

国外业务最终负责者的确定,是建立在协调不同部门职责分工的基础上的。按全球产品结构组织起来的跨国公司,其在国际市场上的各分部门,在同一地区的职责分工和业务,需要更多的协调和一定程度上的统一。按全球地区结构组织起来的跨国公司,则在同一项产品或劳务上进行各分部门之间的相互了解和协调,它们之间应有固定的联络和协调渠道。由于协调不同部门的职责分工相当复杂,所以也增加了确定国外业务最终负责者的难度。

4. 建立汇报和通信系统

汇报和通信系统是公司进行控制的中枢神经,是收集信息并发布指令所必需的。

跨国公司总部从子公司取得各种形式汇报的系统,是一种正式的信息系统。一般进行国内经营的公司与子公司之间,或许采用某些非正规的通信系统就足够了,但跨国公司的大规模国际经营业务,却要求建立一个正式的信息系统,以便为公司总部的分析和决策提供充足、及时的信息。因此,跨国公司内部正式的汇报制度很重要。

关键的问题是报告要及时、适量和有利于决策。所谓适量,即信息不能太少,否则不能为控制提供足够的依据;但信息量也不能过多,以免浪费上级管理人员的时间。信息适量问题,还意味着跨国公司汇报制度的繁简适度。如果公司总部要求国外子公司汇报的范围和内容太大、太烦琐、对国外子公司将是一种额外的负担。汇报和通信系统还有另一个作用,即便于子公司熟悉母公司的政策和规章。跨国公司的政策、规章既有成文的,又有不成文的,通过汇报通信系统的双向信息交流,子公司才能真正熟悉上级那些不成文的政策、规章。

5. 审查结果

审查结果,即将收集的信息资料与既定的公司业绩标准、公司目标进行比较和评价。某些规模较小的跨国经营企业可能在非正式的基础上运用比较和评价方法。例如,收益率计算仅以当地经营为基础,不考虑整个公司的费用和收益。这种非正式的审查,往往是由于缺乏国外经营的经验,缺乏对子公司预算进行详细审查的适当人员。而那些大型的国际垄断企业——典型的跨国公司,则运用较正式的审阅计划和程序来评价和控制国外子公司。预算是它们审查国外子公司经营活动的主要标准。

6. 采取纠正措施

审查结果如果达不到所要求的水平,跨国公司总部则应采取纠正措施。纠正措施不一定是针对子公司的经营而采取的,它也可能是调整业绩标准、公司目标及子公司的分目标等。

在跨国公司的控制过程中,从着手纠正到完成纠正之间往往存在一个较长的"时滞"。这是由于子公司地理分布遥远而分散、跨文化经营、组织规模大、组织结构复杂等原因造成的。现在大多数跨国公司采用计算机实时管理系统,使总部人员能以"实时"方式观察和参与国外子公司的某些业务活动,这种参与有助于现场控制。尽管如此,跨文化经营、组织结构复杂及组织规模巨大,必然伴随着子公司与母公司的矛盾。国际通信能力的提高,也不能彻底解决时空间隔带来的问题。因此,这种"时滞"今后将依然存在。典型的跨国公司必须以一种不间断的方式来审查结果和采取纠正措施。在国外营销等业务的控制方面,对于难以预测的突然变化,跨国公司还可以预先制订种种应急计划。

本 章 小 结

跨国公司的组织结构，是为实现跨国经营目标而确定的一种内部权力、责任、控制和协调关系的形式。

跨国公司组织结构的位置，除了要符合管理组织结构设计的一般原则以外，还要符合跨国公司的特有原则。跨国公司有五种基本的组织结构形式，各公司要根据自身的主、客观情况选择适合的形式。应该指出：结构应该是动态的，而不是僵化和一成不变的。

跨国公司在对整个经营活动的控制和组织结构设计时应把握好集权和分权的关系，要根据子公司规模、子公司数量、产品类型和业务多样化程度来确定控制的模式。

关键术语

跨国公司组织结构　　出口部　　国际业务部　　全球职能结构　　全球地区结构　全球产品结构　　矩阵式结构　　组织管理控制　　分权制　　高度集权制

复习思考题

一、选择题

1. 跨国公司传统的组织形式是（　　）等。
   A. 矩阵式结构　　　　　　　　B. 国际部
   C. 全球性产品结构　　　　　　D. 全球性地区结构

2. 跨国公司组织结构的演变大体经历了（　　）几个阶段。
   A. 出口部阶段　　　　　　　　B. 国际部阶段
   C. 跨国性组织结构阶段　　　　D. 进口部阶段

3. 国际业务部组织结构的优点包括（　　）。
   A. 集中国际业务
   B. 有利于形成统一的国际市场观念
   C. 有关国外业务，统一由一个机构指挥
   D. 有利于正确处理国内业务和国际业务的关系

4. 全球产品组织结构的缺点包括（　　）。
   A. 削弱了有国外业务知识和专长人员的职责
   B. 不利于中央层的集中统一
   C. 机构设置重叠
   D. 地区性功能被削弱了

5. 在跨国公司组织体制的发展过程中，公司总部与子公司之间的权力关系主要采取（　　）方式。
   A. 分权制　　　　　　　　　　B. 高度集权制
   C. 集权制　　　　　　　　　　D. 集中控制与分权相结合体制

6. 影响跨国公司对国外子公司管理控制的因素包括（　　）。
   A. 子公司的规模　　　　　　　B. 子公司的数量
   C. 产品的类型　　　　　　　　D. 子公司业务的多样化程度

二、思考题

1. 跨国公司组织结构设置的原则是什么？
2. 试述跨国公司组织结构的演变过程。
3. 跨国公司组织结构有哪些基本形式？请说出它们各自的适用条件和利弊。
4. 跨国公司组织结构选择要考虑哪些因素？
5. 跨国公司对经营活动进行控制的目的是什么？
6. 影响跨国公司对国外子公司管理控制的因素是什么？
7. 试述跨国公司组织管理的步骤。

案例分析

联合技术公司的组织结构

联合技术公司（Unitech，以下简称联合公司）始创于1962年，主要业务是为工业电子市场提供零部件和附属组装品，是该行业独占鳌头的国际型企业。

联合公司有自己的产品，但主要是中等或低档技术的产品，它不生产需要先进技术和大量资金投入的产品。它经营的需要先进技术和大量资金投入的产品都是别家制造商制造的。它的大客户是主要工业化国家的电子产品制造商。之所以选择这类客户，不仅是因为巨大的利润而且也考虑到了这些市场为那些规模相对较小的公司提供了占领一定市场份额的机会（参见表7-1）。

表7-1　1997—1998年销售明细表

分类	细项		比例
按产品	销售	系统	28%
		半导体	14%
	代理		14%
	制造	连接器	12%
		电力设备	14%
		控制产品	13%
		特殊产品	5%
按市场	工业		33%
	数据处理		26%
	电信		19%
	国防		15%
	其他		7%
按地区	英国		51%
	欧洲		38%
	美国		11%

库瑞在牛津大学攻读的是工程学，又在哈佛商学院接受了管理方面的训练。他一直希望能够自己独创一番事业。1972年，他31岁的时候，机会终于来了。他获得了一个小型电力供应设备制造厂（COUTANT电子公司）55%的认股权。他于是成立了联合公司，其股份资本为10万英镑，其中有30%的股本回购，5 000英镑用于日常经营，25 000英镑用于购买COUTANT公司的控股权。

在以后7年多的时间里，公司技术迅速发展。库瑞利用他在电子工业方面的渊博知识来寻找市场上的空白点，每年开发一到两种新业务。赢得摩托罗拉在英国的产品经销权后，联合公司又跨进了流通业的门槛。1979年，公司战略在一个重要的方面发生了变化。由于公司一直采用风险资本，不停地开发新业务，致使现金流量呈负数，结果导致持续的筹资需求。当时的股票市场正在下滑，风险资本使公司陷入困境。联合公司在所投资的公司中总是寻求取得多数股权，联合公司账上因合并所造成的亏损又降低了它的股值，而新公司却仍在积累市场份额和增加赢利阶段。联合公司所面临的另外一个越来越大的问题，是小的初创企业与其所吸收的管理力量比例失调。考虑到以上的因素，库瑞决定改变自己的一贯做法，把力量集中到收购已经成型的公司。

公司的目标十分明确：实现40%的资本回报率（税前）和每年20%的复合增长率（前者是实现后者的经济支柱）。大多数公司通过低速增长与超额资产相结合的方法来避免现金流量的问题。联合公司增长率高，没有超额资产，更缺乏日常所需的现金；因此即使实现了增长率目标，如果没有达到资产回报率目标，资金也会非常吃紧。除这两个目标外，公司没有宣布什么更大的目标。

联合公司集团拥有25家公司，每个公司雇员数目在100～500人之间。公司经营业务及地理分布如表7-2所示。

表7-2　联合公司经营业务分布

	英国	欧洲大陆	北美	远东
制造				
电力设备	2	1	1	—
连接器	2	3	3	—
控制	2	2	2	—
特殊产品	2	—	—	—
销售	2	2	1	—
	10	8	7	—

联合公司所面临的选择十分清楚。高级管理层的结构在理论上有以下几种方案。

(1) 职能式结构

由总部协调集团所属各公司的生产和营销。这种结构的优点在于：理顺生产，在集团内普及最佳生产方案，根据生产规模采购、和谐的市场渗透政策，各个品牌的国际性宣传和销售活动的协调一致。缺点在于：缺乏对当地市场的了解和灵活性，由于缺乏自主权而丧失了当地的某些宝贵的创业性的管理方式，同时雇员数量增加也造成额外成本。

(2) 产品式结构

按照所制造的产品类型进行重组，将流通业单列另类。其优点在于：产品知识在集团内部实现共享，重视产品的开发，重视客户的需求，因为至少有一些产品与某些特殊的市场相关联。这种结构既能创出一个联合公司集团整体的牌子，又能保证各公司品牌的独立和各公司自身的特点。管理不同产品部门使用的宽松政策可以灵活地适应于当地市场的情况。当地管理享有高度自主权。其缺点在于：使"排外主义"的态度在各子公司蔓延滋长，销售部门重复工作而导致不必要的人力浪费。

(3) 地理区域式结构

联合公司很自然地选择建立三个主要的地理区域部门：英国、欧洲大陆和北美洲，外加一个尚在酝酿当中的远东部门。很明显，这种结构的优点是：决策权可以移至当地市场。由于各个特定市场与其区域和国家的政治、经济和文化因素息息相关，这一点显得尤为重要。缺点是：这种结构会淡化产品知识，甚至会因国家之间的相互敌视而产生集团内部的冲突。

联合公司在实践中选用了产品式结构，如图7-8所示。7名行政官员直接向首席执行长官（兼集团总裁）汇报工作。他们中有3名官员分别负责财政、战略发展和人事等行政部门；3名官员分别负责3个生产部门：供电设备、控制产品和连接器及一些特殊产品；另外，1名官员负责协调所有从事流通业的公司。

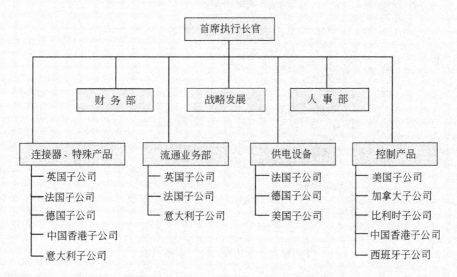

图7-8 联合公司1998年的组织结构图

1998—1999年度财政方面的业绩，在联合公司的历史上最为卓著。它以18 000万英镑收购了维科仪器公司。这家公司的名称显示它的主要经营项目是仪器制造，但实际上它却是美国的供电设备制造商，基地是拉姆达公司。它的主要分公司分布于日本和欧洲。联合公司对维科仪器公司的收购使它成为世界上最大的供电设备生产商。

收购资金部分使用现金（通过向瑞士的瑞士电气公司出卖新股票，共筹集5 000万英镑），部分通过借贷。大部分贷款由出售联合公司经销权得到的5 500万英镑予以偿还，所余差额由负债补足。这部分负债后因向管理层出售维科仪器公司的股权得到的1 800万英镑而进一步得以减少。

拉姆达公司多年以来一直在国际供电设备市场上享有很高的声誉。它在美国和日本的实力巩固了联合公司在英国和欧洲大陆的力量。现在联合公司集中力量为工业电子设备制造商生产零部件和半成品。

截止到1999年12月前的6个月中，这些战略性行动的成效显现出来。销售额从1988

年同期的 11 500 万英镑增长到 15 300 万英镑，交易利润也从 725 万英镑激增到 1 225 万英镑。股权支出 425 万英镑（1988 年股权收入为 50 万英镑），少数股权收入 125 万英镑，由此得净利 775 万英镑。雇员从 3 200 人增加到 6 200 人。

联合公司收购得到的新的子公司擅长于明晰的职能管理，由总部对其生产和管理施以高效协调，但其与日本子公司的关系属于一个例外：该公司大多数股权自持，由颇富创业精神的缔造者领导，并享有高度的自主权。

很显然，由于这家公司规模大，总部在美国，但蜚声全球，将之纳入麾下，必然导致联合公司整体结构的巨大变化。

图 7-9 显示了联合公司收购后的结构设计。基本上分为两个产品部门：一个总部设在美国，生产供电设备；另外一个总部设在英国，负责协调全世界所有其他的生产运营。但采用的仍是联合公司以前的结构，"宽松"管理，高度自治。

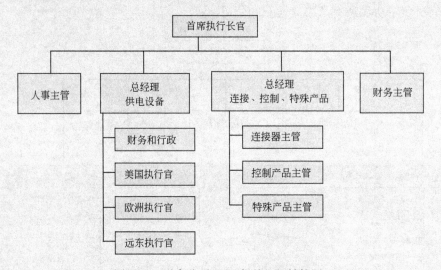

图 7-9 联合公司 1999 年的组织结构图

尽管这一新结构基本上还是产品式结构，但这一结构也包含有明显的地域性结构的成分。要想让这一结构有效地运转就需要在高级管理层人员之间发扬团队精神。

（资料来源：曾忠禄．中国企业跨国经营：决策、管理与案例分析．广州：广东经济出版社，2003．）

【案例思考题】
1. 联合公司为什么最初要选择产品组织结构而没有选择地区组织结构？
2. 联合公司收购维科仪器公司之后为什么组织结构会发生变化？新的组织结构属于什么类型？

第8章 跨国公司的营销管理

导读

与一般的国内企业一样，跨国公司必须通过向用户提供他们所需要的产品、满足他们的需要，来得到销售收入和利润。这一要求实际上是商品交换的一般规则。与国内企业不同的是，跨国公司必须在全球范围内，根据经济合理和竞争优势这两个基本条件，选择目标市场，同时按照目标市场的需要，组织商品生产、市场沟通和商品的销售活动。

跨国公司除了与外部市场的交易以外，还有很大一部分交易属于公司内部交易，也即母公司与子公司之间、子公司相互之间的交易。在这部分交易中的商品价格被大部分跨国公司作为经营的策略。

本章重点介绍跨国公司的目标市场营销策略、营销组合策略、市场竞争策略及跨国公司内部化市场所产生的转移价格策略。

8.1 跨国公司的目标市场营销策略

8.1.1 目标市场营销策略的目的和动因

1. 目标市场营销策略的目的

从传统企业角度上看，商品交换的首要前提是要有购买者。然而，这一观点需要修正，因为购买者产生于有需要并谋求满足的消费者。消费者需要是购买者购买的内因，市场上的货物与货币是购买者购买的外因。只有内因与外因两者相结合，才会产生购买者。现代企业认为，购买者只是消费者的代理人。商品交换的首要前提是要有对商品有需要、有购买力、也有购买愿望的消费者。具有这些特征的消费者被称为现代意义上的"市场"。

跨国公司为使自己的商品快速地、大量地、以合理的价格销售出去，就必须深刻了解市场，使自己的商品切实适合于消费者的需要。但是，在国际生产分工不断深化、市场竞争愈演愈烈的条件下，跨国公司必须将有限的资源集中用在最有竞争优势的、盈利潜力最大的市场上经营，为此，就要实行目标市场营销策略。

2. 目标市场营销策略的动因

所谓目标市场营销策略，是指跨国公司要在充分调查研究消费者需要与市场竞争格局的基础上根据自己的经营特长与竞争优势，选择有利可图的且有能力去满足的消费者需要作为服务对象，以此为依据进行产品设计、生产、定价、市场分销、市场沟通及销售与服务活动。其核心是选择欲作为服务对象的消费者需要，其目的是要解决市场营销的有效性问题，包括产品的适销对路性、消费者对价格的接受性和购买的方便性、市场促销及服务的针对性等问题，由此提高市场竞争力、市场占有率及企业的经济效益。

目标市场营销的动因，来自于以下四个方面。

1) 消费者需要的多样化

跨国公司实行全球市场营销，是为了实现生产力和消费者的有效结合。然而在国际市场上，往往出现两者结合不良的现象，究其原因，是消费者的需要在不断变化。

消费者的需要是多方面的。就个人生活需要来说，其分布范围包括衣、食、住、行、用等许多方面。绝大多数的个人需要属于社会性需要，即这些需要来自于社会实践，来自于学习与模仿。随着社会实践的不断丰富和人们收入水平的不断提高，可以形成市场需求的社会性需要正变得内容更多，范围更广，而且在不断更新。

跨国公司总是为较多的消费者（包括多国的消费者）服务的。由于人们的个性、爱好、看法、动机、生活方式、经济状况及家庭、生理状况有差异，因此个人之间的需求内容和范围都不相同，即使对于同一类产品，不同的消费者也会有不同的需要。这就使消费者需求呈现出多样化、差异化的趋势，而且使跨国公司的产品、价格、销售地点及促销要因人而异。国外服装制造业，通常根据消费者穿着服装的时间、场所和要求的差异，将服装市场细分为家庭服装市场、旅游服装市场、社交礼服市场、运动服装市场、学生服装市场、流行时装市场等。每一市场又包括对多种款式、布料、颜色、规格的服装的需要。为进入这些市场，跨国公司必须有适合于每一类需要的产品及其市场营销策略。

2) 面临激烈的国际市场竞争

随着生产力和科学技术的发展，国际市场竞争日益激烈化。对于一定的消费者需要，经常会出现众多竞争性企业同时提供商品给予满足的情况。在满足某种消费需要的市场上，虽然有可能由最先提供商品的企业所垄断，但只要提供新颖的产品或以较低价格销售，或者提供更周到的服务或更可靠的质量保证，竞争对手进入市场的可能性越来越高，原垄断者占有垄断地位的周期越来越短。在跨国公司选择服务对象时，往往会出现与其他跨国公司或竞争对手的选择相雷同的情况。然而，服务对象过分集中必然会引起过度竞争，使跨国公司的生产能力或资源得不到有效利用。为避免不必要的资源浪费，跨国公司必须弄清楚哪些是尚未被满足的消费者需要，评价选择有服务价值的未满足的消费者需要作为服务对象。

3) 企业资源的有限性

即使跨国公司发现多种消费者需要尚未被满足，也不可能将这些消费者需要都作为服务对象，因为受到了企业资源拥有量的限制。对于某些消费者需要，跨国公司可能缺乏必要的有效的技术去生产相应的产品；对于另外一些需要，跨国公司又可能缺乏资金和人力、物力。资源的限制使得跨国公司只能选择少数几种消费者需要作为服务对象。因此，服务对象的选择是否正确，将直接影响到跨国公司的成败。要使资源得到充分利用，对于服务对象的选择就一定要贯彻"技术上可行，经济上合理，竞争上见长，发展上有利"的原则，既能发挥跨国公司的竞争优势，又能给企业带来利润。

4) 规模经济规律的要求

跨国公司如何选择服务对象，事实上意味着有限的资源如何配置使用。不同配置中都存在不同的成本变动规律、销售变动规律和竞争性变动规律，这些都会改变公司的盈利性。

一般来说，劳动密集型生产方式下一种产品的单位成本很少随着产量变化而变化；但资本密集型或技术密集型生产方式下单位产品成本多与产品产量成反比关系，即随着产量的增加，单位成本会不断降低。资本密集型或技术密集型生产方式下成本递减现象，通常称作为规模经济规律。这意味着，如果跨国公司能够集中资源从事这一类产品的生产，而且能扩大市场吸收量的话，那么，公司就可以由规模经济规律自然地增大盈利能力。

利用规模经济规律需要借助于消费者需求的可扩张性。在可扩张性较大的商品市场上，通常随着人们收入或购买力的增加、企业的广告与促销的加强及人际影响的强化，销售量会逐渐增加。对于跨国公司来说，只要一种商品的边际促销费用不高于边际生产成本节约，那么扩大该商品的供应仍可使公司盈利能力增加。这种吸引力往往诱导跨国公司集中资源于少数几种商品上来谋求规模经济效益。

从竞争性方面看，资源与市场集中化是有利也有弊的。有利的一面是集中资源扩大个别商品的市场供应力，可以形成较大的市场竞争优势，抬高企业形象；不利的一面是容易遭受市场需求变动的挫折。如果产品生命周期较短，则跨国公司对规模经济效益的追求可能缺乏足够时空的支持。要避免遭遇不利的市场局面，就需要对所服务的市场即所需满足的消费者需要进行认真研究和合理选择。

8.1.2 实施目标市场营销策略的途径

跨国公司为了有效地实施目标市场营销策略，应该依次做好以下各个环节的工作。

(1) 了解清楚全球范围内消费者需要的分布情况

一般首先划定跨国公司能够满足的消费者需要的范围，例如哪几个国家的消费者，或者收入水平多高的消费者，或者他们对哪些生活用品的需要。然后研究这一范围内，消费者需要的差异表现在哪些方面，形成原因，差异多大，需求结构轮廓。

(2) 对国际市场进行市场细分

市场细分是根据消费者需求的差异特征，将不同的消费者需要分类成族，以便为满足不同类别的消费者需要而提供不同的产品，制订不同的价格，使用不同分销渠道或实施不同的促销。经过市场细分而得到的结果是若干消费者需求类别的资料，包括这些消费者的特征、分布、最愿购买的产品及它们之间的差异程度分析。每一类别的消费者或消费者需要的总体，通常称为子市场或细分市场。

(3) 选择好相应的目标市场

所谓目标市场，是指企业选择作为服务对象的消费者或消费者需要。选择目标市场，关键在于选择标准的合理性和被选择子市场的透明性。一般的选择标准涉及：子市场需求量大小，子市场需求的稳定性（或可持续期限），公司的满足能力，竞争的可能性及可能的格局，子市场需求之间的相似性及对某种产品的兼容性，政治、法律因素的前景好坏等多种因素。对于大宗交易的、重要的顾客，要建立"顾客档案"，以便专门设计营销策略。

(4) 正确选择营销模式策略

在所选定的目标市场上，如果同时包括几个子市场，则产品、价格或渠道类型的设计可以是统一的,也可以是有差异的。所谓统一,称为无差异性营销策略,其动机是利用消费者需求差异较小而且较稳定的条件,谋取规模经济效益;后一种做法称为差异性营销策略,它着重强调对每一类消费者需求的针对性服务,提高产品的适销对路性,通过让消费者感到需求得到了切实的满足或周到的服务,而产生对企业的感情,继续购买企业的产品。

(5) 设计和实施市场营销组合策略

市场营销组合策略是指将关系到满足消费者需求、可以影响消费者购买动机、而且企业可以设计和控制的有关因素有机地结合起来,综合设计,综合使用,以便形成最大的营销力量。一般来说,这里所指的因素包括产品、商标与包装、价格、付款方式、折扣与让价、销售渠道、网点分布、人员推销、广告、营业推广和公共关系等,通常分为产品策略、价格策略、销售渠道策略和促销策略四大类。因此,市场营销组合策略也是指对这四大类策略的综合运用。

在无差异性营销策略中,只有一个市场营销组合体系,即不管消费者之间需求的细微差异有多少,企业只提供一种产品,一样的价格,一样的销售网点和一样的促销方式,按一套统一的标准化的操作程序来满足消费者。在差异性营销策略中,企业则要根据消费者需求的差异,争取在适当时间、适当地点,以适当的价格和服务方式,向每一类消费者提供适合其需求的产品,这样就要设计和实施多个市场营销组合体系。

必须注意的是,目标市场不是一成不变的。随着收入的增长、科学技术的进步和社会交往的扩大,消费者的需要或快或慢地变化着。这就要求跨国公司需要不断关注市场动向,经常调整目标市场及其市场营销组合,在适应变化中求生存、求发展。

8.2 跨国公司的国际市场定位

跨国公司在对国际市场细分以后,确定了目标市场和制定了相应的国际目标市场营销策略的同时,要进行国际市场定位。在公司所选定的国际目标市场上,可能已经存在着不少的竞争对手。那么,这些对手的实力如何,地位如何,公司应如何打入其中才能占据一席之地,这些都是需要了解和考虑的市场定位问题。

8.2.1 国际市场定位的含义

在市场竞争日益激烈的情况下,如何让目标市场的顾客喜欢并反复购买本公司生产的产品,是目标市场营销中最关键、也是最困难的事情。为了解决这一困难,就需要进行国际市场定位。

所谓国际市场定位,是指在确定了国际目标市场之后,企业将通过何种营销方式,提供何种产品或服务,在国际目标市场上与竞争者以示区别,从而树立跨国公司本身和所生产的产品的声誉和形象,取得有利的地位的过程。

8.2.2 国际市场定位的技术

市场定位技术的基础是消费者对商品的认识规律,即消费者的心理活动规律。公司应着重抓住以下三个环节。

（1）给消费者提供大量的认识商品的机会

消费者对商品的情感与购买决策首先来自于对商品的认识。认识是一个获得信息，使商品的特征、质量与优点在人的大脑中全面反映的过程。这一过程进行得快慢与否，与商品展示或商品信息沟通的频率与强度有关。因此，公司要大张声势地介绍、宣传企业的产品，例如多做广告，派出大量推销人员，重视初期购买者的"引导消费潮流"的示范作用。给消费者提供大量的认识机会，就可以让消费者尽快地形成商品整体形象，尽快地接受商品。

（2）引起消费者对商品差异的重视

有比较才有鉴别。要让消费者对公司的产品有与众不同的评价，必须引发消费者进行商品比较的兴趣。这里，关键是要抓住消费者认为重要的参数，并且使本公司产品与其他公司产品在这些参数上具有显著的差异。例如，对于手表，传统观念上重要参数是耐用（可使用几十年）、比较准确，现在多数人都认为重要参数是美观、准时、便宜、自动。这一观念的变化是电子手表畅销的重要原因。对于电子手表的"准确"这一参数，有的以每昼夜误差不超过 1 秒钟为合格标准，但有的手表每昼夜行走误差达到几分钟甚至更多。对于空调，噪声是一个较重要的指标，有的产品在 45 分贝以下，有的产品却达到 85 分贝以上。在饮食业，麦当劳大力宣传其"清洁、方便、快速的服务"，也是为与其他企业相区别。公司在让消费者认识其产品时，应注意引起消费者对商品差异的重视，特别是对那些消费者无法凭直觉或直观了解的商品差异，要通过广告和产品说明书予以专门介绍。

强调产品差异也有讲究。比较对象不同时对差异的强调方式应当不同。例如，当比较对象声誉好，很受消费者欢迎时，公司可将产品和市场营销组合设计得与比较对象类似。这是一种与类似产品竞争定位的策略；如果比较对象质量、声誉平平，没有什么特别值得消费者偏爱时，公司可实行突出特色、技高一等的定位策略，即将产品及其市场营销组合设计得新颖、别致，给消费者一种全新的、特别的印象。

（3）引发消费者喜欢并且愿意购买公司产品的情绪

向消费者宣传公司产品的优点，介绍本公司产品与其他公司产品之间的差异，要以引发消费者喜欢并且愿意购买公司产品的动机为目标。在认识公司产品的过程中，消费者会以他们自己的需要、价值观和评价标准来作出评价，并产生喜欢它还是一般看待它的情绪。一般来说，符合消费者的价值观和评价标准，适合其需要的产品，都能够引起消费者的喜欢。产品符合消费者评价标准的程度越高，消费者喜欢的程度也会越高，以至于会产生特别偏爱这种产品的激情和意志。对消费者进行产品宣传，显然必须考虑消费者的价值观、实际需要和评价标准。当然，除广告宣传之外，产品本身、价格、包装、销售渠道等也必须符合消费者的实际需要、价值观和评价标准，要通过企业的产品和服务，让消费者感觉到受到了企业的良好服务。这样可将消费者的喜爱情绪转变成稳定的购买企业产品的意志。

8.2.3 国际市场定位策略

市场定位的成功与否，关键在于与竞争者的区别是否明显，是否具有优势。跨国公司在开展国际营销活动时通常采用以下几种定位策略。

1. 定位于产品特色

这种策略适用于目标市场上已经存在生产同类产品的竞争对手的情况。公司生产的产品具有独到的特色，这就使公司具有了竞争优势，因而公司在确定营销组合时，可以定位于产品的特色上。公司应通过营销手段使产品的特色更加突出，更加鲜明，以显示出与竞争对手的区别。主要可采取以下方法。

1) 特征定位

也就是指明自己产品与众多同类产品的不同之处。有些产品生产标准化程度已经相当高，产品特色只可能显示于一些细微之处，比如某一制药企业宣称自己生产的阿司匹林"更易进入血液循环"而与众不同。另一些产品本身就千差万别，比如汽车、家具等，这些产品的特色可以体现在外观设计、性能、耐用性、可靠性、便于维修等诸多方面。

2) 比较定位

（1）接近比较

即将自己的产品直接与一些著名公司的同类产品进行比较，如美国康柏公司（Compaq）曾将自己的产品与IBM公司的产品直接进行比较；更有公司将自己的营销口号定为"我们是第二，所以更努力"，直接与排名第一的公司进行比较。这一做法不但可以借用知名公司的名气，提高本企业的知名度，而且也会由于其"高标准"而收到良好的效果。

（2）远离比较

即将自己的产品定位为"非某类产品"，以突出其与众不同的特色。比如"七喜"饮料就将自己定位在"非可乐"型饮料上，鲜明地表明了特色，独树一帜，使"七喜"饮料至今畅销不衰。

2. 定位于消费者所获利益及满足程度

消费者在对某些产品进行选择时，不但注重产品本身的功能，更注重其所带来的利益和使用过程中满足感的程度。比如牙膏，其功能单一明确，但消费者在选择牙膏时，不但注意其清洁牙齿的功能，也注重口味、药用价值等。使用不同口味的牙膏，可使其产生不同程度的满足感；而那些在清洁牙齿的同时还能去除牙石、防治龋齿的牙膏，则能够使消费者获得额外的利益。所以许多牙膏营销者纷纷采用利益定位的办法，例如，高露洁强调"坚固牙齿"，洁诺强调"没有蛀牙"，国外有些品牌特别强调其"味道清新"。这种定位方法在洗涤用品、洗发用品、化妆品中较为多见。应当注意的是，使消费者获得满足不仅表现在"让其感到便利"，同时还表现在"不给其带来麻烦"，所以在利益定位方法中，还要特别注意售后服务的质量。

3. 定位于市场空档

这是指抢占无对手的市场空档。在激烈的竞争环境中，谁最先发现并抢先占据市场空档，做独家生意，谁就可先得利益，以此为契机掌握争夺消费者的主动权。并且，在抢占空档的基础上，如果能在产品质量、品种、价格、服务等方面做得好，将会在广大消费者中树立和扩大自己的信誉，创出自己的名牌，在竞争中稳获胜券。例如，当全球计算机迅速向电子商务等方面发展的时候，台湾英达集团却把目光投向计算机辞典，通过各种技术手段，把大量的书籍浓缩在掌中一个小小的计算机中，便于保存和使用，仅用几年时间就占据了世界计算机辞典市场的主导地位。

4. 定位于使用者的种类

即企业根据不同使用者的特点生产，使产品主动迎合其需要。例如，飞利浦·莫里斯啤酒公司在将市场细分为狂饮者市场和偶饮者市场以后，根据两个子市场之间的不同，采用了不同的定位策略。对于狂饮者市场，公司在广告中展示了石油钻井成功后两名工人豪饮的场面，塑造了该品牌高度兴奋及精力充沛的形象，结果成功占据狂饮者市场达 10 年之久。对于偶饮者市场，公司将另一种原名为"高生"的啤酒重新定位，美其名曰"啤酒中的香槟"，使偶饮者市场的主要构成者——妇女和富人一下就对这种高贵的啤酒产生了好感。又如，"羽西"化妆品将自己的产品定位于"适合东方人的皮肤"，这样的定位使之在中国市场的销售获得了成功。

5. 跨种类定位

一些产品在定位时努力使自己与不同类的产品发生联系，通过区别或联系使自己的定位范围扩大。比如中药定位于"疗效好且无副作用"，使自己比西药更具竞争优势；有的香皂生产企业将自己的产品定位于"同时具有某畅销浴液的许多特点"，拓宽了产品的使用范围，进而扩大了销量。

6. 价格定位

即生产与某竞争对手质量一样但价格更低的产品，通常也称低价定位策略，适用于一些价格敏感的产品。这种策略可使企业迅速占领目标市场，并逐渐确定霸主的地位。但采取这一策略必须有相应的条件加以保障：

① 产品质量一定要与竞争对手一样；
② 低价仍能使企业盈利；
③ 有使需求者尤其是新的和潜在的需求者确认产品是质优价廉的相应手段。

采用低价定位策略的目的是最终向高质高价过渡，而非仅仅以低价打击竞争者。如果最终在消费者心目中树立起的是一种廉价品的形象，则无疑是一种失败。

7. 多重定位

这种定位方式是将产品定位在几个层次上，或者依据多重因素对产品进行定位，使产品给消费者的感觉是产品的特征很多，具有多重作用和效能。在一些对产品单项功能过分强调的市场上，采用多重定位方式往往会产生较好的效果。但是"多重"必须恰当，不可过分强调其多重性，否则会因需要强调的特征过多，而难以在消费者心中形成对产品的鲜明印象。

8.3 跨国公司的国际营销组合策略

目标市场一旦确认，跨国公司就要为之设计市场营销组合，以满足目标市场的需要。其中包括产品策略、价格策略、渠道策略和促销策略等的制定。

8.3.1 产品策略

产品作为满足消费者需要的基本手段，在营销组合中处于核心地位。

1. 产品概念

在市场营销中，"产品"一词应作广义理解。它包括在交易过程中消费者付钱购买的所有有价值的东西，例如某种物品、物品的功能、物品的权利、无形的知识、保险、运输、服务或其他的某种权利。一般将广义的产品视为由三个层次所组成的整体。

(1) 核心产品

指产品提供给消费者的基本效用或利益。消费者购买产品无一不是为了满足需要。跨国公司必须充分了解不同国家、不同社会经济环境中消费者需要的差别,并使产品提供的基本效用或利益与之相符合。例如在工业化国家,小汽车主要作为交通工具来使用,但有许多发展中国家,小汽车主要被当作为小型运输工具,或者客货两用车。

(2) 形式产品

指用于实现实质产品的交易客体,例如汽车、洗衣机、衣服、钢笔,这些是有形的产品,还有一些如建议(俗称点子)、计算机软件、维修、信息等,是无形的产品。不论是有形的还是无形的产品,都有具体的构成或内容、品质或式样,有的还包括商标和包装。调整和改进形式产品的设计时,要注意国际适用标准,如产品质量的国际标准。此外,要注意商标权、商标标识、包装及标签的国际化要求。

(3) 附加产品

指在形式产品之外为使顾客可靠地和足量地获得基本效用与利益而附加的服务。例如产品使用与维修说明书、质量保证承诺、安装维修、使用指导、备品附件等。有些国家对附加产品的内容有明确的规定。例如保修的范围、保修期的长度等。跨国公司在这些国家开展营销时,必须依照规定、提供足够多的附加产品,保证消费者切实获得满足。

2. 产品市场生命周期

产品市场生命周期是指一种产品从被研制开发出来、投放市场开始,逐渐变为成熟产品,到最后被市场所淘汰为止的销售变化过程。一般来说,产品生命周期可分为四个阶段(如图 8-1 所示)。在各阶段,营销策略应有所不同。

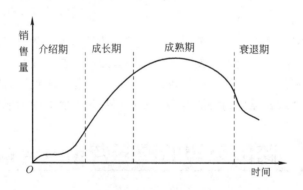

图 8-1 产品市场生命周期过程图

(1) 介绍期

这是新产品投入市场初期,其特征是销售量增长缓慢,消费者不熟悉产品,生产成本和销售费用都很高。让消费者了解并接受新产品,打开市场销路,是这一时期企业的主要任务。企业应着重于促进销售,广泛宣传产品。

(2) 成长期

指消费者基本了解新产品以后,开始形成新产品消费潮流的时期。其特征是销售量增长速度快,生产成本和销售费用逐步下降。在这一时期,企业要设法扩大生产能力和销售网点,巩固或进一步提高消费者购买欲望和激情。

（3）成熟期

指产品产销量达到最大，并成为人们生活中主要用品的时期。其特征是，销售增长率很小，近似于停止增长状态，竞争激烈，技术革新和产品创新的成果颇多。这类产品在同一国内市场上盈利能力不断下降，但在国外市场上盈利潜力日益明显。因此，跨国公司一方面调整和改进产品设计与市场营销组合，谋求维持国内市场份额；另一方面，要吸引新顾客，打入国外市场，延长产品生命周期。

（4）衰退期

指由于消费者购买力转移到其他产品，老产品销售量逐步减少，直到完全退出市场为止的时期。在这一时期，跨国公司的任务是合理组织老产品向新产品让渡市场，使产品更新平稳地完成。

由于利用国外资源在国外生产销售成熟期产品，既能继续获得超额利润，又能继续保持垄断地位，因此跨国公司不断寻求在国外生产和销售的机会。这样，产品生命周期变化就拥有了国际生产和销售变迁的特征和内容。

3. 产品的国际市场生命周期

由于各国在科技和经济发展水平上的差别而形成同一产品在各国开发生产、销售、消费上的时间差异，称为产品国际市场生命周期。

根据世界贸易形势和不同国家的投资方式可将产品的国际市场生命周期划分为三个阶段（如图 8-2 所示）。

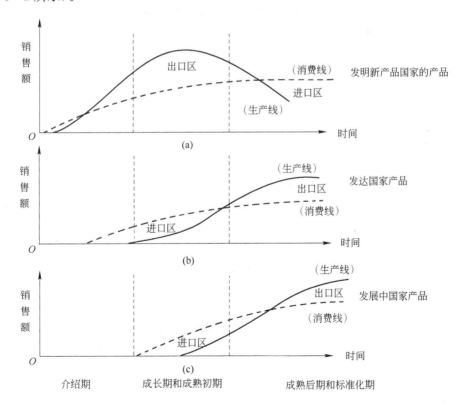

图 8-2 产品的国际市场生命周期

（1）新产品介绍期

最发达国家根据消费需求开发出新产品在国内销售,当生产量超过销售量后,开始出口到其他国家的市场。

（2）成长期和成熟初期

发明新产品的国家因出口不断扩大,新技术不断扩散,新技术为其他发达国家所掌握,其他国家经过改进,生产出有差异的产品参与市场竞争,使最先出口这种产品的国家的出口量逐渐下降。

（3）成熟后期和标准化期

这一阶段产品经过不同国家的创新和改进,达到了标准化。发展中国家在进口产品的基础上,应用最新的先进技术,以较低的成本投入生产,生产出标准化产品出口到发达国家和最先发明新产品的国家。而最先出口这种产品的国家因失去竞争优势,逐步放弃市场上已趋于饱和的产品,转向发展更新的产品和更新的技术,而从其他国家进口原产品。

产品国际市场生命周期三个阶段的特点可用三个模式来表示:

其一,发明新产品的国家——最先的产品出口国——后为该产品的进口国;

其二,发达国家——开始是该产品的进口国——后来成为该产品的出口国;

其三,发展中国家——开始是该产品的进口国——后来成为该产品的出口国,即将产品返销到最先出口该产品的国家和其他国家。

4. 国际产品开发策略

跨国公司面向各国不同类型的消费者提供产品时,有三种产品开发策略。

（1）生产和销售母国已生产过的同样产品

采用这种策略所需要的研究开发费用极少,且开发的速度快,但产品的设计有可能对东道国的适应性较差。主要适用于母国产品出口销售的场合。

（2）改进现存产品

这种策略研究开发费用比较少,开发时间比较短。改进的目标是使产品适合于东道国市场的需要,但改进程度有大、小之分。

（3）开发全新产品

即在调查分析东道国市场容量的基础上,抓住盈利机会,通过开发新产品占领国际市场。采用这种策略主要是以东道国特殊的盈利机会为依据的,但开发研究费用高、周期长、风险较大。

跨国公司选择哪一种产品开发策略,主要应根据经济上是否合理、产品的基本效用和质量与东道国消费者需要之间的差距大小、政府规定、社会文化因素的影响等来作出。

8.3.2 价格策略

价格是市场营销组合中最活跃的因素,它总是受顾客价值观和竞争的影响而发生最直接、最迅速的变化。它又是市场营销组合中唯一能给企业带来收入的因素,需要跨国公司给予高度重视。

1. 影响价格制定的因素

价格是否合理,一方面影响到商品销售,另一方面又影响到企业的盈利性。合理的价格应当是适合于各种因素的要求的。这些因素包括以下四个方面。

(1) 成本

成本是公司为生产和销售产品而付出的必要劳动或费用。对于跨国公司来说，这些费用包括：

① 生产成本；

② 销售成本；

③ 储运成本；

④ 关税与其他税收；

⑤ 融资成本；

⑥ 风险成本等。

跨国公司要长期生存和发展，必须将价格订得高于成本，以便对劳动耗费加以充分补偿。这种要求表明，成本是企业价格决策中的最低界限。

(2) 市场供求关系

市场可行价格是由供求关系决定的。在某个市场上，当商品供不应求时，其价格就会上升；当商品供过于求时，其价格就会下降。供求关系对价格变动的推动作用，是以市场竞争为中介的。在任何市场上，买者与卖者之间的竞争是基本的、激烈的，但买方内部与卖方内部的竞争往往随供求状况的变动而变动，并对买者与卖者之间竞争产生影响。在供不应求市场上，买方内部竞争激烈，卖方不愁销路而缺乏竞争，因而整个市场竞争格局对卖方有利，价格升高；在供过于求市场上，卖方内部为争夺市场而激烈竞争，买方不愁货源而缺乏竞争，因此总体竞争格局对买方有利，价格下降。

(3) 企业定价目标

企业制定价格，通常是要通过价格这个营销手段，来达到某些经营目标。不同目标下价格水平的高低不尽相同。例如，从增加利润的角度上看，价格应根据边际收支平衡原则来制订；扩大市场份额的目标则要求，按照消费者乐于接受的价格来定价；为应付和防止竞争，价格应适当低于竞争对手的价格水平；而要想平安地渡过经营不景气时期，就要按照盈亏平衡原则或边际贡献规则来定价。

(4) 政府干预措施与法规

跨国公司在各国市场上销售产品时，会遇到各国政府控制价格的各种措施和法规，例如反倾销法规，反贴补法规，对利润率的限制，或者政府公布的价格上限与下限等。这些政策与法规实质上划定了价格的法定合理的变动范围。

2. 跨国公司常用的定价方法

跨国公司的价格制定必须以国际市场为导向，综合考虑各种因素的要求。但是，具体定价的方法有多种选择。例如，公司可以在几个目标市场上采用同样的定价方法，也可以针对不同的目标市场采用不同的定价方法，还可以随着时间的推移改变定价方法。一般来说，跨国公司常用的定价方法是以下几种。

1) 成本加成定价法

即以产品平均成本为基础，加上一定毛利润，算出产品价格。毛利润通常可以用成本利润率来表示，因此有

$$产品价格 = 平均成本 \times (1 + 成本利润率)$$

这种定价方法计算简单，能保证公司利润，但忽视市场行情和消费者的购买能力，所定的价格可能在实践中并不合理。

2）边际贡献定价法

边际贡献是指在一定生产和销售水平下，再增加生产和销售单位产品所带来的净收入增加量。它等于边际收入（即价格）与边际成本（通常视之为平均变动成本）之差。边际贡献定价规则是指价格应包含大于零的边际贡献，即

$$价格 = 边际成本 + 边际贡献(>0)$$

这种定价方法的重要前提是产品的固定成本可以不被考虑，例如，固定成本为零，或者可由其他批量的产品承担，或者可以推迟予以补偿。在单件小批量生产条件下，产品的边际成本本身包括部分固定成本项目。在不考虑固定成本的条件下，计算价格时要考虑的边际成本较小，边际贡献可根据市场供求状态和顾客购买能力，灵活地确定。

3）需求弹性定价法

商品的销售量与其价格存在着密切联系。一般来说，价格降低时，销售量会上升；而价格上涨时，销售量会下降。但对于不同的商品，或在不同的市场上，对应于同样的价格变动量，销售量的随动幅度有很大区别，因此引起销售额变动幅度极不相同。一般将销售量随动幅度称为需求弹性。如果目标市场上商品的需求弹性大，价格的微小变动会引起销售量的大增或锐减；加之如果新产品开发技术简单，存在发生激烈竞争的威胁，或者生产中存在规模经济规律，公司就应把价格定得尽可能低一些，让绝大多数的消费者都买得起，觉得合算。如果目标市场上商品的需求弹性小，价格变动了但销售量没有明显变化，而且新产品技术复杂，不易为潜在竞争者所利用，公司就可以把价格定得尽可能高一些，使公司可以实现较多超额利润。

4）配套产品定价法

某些产品如 CD 机与 CD 光盘，在使用中是相互配合、缺一不可的，但销售中又是分开的。跨国公司在垄断生产这两种配套产品的场合，就要考虑两种产品价格的配合问题。

假定产品 A 与产品 B 是相互配合的产品，其中产品 A 是主体产品。一般来说，购买了产品 A 的消费者必须购买产品 B，而且可能要购买多件产品 B，但若未购买产品 A，他也不会购买产品 B。在这种假设情况下，跨国公司通常将产品 A 的价格定得很低，接近甚至低于其成本，让消费者觉得便宜而购买，但将产品 B 的价格定得高出其成本许多。这种配合定价法，实质上是以产品 A 的价格为诱饵，促进高利润的产品 B 的销售，由此增加公司的总利润。

5）低价倾销定价法

跨国公司刚进入一个目标市场时，为了击垮在该市场上已存在的竞争对手，实现对该市场的独占，会实施低价倾销定价法，即将价格定得低于目标市场上流行的价格水平，也比跨国公司在其他国家销售同类商品的价格低，有的甚至低于公司平均成本，借此优势吸引顾客，大量销售。采用这种定价法需要具备以下前提条件：

① 所销售产品的质量不低于现有竞争对手的质量；

② 目标市场受到严格控制，以至于低价倾销的商品不会被倒卖到其他不受倾销影响的市场；

③ 跨国公司有庞大的垫底资本；
④ 该产品生产中存在着规模经济潜力，垄断者可继续利用成本优势维持其地位；
⑤ 该产品缺乏有竞争力的替代品，而且技术生命周期较长；
⑥ 东道国政府缺乏有效的反倾销措施。

实践中，这些前提很少成立，因此低价倾销的风险较大。尤其必须注意各国政府反倾销法规的影响。

8.3.3 销售渠道策略

生产者完成产品制造过程后，商品还必须经过一定的销售网络送达目标市场，以方便顾客的购买。销售网络是由销售渠道和实物分配渠道组成的传送体系，对商品有很大影响，因而在市场营销组合中占有重要地位。

1. 销售渠道类型及其选择

销售渠道是指商品权利从生产者转移到消费者手上所经过的通道。生产者和消费者分别是这个通道的两个端点，其中流转的客体是所转让商品的权利，流转过程由购销环节所构成。根据承担流转销售职能的主体情况，销售渠道可分为三种类型。

（1）直接销售渠道

直接销售渠道是指生产者直接向最终消费者销售产品的渠道。这里，生产者承担全部流通职能。一般来说，只有当涉及大宗交易、成交额很高，需要为用户提供技术性较强的服务；或者产品数量很少而且用户比较集中；或者通过销售活动来搜集市场信息时，采用直接销售渠道才合理。如果运用不当，会限制销售范围和数量，也会削弱生产力量。

（2）间接销售渠道

如果在生产者和消费者之间加入经销商，由经销商来承担商品流通职能，这样的渠道被称为间接销售渠道。这里，经销商是取得商品权利、再将之转卖出去的商人或商业机构，包括批发商和零售商。采用间接销售渠道，可以利用经销商网络来扩大市场交易活动，促进生产和扩大销售。当消费者数量多、分布广，商品价格低，购买频数高，生产或销售具有季节性时，应当采用间接销售渠道。

（3）代理销售渠道

如果在生产者和消费者之间加入代理商，代理商受委托销售产品或采购产品，但并不拥有商品所有权。这样形成的渠道被称为代理销售渠道。采用代理销售渠道主要是利用代理商信息灵通、联系面广的条件扩大商品销售，并能控制商品价格。

销售渠道的选择与建立关系到对经销商和代理商（统称为中间商）的利用。公司利用的全部销售渠道一起构成销售网络，其中各个中间商将构成为企业销售网络上的购销节点，一般称为分销网点，是销售渠道决策的核心问题。

2. 分销网点密集度策略

在选择了目标市场以后，跨国公司需要根据顾客的数量与分布、商品的性质与购买频率和竞争对手的分销网点分布等因素，制定覆盖目标市场的销售网络规划，并制定该网络中分销网点密集度策略。一般来说，在一定目标市场上，分销网点密集度策略有三种类型，即密集型分销策略，精选型分销策略和独家型分销策略。

(1) 密集型分销策略

如果商品适用于每一个家庭或个人，公司就可以采用密集型分销策略，即利用尽可能多的商店来销售。这类商品多为家庭或个人必需的日常消费品，强调地点效用，例如牙膏、冰棒、面包、干电池等，销售的商店越多越好，使分销网点的市场覆盖面达到最大，同时便利消费者购买。

(2) 精选型分销策略

在目标市场上，跨国公司只选择那些有经验、信誉好、销售力量强的商店来经销其产品，所建立的销售网络就由这些商店所构成，这是精选型分销策略。这样的销售网络适合各种各样的商品，尤其是那些选择性较强的日常消费品和专用性较强的零配件及技术服务要求较高的商品。

(3) 独家型分销策略

独家型分销策略是指在目标市场上只选择一家商店来销售公司产品。这种做法大多用于推销新产品、极品或技术相当复杂、因而需要提供大量技术服务的商品。采用这种方式，让所选择的商店独立享有整个目标市场，跨国公司希望借以激励商店积极地推销产品，并且对中间商在售价、促销、信贷等方面的政策加强控制。

销售网络的疏密是直接影响到商品销售量的。这里主要需研究消费者购买商品可接受的空间范围。一个商店处于多少消费者的购货空间范围之内，决定了该商店的销售辐射范围和销售能力。分销网点密集度与每个商店平均辐射范围成反比。即如果每个商店平均辐射范围大，则分销网点可适当少些；反之，如果每个商店平均辐射范围小，则分销网点就必须多一些，因而密集度高一些。合理的分销网点密集度决策应当能选用较少的中间商使其辐射范围覆盖整个目标市场。

3. 出口销售渠道的建立

当决定将一国生产的商品出口销往另一个国家时，跨国公司要设计和选择出口销售渠道模式。从整个商品流通过程来看，出口销售渠道由出口国部分渠道、进口国部分渠道和出口国与进口国之间的转口贸易渠道三个部分所构成。如果没有转口贸易渠道，则出口国部分渠道与进口国部分渠道两者一起又被称为直接贸易渠道。

仅就直接贸易渠道来说，可以有六种不同的模式，如图8-3所示。前三种模式中没有

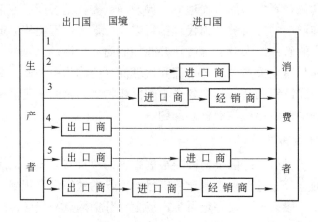

图8-3 出口销售渠道模式

利用出口商,是生产者自己将商品出口销售给进口国的消费者或进口商,因而又称为直接出口方式;后三种模式都是以利用出口商为基础的,生产者只将商品销售给本国的出口商,例如国际贸易公司、跨国公司、专业进出口公司、补充产品兼营公司、出口管理公司和外国企业设在本国的采购机构,具体的出口销售业务由出口商完成。这些模式一起被称为间接出口销售方式。直接出口与间接出口的主要区别在于产品制造商(生产者)与国外市场有无直接联系。直接出口以直接联系为特征,公司设有出口部或国际部,向国外的中间商出口销售其产品,或与国外的零售商(如大百货公司)甚至用户直接挂钩,或在国外设立分支机构就地销售。而间接出口则缺乏这种联系。

选择国际市场中间商(包括经销商和代理商)是一个至关重要的决策。选择中应着重考虑:中间商的可用性;中间商的服务成本费用;中间商履行职责的能力与效率;生产者对中间商活动的可控制程度。为此,在选择前必须对拟选择的中间商进行信誉调查,考核其销售能力与服务水平,掌握有关对方的必要信息,保证选择的正确性。

8.3.4 国际市场促销策略

跨国公司选择一定类型的消费者作为服务对象,必须让这些消费者知道并且接受跨国公司的服务。如果未让消费者知道,他们就不能作出接受服务的积极反应,那么,跨国公司的"满足消费者需要"愿望就会落空。所谓促销,就是公司通过人员接触或非人员联系等各种方式,向消费者传递公司和产品的信息,并说服引导他们购买企业产品的营销活动。

促销活动的方式多种多样,而且正在被不断创新。一般将促销方式分为四类,即人员推销、广告、营业推广和公共关系。

1. 人员推销

人员推销是指公司派出自己的推销人员,直接向消费者或用户推销商品或劳务的做法。一般来说,推销人员都经过职业训练,并且掌握潜在顾客有关资料,因此他们在与可能的顾客交谈时,就可以吸引并说服顾客,达成合同。与其他促销手段相比,人员推销是一种特别有效的方法,其促销特点是:

① 可灵活运用谈话策略,引起对方注意和重视交谈的内容和意义;
② 亲切交谈及以礼相待,有利于培养友谊,建立长期的购销关系;
③ 集宣传说服、商务谈判与签订合同甚至销售服务于一体,促销活动效率高;
④ 可收集市场信息,实现"双向信息沟通"。

但是,人员推销效率对推销员素质依赖性大,而社会上缺乏快速培养优秀推销员的机制。此外,人员推销的费用很高。

2. 广告

广告是指企业运用一定的媒体向消费者传播产品或服务信息的促销手段。根据媒体的不同,有许多不同形式的广告,例如有电视广告、报纸广告、广播广告、因特网、杂志广告、路牌广告、霓虹灯广告、旗帜广告、气球广告、橱窗广告、传单广告等。与其他促销手段相比,广告的特点是:

① 广告内容可灵活设计,如语言设计、文字设计、画面设计、音响设计等;
② 广告媒体多,可根据消费者的特征和分布灵活选择;

③ 沟通面广，传播速度快，平均每个信息接受者的广告费很低；

④ 单纯的"向消费者传递信息"职能，一般不能引起消费者马上采取购买行动。

3. 营业推广

人员推销和广告是持续的、常规的促销活动，主要功能在于传递信息。为了使已接受信息的消费者迅速采取购买行动，就要在人员推销和广告之外，开展新的促销活动。营业推广就是指不同于人员推销、广告和公共关系的，能迅速刺激需求、鼓励购买的各种促销形式。

根据激励对象的不同，营业推广有三大类：

① 针对消费者的营业推广，例如随商品附赠纪念品、价格优惠券、发送样品、有奖销售、分期付款、现场试用、特别服务和示范操作等；

② 针对出口商、进口商和其他中间商的营业推广，如赠送样品、赠送展览品、购买折让、补贴运费、赠送传单广告、合作广告、开展推销竞赛等；

③ 对国际推销人员的营业推广方法，如在红利、利润提成、差旅费与生活补助方面给予优待，实行推销竞赛、目标管理和分工轮换等。

一般来说，营业推广费用较高，时效性很强，因而都是无规则、不经常使用的促销活动。

4. 公共关系

任何一个企业都是整个社会机体中的一分子，只有与社会保持良好的关系，才能为社会所欢迎。而要做到这一点，企业就必须做好公共关系的调整、培养和维护工作。

所谓公共关系工作，就是跨国公司在搞好经营管理和生产优质产品的基础上，为增进社会各界的信任与支持，树立良好的声誉和形象而采取的一系列决策与行动。调整公共关系的传统形式是通过新闻媒介对企业和企业的产品进行宣传报道，为企业扬名。现代的公共关系虽然同样重视大众媒体对企业声誉和形象的影响，但是最为关心的还是消费者的评价。由于社会交际的日益频繁和形式的多样化，消费者获得一个跨国公司公共关系信息的途径已变得多种多样。因此，越来越多的跨国公司非常重视声誉与形象建立中的"言行一致，表里如一"，重视企业内部文明和外部关系的改善，通过多种形式沟通企业与公众、企业与顾客的信息，融洽感情，增进理解和支持。由于消费者在市场采购中经常受情感因素的影响，因此良好的公共关系具有促销的作用。

8.3.5 国际市场营销组合设计的要求

产品策略、价格策略、销售渠道策略及促销策略等必须相互配合起来，形成一个有机的彼此紧密联系的整体营销手段。在国际市场营销中，市场营销组合设计必须注意以下几个问题。

① 国际市场营销组合体系必须与目标市场需要与特征相结合，尤其必须注意与目标市场的文化因素与心理因素的适应性。

② 国际市场组合体系必须与现代交易规则、国际惯例相适应，尤其应当抓住产品策略这个龙头与现代交易规则的适应性。

③ 要利用国际市场资源这个基础来设计和实施国际市场营销组合策略，例如利用发达

国家的技术资源提高产品先进性和适应性,利用发展中国家的劳动力资源和原料资源来降低产品成本,借以支持价格策略和促销策略。

④ 国际市场营销组合体系的总体特征应当易于觉察,而且有新意,与其他市场营销组合体系有差异,也比过去的市场营销组合体系更先进、更完美、更能为消费者欢迎。

8.4 跨国公司的市场竞争策略

竞争是跨国公司市场经营的表现形式和发展动力。为争取在市场上有更大的经营主动权、更有利的市场地位、更好的经济效益,跨国公司必须合理制定市场竞争策略。

8.4.1 竞争策略的内涵和影响因素

市场竞争策略是指跨国公司为了在市场竞争中保持或发展其实力与地位,以目标市场选择和市场营销组合设计为主要手段,设计并实施的各种政策、方式和方法的总和。市场竞争策略的主要依据是消费者的需要和竞争对手的竞争策略,其基本特征是在满足消费者需要的数量和质量方面谋求超越或抗衡竞争对手。

影响跨国公司制定和实施竞争策略的主要因素有以下四个方面。

(1) 企业的价值观

主要指跨国公司是否有较强的进取精神和敢于冒风险的思想意识。从一定意义上说,竞争策略是进取精神的反映。

(2) 市场机会与威胁

竞争策略要通过抓住机会来实现对竞争对手的超越,通过避开和减弱风险来保持跨国公司在市场竞争中的实力与地位。因此,市场机会与威胁的特征及对企业的影响程度,也影响市场竞争策略的安排。

(3) 企业的优势与劣势

企业在市场经营中的优势与劣势因素将影响到对竞争手段的利用及其效果。有关的因素包括跨国公司财力、技术优势、产品类型与质量、社会形象与声誉、管理者素质与公司组织结构等。

(4) 社会影响

市场竞争既是一种经济关系,也是一种社会关系。一个社会对市场竞争的意识、态度和建立的规则,以及社会文化、民族风俗、政府政策、经济发展水平等对企业竞争策略也有影响。

跨国公司必须综合分析这些因素,设计各种与这些因素相适应的市场竞争策略方案,从成本、效果、对竞争目标的实现程度等多方面进行评价和选择。

8.4.2 竞争对手类型及竞争方式

跨国公司的经营活动总是要与生产同类产品的竞争对手争夺市场,因而竞争对手大多是与跨国公司同属一个行业的现有企业,当然也有一些是欲加入该行业的"潜在"竞争对手。已经存在于行业内的企业和欲进入其中的企业、组织与个人;本行业产品(或服务)的消费者对产品的选择要求；行业生产和经营的原则和服务供应者的供应取向及替代产品生产企业的经营动向，都是对跨国公司在市场上的竞争压力。

1. 同行业之间的竞争

同一行业的各企业在一定条件下是相互依存的，但当它们感受到竞争压力，或者看到了改善现有地位的机会时，就会通过产品革新、价格调整、广告密集化和改进顾客服务来彼此竞争；竞争策略的运用还会使它们之间的竞争变得更加激烈。其主要竞争方式表现为以下五个方面。

（1）争夺市场的份额

在行业快速增长时期，市场需求量不断扩大，企业只要跟上行业的发展，就可以把实力扩大许多。在行业增长缓慢时，企业间的竞争转向争夺市场份额，每个企业都寻求扩大其市场占有率。

（2）争当市场领袖

同一行业内一个企业或几个企业充当其行业领袖，就可对其他企业施加影响或起协调作用。领袖地位对企业有很大吸引力。

（3）争取目标顾客

如果各企业提供的产品没有明显差别，企业间的竞争在很大程度上表现为对价格、服务方面的竞争，以便争取目标顾客。如果产品之间有较大的差异性，企业就拥有各自的顾客，彼此的竞争将得到缓解。

（4）追求规模经济

某些企业为达到合理的规模经济，借以增强其竞争实力，便大幅度增加生产能力。结果可能导致产品过剩，使各企业不得不降价销售。

（5）谋求多角化经营优势

在竞争比较激烈的情况下，一些企业采取多角化经营策略，分散了经营风险，其他企业也会随之跟进，谋求多角化经营优势，从而形成新的竞争。

2. 潜在加入者的威胁

新企业进入某行业，首先表现为增加该行业的生产能力和市场供应量，其次是分享现有市场的一定销售份额和资源供应，由此对已经存在于该行业的老企业产生竞争压力。新进入者在该行业投资越大，将分享的市场份额和资源供应也越大。为阻止新企业进入或抑制其成长，老企业将竭力保护资源和市场份额，因而有可能导致该行业的成本上升，产品价格下降，利润减少。

潜在加入者的威胁大小，主要取决于该行业的进入障碍和老企业的相对竞争实力。行业进入障碍主要是指政府保护、行业垄断性、最小规模的投资额、技术先进性和保护性、消费者采购定向性。如果进入障碍大，老企业相对竞争实力强，戒备森严，那么，新加入者的威胁就很小。

3. 来自替代产品的竞争

替代产品，亦称为代用品，是指具有同样功能适合同样用途的其他产品。来自替代产品的竞争，是指替代产品价格更为低廉或者功能更为优越，或者两者兼而有之。

4. 购买者的议价力量

在市场上,卖者想贵卖、买者想贱买,是买卖双方竞争的基本动因。购买者希望购买到物美价廉的商品,增加其福利,因此在购买中将施展其议价力量,谋求以低价成交。一般来说,购买者的议价力量主要取决于市场供方数量与购买者购买数量。如果市场供方数量多,购买者有较大选择余地,不会在卖价太高的卖者那里购买;如果购买的数额大,对每一个卖者来说,与这个购买者成交就很重要,为争取与他成交,就会在价格上让步。这样就抬高了购买者的议价力量。

5. 供应商的议价力量

跨国公司作为生产用户出现在原料市场或要素市场时,就是买者,寻求低价采购。而原料供应商或要素提供者则是卖者,将设法抬高价格,例如垄断市场供应,或相应串通合谋抬价,或者降低供应品质量和减少服务等。因此,跨国公司还要与这些供应商进行竞争。

8.4.3 竞争对手威胁性分析

为制定正确的竞争策略,组织有效竞争,跨国公司必须对竞争对手进行全面、深入的分析,确认主要的竞争对手,明确竞争中最有希望成功的突破点或契机,并研究个别方面的突破对全面实现竞争目标的意义。

(1) 谁是主要竞争对手

确认主要竞争对手,主要是为竞争策略的制定树立一个比较评价的对象或尺度。一般来说,主要竞争对手是对本企业最有威胁性的竞争对手,它与本企业在目标市场范围上、在产品类型上、在资源来源上相同或重合,它具有推行扩张型战略的明显优势。

(2) 竞争者的未来目标是什么

这里,主要是分析竞争者总体发展战略、发展动态、市场占有目标、财务目标及其增长规划、发展纲领及主要行动措施等。

(3) 竞争者现有经营能力有多大

首先要弄清楚竞争对手有什么优势。要具体分析竞争者的产品特色与产品组合、销售渠道与分销网点、成本和投资报酬率、研究与开发、财务实力、人员素质、内部管理方式与组织结构、公共关系等诸多因素。然后要分析这些优势的形成与保持机制,要从领导人物、管理风格、企业精神、管理制度、知识结构、信息沟通等方面研究竞争者的优势因何而形成,因何而保持。

(4) 竞争的薄弱环节及其竞争成本

为确定竞争策略中的突破点,还必须研究竞争对手的薄弱环节或劣势。有些薄弱环节本身是企业经营中难以避免的,有些则是企业在培育其竞争优势时派生出来的。例如,名牌对于一个企业来说是竞争优势,但是为维持名牌形象,这个企业必须严格控制产品质量,不允许任何有缺陷商品进入消费领域。于是质量控制技术及其成本就可能构成其薄弱环节,维持原来产品特征与形象的努力又会构成其产品更新换代的限制。名牌产品常常价格高,会限制其市场。

要实现竞争目标,跨国公司可以在竞争对手有优势的领域,也可以在竞争对手没有优势的领域来设法提高自己的优势,借以打击竞争对手。然而必须注意的是,不论从哪个方面来提高自己的优势,都需要创造技术条件、资金条件、人员素质条件、制度法规条件和公共关系条件,因而需要付出竞争成本。跨国公司必须作出的决策是,在能保证达到竞争目标这个前提的可行方案集合中,选择竞争成本最低的方案。

8.4.4 竞争策略的制定

在分析了各种竞争力量和竞争者威胁性之后,跨国公司还必须对自己所处的行业进行分析,根据这个行业的新颖程度及其发展前途,来制定相应的竞争策略。

1. 新兴行业中的企业竞争策略

新兴行业是指那些前所未有的、新产生的行业;或是对现有的行业结构重新加以改造、组合而创造出的一个新型的行业结构。一般来说,在新兴行业中,有关竞争对手、消费者心理特点及行为方式等方面的信息十分稀缺,企业很难了解竞争形势的全局特点及其趋势,因此,竞争策略以着重发挥企业优势、引导或追逐消费潮流为特征。具体应注意的问题有以下四个方面。

(1) 重视需求结构的可调整性

在满足资源和行业经济限制的前提下,企业可选择不同的产品策略、分销策略、价格策略,适应或主动引导需求结构的调整,寻求长期经营中的有利地位。

(2) 注意开展行业内企业的联合

新兴行业中各个企业的协调发展可以扩大整个行业的声势和信誉,并在顾客中产生消费倾向,这种现象表现出新兴行业企业间相互依存规律。跨国公司在制定竞争策略时,必须注意开展行业内企业联合,借行业的发展来保证本企业的发展。

(3) 将新加入者吸收为本企业的一部分

行业进入障碍一旦消失,许多潜在的竞争对手将进入市场。这些新进入者很可能拥有较强的技术实力、资金实力和管理实力。跨国公司可以利用这些潜在的对手谋求进入行业的机会,将他们中一部分吸收为本企业的一部分。

(4) 关注技术变化趋势和规模变化趋势

技术变化常常伴有一种摧毁旧生产方式和老产品竞争优势的巨大力量。跨国公司必须关注技术变化趋势,注意技术上的领先。一旦技术趋于成熟,规模变化趋势就变得特别重要,因为规模经济也可以带来竞争优势。

2. 成熟行业中的企业竞争策略

成熟行业是指行业销售量已接近或达到饱和状态、市场增长平缓的行业。这一行业经营和竞争的特点是:

① 企业经营的重点不再放在扩大规模、增加供给上,而是要开拓新市场,发展新产品,因而要研究经营战略方向的调整问题;

② 争取市场份额的竞争加剧,出现各种形式的价格战、服务战、广告战和推销战;

③ 主要消费者群都已有相当的购买经验;

④ 生产资源和劳动力的边际投资效益减弱;

⑤ 行业利润率下降。

因此，处于成熟行业的跨国公司在制定竞争策略时，应着重考虑以下策略。

① 优化产品设计，推进产品标准化。通过改进产品设计，使产品在质量上达到先进水平，在品种上多样化或适用于多种用途，增强其市场竞争力。

② 优化产品组合。在改进现有产品时，要不断开发新产品，并且对所有产品进行技术优势、成本优势、销售量及其增长率、相对市场份额等各方面进行评价，生产经营有利的产品。

③ 通过出口和对外直接投资，开拓国际市场，形成公司在他国市场上的垄断优势。

④ 进一步完善市场营销组合。例如，要把产品价格调整到市场欢迎的合适水平；扩大广告宣传力度，做好公共关系工作，保持和继续培养消费者对企业的忠诚；改进销售网络；增加对顾客的服务项目，提高服务质量。

⑤ 开发新产品，抓住机会，实行行业转移，使公司资源流动到生产效率最高的生产部门。

3. 衰退行业中的企业竞争策略

衰退行业一般是指销售利润率持续减少的那些行业。由于销售额持续下降，激烈的"价格战"是该时期竞争的主要特点。价格战，即降价竞销，其目的在于让消费者多购买多消费，减少积压产品的浪费，部分回收成本。

面临持续减少的市场需求，处于衰退行业的跨国公司可以有两种策略，一是继续开拓他国市场，由此延长产品和技术的生命周期，继续使用现有生产要素，使之带来更多利润；二是及时地撤出现有行业，向其他行业转移公司生产要素和资源。

8.5 跨国公司的转移价格策略

转移价格（Transfer Price）又称为调拨价格或内部价格，是跨国公司内部母公司与子公司之间、子公司与子公司之间开展内部经营活动时相互约定的购买产品或服务的价格。实行转移定价，是跨国公司把外部市场交易内部化的结果。母公司把设备、技术转让给子公司，子公司把生产的零部件售给母公司装配成制成品，实行的都是转移价格。因此，转移价格的制定在很大程度上不是根据市场供求关系，而是根据公司跨国经营的整体战略和谋求最大限度利润的目的进行的。

8.5.1 跨国公司的内部贸易

跨国公司的内部贸易是指跨国公司内部各经营单元之间在产品、技术和服务等方面的交易关系。这种交易虽然导致商品的跨国流动，但是交易行动主体是同一个所有者。它具有一般国际贸易的特征。例如，是不同国家两个经济实体的商品交易，交易结果会影响两国的国际收支等。同时它又具有一般国际贸易没有的特征，如交易价格是由公司内部自定的，交易方式和交易动机服从公司内部经营管理的需要。

内部贸易是跨国公司实行内部分工的结果。尤其是经济全球化的趋势，促使越来越多的公司实行全球战略，建立全球性一体化生产经营系统。公司内部的每个经营单元是这个一体化生产经营系统的有机组成部分，与其他经营单元相互依存，在生产过程中相互衔接，构成具有密切投入产出关系的网络系统。在这种专业化分工的基础上，一种产品的全部生产技术分割成各个零部件的生产技术，转让给设在不同国家的子公司。由于每个子公司仅生产少数几种零部件，可以实行标准化大规模生产，从而获得规模经济效益。子公司生产出的各种零部件集中运到母公司或某一成品生产基地，进一步加工装配成制成品销往全球市场。在这一过程中，必然发生公司内部贸易。

随着跨国公司的发展，内部贸易也会不断增加。然而，跨国公司的内部贸易在其全部跨国贸易总额中占有多大比重却是很难估计的数字。大部分跨国公司出于避税等各种原因，不愿把内部贸易数据公布于众，官方从海关或其他途径得到的统计结果也无法分辨出哪些属于跨国公司的内部贸易。时至今日，为内部贸易编制转移价格已经成为跨国公司经营过程中的一项重要策略。

8.5.2 转移价格策略的目的

转移价格作为跨国公司实现全球战略目标的重要策略，具有以下几种目的。

1. 调节子公司的利润

跨国公司通过转移价格调节子公司的利润，其意图有以下三个。

① 使子公司账面上显示出较高的利润率，从而支持子公司的商业信誉，使其能在当地市场上获得更多的贷款机会。

② 在跨国公司的自身利益和目标与东道国政府、企业、消费者及当地劳工的利益和目标之间发生冲突与矛盾之前，通过降低子公司的利润率，避免东道国当地政府和居民的反感。

③ 当一个子公司的高额利润可能成为工资上升和其他福利开支增加的诱因时，跨国公司可利用转移价格减少子公司过高的利润额，以对付劳工方面要求增加工资和福利的压力。

2. 灵活转移内部资金

通过转移价格，调动内部资金，有利于实现以下三个方面的经营意图。

① 如果东道国政府外汇管制过严或子公司保留利润过高时，跨国公司在贸易和非贸易的内部支付中，通过转移价格将子公司的利润调回母国，以逃避东道国对企业外汇汇出国境的限制。

② 如果子公司所在国政府对资金流动加以严格控制，跨国公司则利用高转让价格发货，将资本由子公司调回母公司，或抽调到其他有利可图的投资场所。跨国公司也可利用高利贷款方式，用子公司支付高额利息的途径，将资金抽出，达到避免东道国资金管制风险的目的；或用相反的方法，将资金调入子公司内，以便解决子公司面临的资金融通方面的困难，支持其参与当地的竞争。

③ 由于20世纪70年代中期以来，各国货币比价波动频繁，这必然对跨国公司的经营活动构成外汇风险。跨国公司为避免或减缓外汇风险，通常采用两种手段：一是"领先"支付款项；二是"拖延"支付款项，即在公司内部支付时间上作变动与调整并从中牟取汇率差价的利益。

3. 增强市场竞争能力

跨国公司在国外建立一个新公司，凭借其资金信贷和技术上的实力，并利用转移价格，给予新建子公司以原料来源、中间产品和服务的低价优势，这是实际上的补贴，是帮助子公司迅速打开局面、站稳脚跟、树立信誉。如果子公司在当地遇到较强的竞争对手或要进行市场渗透，争夺新的市场，则母公司对子公司的发货和服务应采用低于正常成本的价格，以降低子公司成本，提高其竞争能力。在实行这种转移价格策略时，应考虑到东道国政府是否有压制子公司发展的意图。如果有，其结果将是低转移价格导致子公司无利可图，因而被迫退出东道国当地市场。

4. 绕过关税壁垒，增加产品销售

为减少国外子公司进口产品的关税费用，跨国公司常常采用低转移价格策略，使其产品在区域性关税同盟地区畅通无阻。因此，很多跨国公司以低转移价格向设在欧盟国家的子公司供应中间产品，使得该产品经过生产后的"域外价值"只占全部产品价值的 50% 以下，从而达到避税和扩大销售的目的。

5. 利用转移价格策略来减轻公司所得税的负担

目前，各国的税率不等，税种也有差异。跨国公司利用这种差异，凭借自己遍布全球的"触觉"，人为地确定价格，以此来调整总公司与子公司、子公司与子公司相互之间的利润额，从而达到逃税、漏税、少纳税，乃至增加公司总利润的目的。如果母国实行"纵向"措施征收"差额税"，则跨国公司在 A、B 国之间，通过改变利润分配所得到的任何"横向"利益就会被抵消。子公司不把利润汇回母国公司，母国政府就不能对来自海外的这部分利润征税。对东道国的课税问题，跨国公司可运用转移价格，把利润转移到设在低税区或免税区的控股公司进行逃税。这类子公司在某种程度上成了跨国公司海外利润的"贮存器"，暂存的利润待日后调遣。这样，跨国公司既可逃避东道国征税，又可绕过母国对母公司海外利润汇回的课税。

跨国公司内部的支付网还包括那些与商品贸易没有直接联系的途径。例如，子公司欠母公司的无形资产、贷款资本、各种特殊服务费等转移账户，或子公司分摊总的管理成本费用支付等，各国法律并没有统一的规定，给跨国公司运用转移价格少纳税提供了条件。

8.5.3 影响跨国公司实施转移价格策略的因素

跨国公司在运用转移价格策略时，会遇到各种限制因素，归纳起来可分为以下几类。

1. 来自跨国公司内部各利润中心的影响

由于各个子公司都实行独立核算，所以转移价格必然会使某些子公司表现出经营不佳的状况，从而在心理上和业务上挫伤管理人员的经营积极性。

2. 来自国外合资子公司的影响

当转移价格损害国外合资子公司的利益时，即使母公司一方的投资企业不反对，东道国一方的投资者也会出来反对，因为合资企业已经跨出了母公司的内部经营系统。

3. 各国的经济环境差异

尽管跨国公司在确定转移价格时所考虑的环境因素是相似的，但在具体对待上，国与国之间却有明显的差别。美国一位经济学家通过对发达国家跨国公司的具体分析后得出了以下结论：美、加、法、意等国的公司，把所得税视为影响转移价格的最重要的因素；而英国公司却把它在美国子公司金融状况的改善，看成是第一重要的因素。除北欧国家的公司外，其他所有国家的公司，都把通货膨胀看成是很重要的因素。

4. 各国政府的政策

各国政府的政策也对跨国公司的转移价格构成了障碍。有的母国政府为防止跨国公司逃税，采用按局外价格的原则来检查、监督转移价格。美国关税法规定，税收当局有权使用市场价格重新核定公司的利润，以此确定应征收的关税。另一方面，东道国政府也采取了"比较定价"的原则，对跨国公司的转移价格进行监督。所谓比较定价，是把同行业中某类产品一系列的交易价格和利润进行比较。如果跨国公司运用转移价格使子公司达到该行业的平均利润率时，东道国政府则要求其按正常营业情况补纳税款。这些措施在一定程度上起到了限制转移价格的作用。

从外部观点来看，跨国公司的内部交易属于一种"非常规交易"或"非公平交易"，即两个具有密切利益关系的盈利单位（如母、子公司），为了逃避或减少纳税义务，而对相互间的收益、成本费用分摊，通过内部交易行为进行不符合经营常规的安排。这种安排主要通过"非公平价格"来实现。

为了限制转移价格活动，很多国家的税务部门（包括海关）要对跨国公司子公司之间的非常规交易进行重新评估，以便重新确定一个"正常价格"，并按此征收关税和公司所得税。

确定正常价格通常有以下四种方法。

(1) 不受控制的可比价格法

这是指以买卖双方没有任何控制关系的交易价格作为调整价格的参考。例如，A 和 B 公司是某跨国公司的两个子公司，而 C 公司则是与该跨国公司无任何关系的企业，这时 A 公司卖给 C 公司的产品价格，就可以作为调整 A 公司与 B 公司的转移价格的标准。

(2) 转售价格法

对于跨国公司的内部交易价格，以购入产品的子公司将该产品再转售给其他相关企业时的价格作为确定正常价格的基础。例如，某跨国公司有 A 和 B 两个子公司，A 公司将产品售给 B 公司，B 公司又将产品销售给予其无关的 C 公司，那么 B 公司对 C 公司的售价，扣除正常利润后的剩余部分，即可作为衡量 A，B 公司之间产品成交价格的参考标准。

(3) 销售价扣除法

当找不到特定商品或可比商品的市场价格时，可以按"销售扣除"价格作为计算产品合理成本的依据。这种方法又称为回扣方法。按此方法计算出的正常价格，取决于销售环节中进口商转售产品时的起始价格和影响该价格的所有因素。当税务部门计算出产品的真实成本后，就可进一步估算该产品销售给其他子公司时应该确定的合理价格。

(4) 成本加计法

这种方法与销售扣除法相似，但推定方向恰好相反。销售价扣除法是先知道售价，后推断成本，而成本加计法则是先确定成本，再加上正常利润和其他影响售价的因素，以此推定合理售价。例如，A 和 B 均系某跨国公司的子公司，它们之间的产品交易价格，应该以卖主的实际成本加上正常利润与合理费用之和作为买方购进此产品的正常价格。

本章小结

跨国公司规模再大、实力再强，它的资源也是有限度的。为了适应国际市场的竞争激烈化，跨国公司必须有效地加强营销管理。首先，要选择好目标市场；在此基础上确定公司产品的市场定位。进一步制定好公司的市场营销组合的策略，即对本公司的产品、渠道、价格、促销等方面要制定出相适合的策略。此外，跨国公司还应制定正确的市场竞争策略，对竞争对手和竞争方式都要进行认真的分析。跨国公司的内部贸易造成了公司内部产品和服务的转移价格，跨国公司为了实现利润最大化，很普遍地采用转移价格策略。

关键术语

目标市场　　市场细分　　国际市场定位　　国际营销组合　　产品策略　　产品市场生命周期　　产品国际市场生命周期　　价格策略　　销售渠道　　国际市场促销　　竞争策略　　转移价格

复习思考题

一、选择题

1. （　　）等是跨国公司转移价格的一部分目的。
   A. 调节子公司的利润　　　　B. 满足市场需求
   C. 增强市场竞争力　　　　　D. 灵活转移内部资金

2. 跨国公司的目标市场营销策略的动因包括（　　）。
   A. 消费者需要的多样化　　　B. 面临激烈的国际市场竞争
   C. 企业资源的有限性　　　　D. 规模经济规律的要求

3. 市场定位技术的基础是消费者对商品的认识规律，即消费者的心理活动规律。跨国公司应着重抓住以下（　　）环节。
   A. 给消费者提供大量的认识商品的机会
   B. 引起消费者对商品差异的重视
   C. 引发消费者喜欢并且愿意购买公司产品的情绪
   D. 设计和实施市场营销组合

4. 一般将广义的产品视为由（　　）所组成的整体。
   A. 关键产品　　　　　　　　B. 核心产品
   C. 形式产品　　　　　　　　D. 附加产品

5. 跨国公司面向各国不同类型的消费者提供产品时，其开发策略包括（　　）。
   A. 生产和销售母国已生产过的同样产品
   B. 生产和销售母国已生产过的关联产品
   C. 改进现存产品
   D. 开发全新产品

6. 跨国公司国际市场促销策略包括（　　）。
   A. 人员推销　　　　　　　　B. 广告
   C. 营业推广　　　　　　　　D. 公共关系

二、思考题
　　1. 跨国公司实施目标市场营销策略的目的和动因是什么？
　　2. 什么是国际市场定位？国际市场定位主要应抓住哪些环节？
　　3. 跨国公司在开展国际营销活动时通常采用哪些市场定位策略？
　　4. 跨国公司经常采用的国际产品开发策略有哪些？选择产品开发策略的依据是什么？
　　5. 试述跨国公司市场竞争策略的内涵和影响因素。
　　6. 什么是转移价格？跨国公司实施转移价格策略的目的是什么？实施转移价格策略会受到哪些因素的影响？

案例分析

宝洁公司的营销策略

　　创始于1837年的美国宝洁公司是世界上最大的日用洗涤用品公司之一。在100多年的历史中，宝洁公司不断创新，不断开发新产品，其产品不但在美国市场的销售量名列前茅，在世界各国市场上也占有较大的份额。

　　1988年，宝洁公司在广州成立了中国第一家合资企业——广州宝洁有限公司，随后陆续在北京、成都、天津等地设立十几家合资、独资企业。奉行"亲近生活，美化生活"的企业宗旨。在2001—2007年，宝洁的销售收入几乎翻了一番。全球的净销售额上升12%，达到760亿美元。国家有关部门的数据显示：海飞丝、飘柔、潘婷、沙宣四种洗发水占洗发水市场份额60%以上，汰渍、碧浪两种品牌洗衣粉占洗衣粉市场份额的33%，舒肤佳香皂占香皂市场份额的41%，护舒宝卫生巾占卫生巾市场的36%。

　　那么，宝洁能在中国取得如此大的成功，凭借的又是什么方法呢？

产品+广告=企业宣传必胜秘笈

　　1. 深入调查顾客需求，做顾客需要的产品

　　宝洁公司把研究消费者需求和消费趋势作为一项最重要的基础性工作来做。为了更好地开发新产品，宝洁公司早在1934年就成立了消费者研究机构，用科学分析的方法，将消费者对产品的需求进行分析研究。开始时公司雇用"现场调查员"挨家挨户进行调查访问，征询家庭主妇对产品性能的喜好和建议。到了20世纪70年代，宝洁公司开始用免费电话与用户沟通，将获得的消费者意见和建议存入他们建立的庞大的数据库内。把有价值的意见及时提供给产品开发部，为产品的开发提供良好的构思设想，为产品的改进提供有力的改革依据。

　　宝洁进入中国后，在北京成立了一个大型的技术研究中心，专门研究更适合中国人用的产品。宝洁在中国推出的第一个产品是"海飞丝"。当时，经过对中国市场的详细调查，发现许多中国人都有不同程度的头屑，而国内生产洗发水的厂家又没有这方面的技术，经过

一年多的时间,"海飞丝"成为国内去头屑洗发水的代表。

2. 利用广告作为打开并占有市场的有效武器

广告与大规模市场营销策略密切相关,是市场推广的利器。它是通过一定媒体向用户推销产品或服务以达到增加了解和信任以至扩大销售目的的一种促销形式。

(1) 多品牌经营,广告抢商机

宝洁作为目前世界上最具竞争力的日用品公司,进攻市场最常用的"武器"就是广告。由于公司采用了多品牌战略,各品牌又各占一席地位,分别制作各自的广告,增加了广告的覆盖率。

(2) 大手笔投资,力压竞争者

据权威的市场调查公司统计,宝洁公司自 2004 年后,广告投入呈"爆炸式"增长,借助其强大的规模攻势抢占国内日化市场。过去中国广告投放前十名中多半为国产品牌,而 2004 年宝洁公司独占四席:玉兰油第一位、飘柔第三位、佳洁士第四位、海飞丝第八位。2005 年央视黄金段位广告招标会上,宝洁更以 3.85 亿元人民币成为新一届标王。

宝洁采用无间断广告策略和"波形递加式投放法",消费者几乎每隔一段时间就要采购一次日用洗洁品,反复广告会引起消费者尝试购买的欲望,加之递加式的投放也有助于强化消费者对产品的认知和认同感,逐渐使消费者成为其固定消费群。

(3) 巧选代言人,抓时尚潮流

海飞丝的广告代言人曾一度是香港著名影帝梁朝伟,他在香港和内地都是大家普遍认可的最具魅力男艺人,享有很高的声誉;潘婷洗发水也选择过台湾被誉为"美容大王"的大 S 徐熙媛作代言人,她拥有一头乌黑美丽令人羡慕的长发,从而增加广告可信度;2006 年,佳洁士启用人气天后李宇春代言。宝洁讨巧地启用广为大众接受的人气王,使得产品更容易被受众所认可。

(4) 探顾客心理,使广告深入人心

宝洁的广告最常用的两个典型公式是"专家法"与"比较法"。"专家法"是用专家来进行具有说服力的宣传:首先宝洁会指出你面临的一个问题来吸引你的注意;接着便有一个权威的专家来告诉你,宝洁就是解决方案;最后你听从专家的建议,你的问题就得到了解决。"比较法"是宝洁将自己的产品与竞争者的产品相比,通过电视画面的"效果图",你能很清楚地看出宝洁产品的优越性。汰渍洗衣粉的广告就是"比较法"最具代表性的一个。

(5) 公益事业作为第二广告宣传手段

宝洁非常善于策划事件来驱动消费者的品牌偏好。如"护舒宝护士"活动,举行"飘柔之星"活动,以及策划碧浪洗净全球最大衣衫等事件。宝洁为社会也做出了很大贡献:1991 年向华东特大洪涝灾区捐款 100 万元;1998 年宝洁公司董事长访华,向清华大学捐款 1 070 万元人民币,引进目前世界上最先进的实验仪器,同时向教育部捐款 700 万元人民币,用于支持中、小学青春期健康教育。此外,宝洁公司还向野生动物保护基金会捐款 150 万元人民币,以保护国宝大熊猫。现在,以宝洁出资资助的公关活动项目已深入到中国社会的许多重要团体。

技术创新是企业生存和发展的不竭动力,是企业的生命线。宝洁以顾客至上的理念,研制出了贴近顾客群体、符合顾客需求的产品,使其在竞争中更具生命力,这是商场中取胜的首要条件。

品牌是一个企业形象、信誉和文化的综合和浓缩。良好的品牌设计和生动形象的品牌宣传是企业取胜的重要条件。通过强势的广告宣传，宝洁成功地塑造了良好的品牌形象，使出自宝洁的产品让人信赖。产品与广告的完美组合，使宝洁走在世界的最前端。

（资料来源：陈泓冰．论宝洁营销策略之：优良产品与优质广告［J］．商场现代化，2008（7）.）

【案例思考题】
1. 宝洁公司的"海飞丝"洗发露是如何开发出来的？为什么能获得成功？
2. 宝洁公司花如此多的精力和成本推广新产品值得吗？为什么？

第 9 章 跨国公司的财务管理

导读

跨国公司财务管理，是对跨国公司资金运用及其体现出的各种经济关系进行计划、组织、指挥、协调、控制的一系列活动。资金筹措和运用是跨国公司财务管理的基本职能，但这种职能与纯粹的国内企业财务管理相比，又有很大的不同。跨国公司的财务管理，必须考虑新的环境、新的风险，以及经济成长和效益提高的新机会。新的风险是由外汇价值的波动、资金出境时税收的改变，以及国家对财务流量的控制引起的；新的机会来自进入多个资本市场、企业系统及其他活动中取得利益的可能性。

本章将重点介绍跨国公司财务管理的职能与财务控制、筹资决策、财务转移、资金运用、外汇风险管理等内容。

9.1 跨国公司财务管理的职能与财务控制

9.1.1 跨国公司财务管理的目标

跨国公司的财务管理面临着许多问题，如筹资决策、汇兑风险、国际税务、价格转移、财务控制等，这就要求跨国公司从宏观与微观、全局与局部、长期与短期等利益关系的角度，进行通盘分析和考虑，从而加以妥善处理，并树立明确的财务管理目标。

财务管理是跨国公司实现全球战略的关键，它包括以下三个方面的管理目标。

① 发挥跨国经营的优势，降低财务成本，提高经济效益。跨国公司在不同国家设子公司经营，可以取得不同的资金来源，并可以达到财务上的规模经济，提高规模经济效益。

② 在跨国经营活动中，适应各国或各地区的具体惯例和环境限制。跨国经营活动需要将资金在母国和东道国之间、各子公司之间进行汇寄转移，而各国对资金跨国转移的限制、汇率是不同的，财务管理需适应各国不同的政策环境。

③ 使跨国经营的利益不因财务风险而受损失，保持资产和收入的价值。跨国经营活动会遇到货币贬值或升值的风险，还会受到各国不同的通货膨胀率的影响。财务管理要力求避免币值变化带来的损失，保护企业的资产和收入的价值。

9.1.2 跨国公司财务管理的职能

财务管理传统上分为两个基本的职能，即筹措和运用资金。资金筹措职能，又称融资决策，即以可能的最低的长期成本，从公司内部和外部筹集资金。运用职能又称投资决策，即合理分配和运用资金，以使公司与股东的利润最大化。当然，这样的划分比较简单，实际上，跨国公司的财务管理活动，很难将这两个基本职能截然分开，换言之，两个基本职能常常交织在一起。跨国公司内部的资金流动如借款、偿还等，是为了增加公司现有的资金；支付股利则可减少税收或减少货币风险。资本结构和选择，以及其他的融资决策，常常以减少投资风险、降低融资成本为目标。再进一步，外汇风险管理既涉及融资成本，又与投资决策息息相关。因此，融资决策和投资决策只有正确地结合起来，才能使公司的利润、股东的利益最大化。

9.1.3 跨国公司财务管理的组织结构

要执行上述两大职能，跨国公司可采取不同的财务组织结构。20 世纪 70 年代初，经济学家通过实地考察美国多国性企业的国际财务组织结构形态后指出，跨国公司在不同的发展阶段，其财务组织结构形态不同。第一阶段，公司规模小，且国外业务有限，公司总部国际财务人员极少，只能实行分权式的结构。第二阶段，公司发展了国外业务，公司总部财务人员增加，实行中央集权的结构，由公司总部负责重大的国际财务决策，以求全公司财务最佳化。第三阶段，公司国际业务进一步扩大，实行大权集中、小权分散的原则，凡涉及整个公司重大利益的事项，仍由公司总部实施严格的中央控制；反之，日常财务往来由各分支机构自行处理。为此，公司建立"守则簿"，记录总部的决策或指令，以及规定财务制度的标准化程序；然后，由分支机构贯彻实施。

一般说来，跨国公司在进行财务管理时，可根据跨国公司规模的大小、经营跨国化的程度及公司组织结构来选择适宜的财务结构形态。

（1）由公司总部实施中央集权

这种财务结构在海外地区不设财务机构，由总部统辖所有财务业务。总部由一名财务总裁负责整个公司的财务决策、外汇管理及子公司之间的相互融资等重大财务问题。财务总裁下面设有总部国际财务主管，负责所有的国际财务业务，如借款、信用、收账及资金的运用、资产在通货贬值情况下的保护、投资方案的评审等。另外，总部设一名会计长，指导会计室业务，具体负责资本预算及控制、财务结构、利润计划及分析、管理资讯及日常会计业务等。

（2）由公司总部指导下的国际部或国际公司实施中央集权

这种形态与上述形态唯一不同之处，是由公司总部授权国际部或国际公司执行中央集权。有些跨国公司，如国际商业机器公司、威斯丁豪斯电器公司、辉瑞制药公司等授权国际部负责；有些公司，如可口可乐公司、通用电话电子公司等，由其国际子公司负责。

（3）由公司总部与其下属的国际部或地区总部、产品总部实施分权制

公司总部负责制定财务目标、政策、方针等全局性的财务决策，国际部或地区总部、产品总部负责日常财务工作，涉及全局性的问题，须报请总部批准方能生效。

9.1.4 跨国公司的财务控制

跨国公司的财务控制，是指公司对国外分支机构的财务监督和控制。其目的是对各经营实体的业务实绩进行财务监督和考核，在保证整个公司获得利益的前提下照顾各分支机构的利益，合理分配和使用公司资金。

1. 公司资金的合理分配与使用

跨国公司的经济活动中通常使用三种货币：分公司和子公司所在国的货币；跨国公司母国的货币；第三国的货币。究竟采用哪一种货币，须根据公司的业务经营范围和性质来决定。但无论采用哪一种货币记账，最终都必须以"公司货币"（即公司母国的货币）来编制综合财务报表，使得整个跨国公司具有统一的核算标准和衡量业绩的标准；否则，当外汇汇率发生变动时，就会造成预算和实际业绩之间的差异。因此，不同货币之间的换算便成为跨国公司财务工作中最难处理的一个问题。

美国公司通常采用"公认会计原则"，即当期和非当期区分法及货币和实物区分法。所谓当期和非当期区分法，即公司资产负债表中的当期项目，按制表日的汇率换算；非当期项目，按项目发生时的汇率换算。所谓货币和实物区分法，即公司资产负债表中，以货币形态表现的价值，按制表中的汇率换算；以实物形态表现的价值，按其发生时的汇率换算。以上两种换算方法在实际应用中，各个公司又不尽相同。美国要求各企业统一按职能货币换算法，向政府当局提交财务报告。职能货币，是指企业通常用于处理经营活动中的应收、应付款项的流通货币，以及实现利润的货币。它可分为以下三种。

① 若子公司在业务上自主权比较大，与母公司财务往来关系不甚密切，则以子公司所在国的货币（通货膨胀率高的国家除外）为职能货币。这样，汇率变动不影响母公司的现金流动和投资净额。

② 若子公司与母公司在经营上业务关系比较密切，则以母公司国货币为职能货币。这样，汇率变动会直接影响母公司的现金流动。

③ 子公司设在第三国的控股公司，以第三国货币为其职能货币。

由于采用以上三种不同的货币为职能货币，就产生了三种不同的汇率换算方法。

① 当记账货币和职能货币均采用子公司所在国的货币时，汇率换算为：资产负债表按制表日的汇率换算；损益表按平均汇率换算。如果出现差额，作为"由换算引起的资本调整额"入账。

② 当记账货币采用子公司所在国货币，而职能货币为母公司母国货币时，汇率换算为：资产负债表中货币形态表现的价值按制表日的汇率换算；实物形态的价值按其发生时的汇率换算；损益表按平均汇率和过去的汇率换算。如果出现差额，作为"利润或亏损"入账。

③ 当记账货币为子公司所在国的货币，而职能货币为第三国货币时，汇率换算分两步进行：先按第二种方法处理，将资产负债表和损益表的货币单位换算成第三国货币（职能货币），然后再按第一种方法，将这些财务报表换算成母公司母国的货币。

2. 财务报告制度

跨国公司根据不同的需要，拟制三种类型的财务报告。

① 综合性财务报告，主要是向母国政府报告。

② 子公司财务工作报告,这是按当地指令的要求向所在国政府报告。

③ 公司实际财务业绩报告,主要作为公司上层领导进行企业管理决策的依据。根据不同的要求,报告内容可分为12种:
- 资产负债表;
- 损益表;
- 借款表;
- 应收账款分析;
- 存货分析;
- 资金分析;
- 营销分析;
- 通货膨胀影响分析;
- 工资-成本分析;
- 订单积压报告;
- 外汇损益报告;
- 外汇风险暴露报告。

3. 管理和考核国外分支机构财务工作的项目

① 实际业绩与预算的分析比较;
② 投资收益率;
③ 营销报酬率;
④ 资产报酬率;
⑤ 资产与负债管理;
⑥ 股份红利的增长幅度;
⑦ 增加公司现金流量的数额;
⑧ 完成战略和长远计划的情况;
⑨ 经过通货膨胀调整后的业务实绩;
⑩ 技术发展、市场份额、品质控制、销售策略等各种信息资料的搜集。

9.2 跨国公司的筹资决策

筹资,指公司在跨国经营中筹集资金的活动。这是跨国公司财务管理的重要职能。

9.2.1 跨国公司的资金来源

跨国公司需要的资金不仅数量庞大,而且涉及众多国家和多种货币。一般来说,跨国公司有六项主要的业务活动经常需要国际资金融通。它们是:

① 借入短期资金,融通国际贸易;
② 借入短期资金,以敷日常业务开支;
③ 借入中长期资本,购买固定资产;
④ 借入中长期资本,用以兼并其他公司;

⑤ 在全球范围内借贷资本，以使资本收益最大化；

⑥ 在外汇市场买卖外汇，以趋利避害。

由此可见，跨国公司的资金来源既广泛又多样。其资金来源主要有以下四个方面。

1. 来自公司集团内部的资金

公司集团内部的资金，是指母公司向子公司提供的资金，或子公司之间相互提供的资金。母公司通常为其国外子公司提供大量的资金，尤其是投入足够的股份资本，以保持对企业的所有权和控制权。其主要形式有以下两种。

第一，母公司向国外子公司提供贷款。贷款可以是货币形态，也可采用实物形态，诸如提供机器设备、原材料、最终产品，以及资本化了的专利、工艺和管理等。采用贷款这种形式，目的在于减少纳税，并避免对股息汇回的限制。因为大多数国家在计征税收时，将股息算作利润，而利息则不算作利润，从而可以减少纳税。此外，当东道国外汇紧缺并实施外汇管制时，偿付利息比汇回利润享有优惠。

第二，母公司大量投资购买子公司的有价证券，以保证对子公司的拥有权和控制权。这种投资资金来源于母公司的未分配利润和折旧基金。

跨国公司集团内部的资金是各跨国公司重要的资金来源，其比重约占整个资金来源的50%。

2. 来自公司母国的资金

跨国公司吸收外部资金是筹集资金的又一项重要措施。母公司可以利用其与母国经济发展的密切联系，从母国银行、金融机构和有关政府组织等获取资金。其具体途径有以下三条。

① 母公司或子公司从银行和金融机构获取贷款，这是公司外部资金的主要来源。特别是在经济不景气的时候，银行和金融机构对工业与公司的贷款非常重要。

② 母公司或子公司在母国资本市场上发行债券，这是公司传统的集资方式。传统的证券集资，往往通过专门金融机构进行。例如，美国投资银行和投资信托公司、英国商业银行等都经办这类业务。

③ 母公司或子公司由母国有关政府机构或组织获取贸易信贷及鼓励对外直接投资等专款资金，这一类资金来源随着贸易保护主义的增加而与日俱增。子公司从母公司本国采购机器、设备、原材料和零部件等，可以获得那里银行提供的出口信贷。另外，母国政府为了鼓励公司对国外投资设立专门机构并拨给专款，支持在发展中国家的子公司。美国海外私人投资公司（OPLCO）的主要任务是向设在发展中国家的美国公司发放贷款。原联邦德国的德意志开发协会（DEG），对国外子公司提供贷款和股票投资。这类金融机构所提供的专款资金的利率，通常低于商业贷款的平均利率。

3. 来自东道国的资金

在公司集团内部，当公司母国资金的来源不能满足子公司的需求时，子公司东道国资金是补充来源，其中包括银行和金融机构的贷款、发行股票、出售债券等。由于跨国公司子公司遍布全球，各东道国经济状况差别极大，有的国家金融环境好些，有的差一些，有的则根本难以在当地融资，因此跨国公司利用当地资金的情况不尽相同。

在发达国家，因各国金融环境的差异而采取不同的融资方式。在美国和加拿大，证券制是最重要的资金来源；在德国和英国，银行业是提供信贷和借款的主要机构；在日本，银行业和证券业的职能相分离，银行是主要参与对公司提供短期和长期贷款及贸易信贷的机构。子公司在发展中国家融资往往都比较困难，因为那里没有资本市场或者资本市场很不发达，银行通常只提供短期贷款，证券市场也很不健全。

4. 国际资金来源

当上述资金来源仍不能满足跨国公司的集资需要时，公司还可利用国际资金。除子公司集团内部、总公司母国、子公司东道国以外的任何第三国或第三方提供的资金，都可称之为国际资金。国际资金来源主要有以下三种。

（1）向第三国银行借款或在第三国资本市场出售证券或债券

向第三国银行借款，往往只限于在跨国公司子公司，从第三国购买商品时，设法获取出口信贷。大多数发达国家都有像美国进出口银行那样的为出口融资的机构。一些发展中国家也开始为它们的产品出口提供融资业务。

向第三国资本市场筹集资金，主要采取出售"外国债券"的办法，但采用这种方法筹资需要承担外汇风险。当前，最大的国际性债券市场是：美国纽约美元市场、日本东京日元市场、德国及瑞士的欧元市场。

（2）向国际资本市场借款

跨国银行是国际资本市场的大贷主。跨国公司借款的主要形式是以债券筹集中长期资金。其主要特点是：公司发行多种形式的债券，有传统的固定利率债券，也有浮动利率债券。在各种债券市场中，欧洲债券市场愈来愈显示出它的重要性。

（3）从国际金融机构获取贷款

国际金融公司是另一个资金来源地，它是世界银行集团的一个成员，由124个国家政府组成，其宗旨是向成员国，尤其是向经济落后国家或地区重点建设项目投资的私人公司提供无需政府担保的贷款和投资，以促进国际和私人资本流向发展中国家。它鼓励私人公司投资。其方式有三种：

① 直接向当地企业投资，分享利润；

② 向这些私人公司贷款，期限为7～15年，利率略高于世界银行贷款；

③ 以上两种方法兼而有之的投资，国际金融公司最多承担项目总成本的25%～30%，而且不介入项目的管理，以便调动私人公司的投资积极性。

9.2.2 产权筹资和举债筹资

跨国公司筹资的方法很多，但可以归结为两个基本的类型，即产权筹资和举债筹资。如前所说，每类筹资方法取得资金的途径是多种多样的。产权筹资最明显的是在海外子公司初创时期，来自母公司的资金；此外，还可以来自其他公司，如合资企业或联营企业及海外子公司在投资地出售股票所得等。举债筹资的选择余地更大。这两类筹资分别形成了股本金和借入资本，即跨国公司的财务结构（或称资本结构）。

1. 筹资方法的选择

如何在产权筹资和举债筹资之间进行选择，并没有一个固定的模式。有的西方学者认为，决定性的因素是两种筹资方法的成本。人们总是选择成本较低的筹资方法。但大量的研究表明，海外子公司的筹资，不一定以资本成本作为决策的基础。在筹资决策中，其他各种因素也起着相当重要的作用。这些因素主要有：政治风险、货币稳定性、外汇浮动和暴露风险、对汇付股利和偿还资本的控制、税收结构、国有化风险，等等。

产权筹资的主要优点是：对海外经营的控制有较大的灵活性；从成本较低的国家借入大量资金可以取得规模经济，增强公司的偿债能力。产权筹资的主要缺点是外汇风险较大。有些国家对汇付股利和偿还资本严加限制，这样跨国公司虽然有很多股本，但难以转移利润和所投资本。

举债筹资的主要优点是：由子公司支付的利息扣除税款，易于得到成本低的资金；偿还所借资本的风险小。举债筹资的主要缺点是：当子公司从国外借入资金时，外汇风险较大。

有关产权筹资和举债筹资的优缺点如表 9-1 所示。

表 9-1 不同筹资来源和方法对比表

来源/方法	优　　点	缺　　点
通过东道国来源的举债筹资	·政治风险低 ·支付利息扣除税款 ·没有外汇暴露风险 ·与当地企业和其他金融机构可能建立良好关系	·资本可供量有限 ·对海外经营控制力较弱
通过母国其他来源的举债筹资（母公司、其他子公司、母国其他来源）	·支付利息扣除税款 ·容易汇付利润和偿还资本 ·易于得到低成本的资金	·子公司外汇暴露风险较高
通过母公司来源的产权筹资	·可能增强海外子公司的借债能力 ·母公司对子公司经营的控制力较强 ·易于得到低成本的资金	·较高的外汇暴露风险 ·汇付利润和偿还投资资本的风险较高 ·财产被没收和国有化风险较高
通过东道国来源的产权筹资	·外汇暴露风险低 ·与东道国和当地利益集团比较一致	·母公司对海外经营的控制力较弱

根据上述筹资方法选择的诸多因素，跨国公司决定筹资来源和方法的基本方针应该是：
① 如果政治风险和外汇风险高，就通过东道国来源的举债筹资；
② 如果对汇付利润和偿还投资资本的限制严格，就从母公司借入资金；
③ 如果子公司的数量迅速增长，就通过内部产权筹资。

2. 负债产权率

负债产权率是分析资本结构的一个指标，是指跨国公司资本结构中借入资本与股权资本的比率。在不同国家之间，按负债产权率表示的资本结构标准有相当大的差别。环境、制度和政府法规，对这些标准的建立有很大的影响。美国的负债产权率在世界上最低，而日本、德国、瑞典相对较高。美国企业为了取得所需的资本，必须与所建立的财务标准相一致，即保持较低的负债产权率。日本和欧洲一些国家，银行和政府代理机构是公司的主要资本来源，允许企业有较高的负债产权率。

但是从趋势看，美国、欧洲和日本的跨国公司，都倾向于较多地运用举债筹资方法。这是因为跨国公司越来越重视对政治风险和外汇风险的防范；另外，大多数国家对贷款利息要扣除税款，所以提高负债产权率有利于减税。

9.3 跨国公司的财务转移

在介绍跨国公司财务管理第二个职能——资金运用之前，先介绍跨国公司的财务转移问题，以便更好地理解第二个职能。

财务转移，主要是指跨国公司在全球范围内统一调拨资金的流动状况。一般来说，母公司往往采取由国外各子公司汇回利润、管理费、服务费，以及对子公司现金金额规定、转移价格、平行贷款、对等购买等措施，将各子公司的资金集中到母公司或几个中心地点及跨国银行手中，并在子公司之间、母公司与子公司之间实行资金融通。通过统一的资金调拨，可以实现以下目的：

① 将资金集中在安全地点，以减少资金流动的风险；
② 根据需要，随时调剂各子公司资金的余缺，节省利息开支；
③ 可以利用各子公司所在国的利率、汇率的差异，赚取利率、汇率的差额；
④ 在母公司与子公司之间、子公司与子公司之间转移价格和分配利润。

9.3.1 财务转移手段

跨国公司的内部财务转移通常采取以下几种手段。

(1) 集团内部互相贷款

集团内部互相贷款是经常使用的一种合法的资金转移机制。贷款不产生新的税负成本，只考虑市场利率和使用贷款的机会成本。如果在低税国的子公司以较高的利率向高税国的母公司贷款，利率越高对总公司越有利。如果母公司向子公司提供贷款，收取利息与对子公司投资并以股利和非资本化方式汇回大部分利润的策略相同。

(2) 汇回股利

汇回股利是转移利润的手段，但成本较高。东道国对子公司的利润先征所得税，汇回的股利要征预提税。母国政府也要对其相应征税。跨国公司可以根据各国的所得税税率、关税税率、汇率变动风险、外汇管制、财务上的要求、可利用的资本及成本，特别是国际税制差异，而采取不同的股利汇回策略，以此来节省税负成本。

(3) 改变内部贸易中的付款期限

欧美跨国公司中，有65%的公司经常使用"加速或推迟贷款的支付，以进行资金调度"这种方法。

(4) 支付专利使用费和劳务费

跨国公司可任意制定专利使用费和劳务费的价格，以进行资金转移。这种方法虽然要求较多的预提税，但在所得税上可得到更多好处。在股利汇回受阻时，这种方法的作用较大。

(5) 平行贷款

例如，甲国的A公司向B公司的子公司贷款；乙国的B公司向A公司的子公司贷款。这样，资金没越出国界，各子公司得到资金，实际利润转到了A和B的母公司手中；同时，

A，B子公司支付的利息也可以免税。

（6）对等购买

由母公司安排两个子公司之间的销售产品和劳务，使一子公司得到收入，另一子公司购进所需投入要素。这种方式不发生税收成本，不受政府的限制，但需要找到交易对象和商定适当的交易条件。此外，根据具体情况，还可以采用商品的转移价格等手段。跨国公司内部各种价值的转移手段比较可见表9-2。

表9-2 资金由东道国向母国流动表

转移手段	相关的内部流动	时间限制	有关税收	决策选择
向母公司贷款	支付利息和本金	不限	国内外公司所得税，国内预提税	贷款合同
向母公司支付股利	母公司对子公司预先投资	不限	国内外公司所得税，国外预提税	由子公司税后利润支付
产品转移价格调整	商品反向流动	不限	国内外公司所得税，关税	买卖合同
迟收早付、迟付早收	商品与劳务的反向流动	不限		买卖合同
劳务费与无形资产	劳务反向流动	由技术或管理合同确定	国内外公司所得税，国外预提税	技术管理合同
平行贷款	公司之间合同	不限	国内外公司所得税	贷款合同
相互购买	商品相互流动	不限	国内外公司所得税	易货协定

9.3.2 转移价格

跨国公司进行财务转移，必然会产生商品、劳务和资金在公司内移动，此移动应支付的价格即转移价格。在第8章，曾指出转移价格是公司的一种定价策略。这里，从跨国公司财务管理的角度，对运用转移定价的目的问题作进一步阐述。

1. 税负效应

为了说明转移价格变化所产生的税负效应，现举一简单的例子。假定子公司A生产电路板10万块，单位成本是10美元/块。这些电路板以单价15美元/块卖给子公司B。后者再以单价22美元/块销售给不相关的客户。如表9-3所示，不管A以什么价格卖给B，跨国公司两个子公司综合的税前利润都是100万美元。但是，因为子公司A的税率是30%，子公司B的税率是50%，A，B子公司合并的税后利润随所用的转移价格的不同而不同。

表9-3 转移价格变化对税负的影响　　　　　　　　　　　　　　万美元

	子公司A	子公司B	A+B
低成本加成政策			
收入	150	220	220
商品成本	100	150	100
毛利	50	70	120
其他费用	10	10	20
税前收入	40	60	100
税负（A的税率为30%，B的税率为50%）	12	30	42
纯收入	28	30	58

续表

	子公司 A	子公司 B	A+B
高成本加成政策			
收　入	180	220	220
商品成本	100	180	100
毛　利	80	40	120
其他费用	10	10	20
税前收入	70	30	100
税负（A 的税率为 30%，B 的税率为 50%）	21	15	36
纯收入	49	15	64

在低成本加成政策下，子公司 A 卖给 B 的单位转移价格是 15 美元/块，A 缴纳所得税 12 万美元，B 缴纳所得税 30 万美元，全部税负为 42 万美元，跨国公司总的纯收入是 58 万美元。如果改成高成本加成政策，单位转移价格是 18 美元/块，A 的税负提高到 21 万美元，而 B 的税负降至 15 万美元，则跨国公司总的应缴税款是 36 万美元，纯收入是 64 万美元。换言之，由于提高了转移价格，少缴纳税款 6 万美元，相应地增加了等量的纯收入。

事实上，通过转移价格，利润可以从税收控制较严的地方转移到控制较宽的地方。例如，因投资成本和折旧费用高，某子公司处于亏损的地位，结果其税负为零。如果将利润转移到这个子公司，就可以免税。当然，这是一个极端的例子，但却能说明问题。总而言之，为了取得税负最小的目的，经验做法是：子公司 A 将货物卖给子公司 B。设 t_A 和 t_B 分别是子公司 A 和 B 的边际税率，则：当 $t_A > t_B$ 时，转移价格应尽可能低；当 $t_A < t_B$ 时，转移价格应尽可能高。

2. 降低关税

假定在上例中，子公司 B 在进口时必须按值缴纳关税，税率是 10%，这样，提高转移价格就会增加 B 应缴纳的关税（假定关税按转移价格征收）。转移价格的变化对所得税和关税的影响如表 9-4 所示。

表 9-4　转移价格变化对税负和关税的影响　　　　　　　　万美元

	A	B	A+B
低成本加成政策			
收　入	150	220	220
商品成本	100	150	100
进口税（税率为 10%）	—	15	15
毛　利	50	55	105
其他费用	10	10	20
税前收入	40	45	85
税负（A 的税率为 30%；B 的税率为 50%）	12	22.5	34.5
纯收入	28	22.5	50.5
高成本加成政策			
收　入	180	220	220
商品成本	100	180	100
进口税（税率为 10%）	—	18	18
毛　利	80	22	102

续表

	A	B	A+B
其他费用	<u>10</u>	<u>10</u>	<u>20</u>
税前收入	<u>70</u>	12	82
税负（A的税率为30%；B的税率为50%）	<u>21</u>	<u>6</u>	<u>27</u>
纯收入	49	6	55

在低成本加成政策下，子公司B需缴纳15万美元进口关税。扣除关税，B的所得税负降低了7.5万美元（比较表9-4与表9-3中的A+B栏）。跨国公司全部的所得税加上关税支出共49.5万美元。如果在高成本加成政策下，B的进口关税增加至18万美元，而所得税则降低了9万美元（比较表9-4与表9-3中的A+B栏）。跨国公司全部应缴关税加上所得税，共计45万美元。由于缴纳关税，高成本加成与低成本加成相比，纯收入差异减少至4.5万美元，但是，高成本加成政策在这里还是可取的。

运用转移价格来减税，有时也会发生一些相关的成本。如果转移价格太高，子公司B所在国家（即购买国）的税务当局就会感到放弃了收入；如果价格太低，双方政府就会干预。子公司A所在国的政府认为，低的转移价格是避税；同时，B公司所在国的政府会认为这是倾销。因此，各种罚款等费用形成的成本必然会随之发生。

3. 避免外汇控制

实行外汇控制的国家，为保持外汇收支平衡，须在外国公司汇出利润的时间和数量上加以控制。西方许多跨国公司运用转移价格，不仅是为了少纳税，而且是为了逃避外汇控制。假定A国的税率为30%，则该国母公司向子公司B出售q_0产品时，每增加1美元价格，母公司就能从子公司B中返回$0.7 q_0$美元的冻结资金。如果价格从P_0变到P_1，母公司可转移资金$0.7(P_1-P_0)q_0$。当然，由于费用增加，子公司B的现金余额和税负也会相应减少。

事实上，一些跨国公司以很高的转移价格向设在税率甚低的发展中国家的子公司出售产品。如前所说，当$t_A>t_B$时，转移价格应尽可能低。所以，这种现象从追求纳税低的观点来看，似乎有些反常；但是，从避免外汇控制的角度去看，这种做法是合乎情理的。一些跨国公司宁愿多缴税，以此取得难以取得的资金。许多东道国认识到，如果要继续吸引国外投资，外国公司就必然要赚取利润。政府可以采取突然行动，或限制红利支付，或限制其他形式的利润偿还，以争取公共关系，但同时允许以隐蔽的转移价格形式返回利润。所以，运用转移价格避免外汇控制，常常会被东道国政府所忽视，有时甚至会得到后者的默认。

4. 信用地位

子公司要在当地借入资金，母公司可以通过转移价格将利润流向该子公司，以增强其信用地位；否则，子公司可能因其报表收入过低而无法取得所需的资金。一般来说，母公司常被要求作为子公司借款的担保。

5. 避免外汇风险

跨国公司在业务活动中使用多种货币，且母公司一般在年终结算时才获得从子公司汇回的利润。为避免汇率变动而受到损失，跨国公司通过改变转移价格，提前或延迟付款，以减少因货币贬值而带来的损失或获取汇率差价的利益。例如，对汇价定得过低的国家的子公司，可要求其加速收回欠款，减少债务。如果预料到东道国实行货币贬值，母公司可要求当地子公司就地增加借款，并对母公司或位于货币坚挺国家的其他子公司提前付款；反之，则推迟付款。

转移价格会引起国际间的利益冲突和矛盾，这些冲突表现在跨国公司与本国政府、跨国公司与东道国、跨国公司之间的矛盾，以及跨国公司内部各子公司之间的矛盾。各国政府都对转移价格采取相应对策，这些对策适当控制或缩小了运用转移价格的范围，但不能也不可能完全防止转移价格产生的副作用。转移价格也给企业评估和控制经营成果带来一定困难，所以有的跨国公司设置两套账目，一套公开对外，以应付税务当局；另一套对内，以进行公司内部控制和成果评估。公司内各单位根据其资产额或成本，分享公司因转移价格而获得的利润。也有的跨国公司在预算中，既考虑了转移价格对内部各单位的影响，又以实际结果与预期计划相比较，以考核各单位的经营成果。

9.4 跨国公司的资金运用

对经营活动中所持有的资金（即对资金的运用）进行管理，是跨国公司财务管理的另一个重要方面。其内容包括对流动资本、现金流量、长期投资、证券投资等的管理，其目的是减少资金成本和风险，取得最佳财务效果。

9.4.1 跨国公司外部现金流量的管理

跨国公司现金流量管理，即公司流动资产和负债的管理，主要是控制公司资产负债表中的短期流动或准流动账户，如现金、有价证券、应收账款、应付账款等。跨国公司通过信汇或电汇转移资金。现金流量包括公司内部转移和公司外部转移两种形式。现金在公司外部之间的国际流动，形成了跨国公司外部的现金流量。

1. 应收账款

赊销是跨国经营中常用的方法，由此也就产生了延期支付的问题。应收账款是需要一定时期才能收回的货款。

应收账款的高低取决于赊销数量和收账期限，但这都与跨国公司的信用政策有关。信用政策涉及信用标准、信用时间、折扣及收款政策等各个方面。制定信用标准，要考虑客户的品德（Character）、还款能力（Capacity）、资本（Capital）、抵押品（Collateral）、条件（Conditions），即所谓的五个 C 因素。信用时期的长短会影响销售量的多少，但同时应收账款占用的成本和风险也会随之而增减。折扣有利于加速收回应收账款，但成本会提高。收款政策规定了收回过期欠款的程序，但也要对增加的收益与增加的成本进行对比。总之，公司制定信用政策的基本依据是信用成本和收益的对比。

跨国公司对应收账款的管理，常常面临着许多复杂的问题，如距离、货币价值变动、资本管制威胁等，而这些问题在国内的应收款是没有的。因此，企业外部的应收账款管理涉及两个基本决策：一是支付的币种；二是支付的条件。币种的选择有三种，即出口商货币、进口商货币和第三国货币。通常，出口商愿意用最坚挺的货币标价开票，而进口商则愿意用最疲软的货币支付，其结果可能是在支付条件和支付币种之间作出妥协性选择。影响支付条件的最重要的因素是标价货币的强度。如果支付以软币进行，应收款应尽快收回；如果支付以硬货币进行，收款期可略作延长。

及时收回应收账款，对跨国公司具有重要意义；否则，就意味着损失资本利息，甚至会危及资本本身。此外，还可以通过国家出口信贷担保、合同条款和远期市场、期权市场、期货市场，以及运用代理收款等方式，减少应收账款的风险和损失。

2. 应付账款

跨国公司因赊购而尚未支付的款项，形成了应付账款。跨国公司处于债务人的地位。债务人与债权人不同，一般都尽可能地延缓付款时间，以便得到更多的利益。

跨国公司支付职能的管理在许多方面与国内经营相似，支付债务需要通过一定途径去筹集资金，有时可能代价甚高。因此，精明的经理在万不得已时才去偿还债务。虽然过期不付会失去信用，导致今后付款条件加严，但是推迟支付是十分普遍的现象，利率很高的时期尤其如此。延迟支付现象往往并不是因为债务人缺少资金，而完全是出于财务管理上的目的。

9.4.2 跨国公司内部现金流量管理

跨国公司现金流量管理的重点，是资金在内部的转移或流动。一般来说，公司内部的债权人和债务人不具有冲突性质。母公司通过集中或分散的组织形式，运用净额结算、集资经营等方法，对不同子公司（分公司）之间的应收账款和应付账款加以控制。

1. 现金管理的方式

现金管理有集中或分散两种方式可供选择。所谓集中方式，即将资金集中在中央现金库。这个中央现金库或设在母公司，或设在能提供税收和其他优惠的外国，以便统一调度和使用资金。所谓分散方式，是由各子公司保留和管理各自的流动资金，以供它们自己使用。

集中方式能有效控制流动资产的分配和投资；同时，大量集中的资金也能发挥财务杠杆作用，以取得较高的利息，或以较低风险获得所需资本。具体来说，集中方式现金管理系统有以下优点：

① 公司能以较少量的现金开展经济活动；
② 由于流动资金减少，企业营利能力提高，融资成本降低；
③ 有利于母公司从整体立场出发，发现并解决问题；
④ 有利于以公司整体利益作为决策的依据；
⑤ 由专门机构负责现金和证券的管理，有利于提供和积累专门的知识和经验；
⑥ 减少公司在某国的资产风险，当没收资产或限制资金转移的法规公布时，公司损失较小。

上述优点，正好是分散方式现金管理系统的缺点。

当今世界，货币变化无常，利率波动起伏，经营和组织的复杂系数增加，公司营利的能力越来越显得重要。这一切都要求国际现金管理系统高度集中化。其动因不仅是简单地为了取得某些优势，更重要的是为了确保跨国公司具有适应性和决定力。因此，欧洲和美国公司的发展趋势是由母公司承担较大的责任。当然，集中方式并不要求由母公司控制现金管理的所有方面，而只是把决策权集中在公司的高层，以利于现金管理的合理化。

2. 净额结算

除了将资金集中在一个中心点以外，跨国公司还可利用净额结算来处理公司内部的交易活动。净额结算，顾名思义是指对于各分支机构的往来支付，只将所需的净值加以转移。这种净额结算基本上是一种确认每个子公司净流入和流出的内部票据结算系统。当公司内部不同的子公司或分公司经常有交易业务时，运用净额结算方法可以节省服务和交易费用，有效地避免政府对外汇和资本的管制。

净额结算有双边和多边两种。例如，某跨国公司在德国的子公司，将价值100万美元的商品卖给该公司在意大利的子公司，接着，后者又将价值200万美元的商品卖给前者，全部现金流量是300万美元。但从净额角度看，在德国的子公司只需将100万美元支付给意大利的子公司。这种结算即为双边净额结算。事实上，双边净额结算用得较少，这主要是因为跨国公司内部的交易往往呈现出更为复杂的结构，两个子公司之间不会同时向对方购买商品，又同时将商品售往对方。换言之，跨国公司内部的买卖活动常常形成一种多边结构，如图9-1所示。

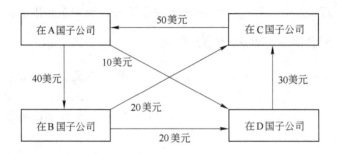

图9-1 多边净额结算

从图9-1中可看出，每个子公司的现金流入量和流出量相等。从多边角度看，全部转移的净额为零。当涉及子公司之间大量跨国界的往来用户时，可运用数学规划设计净额结算系统，以使总成本最小。

多边净额结算一般要求有一个控制中心，即中央结算中心。它与各子公司的账户联系在一起，如图9-2所示。

将图9-1与图9-2进行对比，显然收支渠道大大减小，而且都是单一的净支或净收。

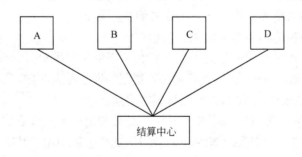

图9-2 以结算中心进行多边净额结算

3. 集资经营

跨国公司内部现金流动管理的另一种常用方法是累积账户，又称集资经营。所谓集资经营，即将额外现金或准现金资产集中在公司内某个分支机构。其目的是增加使用这些资产的效率。这种方法有利于内部融资，容易避免或减轻由资本和外汇管制及货币贬值而引起的风险，也便于利用过剩资金向外投资，以取得规模效益；此外，还增强了母公司对海外子公司的控制。设在金融市场不发达国家的子公司，常常丧失投资机会，这在资本和外汇控制存在的条件下尤其如此。但集资经营能向这些子公司提供投资机会。

集资经营成功的关键，是设立一个控制财力的中心机构。这个机构不需要将公司所有的流动资金都集中起来，而只是集中各子公司过剩的资金。资金短缺的子公司，不是向中心机构转移资金，而是从中心机构取得所需的资金。因此，中心机构不仅要收集有关过剩资金的信息，而且应该收集各子公司资金需求的有关资料。集资经营对整个公司和每个参与集资的子公司都是十分有利的。

由于合营的资金是现金和有价证券，涉及不同的货币，因此集资经营的经理，在进行对内、对外投资时，必须首先进行货币决策，一旦决定在公司内部进行放款，借贷双方就要共同承担外汇风险。

9.4.3 跨国公司长期投资决策

投资决策是对营业性子公司的最终控制，也是实现全球战略的重要手段。财务经理对长期投资决策，一般要作出资本预算表。编制资本预算表，是一个对资金的各种使用方案进行比较并期望获得收益的过程和对各种融资方式的成本进行比较的过程。

虽然国际项目的资本预算与国内投资的资本预算都采用同样的资本预算理论，但国际投资项目的资本预算却要复杂得多，具体表现在以下几方面：
① 该项目与母公司的现金流量必须区别开来；
② 必须认识到各国在税制、财务机构、财务准则及财务流量的限制等方面的差异；
③ 不同的通货膨胀会影响公司的一系列获利能力的竞争地位；
④ 汇率变化能改变国外子公司的竞争地位及其与母公司间现金流量的价值；
⑤ 分割开来的资本市场可能创造财务收益的机会，也可能带来成本的增加；
⑥ 政治风险能明显地改变国外投资的价值。

对一个国际投资项目进行评价，需要经历以下三个阶段。

1. 分析该项目的预期收入和支出阶段

在这一阶段中，需要考虑汇率、财务结构和风险等问题。

① 收入和支出的估计离不开市场预测及该项目出口的可能性，因此估计一个项目的收支，对制订有关各种交易的预期汇率计划表是必不可少的，这项任务与通常的外汇预测不同。有些国家，同时有官方汇率和自由汇率，每种汇率适用于不同的交易。涉及外汇的很多交易，会受到关税、特种税或免税的待遇。例如，设备出口可以免税或得到优惠。在某些情况下，汇率是通过政府和跨国公司协商确定的，所以财务经理在进口设备和原材料及出口销售等方面，可能要对各个时期的汇率分别加以预测，并估计这些汇率对项目收益和成本的影响。

② 需要考虑项目的各种财务结构，因为它会影响项目的预期收入和支出。例如，在当地举债筹资可以减少外汇和通货膨胀的风险，但由于国家的政策或其他原因，跨国公司对当地贷款的可能性在各国相差很大，一些国家要求跨国公司最多只能筹集与在当地的购买额相等的款项。为鼓励外资的流入，若公司不在当地筹资，而是在国外筹资进口设备，则国家可

以提供特别的优惠。所以，公司要对各种财务计划分别作收支预测。

③ 在投资分析方面，必须考虑政治或国家控制的风险。如果没收充公的可能性很大，就会严重影响对收入和支出的预测。

除了从国家一级分析它们对项目预期收支的影响外，还应从公司总部一级分析这些风险如何影响收入流量（如红利汇出），如何影响母公司及系统的其他部分可得到的提成支付等。

2. 项目的分析从子公司转移到总部阶段

在该阶段需要估计：在何时以何种方式把多少资金从子公司转移到母公司；这种转移会带来何种税负及其他费用开支；系统内其他地方所增加的收入和成本。

项目分析转移到总部后的主要问题是估计总部从项目的净收益中获得收入流量的可能性。在同一国家的经营，不同单位之间的现金流量转移通常是自由的。而在不同国家的经营中，许多国家不允许把超过收益一定比例的现金流量汇回母国，否则要征收重税。无论如何，公司必须决定是否对不能转移成本国货币或自由转移到其他国家的项目资金流量只配给较低的价值；是否应将从该项目中得到的所有收入作为母公司的可得流入量。同样，还须考虑对转移到母公司的税收或其他费用，必须把预期的流量在计划期外汇预测的基础上转换成本国货币。

对系统其他部分的附加利益应算作该项目得到的附加收入。这些收入可以从增加母公司的出口销售、许可证费收入、管理服务费收入，以及把有用的技术或营销诀窍从该项目转移给其他部分的利润中得到。

3. 估计和比较该项目及其他项目的阶段

将投资收益给系统增加的净现金流量，按长期投资收益标准加以排列，即可决定在预算期可用资本总额限度内各项目被接受的顺序。在此阶段的问题，一个是用于比较项目的方法；另一个是用于评价资金成本的准则。

"净现值法"在投资评价时经常使用。这种方法考虑了项目寿命期内的收益，它用资金成本作为贴现率，把期望的未来净收益加以贴现，然后减去初始的投资费用来计算项目的净现值。

资金成本政策有两种不同的类型：一种是具有公司资金单一联合和单一目标率的"资金联合方式"；另一种是对每个有经营业务的国家或项目使用分开的资金成本。资金组合分工是在全球范围内，从最有利的地方筹资，并转移到最需要资金的地方。

遵循"自己管自己"（或称"各管各"）的原则，自己必须负责筹资的子公司，需要对每个项目分别估计其资金成本。

同样，在特别的筹资资源只可用于特别项目的地方，通过使用分开的目标资金成本时，这种特别的成本就很有可能被考虑进去。然而，在评估国际投资项目时，通常应把公司范围单一的资金成本作为贴现因子。

9.4.4 证券投资

证券投资是跨国公司资金运用的一个组成部分。公司采用证券投资形式向外提供贷款；同时，也以该形式作为重要的资金来源。这种投资形式可能会增加投资项目的盈利。规模大的投资项目,通常要求在它们的金融结构中有大量证券资本。但是,能否获得大量证券资本的前提条件是:保证贷款者即使在价格下降时或其他不利的情况下,所有借款都能够得到如数偿还。因此,在世界经济出现回升势头时,各国资本市场上的股票及有价证券交易也随之活跃。

一般来说,一项大的投资项目,如筹建一个大的采矿项目,可能需要5~10亿美元总投资,其中40%~60%为证券投资。这样大的金额,很难指望一家公司单独承担,因而需要形成一个贷款集团。但是,把众多抱有不同目的和期望的证券投资者组合在一起,为一个项目提供证券资金,其中的管理工作将是十分复杂和困难的。

9.5 跨国公司的外汇风险管理

跨国公司经常面临着因汇率变动而遭受潜在损失的可能性,即外汇风险。外汇风险管理是跨国公司财务管理的一个非常特殊而重要的组成部分。其基本目标是通过对汇率和风险的预测,实行有效管理,使跨国公司的市场价值、获利能力及净现金流量达到最优标准。

9.5.1 汇率预测

1. 影响汇率变动的因素

每一个国家的货币,都有一个以其他国家货币表示的价格,这就是汇率。外汇汇率也是一种价格,因此它的变动也由供求关系决定。在当今各国实行浮动汇率制度下,影响汇率变动的因素有以下四个方面。

(1) 外汇的供求状况

影响供求的因素是市场价格水平、生产成本、货币供应量、短期利率制和国际收支状况等经济因素,以及对这些经济因素的预测。

(2) 国际贸易的供求结构变化

通常,由于新资源的发现、生产方法的改进、消费者的需求变动等供求方面的结构性变动,都会影响汇率的变动。

(3) 生产的周期变化和国民生产收入的变动

生产的周期变化和国民生产收入的变动,直接影响出口能力和进口需求,从而引起汇率的变动。

(4) 各国政府的贸易政策和措施。例如,政府采取措施阻止高通货膨胀所带来的国际收支恶化,提高进口关税,实施进口配额、出口津贴等贸易干预手段。

就短期汇率变动而言,没有一个单一因素可以充分解释汇率的变动,因而也无单一的因素可以获取汇率的稳定。汇率短期变动的原因有以下两个方面。

(1) 货币供应增长速度

如果其货币供应增长迅速,而其他因素不变,则该货币对其他货币的比价就趋于下降。这是因为:

① 货币供应迅速增长,会引起利率下降、资金外流,结果造成汇率下降;

② 货币供应迅速增长,会引起国内物价上涨,进口需求增加,出口竞争能力削弱,国

际收支经常出现账户恶化，于是汇率下跌。

(2) 利率高低影响短期货币的需求

一种情况是经济扩张，利率上升，投资者对该国货币信心增强，则资金内流，汇率上升；另一种情况是经济不景气，国际收支状况恶化，迫使提高利率，则造成汇率下跌。

2. 汇率预测的方式

外汇汇率波动在今天已成为跨国公司经营中一个重大的不确定因素，这个问题对跨国经营至关重要。如何进行外汇汇率变动预测呢？通常采用的预测方式有两种：判断模型和计量经济模型。

(1) 判断模型

这是参照别国的情况进行分析和判断。例如，分析进出口贸易、国民生产总值、市场物价水平、银行利率变化等经济指标；分析政治形势、政权稳定程度和政府更迭等政治因素，估计政府尤其是中央银行的干预作用，以及心理因素等。

(2) 计量经济模型

是采用数学方程式，将影响汇率变动的诸因素（如工业生产、贸易流量、资本流量、相对通货膨胀利率变动和货币供给增长率，以及国际收支等指标）制定国别经济的特定模式。

许多跨国公司在跨国经营中，认识到外汇风险管理的基本要素是汇率预测和风险暴露的测度，而汇率预测是最困难的一项。为此，跨国公司对于汇率变动要采取必要的防范措施。根据需要，经常编制年度汇率预测：有的预测变动方向，有的预测变动幅度，也有的进行几率分配估计。其信息和资料来源，主要是国内外银行报告和动态分析；其次是子公司、金融报刊和金融专家提供的帮助。

9.5.2 外汇暴露的测度

外汇暴露是对由于汇率变动而引起的公司资金收益和损失可能性的一种测度。这种损益可能性，就是外汇暴露的本质。因此，外汇的暴露程度也就是外汇风险。

外汇风险不仅涉及国外业务公司，任何公司只要应收或应付账款涉及外币，都会有外汇风险。对跨国公司来说，这种风险会影响公司资产、负债、交易值、现金流量及目前和未来的盈利。各跨国公司因条件不同而受外汇风险影响的程度亦极不相同。

外汇风险有多种测度方法，主要分为交易暴露、折算暴露及经济暴露；此外，还有税收暴露。

1. 交易暴露

交易暴露是指在汇率变动后，公司对以往债务关系必须进行清理时，由此引起的损益可能性。这里包括：以外币计价的商品或劳务买卖；以外币表示的借款或贷款；尚未履行的期货外币买卖合同及以其他方式所取得的外币资产或所产生的外币负债。当一家公司以一种外币表示的未收回债权超过它的负债时，该公司就处于"积极"暴露。

2. 折算暴露

折算暴露（或称之为转换暴露、会计暴露）是指国外子公司以外币形式表示的资产负债数，必须采用公司货币来重新表示，以便使公司的账目统一起来。这种重新表示即所谓折算。

目前，许多大型跨国公司采用1982年12月美国财务会计标准局（FASB）制定的规划—结算日汇率法,即对损益表中的收入、支出、利润及损失等各项目,按表中限定时期内的平均汇率,经适当加权进行折算,对资产负债表中的各项目,根据现时法换算,所有的货币资产和负债,将按新汇率换算;其他账户则仍按它们最初入账时的汇率转换。经上述折算后的利益或损失记入"主权资本折算调整"账户。

3. 经济暴露

经济暴露是指预测或对付汇率变动对以母公司货币衡量公司现金流量的长期影响。这种测度不是来自会计程序,而是来自经济分析。其预测目的是:力求使汇率变动对公司现金流动的现在价值最大化。经济暴露分析实际上等同于长期战略计划,它要求经理们在考虑国际经济环境变化诸因素时,也应考虑汇率变动对公司未来现金流动的深刻影响。

4. 税收暴露

税收暴露是指汇率波动对公司所得税的影响,外汇损失时即减少税负,外汇升值时则增加税负。为此,跨国公司力求使其因全球性外汇损失所享受的税收利益最大化,使外汇利润所应缴纳的税收最小化。

9.5.3 外汇风险管理技术

为了减少外汇风险,财务经理应根据以上的汇率预测和风险暴露测度,选择和运用一些行之有效的套头保值技术或方法。

1. 远期市场套头保值

套头保值,就是指在外汇市场上经由期货合同,先行买进或卖出未来外汇期货,以备到期时有确定数额的外汇(或能够收到有确定数额的本国货币),以支付对方或经由外汇现货市场先行借进外币,将其换成本国货币加以运用或生息。当本身所预期的外汇收入到期时,即以其归还此笔外币借款。在期货或现货外汇交易中,两种不同合约必须吻合,才能免去汇兑损失风险。它用抵消性安排来避免或减少风险,使某一外汇合同所失去的,能由另一种抵消性合同所收回,所以也称之为"对冲"。在远期市场上的套头保值,是最典型的套头保值。例如,某跨国公司以现行汇率购进美元的同时签订合同,于3个月后在远期市场卖出同样数量的美元。如果美元贬值,公司持有的美元会遭到损失,但在远期销售时,可以把这笔损失赚回来;如果美元升值,则公司在远期交割时亏损,但手中持有的美元却得益。总之,不论哪一种情况,公司都不会遭到损失。

2. 货币互换

跨国公司在许多国家设有分支机构,可以利用货币互换作为套头保值的一种形式。货币互换的典型做法是两种货币相互交换,并在一定时期后再重新换回。初期的货币互换,根据现时即期汇率进行;随后的货币再互换也依据同样的货币比价,而不考虑其间外汇汇率的变动。其优点是完全消除了外汇风险。这种安排可能涉及一些边际成本,主要是反映差别利率的差别费用。交易双方以确定的本金交换,并按议定的利率,以未偿还的资本金额为基础进行利息支付,由此会产生成本、货币互换的简单过程。

3. 外汇储备

跨国公司保留合理的外汇储备,然后再利用这种储备去抵消外汇市场上无法预料的影响。与一般套头保值不同，外汇储备不是在市场上套头保值，而是利用本公司的资金，进行自我套头保值，以平缓外汇波动的不利影响。外汇储备在某些国家不失为好方法。有些国家资本市场不发达，没有外汇远期市场，且通货膨胀较严重，货币易贬值，因此调节外汇储备就成为保护收益的主要手段。

4. 提前和延迟

在预测汇率将要变动时，加速或推迟应收款和应付款的收付，可以减少风险，增加收益。例如，母公司预期某国货币将贬值，就要求在该地的子公司增加当地借款，并提前偿付母公司或其他硬货币地区的子公司的应付款；同时，母公司和其他子公司，对货币可能贬值的子公司的应付款则推迟。这样，跨国公司可以减少在弱货币国家的外汇风险。

当然，外汇风险管理技术还有许多，如转移价格、平行贷款、资金经营活动多样化等。对转移价格、平行贷款，前面已经阐述过。资金经营多样化包括资金来源、筹资、投资方式和方向等方面的多样化。多样化能使总体风险减到最低程度，因而在动荡的国际经济环境中常被跨国公司所采用。

本 章 小 结

跨国公司的财务管理是跨国公司经营管理活动的重要内容之一。财务管理包括资金的筹措和资金的运用两大基本职能。跨国公司的资金来源，主要来自公司集团内部、公司母国、东道国及国际资金。筹集资金的方法可以归结为两种类型，即产权筹资和举债筹资。在本章，又进一步从财务管理的角度对跨国公司的转移价格作了进一步的说明。跨国公司的资金运用职能包括外部和内部现金流量管理及长期投资决策和证券投资；跨国公司往往因为汇率的变动而遭受损失，因此强调外汇风险管理是十分必要的，外汇风险管理是跨国公司财务管理的一个非常特殊而重要的组成部分。

关键术语

资金筹措　　资金运用　　财务控制　　财务报告制度　　资金来源　　财务转移
现金流量管理　　长期投资决策　　外汇风险管理　　汇率预测　　外汇暴露　　外汇风险管理

复习思考题

一、选择题

1. 跨国公司财务管理通常包括（　　）等职能。
    A. 调拨资金　　　　　　　　B. 平衡资金
    C. 筹措资金　　　　　　　　D. 运用资金
2. 跨国公司的资金来源，主要有（　　）等渠道。
    A. 来自公司母国　　　　　　B. 来自各国商业银行

  C. 来自东道国   D. 来自公司集团内部
3. 跨国公司的筹资方法通常包括（   ）。
  A. 通过东道国来源的举债筹资   B. 通过母国其他来源的举债筹资
  C. 通过母公司来源的产权筹资   D. 通过东道国来源的产权筹资
4. 跨国公司转移价格的目的包括（   ）。
  A. 税负效应   B. 降低关税
  C. 避免外汇控制和风险   D. 信用地位
5. 外汇风险有多种测度方法，包括（   ）。
  A. 交易暴露   B. 折算暴露
  C. 经济暴露   D. 税收暴露
6. 为了减少外汇风险，财务经理可以运用一些行之有效的技术和方法，包括（   ）。
  A. 远期市场套头保值   B. 货币互换
  C. 外汇储备   D. 提前和延迟

二、思考题

1. 跨国公司财务管理的职能是什么？有哪些财务控制制度？
2. 跨国公司的资金来源主要有哪几个方面？筹资的基本方法有哪几类？各有哪些优缺点？
3. 跨国公司财务转移的目的和手段有哪些？
4. 跨国公司资金运用管理包括哪些内容？
5. 外汇风险管理的目标和外汇风险管理的技术与方法有哪些？

案例分析

一、麦克·里奇公司的转移价格案

  1983年9月19日，瑞士麦克·里奇公司的美国子公司被美国政府指控有意识地避税超过1亿美元，这样巨额的避税案件在当时是特大案件。美国政府指控公司主要负责人麦克·里奇和平格斯·格林通过抬高原油进货价格从美国子公司向瑞士母公司转移利润。

  早在1982年美国法院就传讯麦克·里奇，要他将母公司寄给子公司的有关本案的函电文件交给大陪审团。麦克·里奇拒绝交出，因为他考虑到该公司规模宏大——年收入超过100亿美元——业务机密众多，不便于公开。麦克·里奇由于拒绝交出文件被判为"藐视法庭"罪，处以每天5万美元的罚金，1983年9月瑞士政府设法将有关文件取回，理由是如被美国政府截获将是违反瑞士的保密法规的。

  1984年10月，麦克·里奇同美国政府达成协议，将此案了结，麦克·里奇公司补交税款及利息、罚金等项将近2亿美元，这是空前的刑事避税案件。因为单就罚金一项，每天5万美元累计将近14个月就达2 100万美元。

  美国政府早在20世纪60年代和70年代就责成司法部调查关于利用转移价格逃税的问题，其中的一桩是奇普逊石膏矿产公司案件。石膏矿由加拿大子公司在当地开采，开采后由加拿大子公司以低价售予当地另一家子公司，而这个子公司是造纸厂，盈利很少，税极低。奇普逊公司然后以高价购进矿石，将利润转移到其子公司——加拿大造纸厂。美国司法部为此提出控告并获得胜诉,补进了漏缴的所得税。

1983年6月,美国联邦法院责令日本丰田公司驻美国子公司向美国内部收入署呈交有关丰田公司在日本向当地经销商销售汽车的有关材料。内部收入署认定这些材料可用来判别丰田公司转移给美国子公司的汽车价格是否被利用来在美国逃避所得税。

1983年11月,美国阿姆韦公司及其加拿大子公司对渥太华法院的判决表示服罪,交出罚金2 500万美元。原因是阿姆韦美国公司以低价向加拿大子公司销售产品,欺骗加拿大税务局,偷漏进口税和销售税2 800万美元。

(资料来源:谭力文.国际企业管理.武汉:武汉大学出版社,2002.)

【案例思考题】

在我国,外资利用转移价格转移利润是很普遍的事情。请你收集和查阅有关的资料,若你作为经济管理机构的人员,如何发现、查明并直面跨国公司的转移价格的问题?

二、罗纳普朗克-星火密封胶有限公司

罗纳普朗克有限公司是法国最大的化工公司(以下简称"罗纳"),也是一家著名的跨国公司。1995年我国化工部所属星火化工厂(以下简称"星火")与罗纳公司经洽谈后,双方决定在江西省永修县设立合资企业罗纳星火有限公司,生产密封胶。密封胶是建筑用材料,用途广泛,在国内有十分广阔的市场,其主要原料为有机硅。有机硅技术只有少数发达国家能掌握。星火化工厂于1984年由国家投资兴建了一条年产1万吨有机硅装置,使中国成为继美国、日本、法国之后,又一个能生产有机硅的国家。

中法合资罗纳普朗克星火密封胶有限公司注册资金为178万美元,其中,"星火"以土地使用权、设备、房屋、工程设计及现金折合投入71万美元,占40%的股份,"罗纳"以现金投入占60%股份。合资公司董事会由3名"罗纳"成员和两名"星火"成员组成,中方任董事长,法方任总经理、财务总监、技术负责人等。

合资协议规定,"星火"不得直接或间接与合资公司进行竞争,不得在合资公司经营范围内开展有机硅的研究、开发、生产、经营与推广;同时,合资协议还规定,董事长的行为需由董事会授权,董事长不得单方面行动,公司重要决议需由董事会一致通过。按照协议,除总经理外,财务、技术等关键岗位也由法方把持,中方人员只能担任中低级雇员。中方对合资公司的财务无法制约,而希望通过合资引进的技术始终仍然掌握在法方手中。

合资公司从1995年投产到1997年3月为止,不仅没有盈利,反而亏损747万多元。造成亏损的主要原因有两个方面。(1)成本、销售价格倒挂。根据合资协议,生产密封胶所用原料应优先考虑"罗纳"公司,但其价格应具有竞争力。而合资公司却以高于国际市场的价格从"罗纳"公司进口原料。为迅速占领市场,合资公司又以低于平均市场价格的价格销售,因此造成销售越多,亏损越大。(2)产品销售不畅,公司至1997年3月份,共计生产密封胶268吨,仅销出140吨,实现销售收入520万元,产品销售亏损152万元。大量的库存积压,使公司的流动资金流转不畅,增大销售成本。

对于企业亏损,"罗纳"提议双方追加投资。"星火"无意也无力追加投资,决定转让自己手中40%的股份,这正是"罗纳"所希望的。在股权转让谈判中,"罗纳"执意聘请某国外机构对合资公司进行资产评估,而此机构系"罗纳"公司的财务顾问。经其审计,合资公司现有资产仅300多万元,债务约2 300多万元(按合资协议规定,"星火"应承担其中

40%的债务)。由此,"罗纳"提出将现有净资产的40%,约130多万元作为"星火"退出合资的股权接收,其中房产等又占了很大的部分,现金只有10万美元。当初"星火"在十分困难的条件下,四外借贷的200万元现金投入和从澳大利亚引进价值200万元的设备均被"罗纳"无声地侵吞了。

在谈判中,"罗纳"要求"星火"退出合资后,在3年内不得与"罗纳"构成竞争,否则"罗纳"将会损失40万美元。这40万美元实际上就是合资以来合资公司产品进入市场以后的潜在市场竞争力、商标价值等无形资产。在股权转让谈判中,"星火"曾提出将这部分无形资产进行资产评估,但被"罗纳"断然拒绝了。就这样,合资公司一部分有形资产转化为无形资产后,也被"罗纳"侵吞了。

目前,中国蓝星化学清洗总公司已兼并了星火化工厂,并已成功地恢复了有机硅的生产。

(资料来源:马春光. 国际企业经营与管理. 北京:中国对外经济贸易出版社,2002.)

【案例思考题】
1. 分析罗纳普朗克-星火密封胶有限公司为什么连续出现亏损的现象。
2. 为保护中方的合法权益,在合作协议中应规定哪些必要的条款?

三、跨国公司转移价格每年挪走300亿

上海浦东新区税务稽查员小许注意到,浦东的某家跨国公司于2003年4月初又一次大规模扩建厂房,并显著改善了生产条件。但在小许印象里,这家来自日本的以出口为主的跨国公司自1999年投产以来,就一直处于亏损状态。但小许每次到该公司看到的都是极其繁荣的生产场面,工人都忙得没有休息的时间。

经过检查和分析,小许发现了其中的奥秘——这家公司一直将利润转移到位于维京群岛的控股公司那里。"用的就是我们通常所说的转移价格的方式。"小许对记者说。

"这是属于滥用转移价格!"针对这个案例,上海国家会计学院张文骥教授说,转移价格的滥用对中国正常经济活动造成很大的利益损失。

小许监控的浦东那家企业不仅以极高或极低的价格进行交易,还采取了一些其他手段转移利润,比如该公司每年向其在国外的母公司支付一笔数额可观的"中国内地市场产品调查费",具体数额是根据该公司实现利润情况浮动,利润高则收费高,利润低则收费就低。

"按照现行规定,如果这项劳务是在国外发生的,不征营业税,但是对中国的市场调查又如何在国外完成呢?"小许说。该合资企业有庞大的销售队伍,负责产品市场的销售,又何须其母公司为其代劳呢?原因只有一个——那就是利用这种形式将利润从合资企业转移到境外。

无独有偶,4月上旬,记者在采访过程中又遇到一个正在实施当中的转移价格案例。《公司法》规定,以工业产权和非专利技术入股比例不能超过注册资本的20%。但这家在上海的中美合资公司,是在延缓投资期间实施转移价格,母公司以极低的价格购入中国合资公司的产品,出售后把高额利润作为资本追加到国内的合资公司中,最终达到控股的目的。

截至4月,位于上海的这家公司(简称为"D公司")将开始生产了。该公司是一家合资公司,合同中约定双方的股权各为50%。在成立合资公司的时候,中方以资金、厂房等入股,而美方以专利技术入股。外方要取得50%的股权,于是在咨询顾问的帮助下,设计

了这样的一个中外双方可以接受的方式，公司成立之初，中方拿出一部分资金，美方拿出技术共同成立合资公司，但资金并没有全部到位。而后，合资公司使用该技术进行生产，产品以极低的价格卖给美方母公司，而后美方以市场价格在国际市场销售，其销售差价得到的利润作为资本再追加到中国的D公司；在规定的时间内，中、美母公司在D公司的所有注册资本全部到位。同时，合同中也约定了D公司产品在国内的用途。

"之所以这样做，是因为中方认为该技术长远带来的效益将大于短期内该公司的亏损，对中方母公司的产品贡献也很大。"一位知情人士说。

转移价格伴随开放政策而生，是政府为了鼓励外商来华投资，诱以税收优惠政策。在进口关税及增值税方面，对外商作为投资进口或外商投资企业以投资总额内资金进口的机器设备，以及为生产出口产品而进口的原材料，均可按规定申请免税。

"这就意味着，跨国公司在选择转移价格策略时，可以不考虑或较少地考虑进口税收对转移价格机制的影响，而在向我国政府缴纳所得税的问题上，可以有更多的回旋余地。"张文骥教授对此做了专项研究。

从税务机关目前掌握的情况来看，一些跨国公司正是利用上述税收优惠政策，在其转移价格机制中渗进了许多人为的避税因素。

"应该说跨国公司转移价格的行为非常普遍，严重性程度各有不一。"张文骥教授对记者说，"跨地区、跨国的转移价格必然存在，问题是滥用了，给中国造成了巨大的损失。"

因跨国公司转移价格造成的税收损失到底有多大，税务部门也难给出一个确切的数字。此前，国家税务总局国际税务司反避税处苏晓鲁处长曾算过一笔账：我国已批准成立了40多万家外企，相当数量的外企通过各种避税手段转移利润，从账面上看，外企大面积亏损，亏损面达60%以上，年亏损金额达1 200多亿元。按照税法的规定，以后的赢利是可以弥补前年度的亏损，因此，我国每年要少征外企所得税约300亿元。

（资料来源：李秀平．跨国公司经营与管理．重庆：重庆大学出版社，2006．）

【案例思考题】

1. 跨国公司利用转移价格的方式和原因是什么？

2. 结合案例，就中国应如何防止跨国公司利用转移价格使国家蒙受经济损失？谈谈自己的看法。

第10章 跨国公司人力资源管理

导读

人是一切事业能否取得成功的决定因素。市场竞争、产品竞争、技术竞争，归根结底都是人才竞争。人员的素质，特别是管理人员的素质，是跨国公司在充满竞争性的经营活动中能否获胜的首要因素。

人力资源的开发与利用，是企业实施跨国经营战略、开展跨国经营活动的根本保证。没有足够的、素质较高的、具有丰富跨国经营经验的管理人员和技术专家，企业很难保证跨国经营的计划、组织、控制、经营和财务管理等职能正常发挥作用。与国内企业的人力资源管理相比，跨国公司的人力资源管理内容更广泛、复杂，难度也更大。企业跨国经营所涉及的国家在政治、经济、文化等各方面的差异，都会对跨国公司的人力资源管理产生影响。因此，搞好人力资源的开发与管理，培养国际经营人才，多方面、多层次地选拔和使用人才，是保证跨国公司生存和发展的关键。

本章将就跨国公司管理人员应具备的素质和能力、管理人员的配备模式、外派管理人员的选择标准、管理人员的培训和开发、管理人员的考评和报酬及劳资关系等方面问题进行介绍。

10.1 跨国公司人力资源管理概述

10.1.1 跨国公司人力资源管理的含义

跨国公司人力资源管理是跨国公司选聘、评价、培训与开发管理人员和劳工，以保证跨国公司经营活动正常进行和实现企业既定目标的活动过程。

跨国公司人力资源管理的主要任务是要为跨国公司的子公司及海外分支机构获取和保持所需的人力资源，制定适合于来自不同国家、具有不同文化背景的企业成员的人事政策，以利于有效地实现企业既定的战略目标。为了获取国际人力资源，企业需要制订国际人力资源计划，对人力资源进行评价和筛选。保持人力资源就是要保持跨国公司人员的相对稳定性和提高员工的工作效率。为此，要对员工的能力和业绩进行评价，并有针对性地对员工进行培训与开发，使他们能够适应国际工作环境的需要。此外，解决好国外员工的劳动报酬和处理好劳资关系等问题也是跨国公司人力资源管理的具体任务之一。

跨国公司的人力资源管理包括对管理人员管理和国际劳资关系管理。管理人员管理主要是对跨国公司外子公司及国外分支机构经理人员的选聘、评价、培训与开发。由于国外经理人员在国外子公司经营和企业国际化发展中起着极为重要的作用，使其成为国际人力资源管理研究的重点内容。国际劳资关系管理是指对国外子公司及分支机构员工的管理，它主要包括对工会、工资差异与劳动待遇及参与管理等问题的研究。

10.1.2 跨国公司人力资源管理的特点

与国内人力资源管理相比，跨国公司人力资源管理的主要特点表现在以下几个方面。

（1）跨国公司人力资源管理必须面对更为复杂多样的人事决策环境

跨国公司在进行人事决策时一方面要受不同国家的政治和法律等因素的制约，另一方面要考虑不同国家文化的差异，其表现为不同国家员工的价值观、经验、行为方式及个人需要的差异。跨国公司人力资源管理必须适应这种跨国界和跨文化环境。

（2）跨国公司与国内企业选聘管理人员的途径不同

对于国内企业来说，管理人员选聘的途径主要有两个，即企业内部提升和企业外部招聘；而对于跨国公司而言，管理人员选聘的途径要更广泛得多和复杂得多。跨国公司选聘管理人员通常是跨国界的，管理人员来源主要有本国人、东道国人和第三国人。本国人是指具跨国公司母国国籍外派到海外工作的公民，也被称为外派人员。例如，德国西门子公司雇用德国管理人员派往在中国的子公司。东道国人是指跨国公司在东道国选聘的当地人。例如，美国福特汽车公司在英国的子公司聘用的是英籍经理。第三国人则是指跨国公司选聘的具有第三国国籍的人员。例如，德国汉莎集团在北京的凯宾斯基国际饭店聘用的是奥地利籍经理。

（3）外派管理人员管理是跨国公司人力资源管理的重要组成部分

跨国界的人力资源配备要求企业外派国外子公司的管理人员；而外派管理人员管理有着一系列的特殊性。例如，在选聘标准方面，国际人力资源管理除了考虑管理人员的技术和管理能力以外，还要考虑他们的个人特性和家庭状况等因素；在人员培训方面，对外派人员的培训不再仅限于专业技能和管理技能，通常还要进行外语知识、派遣国相关知识的培训；此外，外派人员还存在着回国安置问题，回国安置问题解决得不好有可能会直接影响外派人员的选派及外派人员在子公司的工作效率。

（4）国际劳资关系管理是跨国公司人力资源管理的重要任务之一

国内企业的劳资关系管理面对的是相同的文化背景、相同的劳动关系；而跨国公司由于国家之间在劳资关系及劳工文化背景等方面存在着差异，因此要求管理人员要具有处理国际劳资关系的能力，根据不同国家的具体情况，形成各自的管理方法及模式。

10.2 跨国公司管理人员应具备的素质和能力

从事跨国经营活动的管理人员，由于所处经营环境和管理环境的特殊性，其素质和能力要求高于只从事国内经营活动的管理人员。一般来说，从事跨国经营活动的管理人员应该具备以下基本素质和能力。

10.2.1 必要的跨国经营知识

必要的跨国经营知识包括跨国交流的语言知识、有关国际产品市场和资本市场的知识、有关国际业务的知识、有关东道国经营环境的知识及有关国际惯例的知识。掌握这些知识，跨国公司的管理人员才能胜任跨国经营环境中的经营管理工作。

1. 语言知识与沟通技能

语言是一种有组织结构的、约定俗成的符号系统，用以表达一定地域和文化社群的经验。作为一种传达情感、价值观念、信仰和规范的基本文化手段，语言使得人们与本文化群体其他成员能够进行思想和信息交流。每个民族都有自己独特的语言，如特有的发音、拼写规则、符号、语法规则等。这使得具有不同文化、使用不同语言的人们无法通过语言相互交流和理解。

翻译过程是克服语言障碍的重要手段。然而，在跨国经营的沟通中，将一种语言翻译成另一种语言，并不像多数人想像得那么简单。有些词语无法准确翻译。词义来自社会经验，当一种文化不存在相应的社会经验时，就难以找到能够恰当表达这些经验的词。在这种情况下，跨国公司的管理人员掌握并能有效运用跨国沟通所需要的语言知识就显得十分重要。尤其是母公司派往国外子公司的管理人员，掌握东道国语言和一门国际通用语言，是必要的任职条件。为了达到沟通的目的，仅仅"会"语言是不够的，重要的是懂得如何"用"语言，即真正体会语言的精髓。

2. 有关国际市场的知识

首先是跨国经营产品的国际市场知识，包括市场供需关系、价格水平、质量标准、服务特色。采用全球战略的企业，其管理人员需要掌握有关全球市场的结构、增长趋势、主要竞争对手的生产能力、竞争优势和战略动向等方面的信息。采用多国战略的企业，其管理人员必须了解各东道国市场中竞争对手的情况。

其次是国际金融市场的知识，包括融资成本的高低、汇率的变化、外汇管理政策、税收政策等。当企业的跨国经营规模扩大到一定程度，必然会涉及在国际金融市场筹集资金的问题。掌握在国际金融市场上融资的知识，会大大降低融资成本。例如，各国的税制、税率差别很大，通过选择适当的融资类型、融资货币和融资地点可以避免或减轻纳税负担。跨国公司在融资过程中，还可以充分利用东道国政府提供的各种优惠贷款，如出口信贷。跨国经营涉及不同货币的兑换和业务结算，掌握外汇市场和各国外汇管理政策的知识，可以减少汇率变动造成的损失。

3. 有关国际业务和国际惯例的知识

国际业务主要包括国际贸易业务和对外直接投资业务。国际贸易业务知识涉及具体的外贸业务操作，以及工商、税务、商检、审计、海关、保险、海运、外汇结算等方面的知识；对外直接投资业务知识涉及东道国的自然条件、厂址选择、谈判、签约等方面知识。

国际惯例是各国企业在跨国经营中逐渐形成并在国际间共同遵守的准则或做法。熟悉国际惯例，有助于企业跨国经营活动的顺利进行。

10.2.2 制定和实施跨国经营战略的能力

由于跨国经营环境的复杂性，跨国经营战略的制定要比国内企业的战略复杂得多。制定好的跨国经营战略，首先要求管理人员具备很强的信息收集、分析和预测能力。影响跨国经营环境的因素种类繁多、千变万化。把握跨国经营环境的变化规律，必须系统、全面地收集有关这些因素的信息，并做出准确分析。其中，有关竞争对手战略动向和东道国政府政策变化的信息对制定跨国经营战略十分重要，但往往很难获得。

不同类型跨国经营战略的制定，对不同层次管理人员有不同要求。国际战略和全球战略基本上由母公司的高层管理人员制定，子公司的管理人员只是战略的实施者。制定这两种战略，管理人员通常站在母公司立场上，根据母公司的优势和弱点，考虑国际战略目标或全球战略目标的实现。多国战略的制定需要国外子公司经理更多地参与。在各东道国，如何发展业务、占领当地市场，是子公司经理制定战略时考虑的主要问题。因此，国外子公司的经理需要具备较强的区域战略制定能力；母公司的高层管理人员需要具备较强的全局战略制定能力。

实施战略对管理人员的要求更高。战略只是一种根据竞争对手制定的中长期发展规划。在制定战略时，有许多因素并没有考虑在内，而且也不可能准确预测出各种因素的变化。这需要管理人员在实施战略时能够对各种突然出现的偶然事件或事先没有考虑到的变化做出准确判断和及时反应。例如，宝洁公司的液态洗涤剂在20世纪80年代初打入欧洲市场时，没有考虑到欧洲洗衣机不能使用液态洗涤剂这一因素，结果没有销路。该公司对洗涤剂及时进行调整后，销售状况很快得到改善。技术进步、产品寿命周期缩短、竞争条件的变化都会对战略调整提出要求。

实施不同跨国经营战略，管理人员必须具备的能力是不同的。实施国际战略，要求管理人员在跨国经营活动中充分利用母公司的技术和产品开发能力，在产品寿命周期的不同阶段，把技术有效地转移到国外子公司中。实施多国战略，要求国外子公司经理具备企业家的开拓精神和独立决策的能力，能够在东道国陌生的环境中尽快打开局面，建立正常运行的经营系统。实施全球战略，要求母公司的管理人员具备较强的协调和控制全球经营活动的能力，保证战略方案的贯彻和执行。子公司经理则要领会母公司制定的战略，并能够创造条件保证战略的实施。实施跨国战略，对管理人员能力的要求更高。管理人员既要从全球角度对跨国经营活动进行有效地协调和控制，又要考虑各东道国市场的差异，对不同环境有较强的适应能力。

跨国经营环境的变化会迫使企业对其总体跨国经营战略进行重大调整。例如，全球经济一体化的发展，使一些多国公司放弃多国战略，转向制定和实施全球战略。这种总体战略的转变会在公司内部引起权力和利益的重新分配，从而导致母公司和子公司，以及子公司之间的摩擦。管理这种战略的变化，也是管理人员应具备的重要技能。

10.2.3 跨文化管理的能力

企业从事跨国经营活动，必然要接触到不同国家的文化，理解不同文化对管理行为和实践的影响对进行跨文化管理的管理人员来说，十分重要。当跨国公司的管理人员到具有不同文化的东道国工作时，往往会遇到很多困难。反映了特有文化的语言、价值观念、思维形式等因素在跨文化管理中会形成障碍，产生矛盾，从而影响跨国经营战略的实施。理解文化差异是发展跨国文化管理能力的一个必要条件。理解文化差异有两层含义：一是理解东道国文化如何影响当地员工的行为；二是理解母国文化如何影响母公司派去的管理人员的行为。只想了解东道国文化的差异而不想了解自己文化的差异，是不够的。

文化敏感性是跨文化管理能力的一项重要内容。例如，可口可乐公司的市场营销人员认为，他们的成功可归因于对下列文化要素的理解：

① 可口可乐公司的文化；
② 产品品牌文化；
③ 消费者的文化。

作为世界著名的品牌，可口可乐产品销往几乎世界所有国家。不同国家消费者具有不同文化。正是理解了这种文化差异，可口可乐产品的营销人员才能在不同国家的营销活动中采用合适的营销手段，赢得消费者的喜爱。

适应能力是跨国文化管理能力的另一项重要内容。适应能力包括工作适应能力和社会适应能力。工作适应能力是指从事跨文化管理的管理人员能在东道国子公司的新环境中很快建立新的工作关系，得心应手地处理日常经营管理问题。社会适应能力是指对工作环境以外的社会环境，包括社会风俗、生活习惯、社会关系、人情观念等有很强的适应能力，能应付外部环境的各种人际关系和复杂的政治经济问题。

10.2.4 组织设计与管理的能力

跨国经营对组织结构的设计和管理的要求大大提高。单一的组织结构形式往往不能满足在复杂的跨国经营环境中协调和控制各种生产经营活动的需要。因此，组织结构的设计和管理能够保证跨国经营战略有效实施，是管理人员的一项重要工作。

在跨国公司中，管理人员的组织能力主要表现在以下几方面：

① 组织设计中更高水平的创新能力；
② 快速学习、及时作出反应及高效率工作的能力；
③ 在不断的组织更新中及时发现和采纳不同管理理念的能力；
④ 有效协调复杂的财务、人事、市场营销和生产等部门活动的能力；
⑤ 及时发现不同国家子公司在生产、组织、营销等方面存在的问题，并提供有效解决办法的能力。

10.2.5 在公司内部相互学习和转移知识的能力

在跨国经营活动分散于多个国家的公司中，母公司与子公司、子公司与子公司之间管理人员相互学习和转移知识，是跨国经营成功的关键。

对单个管理人员来说，成功地开展跨国经营活动要求其具有广泛的兴趣，能够虚心学习和吸取各种不同的跨国管理经验，勇于实践和冒险。

对整个跨国公司来说，把一个子公司的成功经验传授给其他子公司，或组织各子公司互相传授跨国经营的成功经验，是母公司高层管理人员应具备的能力和责任。

在信息网络和信息系统日益普及的时代，建立管理信息系统并利用各种信息网络获得信息、汲取新知识，并把技术和管理技能等跨国经营所需要的知识，通过信息系统转移给在其他国家工作的管理人员，是跨国公司管理人员应该掌握的技能。派往国外的管理人员在工作中积累了各种有益的经验和教训。成功的跨国公司十分重视这些管理人员的跨国经营经验，通过各种形式，如培训和研讨会，向没有国外工作经历的管理人员传授这些跨国经营经验。

10.2.6 与不同国家管理人员配合工作的能力

在跨国公司中,管理人员来自不同国家。这些具有不同国籍的管理人员能否有效地配合工作,是决定跨国经营成败的一个重要因素。企业的跨国经营活动加强了管理人员和技术人员专业化分工的程度。一些管理人员只负责某一国家和地区的生产经营活动,另一些管理人员可能只负责与某一类产品有关的跨国经营活动。这就更需要管理人员具备团队精神和相互协助、相互配合的能力。许多跨国公司采用项目组、委员会、任务小组等形式,促进管理人员之间的合作。

在不同的职能管理中,管理人员配合工作可能采取不同形式。例如,会计和审计工作,由于不同国家的会计准则不同,不同东道国子公司中审计的任务也不尽相同。一国审计的任务可能是保证会计数据的准确性,另一国审计的任务则可能是保证子公司的会计实践不违反东道国的法律规定。在这种情况下,跨国公司需要把不同国家子公司的审计人员召集到一起,制定出大家能普遍接受的国际审计标准。

西方国家学者对 30 家大型跨国公司的调查表明,管理人员的团队工作在以下三个方面发挥着重要作用。

① 集体智慧普遍用于提供建议、咨询和沟通,越来越多的企业在跨国经营决策中运用团队工作方式。

② 全球性的团队工作不仅会加强市场和技术力量,还可以产生更灵活的经营计划,以及在战略实施中更紧密的合作。

③ 团队工作的含义已扩展到公司的外部,如采用跨国战略联盟形式与合资伙伴、供货商及顾客之间进行合作。

10.3 跨国公司的人事政策

正确的人事政策,不仅可以提高工作效率,还可以增进人们对整个组织的热爱和尊重;否则,会使工作遭受损失,并失去人们对组织的信任和尊重,使组织陷入危险的境地。跨国公司究竟应采取何种人事政策呢?以下四种方案可供选择。

10.3.1 民族中心政策

这种人事政策的核心,是跨国公司在世界各地的子公司的重要职位的管理人员都由母国人员担任。这是很普遍的现象。这些重要的管理职位,通常是子公司的总经理或财务经理,以及与技术转移和反馈活动有关的主管部门经理。这种人事政策的好处是:子公司经理与母国公司不存在文化差异,能在国外显示母国公司的存在;同时,有利于经营活动中技术诀窍的保密。

在企业国际化的初期阶段,总公司要向子公司转移资金、技术或管理方法,而母国人员对这些内容是最熟悉的,况且在这一阶段,转移的内容是取得经营成功的关键因素。所以,在这种情况下,让母国人员担任子公司的要职是最佳的选择。

在 20 世纪六七十年代,跨国公司多采取这种人事政策。据一项调查显示,美国最大的 150 家工业跨国公司,在近 4 000 名高级主管中,只有 59 名(占 1.5%)外国人,而在这 59

名外国人中，又有一半是加拿大人。

随着跨国公司各子公司的不断发展，民族中心人事政策也会暴露出很多缺点。

第一，这种政策会妨碍公司总部派出的经理人员的晋升。特别是当企业在海外拥有许多子公司时，很多在国外任职的母国人员必然会意识到，他们为公司从事的海外服务，可能会使他们丧失跻身于总公司高层职位的机会。

第二，实施这种政策需要付出高昂的代价，这包括外派人员的额外津贴，以及家属和本人在国外工作和生活能否适应等。

第三，母公司的管理风格和母国文化进入子公司后，可能引起摩擦或冲突。这集中表现在子公司的高级管理人员对当地人不开放，一方面会打击当地管理人员的积极性，另一方面会导致子公司高级管理人员在东道国生搬硬套母国的管理观念和方法，形成文化上的偏见，不接受东道国的管理观念和方法，从而不受东道国政府的欢迎。

10.3.2 多中心政策

多中心政策，是指企业聘用东道国当地人员担任子公司的管理要职，而总部的要职仍由母国人员担任。雇用当地管理人员管理子公司的优点如下。

① 可以消除语言、文化上的障碍，不必对雇用人员进行语言、文化方面的培训及管理人员及其家属的跨文化调整的问题。

② 能够降低国外子公司在当地敏感政治环境下所受的影响。

③ 可以利用东道国低工资的优点来吸引高素质的人才。

④ 当地雇员往往不会调到总公司或其他海外企业工作，从而在一定程度上保证了该子公司管理人员的相对稳定。

然而，雇用当地人员也有许多缺点，具体如下所述。

① 当地人员往往不了解整个公司的国际化经营战略、产品和技术，从而在合作和协调方面会由于不同的业务实践、不同的价值观念等因素，而将自己的国家与跨国公司的精神与优势对立起来。

② 当地人员不容易把该子公司与企业系统的其他部分沟通起来。由于所处的教育、业务经验和文化环境，他们有可能不想成为整个企业系统中的一员。

③ 在升迁方面，一旦当地人员在子公司被提拔到最高职位时，他们便不能再提升了。这就是所谓的当地人员的不可移动性。这种情况往往会影响他们的士气，并且妨碍了他们的下属的提拔。反过来说，由于当地人员在子公司中被提升的可能性受到限制，跨国企业就难以招聘和留住一些最有经营管理才能和经验的当地人员。此外，一些东道国（尤其是发展中国家）的人员，把在外国公司工作当作一种培训，一旦获得经验就另谋他职。

④ 人员的当地化，不利总部、海外子公司的管理人员到母国之外的地区去工作，使他们难以获得国际经营的工作经验和知识，因而难以培养他们沟通、协调和有效地监督跨国公司业务的能力。这种政策不大可能造就出能胜任公司各个单位工作的国际管理人员，可是又要求他们负责制定那些由当地人员主管的子公司的经营策略，调拨分配他们之间的经营资金。

由母国人员控制公司总部高层管理具有一定的优点，这就是各经理具有类似的文化背景，相互间也易于沟通。他们可能在母国各单位训练过，具有一定的管理技能，熟悉跨国公司管理的工作方式。然而，从长远看，采用这种人事管理政策的跨国公司，最终会成为实际上独立的各个子公司的集合体，其总部的责任仅仅是传递信息和把母国各单位的管理人员组织起来。

10.3.3 全球中心政策

全球中心政策，是指在整个企业中任用最适当的人选来担任最重要的职务，而不考虑其国籍。这种人事政策与国际经营中跨国公司的优势相一致。若跨国公司能在全球范围内合理地利用自然资源、资金、技术等，就有可能在国际市场上合理利用人力资源。为什么必须在全球范围内实行经理人员的最优化组合呢？这是因为，对于由母公司派驻国外担任子公司要职的管理人员来说，在一定时期，由于没有充分了解各国特别是子公司所在国的文化、政治和经济状况，而往往使自身所具有的能力和经验有所抵消；另一方面，只有减少或避免对整个公司系统内各单位经理国籍歧视的倾向，才能使公司更好地挖掘其潜力，充分发挥各方面的优势。

然而，这种人事政策的实施，会受到许多因素的限制。

① 东道国的人事政策往往要求外国子公司雇用当地人做管理人员，如印度政府就把部分雇用当地人员作为外国企业入境办公司的条件之一。

② 在世界范围内分散招聘，须进行语言和文化的培训，加之家庭在不同国家间流动，所需费用很大，且其工资水平也明显比各国的水平高。

③ 这种方式需要对人员及其职业进行高度集中控制，要削弱当地经理选择自己部下人员的特权。

④ 要完善此项政策需要很长的时间。

因此，对希望培训一批管理骨干的跨国公司来说，提拔政策与实践应该使应聘者非常明确，并使他们认识到跨国服务对企业是非常重要的。为了使出色的经理人才能在子公司工作，企业应让他们有晋升到高层管理的机会，而不应有经理国籍歧视的现象。

10.3.4 混合人事政策

混合人事政策，主要是指海外企业的中、高级主管人员，不全是跨国公司的母国人，也有当地人。执行总裁、财务、技术、业务计划、生产方面的主管，多为跨国公司的母国人，因为这些方面的工作重要，程序、工程性强；但销售、劳动关系、公共关系等职能范围的工作，容易受当地文化的影响，容易背离标准和规范，因而需服从于当地惯性结构，选用当地人。因为当地人了解当地文化、分配制度，以及销售各种产品所需的广告宣传方式，熟悉当地劳动力队伍的习惯、观念、信条，有广泛的社会联系和社会基础等。

概括来讲，在一般情况下，国籍组合与企业国际化的发展程度有关。在国际化早期阶段，企业通过出口或许可证贸易进入国际市场，此时雇用很多东道国人员。一旦开始进入海外生产阶段，因对技术和管理知识的需求，跨国公司采取民族中心政策，大量海外经理由母国人担任。但是，生产过程标准化后，东道国职工经过训练，逐步担任要职，此时跨国公司的人事政策就逐步由民族中心政策向多中心政策转变。随着产品创新和多样化，国际商务活动扩展，跨国公司的人事政策向趋于成熟的混合人事政策转化，即跨国公司需要大量的母国驻外人员或第三国职工，以取得技术和管理的专门知识，努力使生产和销售过程合理化，争取规模效益。此时，主要的战略决策和政策决定集中在跨国公司总部，以使经营方法、技术和操作高度标准化。其结果，通过对东道国人员的训练，转移了技术和管理，总部驻外人员和第三国职工逐渐减少。

为此，跨国公司的混合人事政策应采取如下办法：

① 选用当地国籍的母国人；
② 选用母国国籍的外国人；
③ 选用到母国留学、工作的当地外国人；
④ 选用到当地留学、工作的母国人等。

这样做的好处是：他们熟悉两国的语言、文化，当跨国公司与东道国在某些问题上发生矛盾时，便于协调。

10.4 驻外经理的选择与培训

10.4.1 驻外经理人员的预测与规划

跨国公司人力资源的重点，是建立一支具有国际市场经营能力的管理队伍，特别是驻外经理队伍。因此，跨国公司非常重视驻外经理的选择与培训工作。跨国公司在聘用海外经理时，常常基于以下各种相关变量的考虑：国外子公司处于筹备阶段；母公司要培养有国际导向的人才；子公司与其他地区作业密切相关，不能自治；子公司寿命短；母公司需要取得有关国家和地区的专门知识；技术知识和技能无法受法律保障；其他来源没有合适的经理等。在这种情况下，可以聘用本国人员或第三国人员担任驻外子公司的经理。当然，在另一组变量的条件下，可能雇用当地人更为合适。

根据以上考虑，跨国公司着手进行国际经营人才需求预测，即在一定时期内需要多少各种经理人员，应该在哪些国家采用新人员，采用的决策应该由母公司作出还是由国外子公司作出，如果在企业母国以外采用，应做何准备。在预测的基础上，制定国际经营人才需求、培训规划，这样才有利于实现国际经营人才需求目标。

国际经营人才规划的实施，需要每年制订一个具有交叉文化色彩的培训计划。通过企业内部和外部的培训，使雇员尽可能多地获取国际经营方面的知识、经验。同时，应在总部建立一个人才库，以发现、储备人才。

一般来说，一位已在国内工作岗位上显示出杰出才能的人，在国外获得成功的可能性往往较大。驻外人员不但应具有一般国内经理人员所应有的技术和管理能力，而且还应具备一些特殊的重要才能。因为被派往海外的子公司经理，在国外常常扮演着四重角色，即对跨国公司总部来说是雇员，对母国来说又是一位"大使"，对东道国子公司来说是高层管理者，对东道国来说又是一个临时国民。

驻外经理人员应具有如下素质。

(1) 管理能力

它包括制订既经济又高效的计划的能力；合理有效地组织所有生产要素的能力；发挥他人作用的能力；激励人们士气的能力；有效的交往能力和控制所有生产要素的能力。

(2) 业务能力

它包括灵活处理职责范围内的工作的能力；履行多种工作职责的能力；处理分外工作的能力；很少或没有专家顾问情况下能顺利工作的能力；在没有监督情况下能做出令人满意的成绩的能力；当机立断的能力和与国外市场联系的能力。

(3) 责任感和创造性

驻外经理在国外独立地负责某项工作,应具有高度的责任感和创造性。为此,海外经理必须明确总部的目标,对完成任务充满信心。由于需要与所在国政府官员、当地企业的高级经理人员进行谈判磋商,因此驻外经理在各方面应该比较成熟,不但了解东道国的政治、历史和文化,具有说服力,而且善于灵活地、创造性地化解困难,具有随机应变、恰如其分地处理问题的能力。

(4) 适应性

一个人在一种新的文化环境中生活,时常会遇到一种现象,即对这种新的文化环境迷惑不解或感到不适,这就是所谓的"文化冲击";同样,还有"政治冲击"、"经济冲击"。驻外经理及其家属,对此应有足够的思想准备和调节能力,以增强适应性。此外,在健康、婚姻关系、个人偏好、年龄、社会的可接受性,以及对语言、食物、气候等方面应有较强的适应性。

(5) 个人特质

它包括对赴外任职的兴趣、热情;对人的理解;情绪稳定;坦率而无偏见;善于分析;宽容耐心;有自信心;能与不同背景的人融洽相处;有创造力,足智多谋;有外交手腕,善于社交;身心健康;有远见。

在挑选驻外经理人员时,可利用量化指标,通过标准化程序进行(见图10-1)。

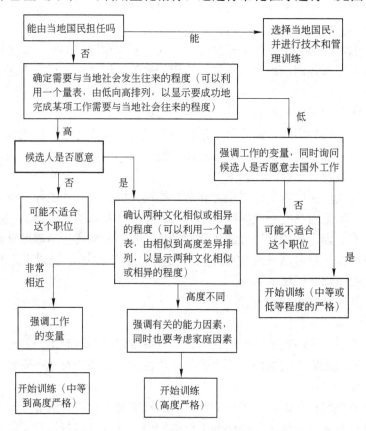

图 10-1 挑选驻外经理人员的标准化程序

10.4.2 驻外经理人员的培训

1. 培训的主要目的

对驻外经理人员的培训,是为了让他们获得国际经营管理的知识、经验,而最主要的是提高他们对不同文化的敏感性,使他们具有文化差异意识,即使他明白自己的文化背景和文化状况,以及培养他们对别国文化特征的理性和感性分析能力,从而了解影响人们行为的文化因素。例如:价值观与行为规范;精神活动与思维方式;人际关系与语言态度;信仰与风气;工作习惯和实际做法;时间与时令观;服饰与外表;饮食与习俗;自我感觉与地方观念、民族意识等。驻外经理应对不同文化背景的人员拥有极强的敏感性和精确的观察力,与客户和有关人士打交道时,具有很强的理解力,同时具有促进文化协同的技能,能推动不同文化背景的人员所进行的协调合作的工作,在发挥本企业文化和对付文化差异方面得心应手;能充分应用行为科学,从事国际商务活动和管理,善于减少因雇用外籍人员而带来的不同文化的冲击。

2. 培训过程

对物色、选拔好的驻外经理人员,应根据他们的能力差异,在其任职前后,有步骤地进行如下针对性培训。

(1)一般文化培训和地区性研究

其目的是:通晓文化形成因素及本国文化特征,获得异国文化的感受,领悟总部人事方针和措施。

(2)特定文化和语言培训

其目的是:学习东道国的语言,了解东道国文化、国情,特别是获悉东道国的社会禁忌和制度、风俗习惯,会晤来自东道国的同事,获悉最新情况。

(3)导向培训和了解东道国的经营环境

了解对方的客户和关键人物,了解工作计划、程序与合同管理,熟悉当地的物资采购、劳资关系、工作人员的雇用方式,以及当地居民、政府对跨国公司经营业务的态度等。

(4)海外监督和支援性服务

驻外人员出国后,总部人事部门应督促他同东道国文化和当地环境融合;定期对驻外经理人员进行问卷调查,并对调查资料进行分析、研究,给驻外经理以指导和帮助。

(5)回国工作

经培训后的驻外人员回国后重新适应母国的企业文化,以便再出国任职。

3. 培训的主要内容

(1)管理方面

适应文化上的差异和不同的经营原则;解决一般管理、技术、财务、市场营销等方面的通信联络问题;做好那些对母公司经营方法不熟悉或持有异议的雇员的管理工作;熟悉外国的政治、经济、一般法律及公司法;适应长途旅行的需要。

(2)会计和审计方面

换算和统一国外子公司的账目;实行报告制度和控制制度;适应外国的会计程序和要求;实施国际审计制度。

(3) 财务方面

能从银行筹到出口资金；能找到外国资金来源；能与外国银行取得联系；熟知外汇业务；能妥善办理国外金融资产的保护事宜；熟知资本和利润转入国内的程序。

(4) 市场营销方面

能与外国经销商和代理商一起工作；能了解外国市场和销售情况；熟知关税壁垒和非关税壁垒的情况。

(5) 投资方面

能与外国政府和代理人商谈投资计划；能与未来的外国合作者商谈投资和许可证交易；能选择有胆略的外国合资伙伴与其合作；能处理国有化一类的问题等。

(6) 生活条件

了解前往国家的商店、医药和教育设施，以及食物、气候、习俗、当地货币、对待外国人的态度、宗教、政党等情况。

4. 培训的方式

跨国公司培训驻外经理人员的方式很多，但总括起来不外 3 种：外部培训、内部培训和在职培训。每种途径各有其优点。

(1) 外部培训

外部培训计划是进行外部培训的指南，包括外国语言与文化。该计划不是为某一特定的组织设计的，其目的在于拓展经理们的眼界，而不是直接涉及他们各自的组织；该计划对增强文化敏感性可能是极有价值的，但却不涉及针对某种特别业务的术语与习惯。然而，人们可能会发现，外部培训计划是专门为那些处于类似情况的人设计的，所以可以从别人的经验中得到借鉴。某些外部培训计划，能让经理们了解最近的发展，从某个领域著名专家那里得到启发。一些工商管理学院，开设专门的国际管理课程。例如，我国某些院校开设的 MBA 研究生班，就具有这种性质。此外，一般的管理培训计划是相当多的，不少跨国公司喜欢把经理们送到他们即将赴任的国家去接受这样的培训。当地的培训计划，能给经理们提供集中于某一特定国的业务和文化的培训。

(2) 内部培训

内部培训方式是为了满足某个跨国公司的需要而设置的。它能根据受训者的学习情况及企业遇到的不同问题而灵活地改变计划。一般来说，这种培训的效果更为明显和直接。从具有不同国家与文化背景的组织中选择来的参加者，能聚集在一起，用同样的语言描述共同的问题。精心设计的内部培训计划，能克服不断出现的问题，这是因为在培训期间讨论的问题有较强的普遍性。内部参加者相互认识、相互了解各自的观点，且很可能把焦点放在各单位之间有争议的问题上。实施内部培训计划，参加者更会感兴趣，因为所讨论的问题与他们自己的工作和目前组织中存在的问题关系甚为密切。

(3) 在职培训

该培训一般是为个别经理及其特别工作需要而设置的。在职培训的优点是由更有经验的上级监督受训者在实际工作中的表现。这种培训强调实践性，不仅能学到某些理性知识，而且还具有时间上的优点。鉴于内、外部培训通常均有一定的时间限制，而文化敏感性的培训实际要花费一段较长的时间，在职培训方式则恰好适应这一客观要求，能够长时间进行，因此在职培训又是一种实用性很强的培训方式。

10.5 多国籍员工的管理

10.5.1 员工管理的计划和工作分析

员工管理首先需要由专门机构制订计划,然后进行工作分析。

1. 员工管理计划

跨国公司的员工管理计划涉及两个方面:其一,估计企业未来对各种类型的技术人才或熟练工人的需求;其二,制订招工、选择、培训和发展的详细计划,以适应企业的需要。在计划中,应具体规定各种劳动政策。例如,招工政策,应考虑如何得到素质高的工人;培训政策,应考虑如何组织某类培训活动,谁应参加哪一类培训,培训的方式是在岗培训,还是脱产培训;工资政策,应考虑如何决定工资;人事关系政策,应考虑不同部门之间、同一个部门内的各个人之间如何建立起合作关系;福利政策,应考虑如何确保员工的健康、安全和福利等。

2. 员工管理机构

员工管理通常要通过一个专门机构,因此大多数跨国公司都设置了人事部门。人事部门内部,又可以分为若干个专业化管理单位。例如,训练和发展、员工福利、人事关系、工资管理等(见图10-2)。

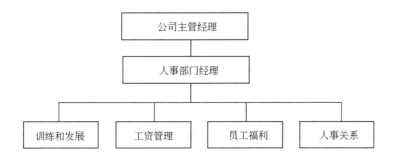

图10-2 跨国公司员工管理机构设置图

3. 工作分析

在许多劳动人事管理功能中,首要任务是收集、分析、记录各种信息,这种信息包括职务、责任,以及进行某项工作的人员所需的资格条件等。这类活动通常称为工作分析。工作分析撇开了各个工作人员的个性和特点,从企业目标和功能出发,客观地制定一套能力要求和标准。这有利于正确估计和规划企业所需的各种人才,合理配备和培训人员,客观地考虑每个员工的业绩。

工作分析包括两个相关的项目:
① 工作说明,即说明某项工作的主要任务、职责,以及全部活动过程;
② 工作要求,即指明在某个特定工作岗位上,完成某项任务的个人所必须具备的资格

和素质。

工作分析可采用量化评分的手段。将每项工作规定一定的分数,员工的素质只有达到这一分数后,才有资格承担相应的职责。这种工作分析的具体细节因国家、企业和工作而异。有的跨国公司采用智能水平、解决问题的能力和工作责任三个维度具体分析。智能水平,指完成某项工作所需的技术性和专业性智能的深度与广度,包括掌握专业性技术及科学知识的程度、管理方面的智能、人际关系方面的技巧等;解决问题的能力,指运用智能灵活地、创造性地解决实际问题的能力,包括对要解决问题的思考模式和思考难度等;工作责任,指工作的权力和责任,包括行动的自由度,以及在该项工作形成最终结果的过程中所起的作用及经济效果等。

从实践经验看,进行系统的工作分析,往往是针对那些技术性相对复杂的工作,而对非专业化的、无差别的工作,则难以进行系统的工作分析。

4. 海外子公司员工的管理

跨国公司的海外子公司,一般都雇用当地工人,往往采取招聘的办法择优录用。这样做的好处是:

① 可以就地取材,利用当地丰富、廉价的劳动力;
② 当地人在语言文化上无隔阂,风俗习惯熟悉,市场商情熟悉,并与当地有种种联系;
③ 若由本国派遣人员,除了工资高以外,还需增加海外津贴,定期回国休假等,开支大、费用高。

有的子公司为了在当地占有优势,一般以比当地较高的工资水平,招用当地文化素质较高的有一定技术的工人和有一定业务能力的业务人员。也有的海外子公司,开始时先由母公司派出一批人员,在当地招用并训练大量新人,待当地人可以熟练掌握所做的工作时,再逐渐撤离,这样做虽短期内费用较高,但受当地的欢迎。

10.5.2 员工管理的基本内容

跨国公司员工管理的基本内容,包括劳动力选聘和晋升、训练和发展、工资和盈利,以及处理与工会的关系等。工资和福利政策见 10.7 节。

1. 选聘和晋升

人力资源是一个组织的重要投入,因此选聘和晋升员工具有重要的意义。跨国公司在选聘和晋升员工时,应注意以下几个问题。

(1) 选聘和晋升员工的过程应尽可能系统化和正式化

所谓系统化和正式化,是指整个过程有规定的程序和客观明确的标准。而特殊化、非正式化的现象,在海外企业中可能会常常发生,应注意克服。

(2) 应该注意与当地劳动立法和社会环境相一致

跨国公司海外子公司在招收、选聘和晋升员工时,会发现当地缺乏技术工人和熟练工人,而非熟练工人又供过于求。此外,许多国家制定更加自由的劳动法规,同时支持工会的活动,其结果是工人的期望增加,也要求有较高的工资。有些国家的个人能力和社会地位,往往是家庭背景、财富、性别、教育、种族、国籍、宗教、政治等各种复杂因素的综合。因此,在强调系统化和正式化的同时,也应把东道国的立法和社会环境等因素考虑进去,尽可能取得两者的统一。

（3）雇用和提升当地人

几乎所有国家的法律都要求雇用和提拔当地人。欧盟国家允许工人自由流动，但对欧盟外国家的移民，则要求有居留许可证或工作证。日本也对除技师和管理人员以外的外国人的入境加以限制。大多数国家都要求外国企业先雇用一定比例的本国人，经过一段时间后，则必须百分之百地雇用本国人。

2. 训练和发展

由于东道国社会经济发展水平的限制及必须雇用当地人，因此通过内部训练提高工人的技术素质，使之符合企业发展的需要就显得十分重要。

跨国公司内部训练的方式，可以是在职训练，也可以与学校合作进行训练。训练的内容是专门的技术。在生产过程中，一个复杂的过程，可以分解成若干个简单的工序。对这类简单的操作，即使是没有技术或经验的员工，经过训练也能掌握。这种要求员工掌握专门技术或简单操作的训练，其成本低，成效也较快。

在训练和发展过程中，对员工进行激励也相当重要。激励主要是设法满足员工生理上、社会上或精神上的需要。但激励方式很难统一，甚至一种方式在某一个国家或地方对某些人能取得成效，但在另一个国家或地方对另一些人则毫无成效。

10.5.3 员工管理的方式

跨国公司的员工多持有新的价值观念，他们与国内企业中较多地持有旧价值观念的工人相比，更强调自我，生活方式服从于心理、精神上的追求和自信，对规章等级制度提出疑问，要求重视实绩，考虑能得到什么报酬，自负感较强等。因此，他们希望了解情况，在决策中有发言权，希望在工作中得到成长，拓展前途。另一方面，企业在不可能给每个员工经常晋级、提升的情况下，又要求员工努力工作，提高生产率，这就需要对不同国籍的员工采用不同的管理方式，除了用规章制度进行严格管理外，还需要采取一些新的办法。

（1）工人管理

工人管理，又称自我管理，是指在理论上工人的权力要高于经理人员的权力。由工人定期选举工人委员会，然后再由委员会提名工人委员会的委员长及管理委员会。管理委员会由工人委员会成员和不属于工人委员会的工人团体成员组成，执行监督的职能。

（2）共同决策

共同决策要求在董事会里的管理人员和工人代表各占一半。他们共同决策的内容，不仅是日常的诸如改善工作条件等具体问题，而且包括战略性问题。对于共同决策，一些企业的经理人员最初认为不利于发挥他们的管理权威和决策能力。但是，共同决策能够减少罢工，有利于企业经营。目前，共同决策的观念愈来愈被欧美一些大公司所接受。

（3）少数参与权

少数参与权，是指在董事会里有少数的工人代表。共同决策和少数参与权，对于改善劳资关系能起到了一定的作用。

（4）工作审议会

工作审议会，是由工人代表和管理者组成的团体，通过这个团体，将公司管理者和工人之间的关系制度化。审议会具有合法的地位，它或者根据法律而强制建立，或者由全国各行业工会和雇主组织协商产生。

(5) 工作丰富化

所谓工作丰富化，就是给工人或工人团体以更大的自主权。弹性工作时间是工作丰富化的一种方式。企业允许工人自己决定每天和每周的工作时间表；允许工人预支时间，同时在保证工作质量、数量和期限要求的前提下，可以自主安排补偿时间，或者将时间存起来以便休假时集中用。

工作轮换，也是一种工作丰富化的方式。通过工作轮换，让职工能干别人所干的工作，增加知识和技能；通过工作扩大化，激发员工的责任感、竞争意识和独立性，增强自尊感和成就感；通过工作丰富化，能克服职工对单调工作的厌倦感和不满情绪等。

此外，在工作时间内，定期集会以讨论改善产品质量，提高效率，增强工人团体的士气，也是工作丰富化的方式之一。

10.5.4 跨国公司的劳资关系

跨国公司必须处理好与工会的关系。工会原本是劳动者的联合组织，是劳动者为维护并实现自身利益与资方抗衡的代表。但实际上，各国工会所扮演的角色有很大差别。例如在美国，工会是按行业组织的以控制雇主对职工滥用权力。一个工厂内，由大多数工人所选定的工会，在与雇主议价时，具有法律上的独立地位。换言之，其他组织无权与雇主议价。集体议价，在美国通常只限于企业公司或当地子公司，所达成的协议也只能对参与谈判的工会和公司具有约束力。雇主与工会所达成的集体协议，凌驾于任何个人雇用合同之上。日本工会大部分是按企业组织的，往往充当劳资双方的调解人，有的甚至成为资方的附庸。

近年来，许多跨国公司由于劳工运动趋于国际化及其对公司成长的直接影响的原因，逐步从分权化的劳资关系模式向集权化方向转化。

所谓分权化模式，通常是指根据不同国家的独特文化、法律与社会制度、不同的价值观、工人的精神需要和特殊的行业关系，由跨国公司授权给国外子公司经理，承担劳动力管理的任务。在劳资双方的协议中，由于当地经理更了解情况，因此在实施这些协议的管理时，他们更能对最后的安排负责。

所谓集权化模式，则是公司总部为实现其全球目标或国内目标，倾向于降低当地经理的地位、实权和作用，将所有主要事情的决定权实实在在地控制在自己手中，却声称处理劳资关系的权力完全在当地子公司手中，而回避与某子公司工会直接接触。

很多跨国公司有多个生产基地，在发生罢工时还可以从其他国家的工厂向消费者提供商品。采取这种双重的资源政策，可以减少罢工影响和削弱各国工会谈判的战略。此外，跨国公司可以不把现有的经营活动转移到其他地方，而是实行"投资罢工"策略，即拒绝在该地增加任何投资。这样，不久后工厂就会变得过时和不景气，对劳动力需求也会减少，这是劳资关系完全破裂时的策略。

因此，跨国公司处理好与东道国工会关系的总原则是：关心和改善工人的生活和工作条件，注意与工会组织的沟通，协调与工会组织的关系。此外，应避免与受政治团体或宗教机构控制的工会打交道；如有可能，尽量与当地工会而不与全国性工会议价；同时，应与国际劳工组织保持沟通和联系，以了解有关信息和国际承认的惯例。

10.6 跨国家调动

所有的跨国公司，不论其对管理人员的人事政策如何，都要在一定范围内，对其雇员作跨国家或跨文化的调动。有些调动可能是长期的，有些则可能是暂时的需要，也可能是国际人才开发计划的一部分。长期被派往国外工作的经理，可能会遇到国外不同的文化氛围，以及如何与母公司保持良好联系等一系列问题，因此对这种职位人员的选拔要非常慎重。

10.6.1 工作适应

调往国外的经理，要在一个与已经习惯了的文化环境大不相同的新岗位中重新建立工作关系。因此，经理们在制定政策、发布指令或接受指令及日常的管理与业务等方面，应记住文化的差异。他们必须与具有不同背景、语言、态度或价值观念的当地人员合作，以适应陌生环境下的技术与管理技巧，适应陌生的且比国内更为复杂的经济与政治环境。

事实表明，移居国外的管理人员刚开始工作时会遇到一些阻力，对环境差异的适应性较差，但当他们适应新的环境后，就会逐渐加以改善。例如，由母公司派出经理去领导已建立的子公司，开始时通常采用个人的管理风格，不向下属透露其决策的过程和依据。这在其他环境下可能是成功的，然而却不适合在当地情况下进行管理。这种行为可能是出于试图显示他在新职位上的管理才能，说明他优先于其属下的当地人员而当选的理由。这种行为同样反映了新经理不希望其下属看到他对新情况的了解十分有限。可以想像，该经理与当地人员的关系会受到限制，从而产生互不信任的情绪，从而影响士气。随着时间的推移，经理加强了对新文化的理解，密切了与其成员之间的关系，因而上任初期这些差异的敏感性就得到了缓和；同样，随着在海外工作时间的增长，经理对自己与其下属之间能力差异的感觉就会不断淡化。

10.6.2 社会适应

除了工作适应之外，国外管理人员及其家属还会碰到社会环境上的差异，这比工作差异更为明显。例如，如果一位派往国外工作的经理的夫人不会讲当地语言，则社会联系可能会大大减少。当地的企业领导及社会名流的夫人，除了讲当地语言外，大都不会讲其他语言，因而就不大可能超越语言障碍而建立起较为密切的关系。一些驻外管理人员的家庭主妇雇有几个佣人，这在一定程度上免除了家庭主妇的家务负担，其自由支配的时间很多，从而有可能产生烦闷、酗酒和高消费等反常现象。

曾经有人对约 2 000 名被派往国外工作的跨国公司人员进行调查，其中有 20% 是美国人。结果表明，男性职员对派往国外工作是否满意，主要取决于他妻子是否适应国外的生活。在美国人当中，把妻子的满足列为最重要的因素。

经理与其家属跨国流动的压力，不利于经理们开展工作。在东道国，很多外国经理采取了抵制当地文化的态度。这会导致在国外的本国人员建立起紧密的组织，他们力求在东道国重新创造母国的文化和能适应的"小环境"。

例如，有些驻外人员，对他们的第一个"新国家"感到很新鲜，会做出很大的努力与新环境融为一体。他们学习当地文化，在该国旅游，并试图学好语言，然而又被调动了。当他们在第二个国家时就变得消沉一些，认为第一个国家的人是不可靠的，而新调入的国家就更加差劲。他仍会做出一些努力，但在到第四、第五个国家工作之前，就可能已经放弃努力了。他们只限于同派驻国外的同僚在一起，除了实际工作外，不愿意看到当地任何事物。这种情况是跨国经营的一个悲剧。

10.6.3 受调人选

拥有大量的能胜任在国外工作的经理人员的企业确实不多。这样，就需要建立一套高度复杂的选拔制度。同时，对衡量跨文化管理和国外居住是否成功的标准，也有不同的理解。所以，这种制度的正确性并非百分之百的可靠。国外子公司的经理职位所需要的素质，与作为一名经理所应具备的素质很相似，但无论怎样，对受调人的要求，是依不同的情况和国家而有所不同的。有关研究资料表明，尽管跨国管理的成就与个人的素质和经验有关，但仅用这样的标准来选派人员是不充分的。

由于难以预测在国外环境下经营是否成功，且预测的失败率比较高，因而可能要付出较大的代价。所以，在研究导致失败的因素时要特别谨慎。这样，在选拔外派人员时，寻找弱点就显得比考试更加重要。从这个意义上讲，多数的选拔方式实际上是一项否决计划。对其他人的观点和新的政治局势不敏感，这已被列为失败的一般特征；对留在国内的家庭的强烈依恋及健康问题和婚姻的不稳定性，同样可能导致失败。对准备派往国外工作的经理进行长期观察，这大概是找出潜在问题的最佳方式。当然，最困难的是选择首次在国外任职的人员。但实际上很多外派人员是年轻人，他们还没有建立起固定的生活方式。

10.6.4 人员调回

除非在国际上的人员调配是有计划的交叉制度（即基于管理发展的目的，在国外子公司之间调动潜力较大的专家）的一部分，否则，接受派往国外的经理，会产生没有保障的感觉，对他们的未来职业很担心。离开总部的时间越长，距离越远，"背井离乡"的情绪就越强烈。他们可能会经常自问："国内的母公司会忘记我吗？我下一步会调到哪里去？"

为了减轻受调经理的潜在顾虑，跨国公司应制定有关人员的调回政策。有些企业明确规定，在海外工作的人员，只有当需要他们在企业中任其他职务时才可调回。其他一些企业则认为，在企业内更有成就、更有经验的经理，由于一些他们所不能控制的因素，在外任职可能会失败，因此不论成本多大，这些经理是应当调回的。但是，如果企业总是把那些希望回来并在国内找到相当职位的经理调回，那么成本将会很高。不仅转移成本大，而且他们所离开的国外单位必须找到替补人员，因而要付出额外的成本，并造成工作缺乏连续性的问题；而且在一个人想回来时，也不容易立即给他找到合适的工作岗位。

回国还会产生另一类问题；即在国外工作时所享受的高报酬和高福利将随之消失，经理的生活水平会比在国外时差得多；房子的价格也可能上涨了很多，从而使他们买不起与国内同等地位人员相同标准的住房。更糟的是，在提拔方面，他们已被留在国内的同龄经理所超过。如果他们新的工作是公司内的职务，给他们的权力要比他们在国外子公司时的权力小。另外，还有孩子的上学与家属对生活的适应问题。所有这些都会导致反向的文化冲击，即对母国的不适应。当经理人员回到母国的劳动力市场，就必须解决好这些问题；否则，就会失去有经验的国际管理人才。相反,如果企业给调回的人员提供各种帮助,如代其寻找住房,提供财务援助等,就可能会减轻对调回者的打击,避免经理才能的重大损失。

10.6.5 我国驻外人员的选择与轮换

由于我国的收入水平和生活水平与国外存在差异,公司的许多人都愿意去那些经济较发达、收入高、环境较好的海外企业工作。如果对这些地区的外派人员很少轮换,可能会在一定程度上影响总公司部分人员及在条件较差的地区工作的外派人员的积极性。再者,轮换有利于培养更多的跨国经营人才。但是,到海外企业工作有个熟悉情况的过程,其时间的长短因工作性质而异。一般来说,熟悉企业业务并不需要很长的时间,但要深入了解东道国各种环境,游刃有余地开展工作,就可能需要较长的时间。因此,各总公司在人员轮换上不宜一刀切,总的原则是:骨干人员轮换间隔长些(如5~10年或更长),一般人员则短些(如2~4年),要避免发生短期行为。有人曾建议,对外派人员实行"聘任制",聘任合同有年限规定,但不是轮换,而是可以连续聘任;对不称职或完不成聘任合同的,可以提前解聘,不必非到期限才换人。这也是一种较好的方法。

10.7 国际报酬政策

10.7.1 驻外经理的报酬

报酬政策在跨国公司中往往会产生一些尖锐的矛盾,也会影响公司经理们的价值取向。例如,国外职员们的报酬过高,就会把优秀的经理从对企业发展更为重要但报酬却较低的职位上吸引过去,更糟的是,他们以后可能不希望再干关键性的工作。所以,国际报酬政策应受到高层管理者的重视。

跨国公司要制定适宜的国际报酬政策是非常困难的,这主要是由于各国的工资水平和报酬期望不同,报酬方式不同,而且管理的动机表现也不同。例如,一般而言,在英国企业中,实际的绩效比潜在的成就报酬更高,因而高水平管理的目标就是争取上乘的工作表现。而法国企业就与英国企业有所不同,报酬更多地取决于进入该企业前的受教育程度,更多的管理工作是为了获得企业外的知识。因此,跨国公司在制定报酬政策时,必须适合各国文化及其管理期望。

试图在所有国家保持同样工资水平的企业,会在低工资的市场上增加成本,但也无法吸引高工资国家的经理。因此,大体相当的工作,其工资率在不同的国家应该有差异。在调动时,高工资率的经理不希望有任何降低,如果继续取得他们在母国的工资水平(加上津贴),与承担同等责任的当地人员比较,他们的报酬就显得更高。如果去高工资水平地区工作的经理也享受高工资率,则当他们回到本国时,又会产生这样的问题:能使他们回到原来的低工资水平吗?

有关报酬政策的这些问题,还没有一个统一的答案。报酬政策只是实现公司目标的手段,它本身并非目的。通常,对派往国外工作的人员,其有效的报酬政策应努力满足以下各方面的要求:

① 吸引并得到能在海外服务的雇员；
② 便于国外机构之间或本国与国外机构之间的人员流动；
③ 对有关人员的报酬问题，任何单位都要建立并保持稳定合理的联系，不管是在国内还是国外，或者在子公司之间；
④ 针对主要竞争对手的做法，在各个地区采用合理的报酬政策。

10.7.2　驻外人员的报酬构成

目前，多数跨国公司支付给驻外人员的报酬由3部分组成：基本工资、海外工作奖金和海外津贴。

1. 基本工资

多数被派往国外的人员开始时都被雇用在本国工作，领取国内的工资。当他们跨国界流动时，基本工资仍然是他们在国内的工资。这样做的理由是为了方便他们返回国内的公司工作。不管在哪里工作，所有国外人员都与各自的国内工资额相联系。

然而，当把经理调往其他国家，其所在职位相应的薪水比基本工资高时，继续保持基本工资就会带来一些问题。大多数企业的做法是提高工资；同时，继续保留基本工资作为人员调回时的参考。也有少数企业把基本工资调低至当地水平。结果，不同国籍的派出人员可能会发现，他们在一起工作但取得的报酬却不同。但是每个人的工资率，都比东道国人员要高。

当汇率波动时，保持基本工资不变同样会产生一些问题。如果本国货币比东道国货币的汇率低，他们就会发现，实际收入降低了。如果他们工资的一部分以本国货币支付，那问题就变得更为复杂了。而用本国货币支付工资，通常是为了使希望能以本国货币储蓄的职员摆脱东道国税收与外汇管制的障碍。

2. 奖金

通常使用两种形式的奖金：一是流动工作奖金，它是为了鼓励职员到海外工作而设立的；二是给在条件差的地方工作的人员以艰苦生活的补偿。一般来讲，必须给予困难补贴的地方是不多的，那里非当地人员也不多，所以用于这方面的奖金数量是很有限的。奖金最主要的是用来鼓励职员到海外工作，这种奖金一般是基本工资的一个固定百分数（10%～20%），并且只是在海外工作期间支付。

被派往国外工作的职员，都可取得流动工作奖金。但它也有缺点：职员从一个国家转移到另一个国家时，没有经济上的刺激；另一方面，人员返回母国，意味着收入的大幅度下降。为解决这些问题，为提高国际管理人才的流动性，有几种奖金发放方式为各公司所采纳：一种是"递减奖金"，即在7年（通常是5年）后停发这种奖金，而用一增加数代替；另一种是一次性支付的"流动奖金"，它不与海外委派时间挂钩，而是与流动挂钩。这两种情况的奖金都是在每次流动时发放的。如果公司想让职员长期在海外工作，那么发放连续性奖金是有意义的。若公司的目标在于流动性和快速流动，则适宜采用一次性支付流动奖金。

3. 津贴

津贴是用于帮助派往海外的人员维持正常生活的费用。大多数津贴用于生活、住房、教育和税收保护等方面，最主要的是税收与住房的费用。

在税收方面，很多跨国公司的做法是：扣除职员在本国应缴纳的所得税，然后再支付实际的纳税额。然而，对在海外期间收入的免税待遇，会使一些国家的在外居住超过一定年限的人只负担国内很低的所得税，甚至完全不用交国内税。与本国税收水平看齐的做法，实际上会给予海外人员可观的额外津贴。如果出现双重课税问题，企业应通过控制人员移动的时机，对其职员负责，并尽量减少职员的税收负担，使得他们在不同国家时的税收水平基本相当。

对于其他津贴，多数美国公司按美国国务院的津贴发放。然而，在对作为津贴基础的生活费，进行国际性比较时存在很多问题。例如，汇率变化的问题。同样，当公司增加国外机构的第二国人员时，母国的津贴计划就变得不大合适了。一些公司往往根据联合国津贴制度，处理后一个问题。这种制度是为驻扎在世界各地的外国专业人员规定的。

10.7.3 员工的工资和福利

在涉及东道国员工的训练、发展及激励其工作热情的同时，应考虑如何选择对他们付薪和给予福利的策略。

1. 策略选择

跨国公司在工资和福利方面有多种策略可供选择。例如，以现金方式付薪，或采取非现金的福利方式；报酬可以立即付清，或将部分报酬延后支付；可以采取固定工资制或计件工资制；奖金依个人的表现发放或根据团体的表现，或与整个企业的经营状况相联系。此外，管理者还应考虑是否采取同工同酬的国际政策，将跨国公司与当地企业同工种的工资率进行比较。一般来说，跨国公司的工资率高于当地企业的工资率。

跨国公司有关工资和福利的策略选择是多种因素作用的结果。其主要因素有：
① 东道国的法律和政策；
② 能招收和留住素质较高的工人所需的工资水平；
③ 工会的压力；
④ 公众的压力；
⑤ 东道国当地企业对外国企业高工资所表现出来的不满及其在政治上和经济上的重要性；
⑥ 在邻近或类似地区和国家，跨国企业工资水平对比的压力；
⑦ 跨国公司的目标；
⑧ 工人的表现等。

2. 利润分享

利润分享，指除了工人的基本报酬以外，根据企业的获利情况另外支付的报酬。其目的在于扩大管理人员和工人的共同利益。分享利润、分享股权与参与管理，这在世界上已成为一种管理的潮流。在意大利、日本及其他某些国家、企业，每半年或一年加发一次相当于一两个月工资的报酬。这种报酬实际上不是利润分享，而是基本工资的一部分。因而有点类似于强迫储蓄。但是，日本人将它看作是"利润分享"，认为这是增加收入，是推动日本经济成长的重要因素。如果外国在日本的企业不采取这种"利润分享"的方式，就会使官方不悦。在墨西哥、秘鲁、巴基斯坦、印度、埃及及法国等，法定某些工业的利润必须分享。而美国则不把迟分给员工的利润当作股利，而当作课税成本。

利润分享以企业提高生产力为基础，而不以权力关系为基础，因而对公司有利。但是各国利润的定义不一，财务会计制度也不尽相同，因此跨国公司在实施利润分享时，会遇到复杂的税收、会计和控制问题。特别应该注意的是，由于收入具有刚性，当利润减少而分享的报酬也相应减少时，有可能引起剧烈的摩擦。

本章小结

人力资源的开发与利用，对任何企业的经营活动具有至关重要的意义，对跨国公司来讲也是如此。跨国公司人力资源的管理有它自身的特点，对跨国公司管理人员也要求具有特定的素质和能力。

跨国公司在对各子公司管理人员的使用方面可以采用民族中心、多中心、全球中心和混合的人事政策。不论采用何种政策，都要重视对各子公司经理人员、普通员工的挑选、培训和管理。

跨国公司还应重视驻外经理的选择和培训，加强对不同国籍员工的管理，注意人员的跨国家调动及薪酬和劳资关系等方面的问题。

关键术语

人力资源管理　　跨文化管理　　民族中心政策　　多中心政策　　全球中心政策　　混合人事政策　　驻外经理选择　　驻外经理培训　　多国籍员工管理　　人员选聘　　人员晋升　　劳资关系　　报酬　　工资和福利

复习思考题

一、选择题

1. 跨国公司人力资源管理的特点包括（　　）。
   A. 跨国公司人力资源管理必须面对更为复杂多样的人事决策环境
   B. 跨国公司与国内企业选聘管理人员的途径不同
   C. 外派管理人员管理是跨国公司人力资源管理的重要组成部分
   D. 国际劳资关系管理是跨国公司人力资源管理的重要任务之一

2. 跨国公司管理人员必须具备的经营知识包括（　　）。
   A. 语言知识与沟通技能　　　　B. 有关国际市场的知识
   C. 有关国际业务和国际惯例的知识　　D. 有关各国政策的知识

3. 跨国公司可以采用的人事政策包括（　　）。
   A. 民族中心政策　　　　　　　B. 多中心政策
   C. 全球中心政策　　　　　　　D. 混合人事政策

4. 跨国公司培训驻外经历人员的方式主要包括（　　）。
   A. 脱产培训　　　　　　　　　B. 内部培训
   C. 外部培训　　　　　　　　　D. 在职培训

5. 跨国公司员工管理的方式主要包括（　　）。
   A. 工人管理　　　　　　　　B. 共同决策
   C. 少数参与权　　　　　　　D. 工作审议会和工作丰富化
6. 多数跨国公司支付给驻外人员的报酬包括（　　）。
   A. 基本工资　　　　　　　　B. 海外工作奖金
   C. 海外保险　　　　　　　　D. 海外津贴

二、思考题

1. 跨国公司人力资源管理的含义是什么？有什么特点？
2. 跨国公司管理人员应该具备什么样的素质和能力？
3. 人力资源管理可采取哪些政策？具体的如何应用？
4. 多国籍员工管理有哪些内容？
5. 管理人员的跨国家调动会遇到哪些问题？
6. 驻外人员报酬政策的要求和构成如何？

案例分析

西门子的人力资源管理——百年战车的强劲引擎

西门子公司是一家拥有40万名员工，以电子、电器为主产品的高科技跨国公司。目前，西门子公司已在世界上190多个国家和地区设立了代表处，西门子公司在50多个国家建有400多个生产厂家，仅在中国就有西门子公司的合资和独资企业39家，投资额已达3.9亿美元，经济全球化战略已经实现。在众多成功的欧洲公司中，西门子公司是十分引人注目的。总结其成功经验，最重要的一条就是有效的人力资源开发和管理。长期以来，西门子制定和形成了一系列人力资源开发和管理方面的科学制度和行为准则，这些制度和准则的严格执行，为"百年老店"永葆青春提供了人才和智力保证。

一、招聘

（一）招聘计划

西门子每年都有一个预算：每年五六月份，根据上一年的业务状况和明年业务发展的需求，各个业务部门就开始考虑预算。公司需要拓展哪方面的业务、组织结构有什么样的调整、某一业务需要多少人，这都是需要考虑的问题。然后，把明年需要哪方面的人、多少人统计上来；接着根据实际业务的发展、业务量的增长、工作的分配情况，分时段地把需要的人分批招募进来。

（二）招聘流程

西门子的招聘流程是：发布招聘信息→筛选简历→面试→进入试用期。西门子早期多在覆盖面较广的报纸上发布招聘信息，现在主要通过外部的人才网站和西门子网站进行招聘。

（三）招聘方法

1. 内部晋升制度

西门子公司十分重视内部人力资源的开发。公司每遇有空缺职位时，总是先在企业内部张贴广告，充分挖掘内部人才潜力，只有当企业在内部招聘不到合适人选时，才向外界招聘：受雇用内部员工推荐他/她所认识或熟识的人才。第一线的经理把职位空缺的信息报告给人事部门，人事部门的负责人把这一信息通过公司内部的信息渠道向公司内部员工发布，公司员工看到这一信息后即可告诉其认识的人才，愿意申请这个职位的人可以先填申请表，待通过了公司人事部门的审查后，就可以前来应聘，一旦被公司录用并通过了考核期（一般是三到六个月），公司会给推荐新员工的老员工一定的奖励。对于比较特殊的职位，奖励也会特殊些。

2. "圈"才制度

招聘大学毕业生是公司的一种中长期策略。在很多时候，尤其是当业务快速发展时，非常需要招聘比较成熟和富有经验的人才；但从长远着眼，需要招聘大学毕业生，把他们培养成为公司的骨干力量。

3. 社会招聘

从外面招来的管理人员，因为没有服务于本公司的历史，带来的最大问题就是是否会长时间忠于本企业。另外，这一计划本身还包含一个特别的预选方案，这一方案的目的是为那些重要的岗位预先选择储备人才，这个方案是在全球范围内实施，在一定的管理层面上，公司每年审查一次。招聘的人员大致有学生、manager（中层管理人员）、professional（专业人士）。三种人员的侧重点不同，招聘 manager 时主要注重经验、能力、学识等方面；招聘 professional 时更注重经验和专业技能；而学生没有丝毫经验，在学校学到的专业知识几乎没多大用，最主要的还是看能力，像创新能力、学习能力、组织协调能力等。相对而言，招聘的大学生多数属于技术类职位，而销售、市场类职位倾向于招聘社会上有经验的人。

二、甄选

人力资源部淘汰掉不合适的人选之后，把合适的人选的情况发送给招人部门，并与部门经理进行讨论。

（1）面试为主

一个面试可能长达 2 个小时。西门子可能要进行 2～3 次的面试；根据职位的不同，可能有的人会经过更多的面试考察。人事部重点考察能力部分，业务部门考察经验和知识部分。每个职位的招聘流程并不完全一样，没有固定模式。例如，招聘研发工程师一般先由业务部门进行面试，因为他们更了解技术要求、业务状况。个别时候会有笔试。

（2）Competency Model（行为事件访谈）

西门子（全球）建立了一个 Competency Model，定义了 17 种 Capabilities（能力），如主动性、学习能力、战略导向、客户导向、创造性、沟通技巧、变革导向等。针对每一个职位，定义出职位的 Key Capabilities（关键能力）。所有职位定义都会根据这 17 种能力定义来确定。

（3）以活动形式考察

应聘比较多的时候会采用活动的形式。活动包括向他们介绍西门子公司、做一份问卷调查、英文演讲、小组讨论、角色扮演，最后是和每一个应聘者进行单独交流。

（4）试用期

只有在工作中，才能体现一个人的实力。西门子一般和员工签订三年的合同，最长有六个月的试用期，公司会在这六个月中进一步考核每一个人。直到试用期结束，招聘工作才算完成。

三、培训

西门子作为一家历史悠久、技术先进的老牌跨国公司,全球化对其人力资源管理提出了更高的要求。高质量的员工培训是西门子人力资源管理中最有特色、最有成效的一部分,由此形成的高素质的员工队伍是西门子强大竞争力的来源之一。

1. 第一职业培训

即新员工的"入门"培训。西门子在 1992 年就拨专款设立了专门用于培训新工人的"学徒基金"。现在公司在全球拥有 60 多个培训场所,如在公司总部慕尼黑设有西门子学院,在爱尔兰设有技术助理学院,它们都配备了最先进的设备,每年培训经费近 8 亿马克。目前共有 10 000 名学徒在西门子接受第一职业培训,大约占员工总数的 5%,他们学习工商知识和技术,毕业后可以直接到生产一线工作。

2. 协议书

经理要在新员工到公司上班之前,根据职位和新员工的背景、经验起草目标协议书。这个协议书描述新员工的职位,列出工作任务和设定目标,帮助员工融入的培训计划等,旨在帮助新员工清楚地了解自己的工作任务,获取新工作需要的技能培训,从而顺利起步,度过试用期。

上班后,新员工就会和经理一起讨论这个协议书,根据双方的期望和员工的表现可以调整条款,并签订协议书。此后,经理人和新员工根据协议书,定期开会讨论新员工的工作表现和碰到的困难,帮助他们完成目标任务。

3. 直线经理

经理会为新员工事先指定融入阶段的教练,这个教练通常是新员工的直线经理。他们对新员工提供指导和帮助,支持范围相当广泛,从解释部门工作流程、软件使用,到介绍客户、供应商,直到周边环境信息咨询等。

4. 综合考核

西门子的新进大学毕业生首先要接受综合考核,内容包括专业知识、实际工作能力、团队精神,公司根据考核结果分派适当的工作岗位。

5. 尖子培训

西门子每年还从新来的大学生中选出数十名尖子进行专门培训,培养他们的领导能力。为期 10 个月,分三个阶段:第一阶段,全面熟悉企业的情况,学会从因特网上获取信息;第二阶段,进入一些商务领域工作,全面熟悉本企业的产品,并加强团队精神;第三阶段,安排到下属企业(包括境外企业)承担具体工作,在实际工作中获取实践经验和知识技能。

目前,西门子共有 400 多名这类"精英",其中四分之一在接受海外培训或在海外工作。大学精英培训计划为西门子储备了大量管理人员。

6. 在职员工分类培训

在竞争日益激烈的市场上,在颇具灵活性和长期性的商务活动中,人是最主要的力量,知识和技术必须不断更新换代,才能跟上商业环境及新兴技术的发展步伐。西门子公司正在努力走上一个"学习型企业"之路,特别重视员工的在职培训,每年投入的 8 亿马克培训费中有 60% 用于员工在职培训。西门子公司特地设置了干部培训中心和 13 个基层管理培训中心。每年约有 80 名公司管理人员参加培训。

员工在职培训和进修主要有两种形式。

(1) 管理教程：以其独特和有效而闻名，分5个级别，各级培训分别以前一级别培训为基础，从第五级别到第一级别所获技能依次提高。

(2) 在职员工再培训计划。

7. 管理人才培养

针对性培训三种能力：专业技术能力；激发和调动个人及团结力量的人事能力；将内部和外部利益协调统一为企业整体利益的能力，专对高层管理者。

前两种主要针对基层和中层管理者。

8. 西门子管理学院

为了在中国的业务需要，公司于1995年在华成立了专门培训机构——"西门子管理学院"，其特点是学习环境宽敞、舒适，适合成人学习，并能实施小组讨论、网上学习及现代化的声像等现代化的教学手段。

任务包括对公司管理层的培训、员工培训，特别针对西门子合资企业的职业教育和商务培训以及与中国高校合作培养后备力量。此外，学院还负责与中国有关机构的联络及合作培训。

培训过程包括五个阶段的教学与研讨，持续10个月。每一级教程的基础知识，可以通过公司内联网辅助培训或光盘材料学习。通过自学获得的这些理论知识会在短期强化项目研讨会上进一步阐述，并且学习过程以将所学知识应用于实践为目标。每一教程按以下顺序进行。

启动研讨会阶段：解释自学材料的特点，让学员理解实践学习的含义，同时传授自学的技巧。

预备自学阶段：学员通过自学获取一些基础知识。学员可以选择作为管理学习基础的适当项目，并主动向其上级请教适合的课题。西门子管理学院在公司内联网上建立项目库，包括各级教程中的可能性项目。

研讨会第一阶段：所有参与者第一次进行个人接触，不仅有专职培训老师传授技巧与知识，还有学员之间交流经验，并由学员组成团队进行具体项目的操作与管理。

项目工作阶段：学员返回工作岗位，在团队中执行其选定的项目。

研讨会第二阶段：与第一阶段类似，继续交流经验，进一步执行项目。

实现阶段（公司实践）：参与者对项目进行总结，将结果提交给项目辅导员并制成文件输入公司内联网络。再将参与者的项目结果公布出来，为西门子增添一份经验，为"知识共享"贡献一份力量，以使公司成为学习型组织。

四、绩效

(一) 考核制度保证奖励的公平性

公司专门的考核部门根据员工上一年度的出色业绩确定晋资人员名单，并予以及时的奖励。奖励内容包括晋资、奖金和福利待遇。

(二) 绩效考核制度

1. PMP（全球绩效管理项目）流程

由PMP圆桌会议和PMP员工对话两部分组成。

(1) PMP圆桌会议每年举行一次，参加人员是公司管理人员：中高级经理和人力资源管理顾问。圆桌会议上，参与者对公司团队和重点员工的潜能进行预测；回顾过去一年的业绩；提出改进后的与业绩挂钩的薪酬体系；制定具体的管理本地化和全球化有效融合的措施等。

(2) 员工对话。员工对话在一年中随时持续进行，由经理人员和员工直接开展，并在年终填写"PMP员工对话表格"。这些表格经过汇总成为圆桌会议的重要参考。

2. 上下级定期谈话制度（简称EFA谈话），增强上下级人员的了解与沟通。西门子公司评价员工是看业绩、行为方式，而不是看国籍。

五、薪酬

（一）工资发放原则：工资发放原则体现在：①一致性；②外有竞争性；③员工贡献得到很好反映，具有说服力；④敢于公开。

（二）员工的工资决定于岗位、业绩

西门子为员工提供优越的薪资与福利，更为表现突出的员工提供高薪，或进行频繁的加薪。西门子公司在制定本土员工薪酬时经过严密的薪酬福利调查后，遵循随行就市的原则制定员工薪酬，使公司的薪酬具有市场竞争力，确保其薪酬水平与员工创造的价值相应，甚至不能低于意欲挖墙脚的竞争对手的出价。

公司严格根据员工业绩表现"按劳取酬"，"不能致功，虽有贤名，不予之赏"。

六、福利

1. 为员工缴纳"四金"

养老金、失业保险金、医疗保险金、公积金。

2. 公司还提供其他一系列的福利"套餐"

每年为员工缴纳人寿保险金，进行体检，组织外出旅游以及开展其他亲情活动等。每逢员工生病、过生日等都会收到人力资源部送来的礼物，让员工真实地感觉到集体的温暖。这些都增强了企业的内部凝聚力，增进了员工之间的情感互通。

3. 弹性福利计划

先对员工进行福利方面调查，收集了他们在福利方面的需求，再根据需求制定出不同的更有创新意义的福利项目，使得员工感激公司，让他们选择自己感兴趣的东西，而不是被动接受公司的安排。

4. 年终奖金鼓励

公司每年初都要进行目标设定，包括公司的全年目标和每个员工的全年目标，年底根据全年目标完成情况来计算年终奖金，浮动比例为0～200%。

（资料来源：李青. 西门子人力资源的探讨 [J]. 法制与经济，2010（8）.）

【案例思考题】

1. 西门子公司的人力资源战略是什么？出于哪些考虑？是如何加以保证实施的？
2. 西门子的工作价值体现在哪些地方？其人才选拔标准有什么含义？
3. 为了吸引与留住人才，西门子采取了哪些措施？关键的因素是什么？

第11章 跨国经营的国际规范

导读

为了使跨国公司的国际投资和经营活动有序而稳定地进行，需要有相应的国际规范对之加以协调、监督和管理。然而相对于国际贸易领域而言，跨国投资和经营的国际协调要落后得多，至今尚无类似于WTO那样的一套国际规则。长期以来，各方面都提出过倡议，要在跨国投资领域制定相应的一套国际规范，于是，出现了一系列协定、守则、准则之类的文件（见表11-1）。

表11-1 第二次世界大战以来与多边投资协定有关的主要协议、协定和公约一览表

时间	名称	制定者	是否有约束力	是否通过	备注
1949	关于外国投资的公正待遇的国际守则	国际商会	无约束力	通过	
1965	关于解决各国与其他国家国民之间投资争端的公约（华盛顿公约）	世界银行	有约束力	通过	中国已参加
1972	国际投资准则	国际商会	无约束力	通过	
1976	国际投资和多国企业宣言	OECD	无约束力	通过	
1976	联合国国际贸易法委员会仲裁规则	联合国	示范	通过	
1977	关于多国企业和社会政策原则的三方宣言	国际劳工组织	无约束力	通过	
1977	对于勒索和贿赂行为守则	国际商会	无约束力	未通过	
1979	联合国关于发达国家和发展中国家避免双重征税的协定	联合国	无约束力	通过	
1979	国际不正当支付协议（草案）	联合国	示范	通过	
1980	关于管制限制性商业惯例的公平原则与规则的多边协议	联合国	无约束力	未通过	
1983	跨国公司行为守则（草案）	联合国	无约束力	未通过	
1985	国际技术转让行为守则（草案）	联合国	无约束力	未通过	
1985	多边投资担保机构公约（MIGA）	世界银行	有约束力	通过	中国已参加
1992	关于外国直接投资的待遇准则	世界银行/IMF	无约束力	通过	
1994	与贸易有关的投资措施协议（TRIMs）	GATT/WTO	有约束力	通过	中国已参加
1994	服务贸易总协定（GATS）	GATT/WTO	有约束力	通过	中国已参加
1994	与贸易有关的知识产权协定（TRIPs）	GATT/WTO	有约束力	通过	中国已参加
1996	多边投资协议（MAI）	OECD	有约束力	未通过	

在这里，要强调指出的是：目前虽然全球性的规范未能产生，一些协定、守则、准则也只是局部性的，但是在长期的酝酿、起草、磋商和争论中暴露出来的问题和形成的各种主张，都在不同程度上影响着国际舆论，影响着着社会观念和价值标准，因而有的已被一些国家接受，开始成为他们之间处理问题的惯例，有的正逐渐进入立法过程而成为制定法律的因素。从事跨国经营，不可不对这些方面的情况有所了解。

本章拟列举以下几个方面来进行讨论：

① WTO 中《与贸易有关的投资措施协议（TRIMs）》；

② 联合国《跨国公司行为守则》（草案）的内容；

③ 其他有关跨国经营的规范。

11.1 WTO 与跨国经营

WTO（前身为关贸总协定，即 GATT）是协调各国间货物贸易的多边协定，主要条款不涉及直接投资和跨国经营，但在乌拉圭回合的谈判中却达成了有关直接投资的协议，即与贸易有关的投资措施协议。

11.1.1 《与贸易有关的投资措施协议》的产生

《与贸易有关的投资措施协议》（Agreement on Trade-Related Investment Measures, TRIMs），是限制东道国政府通过政策法令直接或间接实施的与货物（商品）贸易有关的对贸易产生限制和扭曲作用的投资措施。

20 世纪 70 年代以来，以跨国公司为主体的国际直接投资活动日趋频繁，直接投资数额和直接投资累积存量不断扩大，直接投资对各经济和国际贸易产生了重要的影响。与此同时，投资国和东道国、投资者和东道国之间围绕着直接投资方面的矛盾与纠纷也不断增多。为了减少矛盾与纠纷，促进国际投资活动的健康发展和积极作用的更大发挥，迫切需要加强国际协调与合作。为此，国际社会在近几十年间曾做出了多方面的努力，起草或制定了一些规则和协议。

20 世纪 80 年代初，联合国经济及社会理事会所属的原跨国公司委员会起草了联合国《跨国公司行为守则（草案）》（以下简称《守则》）。《守则》草案提出后，进行了多次讨论和修改，但由于发达国家与发展中国家的跨国公司在受东道国法律管辖、征收与国有化的赔偿标准、投资者与东道国政府争议的解决及外汇汇出的限制等问题上存在分歧，致使有关谈判久拖未结。在 1992 年 4 月跨国公司委员会召开的最后一次年会上，该《守则》文本仍未能定案，并经过非正式磋商得出结论：现阶段不可能达成一致意见。因此《守则》成为悬案，谈判彻底搁浅。

为了协调国际直接投资关系，其他一些国际组织或机构也做出了积极的努力。世界银行于 1965 年 3 月 18 日制定了《东道国与其他国家国民之间投资争议解决公约》（以下简称《公约》）。根据《公约》的规定，使国际投资争议除通过政府的外交途径解决之外，又开辟了一个新的调解和仲裁的途径。但该《公约》仅涉及投资争议的解决问题，而对如何消除争议产生的原因及国际投资方面的其他问题并未触及。在 1992 年 9 月 21 日，世界银行又同国际货币基金组织一起在征询了有关国家政府和国际组织（如国际法协会）的意见后，公布了《关于外国直接投资的待遇准则》（以下简称《准则》），并要求世界银行和国际货币基金组织的各会员国把《准则》作为在其领土内对外国私人直接投资进入和待遇的参照尺度。但这一《准则》是非强制性的，它完全是自愿执行的。经济合作与发展组织于1976年6月21日在巴黎公布的《国际投资和多国企业宣言》（参见表11-1），则属"建议"性质的，对成员没有约束力。

由于以往的协调不是很成功和很有效，再加上在关贸总协定的执行过程中出现了日益增多的与贸易有关的投资措施方面的争议，所以，在乌拉圭回合谈判中，将"与贸易有关的投资措施"列入议题之内。

发动乌拉圭回合谈判时，美国提议，有必要将扭曲贸易的投资措施纳入关贸总协定纪律约束，并建议谈判应包括影响外国直接投资流动的政策问题。美国还特别建议，有必要考虑对外国直接投资适用关贸总协定的国民待遇和最惠国待遇原则的可行性。国民待遇使外国公司与本国公司在投资建厂和在当地经营上享有同样的权利，最惠国待遇可防止成员对不同来源的投资进行歧视。

这些建议得到一些发达国家的支持，但发展中国家并不感兴趣，他们除了认为关贸总协定的授权不允许其对投资问题进行谈判外，还坚持认为，如果进行上述谈判，就不应包括跨国公司通过转移价格、限制性商业惯例及其他做法而给贸易带来的困难等问题。发展中国家的意愿使关贸总协定对投资问题的讨论最终成为对与贸易有关的投资措施这一范围较窄的概念进行谈判。

11.1.2 《与贸易有关的投资措施协议》的主要内容

1. 对东道国引进外资的限制作出的规定

（1）对东道国政府引进外资中的投资措施

通常，各国在引进外资的投资中，采取的附加要求如下所述。

① 当地含量要求：在生产中使用一定价值的当地投入。

② 贸易平衡要求：进口要与一定比例的出口相当。

③ 外汇平衡要求：进口需要的外汇应来自公司出口及其他来源的外汇收入的一定比例。

④ 外汇管制：限制使用外汇，从而限制进口。

⑤ 国内销售要求：公司要在当地销售一定比例的产品，其价值相当于出口限制的水平。

⑥ 生产要求：某些产品要在当地生产。

⑦ 出口实绩要求：应出口一定比例的产品。

⑧ 产品授权要求：投资者用已规定的方式生产的指定产品供应特定的市场。

⑨ 生产限制：不允许公司在东道国生产特定产品或生产线。

⑩ 技术转让要求：要求非商业性地转让规定的技术和在当地进行一定水平和类似的研究与开发活动。

⑪ 许可要求：要求投资者取得与其在本国使用的类似或无关技术的许可证。

⑫ 汇款限制：限制外国投资者将投资所得汇回本国的权利。

⑬ 当地股份要求：规定公司股份的一定百分比由当地投资者持有。

（2）禁止使用的投资措施

① 当地成分（含量）要求：外商投资企业生产的最终产品中必须有一定比例的零部件是从东道国当地购买或者是当地生产的，而这种要求可以以任何方式表达出来。

② 贸易（外汇）平衡要求：外商投资企业为进口而支出的外汇，不得超过该企业出口额的一定比例。

③ 贸易平衡要求：对外商投资企业的进口作出一般的限定，或规定不得超过该企业出口量或出口值的一定比例。

④ 进口用汇限制：外商投资企业用于生产所需的进口额应限制在该企业所占有的外汇的一定比例内。

⑤ 国内销售要求：外商投资企业要有一定数量的产品在东道国销售，而不论采取何种形式表示这种要求。

2. 例外条款和发展中国家成员

首先，1994年《关税与贸易总协定》中的所有例外都可以视具体情况适用于该协议；其次，发展中国家成员可以享受特殊优惠。考虑到发展中国家在贸易和投资方面的实际情况和特殊要求，它们可以暂时自由地背离国民待遇和取消数量限制原则，但这种"自由地背离"应符合1994年《关税与贸易总协定》第18条的规定，即主要是为了平衡外汇收支和扶植国内幼稚产业的发展等目的。

3. 通知和过渡安排

世界贸易组织成员应在《建立世界贸易组织协议》生效后90天内向该组织的货物贸易理事会通告它们正在实施的与该协议不相符的所有与贸易有关的投资措施，不仅包括其基本特征，还包括其一般的和具体的实施情况。上述措施要限期取消，这个期限（即过渡期）是：发达国家成员两年，发展中国家成员五年，最不发达国家成员七年。货物贸易理事会就发展中国家成员的要求，可以延长其过渡期，但要求方必须证明在执行该协议时的特殊困难。在《建立世界贸易组织协议》生效前180天内开始实施，而且与该协议不符的投资措施不享受过渡期，应立即予以取消。

4. 透明度要求

除必须遵守1994年《关税与贸易总协定》第10条"贸易条例的公布和实施"，以及分别于1979年和1994年通过的"关于通知、磋商、争端解决与监督"和"关于通知程序的部长决定"以外，每个成员方都应向世界贸易组织秘书处通告可以找到与贸易有关的投资措施的出版物，包括中央和地方各级政府所使用的相关出版物。

5. 建立与贸易有关的投资措施委员会

该委员会向世界贸易组织所有成员开放。委员会应选举主席和副主席，每年至少召开一次会议。因任何成员方的请求，可随时开会。该委员会的职责是：执行货物贸易理事会分配的任务，并向成员方提供与贸易有关的投资措施的运行和执行有关的任何问题和咨询服务；同时，还负责监督与贸易有关的投资措施的运行和执行情况，并每年向货物贸易理事会报告这方面的情况。

6. 磋商与争端的解决

1994年《关税与贸易总协定》第22条和第23条争议解决的程序与规则适用于与贸易

有关的投资措施项下的协商与争议解决。

11.2 联合国跨国公司行为守则

联合国《跨国公司行为守则（草案）》（以下简称《守则》）是由联合国经社理事会所属的跨国公司委员会于 1977 年 1 月正式开始起草的，在此以前已经指定有关组织（如所谓"知名人士小组", Group of Eminent Persons）着手研究，1982 年提出初稿，但争议的问题很多，先后于 1983 年 3—4 月、1984 年 6 月、1985 年 6 月和 1986 年 1—4 月召开委员会的特别会议，以便广泛吸收意见。1986 年的特别会议提出草案，汇集了各个问题上的分歧意见，并以此作为附件，还包括各种不同的措施和表述。此后就根据这个草案文本进行讨论。1992 年 4 月，跨国公司委员会召开了最后一次正式的年会，此后该委员会就宣告撤销。由于最后一次年会对《守则》文本仍未能定案，同年 7 月 21—23 日，经过非正式磋商，得出结论：现阶段不可能达成一致意见。从此《守则》文本成为悬案。下面将有关的机构和《守则》的内容分别简述如下。

11.2.1 联合国跨国公司委员会和跨国公司中心

委员会正式的全称是跨国公司政府之间委员会（Inter-governmental Commission on Transnational Corporations），于 1974 年 12 月成立，由 48 个国家的政府代表组成。成员国席位按地区分配：非洲 12 名，亚洲 11 名，拉美 10 名，北美、西欧、大洋洲发达国家共 10 名，前苏联、东欧 5 名，其任期为 3 年，连选可连任。由于美、英、德、日是世界对外直接投资最大的母国，故每届委员会必定有上述 4 国代表参加。委员会的主要职责是就有关跨国公司的问题进行磋商，并向联合国经济及社会理事会提出报告。委员会可选聘 16 位专家顾问，以备咨询，但专家顾问不应代表其所在国政府，而应代表世界公众的利益发表意见和提出建议。

为了进行经常性调研工作和撰写各种报告，以供委员会和国际社会参考，1975 年 11 月设立了跨国公司中心（CTC），其职责类似委员会的研究室和秘书处，但跨国公司中心在行政系统上属于联合国秘书处。1992 年委员会被撤销，其工作并入联合国贸易和发展理事会的"跨国公司计划"，跨国公司中心的研究工作也一起并入。

11.2.2 《守则》草案的结构和内容简介

《守则》草案分为六章（或称六部分）。

1. 序言和目标

原定在这一章中要明确《守则》是有约束力的抑或可以自愿遵守，但美、英等国与多数发展中国家未能达成一致意见，故这一章内容暂缺。

2. 跨国公司的宣言和《守则》的适用范围

这一章的内容大体达成一致意见，明确规定《守则》适用于一切从事跨国经营的企业，不论其来自市场经济国家抑或计划经济国家，也不论国营、公营或私营。

3. 跨国公司的活动及其对东道国的态度

这一章篇幅最长,包含三方面的内容。

(1) 政治问题

可将有关条款简括如下:

——东道国政府对跨国公司的活动有宏观管理和监控之权;

——尊重东道国的主权,遵守其法规和行政措施;

——尊重人权和基本自由;

——不干涉内政和各国政府间事务;

——防止腐败行为(主要指行贿);

——跨国公司的活动应力求符合东道国的发展目标;

——如因情势变迁,东道国政府与跨国公司过去订立的协议、合同,可以重新谈判和修订。

以上内容大体上达成一致意见,较突出的分歧是对"永久主权"这一概念的解释:美、英等国承认跨国公司应尊重东道国政府对自然资源和财富拥有永久主权,但实施必须符合国际法的规定;而多数发展中国家坚持只要符合其承担的国际义务即可。

(2) 经济、金融和社会问题

——在跨国公司的所有权和控制权方面,要求母公司给予子公司以足够的自主权,以便于公司能为实现东道国的发展目标而进行积极的合作。

——要求跨国公司对管理人员和技术人员的培养、任用应实施本土化,使东道国人民能更多地参与决策和管理。

——要求跨国公司支持东道国在外汇、金融方面的立法和政策,特别是要为缓解发展中国家的国际收支困难做出积极贡献,但在涉及如何帮助发展中国家实现出口多样化及改善国际收支状况时,却不提任何具体措施。

——转移价格是发展中国家与西方跨国公司之间历来存在的尖锐矛盾,《守则》有专门针对转移价格问题的条文,但却只有寥寥数行,只是规定"跨国公司的内部交易不应也不得采用不以市场价格为基础的定价政策",在没有市场价格的情况下,应以"正常交易价格"为基础,但如何防止跨国公司通过转移价格隐匿利润,逃避税收,抽走资金,却只字未提。

——限制性商业做法(Restrictive Business Practices,RBP)和技术转让,这是发展中国家最关心的两大问题。限制性商业做法实际上就是指西方跨国公司的垄断行为;技术转让问题则主要指西方跨国公司利用技术优势进行盘剥和控制。所以,这两者都是发展中国家与西方跨国公司经常发生冲突的问题。但《守则》中对此却毫无实质性的内容,而是转移矛盾,规定对这两个问题分别适用 1980 年 12 月 5 日联合国大会通过的《控制 RBP 多边协议》及当时正在联合国磋商的《国际技术转让行为守则》。

——关于保护消费者的利益和保护环境问题,基本上没有对立的意见。

(3) 信息公开问题

跨国公司应向东道国公众提供有关其经营和政策方面的信息,包括财务方面的信息,例如资产负债表等资料。

4. 跨国公司的待遇

这一章主要包括三个方面的内容。

(1) 对跨国公司的待遇

原则上一致同意"跨国公司应在其经营的各国受到公正和平等的待遇",但涉及具体问题时仍有分歧。

——国民待遇原则。东道国对跨国公司应给予与本国企业在相同情况下同样的待遇,但必须符合国家宪法,并服从维护公共秩序和保障国家安全的要求,也不得背离与发展中国家发展目标有关的立法措施。虽有这样的原则规定,但在具体表述和措辞上仍有分歧,在这背后实际上涉及如何解释和界定的问题。根据上述规定,可以不让跨国公司插足某些部门,如电视、广播、电信等,而且也可以在某些方面不给外资企业与本国企业同样的待遇。

——东道国有关跨国公司的立法和规章应透明而稳定。

——前面规定跨国公司对东道国政府和社会公众应提供其经营情况的有关信息,但《守则》规定,为了商业利益,某些信息只向政府专门机构提供,而且必须遵守保密要求。

——跨国公司要求自由地提取、汇出在东道国的盈利和其他一切支付,发展中国家要求这必须服从东道国的国内立法,包括外汇管制法规,而美、英等国则只愿接受一般性的原则,即跨国公司应支持发展中国家的外汇平衡的管理措施,帮助缓解发展中国家收支的困难。所以,最终的规定仍有待磋商。

(2) 国有化与赔偿问题

规定了东道国有权对外国公民和法人的财产实施国有化,但须提供赔偿。争论较大的问题是:西方国家坚持国有化及其赔偿问题都应受国际法制约;而多数发展中国家认为,哪些算是普遍接受的国际法原则尚待商榷,只能按照各国同意接受的国际义务来衡量。西方国家要求赔偿必须是"迅速的、充分的、有效的",这未被发展中国家接受。专家顾问们提出的用语是"适宜的赔偿",其含义广泛,可避开上述"国际法"与"国际义务"之争,但双方都未接受这一措辞,故分歧并未解决。

(3) 司法权问题

——一致承认东道国对跨国公司在东道国的子公司有司法权,但对司法管辖权的含义应如何界定却一直存在分歧。

——对于跨国公司与东道国之间的争议如何解决,许多西方国家(经济合作与发展组织国家——OECD)反对提交东道国法院,主张在按照协议、合同规定的方法而仍未能解决争议时,应提交合格国家的法院裁决。但怎样才算"合格"?如何确定是否"合格"?对此均未涉及。这实际上就使西方国家有了将争议不提交东道国而提交第三国法院裁决的机会。

——跨国公司和东道国可在协议、合同中作出关于解决争议的方式和法律的选择,但不排除东道国政府为了国家主权和利益,事先对上述选择作出的有关限制。

5. 各国政府为实施《守则》的合作

为实施《守则》,各国政府一致同意应在双边和多边的基础上交换意见和进行讨论。跨国公司与东道国政府之间的争端应尽量使用当地的补救办法来解决,在这些办法未告穷尽时,母国政府不应代表跨国公司采取行动。这就是说,只要当地有补救办法,便不得寻求外交保护。同时又规定,即使母国政府采取行动,也不得违反联合国宪章。

6. 各国和国际上为实施《守则》所应采取的行动

各国在制定有关跨国公司的法规时,应充分考虑《守则》的目标和要求。国际上则应由联合国有关机构予以推动,并进行一系列必要的工作。

11.3 地区性和其他国际性规范

20世纪90年代以来,全球双边投资协定得到迅速发展,至2002年底已有170多个国家(地区)签署了2 181个双边投资协定,而1995年底时其数量累计才924个,发展速度由此可见一斑。区域投资协定的发展也很迅速,截止到2000年,区域投资协定已超过170个(见表11-2)。除此以外,世界银行、国际劳工组织等也都制定了一些相关的规定。这些协定、规则和规定都对规范跨国公司的行为发生了作用,现举其中几个规定以说明之。

表11-2 包含有投资内容的若干区域协定

时间	名称	制定者	是否有约束力	是否通过
1957	阿拉伯经济联盟协议	阿拉伯经济联盟	有约束力	通过
1961	资本流动自由化法则	经济与合作组织(OECD)	有约束力	通过
1961	经常项目无形资产交易自由化守则	经济与合作组织(OECD)	有约束力	通过
1969	安第斯地区一体化协议	安第斯共同市场	有约束力	通过
1971	阿拉伯国际投资保证公司协议	阿拉伯国际投资保证公司	有约束力	通过
1972	中非关税经济共同体跨国公司法则	中非关税经济共同体	有约束力	通过
1973	加勒比共同体条约	加勒比共同体	有约束力	通过
1987	东盟关于投资促进和保护协定	东盟	有约束力	通过
1989	第四次洛美协议	欧盟-非加太会议(EU-ACP)	有约束力	通过

11.3.1 安第斯公约国家第24号决议

1969年,拉美有关国家为发展区域内的经贸合作,筹组共同市场,经过磋商,于当年5月26日在哥伦比亚的港口城市卡泰格那(Cartagena)签署《安第斯地区一体化协定》(又称《卡泰格那协定》),并成立"拉美一体化协会",后改称为"安第斯公约组织"。当时批准规定的有玻利维亚、智利、哥伦比亚、厄瓜多尔、秘鲁5国,1973年委内瑞拉加入,1976年10月智利退出。

1970年12月31日,"安第斯公约组织"在秘鲁首都利马通过第24号决议,这是一个关于引进外资和技术的管理文件,其正式的全称是《对外资、商标、专利、许可协议和提成的共同待遇的第24号决议》(以下简称《决议》)。《决议》主要内容分为"关于外资利用"和"关于技术引进"两大部分,现简述如下。

1. 关于外资利用

对外资采取"逐步弱化"的政策,主要措施有以下四个方面。

① 成员国企业的外资比重不应高于49%,如果高于此数,便不得享受成员国相互间给予的关税减免和其他贸易优惠,除非承诺在15年内出让股本,使成员国的公民和法人在该企业中占有多数股权。

② 外资企业每年汇出的利润规定在其注册资本的14%以下。外资企业每年的再投资若超过当年利润额的5%,须经审查批准。

③ 外资企业不得进入敏感部门,如电视、广播等;外资银行不得吸收当地的活期和定期存款。

④ 外资企业借款所付利息不应超过成员国优惠利率3%以上。优惠利率指成员国商业银行短期贷款的最低利率,若为5%,则外资企业支付从国外借入的贷款利息时,最高只能按8%计息。这是为了防止外资企业以支付利息的名义汇出更多的利润或转移资金。

2. 关于技术引进

西方跨国公司特别是美国跨国公司挟其技术垄断优势,在拉美国家的技术引进合同中广泛使用限制性商业惯例(RBP),这在技术引进合同中常见的做法有以下两种。

一是束缚性购买条款——技术输入必须向输出国购买规定的设备、零配件、原材料等,这大大增加了引进的实际费用。

二是出口限制条款——输入方不得出口用引进技术所生产的产品,并在数量、地区、价格等各方面都作了限制,以加强西方跨国公司的垄断优势。

针对上述情况,《决议》规定:设立专门的政府机构,审查技术转让合同,要求取消上述不合理条款;采取措施,促进"适用技术"的引进和发展;建立信息网络,交流成员国有关技术引进的情况和对策。

《决议》反映了拉美国家反对外国控制和发展民族经济的良好愿望和迫切要求,但实践证明,《决议》的原则和措施是不合时宜和不切实际的,也不符合拉美国家的长远利益。1987年5月,"安第斯公约组织"开会作出调整,决定在不背离维护国家主权和民族利益的前提下,各成员国可自行制定利用外资和引进技术的政策。

11.3.2 经济合作与发展组织国家的《宣言》和《多国企业准则》

经济合作与发展组织(OECD)的主要成员国是西欧国家和美国、日本,故《宣言》、《准则》反映了西方发达国家在跨国公司问题上的立场和观点。《宣言》的全称是《国际投资和多国企业宣言》,1976年6月21日于巴黎公布。其内容包括以下五个部分。

1.《准则》

《准则》,其全名是《多国企业准则》,载于《宣言》的附则中,后文将作具体介绍。

2. 国民待遇

《宣言》明确宣布,经济与合作组织成员国对所有的外来直接投资都给予国民待遇。

3. 鼓励和抑制投资

该部分要求成员国在鼓励和抑制国际直接投资方面采取立法和行政措施时,应考虑其他成员国的利益,防止采取"以邻为壑"的政策,并应尽力使其立法和政策具有透明度。如果鼓励和抑制国际投资的立法和政策使他国蒙受不利,则受害国可提出申诉,在经合组织内进行磋商。

4. 政府间磋商程序

该程序主要是关于成员国政府对上述三项内容进行磋商的技术安排。

5. 检查

检查是指对前述三项内容实施情况的回顾与检讨,以便改进。

由于《宣言》篇幅较短,而《准则》较长,故《准则》全文放在"附则"中,共分"序言"和正文两部分。

正文包括七章:第一章,总政策;第二章,信息公开;第三章,竞争;第四章,融资;第五章,税收;第六章,就业与工业关系;第七章,科学与技术。

关于这7章的内容,可概括如下。

——经合组织作出的决定有两类:一是"决议",对成员国有约束力;二是"建议",没有约束力。既然在跨国公司问题上不可能产生有约束力的法律文件,故采取《宣言》、《准则》的形式向成员国建议,并由各国政府自愿执行。由于成员国政府均已表示赞同,故《准则》在政治上和舆论上仍具有较高的权威性。

——既然是"建议",故不仅措辞委婉,内容也体现了所谓的礼让原则,即要求相互尊重主权和法律的原则。这就决定了各章往往罗列一些抽象的条文,要求成员国政府和跨国公司考虑。例如:"多国企业应充分考虑东道国既定的总政策目标……";"多国企业应努力保证其活动很好地配合东道国的科技政策和计划……"至于应采取什么措施,以便落实"充分考虑"、"努力保证"、"很好配合"等要求,却没有具体规定。

——除了抽象的条文外,各章中一些可视为具体内容的叙述都已散见于其他国际组织的文件中。例如,最明显的便是第六章"就业与工业关系",其内容与"国际劳工组织"关于跨国公司的文件基本一致,对此将在下面予以介绍。又如,第一章至第五章的很多内容已被后来起草的联合国《跨国公司行为守则》所吸收,前面已作了较详细的说明,故不再赘述。

根据上述,既然《准则》内容有的流于抽象,难以具体落实,有的已在别的国际规范中出现,而且又是无约束力的"建议",那么,这是否意味着《准则》纯属一纸空文、毫无作用呢?实际情况证明并非如此。在解决争议时,《准则》常被作为仲裁的根据;遇有不同意见和看法时,也可在《准则》中寻找答案,或提请经合组织下属的国际投资与多国企业委员会(CIME)予以澄清和解释。例如,1979年CIME就帮助处理过20多起争议,它不是进行仲裁,而是根据《准则》对争议中涉及的问题作出说明和澄清,从而促进争议的合理解决。有一个著名的案例可以作为证明,这个案例是在1976年《准则》刚刚出台时发生的。美国跨国企业雷色昂(Raytheon)公司在比利时开设一家工厂——贝吉公司,由于经营管理不善,出现严重亏损,工厂宣告倒闭,工人全体被解雇,但公司事先既未通知工会,事后也未向工人提供补偿。比利时政府和工会都认为,根据《准则》,如果贝吉公司无力履行义务,则母公司(雷色昂)有责任帮助解决,并提请有关机构(CIME)予以解释。结果CIME的解释与比利时政府和工会的上述看法并不完全一致,但它仍然认为,母公司对子公司关于解雇工人一事,确有超出法律以外的义务。至于超出"法律以外的义务"究竟指什么,CIME未作具体说明,但这对争议的解决仍然起到了一定的促进作用。1977年4月,雷包昂同意承担某些义务，即向工人提供补偿。有的法学家认为，"贝吉公司案"意味着母公司对子公司的法律责任使有限的传统观点受到质疑和冲击。由此可以窥见《准则》在跨国公司国际规范中的影响。还须指出，CIME 对《准则》的解释和澄清并非主观地独自进行的，实际上它与各成员国政府、劳资双方及有关的国际机构都保持着联系，通过与各有关方面交换意见并酝酿成熟后，才作为 CIME 的看法提出来。例如，与 CIME 有经常性协作关系的工商界组织和工会，主要有工商界咨询委员会（Business and Industry Advisory Committee，BIAC）和工会咨询委员会（Trade Union Advisory Committee，TUAC）。它们都不属于经合组织，而是经合组织承认的独立咨询机构。在 BIAC 中，经合组织 24 个成员的工商界都有代表，而且通过 BIAC 不断向经合组织反映对国际投资税收、环保及跨国经营等其他问题的意见。TUAC 则是一个更加庞大的咨询机构，它不仅包括了成员国中 38 个工会组织的代表，而且几乎所有国际工会组织都有代表参加，其中有的在世界上影响很大。例如，自由工会国际联盟（International Confederation of Free Trade Unions，ICFTU）包括了 95 个国家的 144 个工会组织，会员达 8 200 万人。它不仅派有代表出席联合国的各种会议，而且有专职的"游说团"对国际组织和有关国家的议会进行"公关"工作。1975 年 10 月，在墨西哥城召开第 11 届大会，通过《工会要求立法管制多国公司章程》。章程内容广泛，涉及跨国公司的投资、生产、环保、财务、信息公开、技术转让、雇用和工作条件等问题。1978 年又通过决议，要求制定有约束力的监控跨国公司行为的守则，并对联合国《跨国公司行为守则》的起草工作提出了 8 点意见。此外，还有一些左派力量领导的国际工会组织也对跨国公司问题提出自己的意见和要求。

11.3.3　世界银行的《公约》和《关于外国直接投资的待遇准则》

1965 年 3 月 18 日，由世界银行（即国际复兴开发银行）提出《东道国与其他国家国民之间投资争议解决公约》。截至 20 世纪 80 年代末，已有 98 个国家签署这项公约，我国于 1990 年 2 月 9 日签署该公约，唯有拉美国家大多未参加。由于世界银行总部设在华盛顿，因此该公约又简称《国际投资华盛顿公约》（以下简称《公约》）。过去的投资争端往往要通过政府的外交活动来解决，而这个公约可以说是首次在国际范围内为投资纠纷开辟了调解和仲裁的途径，投资人（跨国公司）不必再求助于本国政府，可直接求助于《公约》，这样比外交途径要简便灵活得多。同时，对东道国政府来说，调解和仲裁不至于直接影响两国的外交关系，而且也有利于吸引外资。

1966 年，根据《公约》在世界银行内设立了解决投资争议国际中心（International Center for Settlement of Investment Disputes，ICSID）。ICSID 是独立法人，其业务是为争议双方提供调解和仲裁的服务，即 ICSID 本身并不是仲裁机构，而是进行组织和安排。它可为双方提供、推荐调解人和仲裁人的名单，由争议双方挑选。仲裁作出的裁决是有约束力的，但是否提交仲裁，则完全由双方自愿选择。如果双方都同意交付仲裁，则就有义务接受和遵守裁决。按照《公约》第 25 条规定，必须符合以下三个条件，ICSID 才能接受申请并作出必要的安排：

① 争议当事人的一方是《公约》的签署国，而另一方则是另一签署国的公民（法人）；
② 争议双方都有表示同意提交仲裁的书面申请；
③ 争议限定为"直接由于投资所引起的法律争端"。

《公约》是专门用于调解和仲裁投资争议的程序和技术安排的，并非跨国经营的行为规范。1992 年 9 月 21 日，世界银行和国际货币基金组织在与有关国家的政府和国际组织（包括国际法协会）协商后，公布了《关于外国直接投资的待遇准则》（以下简称《准则》），并要求世界银行和国际货币基金组织的各会员国把《准则》作为"在其领土内对外国私人直接投资的进入和待遇的参照尺度"，但它完全是自愿执行的。这个《准则》的重点在于东道国政府应如何对待外国私人直接投资者，而对于跨国公司的行为要求却很少提及，可见其立场是偏向于投资方的。

《准则》实际上是一份建议书，共分五项（或五个部分），现简述如下。

第一项：主要说明《准则》适用于一切已存的和新的外国私人直接投资。

第二项：要求东道国取消复杂的外资进入程序，加强投资法规的透明度，创造良好的投资环境并及时提供信息；但也提出东道国政府有权加强对外资的监督管理。

第三项：规定对外资给予公正和平等待遇的一般标准，其中包括国民待遇。这里所说的"一般标准"，实际是指与外资有关的国际法和国际惯例中的要求，并强调这个"一般标准"应无偏见地适用于所有国家。

第四项：同意东道国有权征用（国有化）外资企业的财产，但必须出于公众利益的需要并提供赔偿，而不能基于国籍和民族的歧视。赔偿应是"迅速、充分、有效"的，并拟订了计算公式。如果外资企业因触犯东道国法律而被征用时，可减少甚至不给赔偿。在发生革命、战争和大规模的社会改革时，对外资企业实施国有化，其赔偿问题应由国家之间磋商解决，或提交国际裁决。

第五项：关于投资人与东道国政府之间的争议问题。其规定与前述的《国际投资华盛顿公约》大致类似，要求各会员国尽量提交 ICSID 去安排。

11.3.4 关于限制性商业做法的多边协议

所谓限制性商业做法（或称惯例），是指大企业利用其在市场上的支配地位，限制公平的自由竞争，以攫取高额利润的各种措施。

西方跨国公司在货物贸易和技术贸易中，通过限制性商业做法进行重利盘剥，历来被广大发展中国家所反对，也是国际经济秩序中破旧立新斗争的一项重要内容。1972 年，在智利首都圣地亚哥召开的联合国贸发会议第三届大会上，通过决议成立专家小组，研究如何对付限制性商业做法；1979 年，在日内瓦召开的贸发会议第六届大会上提出了专家小组草拟的多边协议，1980 年 12 月 5 日在联合国第 35 届大会上通过，其正式的全称为《关于管制限制性商业做法的公平原则与规则的多边协议》（The Set of Multilaterally Agreed Equitable Principles and Rules for the Control of Restrictive Business Practices）。在有关书刊中，为简化起见，常称之为"RBP Code"。这项多边协议是自愿执行的，而且不包括跨国公司内部的做法，只要这些内部做法不妨碍第三者在市场上的竞争条件，多边协议就不应过问；同时，也没有一个常设的国际机构进行监督。因此，多边协议完全是一套软性规则，甚至连西方工商界人士也表示不满，因为他们也希望限制垄断行为，开展公平竞争。

上述多边协议指出的企业不应使用的一系列限制性商业做法大体上分为两类：一类是通过协商一致的行动来限制自由竞争；另一类是滥用其在市场上的支配地位来排斥竞争者。前一类做法实际上是卡特尔协议，它包括下列一些做法。

——串通投票。例如，当某一发展中国家为一项工程举行招标时，西方跨国公司互相勾结起来投票，迫使招标人不得不接受垄断高价。

——固定价格。例如，有关企业以一致商定的价格出售产品，消除彼此间的竞争，以维持高价。

——划分市场或客户。例如，商定各自的生产或销售量，以限制供应，从而维持高价，违者课以罚金。

——联合抵制交易。例如，一致拒绝与对方交易，以迫使对方让步或接受自己提出的条件。

如果说前一类做法主要是通过协议来消除内部的相互竞争，那么后一类做法主要是依靠在市场上的支配地位来排斥竞争，即扰乱和破坏正常的竞争条件。它包括以下一些做法。

——掠夺性行为。例如，由于在市场上占有支配地位，即在生产或销售上占有很大优势或比重，得以削价倾销，不惜以低于成本的价格迫使竞争对手退出市场，然后再抬高价格，牟取暴利。

——歧视性条件。例如，以歧视性价格或其他歧视性交易条件破坏市场上原有的公平竞争。

——兼并、接管其他企业，实现横向或纵向联合，从而排除竞争。

11.3.5　国际劳工组织关于跨国公司问题的宣言

国际劳工组织（International Labour Organization，ILO）是1919年根据凡尔赛和约成立的，当时是国际联盟的下属机构，联合国成立后就成为其"联系机构"之一。所谓联系机构，是指不属于联合国的独立的国际组织，但它与联合国保持联系，并互相配合开展工作。例如，关贸总协定也是这样的联系机构之一。国际劳工组织目前约有150多个会员国，每个会员国可派两名代表参加，其中一名来自雇主，另一名来自工会。它所通过的决议、声明、备忘录等文件均无约束力，但它的公约如经会员国签署，则对该签署国就有约束力。

1977年11月16日，国际劳工组织通过了关于跨国公司劳资关系的宣言，正式的全称是《关于多国企业和社会政策原则的三方宣言》（以下简称《宣言》）。三方即指政府、雇主和劳工。《宣言》主要涉及工人待遇、就业培训等，其内容与前述的经合组织1976年的《多国企业准则》中有关劳工问题的要求大致相同，并被后来的联合国《跨国公司行为守则》所吸收其中，较重要的主张有：跨国公司应努力增加就业机会，实行无歧视的雇用政策，并采用能直接或间接促进就业的技术；跨国公司应提供培训机会，提高就业标准；跨国公司的工资福利和工作条件不应低于东道国当地雇主所提供的标准，如果没有当地雇主可以比较参照，则必须满足工人的基本需要，并尽可能提高标准；跨国公司应尊重工人集会、结社、集体谈判的权利，不得以撤资或迁厂等措施来对工人施加压力。

《宣言》只是一种建议，并无约束力，但国际劳工组织特别设立了一个委员会，负责评估《宣言》的实施，每三年向各会员国进行一次通信调查，要求会员国政府提供信息和答复，并据以综合写成评估报告；工会组织也可直接反映有关的情况，要求评估时给予注意。

本 章 小 结

跨国经营的国际规范是为了使跨国公司的经营活动能有序、稳定地进行。国际规范来源于有关的国际公约、协定，国际习惯法及一些国际惯例，国际组织及有关国家共同制定的守则或准则。

WTO虽然是协调各国货物贸易的多边协定，但其中也有与贸易有关的投资措施协议，因此这一部分与跨国公司的经营活动也有必然的联系。

联合国也对跨国公司的经营活动给予关注，专设机构和制定守则对跨国公司的行为进行协调和磋商。除此之外，还有一些地区性的国际性规范，都是应该加以关注的。对这些规范加以了解有利于跨国公司的跨国经营活动和国际贸易活动的开展。

关键术语

世界贸易组织（WTO）　　与贸易有关的投资措施协议（TRIMs）　　关税与贸易总协定（GATT）　　联合国跨国公司行为守则　　安第斯公约组织　　经济合作与发展组织　　国际投资华盛顿公约　　限制性商业做法　　多国企业和社会政策原则的三方宣言

复习思考题

一、选择题

1. （　　）是限制东道国政府通过政策法令直接或间接实施的与货物贸易有关的对贸易产生限制和扭曲的投资措施。
   A. TRIMs　　　　　　　　B. GATT
   C. MAI　　　　　　　　　D. MIGA

2. 世界贸易组织成员方应该在《建立世界贸易组织协议》生效后（　　）内向该组织的货物贸易理事会通告它们正在实施的与该协议不相符的所有与贸易有关的投资措施。
   A. 30天　　　　　　　　　B. 60天
   C. 90天　　　　　　　　　D. 120天

3. 跨国公司的活动及其对东道国的态度应该包括（　　）等内容。
   A. 政治问题　　　　　　　B. 经济、金融问题
   C. 社会问题　　　　　　　D. 信息公开问题

4. 跨国公司的待遇应该包括（　　）等内容。
   A. 对跨国公司的待遇　　　B. 国有化与赔偿问题
   C. 司法权问题　　　　　　D. 政策问题

5. 1965年，由（　　）提出了《东道国与其他国家国民之间投资争议解决公约》。
   A. 联合国　　　　　　　　B. 世界银行
   C. WTO　　　　　　　　　D. OECD

6. 所谓（　　），是指大企业利用其在市场上的支配地位，限制公平的自由竞争，以攫取高额利润的各种措施。

A. 限制性自由竞争　　　　B. 限制性商业做法
C. 惯例　　　　　　　　　D. 公约

二、思考题

1. 试述 WTO 中与贸易有关的投资措施协议的有关内容。
2. 联合国《跨国公司行为守则》的产生过程怎样？主要内容是什么？
3. 《安第斯公约国家第 24 号决议》的内容是什么？
4. 简述《经济合作与发展组织》宣言的内容？
5. 由世界银行提出的《国际投资华盛顿公约》主要是为了解决什么问题？

案例分析

加拿大的利用外资政策

加拿大是发达国家中吸收外资最多的国家。其主要的外国投资者为美国的跨国公司。外资的注入使得加拿大的资源得以开发和利用，经济逐步繁荣。但是，由于加拿大本国企业未能得到足够的发展，在外贸、国防、通信等方面，加拿大均有严重依赖外国投资的倾向。因此，自 20 世纪 50 年代起，加拿大一些集团开始游说政府对外国投资加以限制。最后，加拿大于 1973 年设立外国投资审查办事处，专门负责对外国投资项目的审查与批准。此外，加拿大政府还通过税收制度和其他措施限制外国企业从事某些方面的商业活动。在采掘业，加拿大政府将其西北部地区的开采特许权保留给加拿大本国企业或由加拿大居民掌握 51% 以上股权的企业。另外，捕鱼业、航空公司等营业特许亦均保留给本国企业和国民。在自然资源的开发方面，加拿大政府对外国投资者的限制起始于 20 世纪 70 年代。政府先后建立了几个以开采自然资源为目标的国家企业。1974 年 6 月，加拿大总理宣布作为党和政府的目标，任何从事重要的新的自然资源开发企业，加拿大当地居民和企业至少应拥有 50%～60% 的股权。此项规定仅限于联邦政府所拥有的土地及矿区的开发。加拿大政府这一政策的目的主要在于维持其本国企业在相关工业的地位，以便逐步实现经济上的完全独立。自 20 世纪 80 年代以来，外国投资占加拿大本国投资比重越来越小。加拿大关于外国直接投资的具有限制性的法律、法令经常受到发达国家政府和跨国公司的批评。1985 年，加拿大通过《加拿大投资法》以取代原有的外国投资审查法规。根据新的法规，只有大型项目需要政府批准和审查。另外，该法规简化了原有的审批程序以鼓励外国投资。目前，加拿大仍为外国投资的理想场所，许多公司仍愿意到加拿大进行投资。

（资料来源：杜奇华. 跨国公司与跨国经营. 北京：电子工业出版社，2008.）

【案例思考题】

1. 根据案例，总结加拿大利用外资政策的特点。
2. 结合本章知识，试分析加拿大的外资政策与发展中国家有何不同？

第12章 我国企业跨国经营的战略选择

导读

加入WTO，可以说是我国的第二次改革开放，开创了中国企业国际化经营的新局面。这既是我国保持经济增长的需要，也是世界经济一体化的必然结果。坚定不移地实行对外开放，是我国经济建设的一项基本国策。对外开放，既包括对外开放国内市场和引进外资，更包括积极参与国际分工，发展跨国经营，在国际范围内实现资源的优化，增强企业活力。这要求我国企业应增强国际市场竞争意识，积极建立跨国经营战略。

我国建立跨国公司的战略意义是什么；我国企业跨国经营与跨国公司的发展和现状如何；我国企业跨国经营的战略优劣势情况；跨国经营和建立跨国公司的前景以及中国企业如何进行跨国经营战略选择这些问题，是本章要讨论的主要问题。

12.1 我国建立跨国公司的战略意义

建立跨国公司，对于进一步改革开放，积极参与国际竞争，使我国从经济大国走向经济强国具有十分重要的战略意义。

1. 建立跨国公司是中国走向世界经济强国的内在要求

在国家之间的经济竞争越来越集中到对产业控制权争夺的今天，像中国这样的大国如果没有一定数量的世界级跨国公司，那么在全球经济竞争中就有被边缘化的危险。所以，我们没有太多的必要讨论中国是否能够成为"世界工厂"，其实那只是世界范围内的产业转移问题。我们更应透过中国经济舞台的热闹场面看到我们经济竞争力的虚弱，并将更多的关注目光投到那些矢志在将自己打造成世界一流水平的中国跨国公司身上，因为这些公司的成长状况直接关系到中国在未来世界经济竞争格局中的地位。

中国需要大批世界级跨国公司。从经济发展史的角度来看，中国跨国公司的涌现既是中国经济崛起的必然结果，又是中国走向世界经济强国的内在要求。翻开工业革命以来的历史会发现，当一国崛起为世界经济强国时，必然出现一批具有国际竞争力的大企业，如德国在19世纪末成为世界经济新贵时，就涌现了西门子、巴斯夫、拜耳、蒂森·克虏伯等一大批世界级企业。同样，当美国在20世纪上半叶开始主导世界经济时，通用汽车、通用电气、福特、杜邦、IBM等业界巨子便应运而生了。类似的情形还出现在第二次世界大战后的日本。所以，经济学家们把跨国公司的出现以及在战后获得的巨大发展视为同蒸汽机、电力和汽车的应用推广一样，是现代经济史上的一件重大事件。

跨国公司还是母国实力的象征以及母国利益的代言人。今天，判断一国是不是世界经济强国，在一定程度上主要看该国是否拥有以及拥有多少世界级的跨国公司。一国如果没有自己的跨国公司，那么在国际分工、资源配置和财富分配等方面必然受制于人，在国际经济事务中就很难有发言权，甚至国家经济主权也保不住。中国目前虽是世界第六经济大国，但还不是世界经济强国，这在相当程度上是因为中国还没有一大批世界级的跨国公司。

2. 建立跨国公司有利于国民经济结构的调整

从我国高科技产业发展的现状看，目前存在两方面的困难：一是我国有部分高科技领域处于世界领先地位，如航天技术、药物研究等，但因缺乏相关工业技术的有力配合，有些成果只能停留在实验室里，无法商品化；二是有些产业部门中的高科技关键环节，目前我们还有很多空白。这些都影响我国高科技产业的发展。建立我国的跨国公司，通过技术的输出和引进，将选择海外合作伙伴，将其先进的设备、成熟的销售渠道为我所用，实现科学技术的市场化和商品化生产，从而带动这部分高科技产业的发展。

从发挥现有传统产业的优势方面来看，建立我国跨国公司也能起到重要作用。在发展国外市场方面，它能利用综合性经营的优势，组织收购成本低廉的原料，搜集国际产品信息，改变现有传统产品的结构和档次，继续进军发达国家；同时，它又能以投资海外的形式，在发展中国家兴建企业，就地扩大销售，使我们的成熟技术、工艺得到充分发挥，赢得市场、赢得利润。我国机电产品在国际市场具有一定传统优势，目前在东南非、东欧、中东等地区贸易和直接投资两旺，且市场潜力巨大。而日本大公司则凭借其强大的财力和高科技优势，以良好的质量和售后服务在国际机电产品市场上占据了一角，主要出口汽车、工程机械、小型发电机组、家用电器等。积极加入与强手的竞争，可以促进我们淘汰落后技术和产品，促进技术的升级换代，大大提升国民经济结构中高新技术产业的比重。

抓住世界主要发达国家经济重心开始转向服务业契机，以优化国内产业结构。据联合国贸发会议《2004年世界投资报告》的统计，2001年，服务业占发达国家国内生产总值的72%。我国服务业总体上落后于发达国家，但在许多领域也具有比较优势，如在国外工程承包及劳务输出、远洋运输服务、人造卫星发射服务，以及旅游服务方面。中国中色建设集团1983年年初组建时，以劳务输出为主，承接的业务以民用建筑为主；80年代后期，公司逐渐向"以有色金属工业项目为主、以工程承包带动资源开发和经济技术合作"的方向转移，发展成为"以技术出口为龙头，以设计带动成套机电设备材料出口和劳务输出"的工程总承包公司。90年代中期，随着国际通行的融资承包模式的兴起，中国有色建设集团在海外工程项目的建设中逐步形成了以矿产品偿还承建项目贷款的经营方式，不断扩大工程承包市场份额，同时积极向资源开发和经济技术合作的各个领域拓展。

所以说，建立我国的跨国公司，既能带动高科技产业的发展，又能发挥现有传统产业的优势，进一步开拓国内外市场，并根据世界经济发展变化的趋势来调整我国的国民经济结构，根据国内外消费需求的变化，建立和完善产业结构体系。

3. 建立跨国公司有利于广泛利用国际资源

发展经济需要资金、技术和自然资源、人力资源等要素的合理组合。兴办跨国公司，进行海外投资是获得优质资源的一个有效途径。

在海外兴办跨国企业，则可利用海外资金和先进技术。取得当地法人地位之后，便可向当地或国际金融机构借款；可以以跨国公司的名义发行股票和债券，在当地筹措资金；可在当地直接聘用技术和管理人员。2002年9月TCL收购施耐德，是TCL集团国际化进程的里程碑，对TCL国际化经营具有十分重要的战略意义。从彩电等行业全球格局来看，欧美仍然是最大的市场，TCL要想做成国际化的企业，必须在这个市场占有一席之地。收购施耐德TCL有几个战略考虑。一是绕开欧盟的贸易壁垒，通过收购当地企业的方式进入，就可以轻松地越过这道反倾销壁垒。第二个战略考虑是因为施耐德在欧洲有相当的市场基础，通过收购施耐德，TCL可以利用其现成的品牌和网络，快速切入此市场。施耐德在通信、信息产业方面也有一定基础，可以把TCL这两块产业也带过去。第三个战略考虑是通过施耐德进入欧盟这个成熟市场，真正地与国际大企业过招，有助于TCL提升国际竞争力。收购施耐德还能提高TCL的国际管理能力。TCL在德国雇了120多个员工，带来了先进的管理理念。TCL用820万欧元买了包括施耐德的品牌、技术、固定资产和流动资产，这些资产对TCL是非常宝贵的。另外，德国政府和金融界对TCL也很支持，德国的经济部长和施耐德所在的巴伐利亚州的州长都参加了开业仪式，银行方面还表示，如果TCL继续雇佣本地员工的话，银行会给予融资方面的支持。

兴办跨国公司，可以在全球范围内寻求合适的人力资源。经过50余年的建设和改革开放后经济的飞速发展，我国已建立起比较完整的工业体系，拥有大量成熟的适用技术，如家用电器、电子、轻型交通设备的制造技术、小规模生产技术以及劳动密集型的生产技术，这些技术和相应的产品已趋于标准化，并且与其他发展中国家的技术阶梯度较小，易于为一些发展中国家所接受。所以，这些行业可以进行对外直接投资，实现产业转移，实现资源的最佳配置。TCL集团早期将"走出去"主战场锁定东南亚，1998年亚洲一些国家货币大幅贬值，制造成本相对降低。TCL把越南确定为第一站，1999年10月TCL（越南）有限公司注册成立。经过艰苦奋斗，在越南市场极不规范、风险重重的情况下，攻克了这个东南亚的桥头堡。在越南生产组装的产品，供往越南和东南亚其他国家，取得了海外业务的"第一桶金"。

此外，我国的自然资源相对不足，兴办跨国公司是我国获取自然资源的有效途径。随着国家经济建设的发展，对国外资源的需求将越来越大。传统的进口贸易方式常常受到出口国的影响，已难以适应经济发展的需要。向海外"上游"资源生产企业进行直接投资，以确保稳定的资源供应，历来是跨国公司的基本做法。我国企业要想确保国外资源的获得，也必须走跨国经营的道路，建立我们自己的跨国公司。有资料显示，2003年年底，中国铜精矿进口平均价格已涨到950美元/吨，同比增长55%左右。2003年年底，铁矿石到中国港口价格已由年初的每吨25美元拉升到60美元。因此，我国已积极发展对加拿大、澳大利亚、美国等资源较丰富国家的直接投资，如中国冶金进出口公司与澳大利亚合资开采恰那铁矿，每年可运回近千万吨国内短缺的优质矿石。

4. 建立跨国公司是扩大我国出口贸易，提高外贸经济效益的重要途径

1) 加入WTO尽管为我国企业提供了广阔的贸易空间，但新的贸易保护主义种种形式迫使我国企业直接投资，建立跨国公司来应对

加入WTO，对我国经济发展带来的好处是明显的。它有助于我国经济与世界经济接轨，直接参与国际贸易规则的制定，有利于公平贸易，解决贸易争端。但是，当今世界区域

性经济集团纷纷形成，除 WTO 以外，还有欧洲联盟、北美自由贸易区、拉美自由贸易协会、东南亚联盟、中非关税经济同盟、西非国家经济共同体等，在这些经济集团内部，贸易障碍将逐步取消，关税也将不复存在。区域内市场的迅速发展已经成为新的贸易保护主义的有效手段。21 世纪初，在国际市场上，贸易保护主义仍将是西方发达国家贸易政策的核心，各国不断调整政府干预对外贸易政策措施的表现形式。其中，非关税壁垒变化多样，它包括很多干预措施：数量限制措施、自愿出口限制措施、反倾销措施、反补贴措施、保障措施等。发展企业跨国经济，在跨国公司的子公司所在国建立生产企业和工厂，便可带动我国的商品输出，从而绕过西方发达国家对我国出口产品所采取的关税和非关税壁垒。同时，跨国公司在国外建立生产企业，还可以利用所在国的出口配额，以扩大我国的出口贸易，促进我国经贸事业的发展。

南非经济实力雄厚，年外贸总额近 600 亿美元，众多外国公司在南非建有子公司或组装厂，以南非为根据地向周边国家辐射。南部非洲关税同盟五国（南非、纳米比亚、博茨瓦纳、莱索托、斯威士兰）互免关税，南非产品大量进入这些国家市场上。目前，许多新兴工业化国家（如韩国）与老牌工业化国家如英、法、德、日等一起逐鹿在这个市场上。中国与东南非经济有很强的互补性，机电产品贸易潜力巨大。许多产品是中国的强项产品，同发达国家相比，有很大的成本优势。对此，一些国家已从沿袭已久的"贸易立国"转向"海外投资立国"，我们应该以此为借鉴，应该认识到我们的很多产品要在国际市场上保持比较稳定的市场占有率，仅凭单一的进出口贸易方式是远远不够的。我们必须把目光放得更远一些，适时调整经营战略，应由一些重点企业建立一些跨国公司，对我国产品出口的主要市场进行集中力量的投资，力争在海外直接投资设厂，实现从原料到成品的一条龙经营，这样，将会对我国外贸经济效益的提高发挥重要的作用。

2）建立我国的跨国公司以提高我国产品综合质量，才能增强我国出口贸易产品的国际竞争能力

随着科学技术的不断发展，以及世界消费者特别是发达国家消费者的消费水平和消费心理的变化，国际市场对商品质量和性能的要求越来越高，国际市场竞争机制已经发生了重大变化。这说明，非价格竞争因素相对加强，而价格竞争因素相对下降。为了提高我国出口产品的质量，达到国际市场对产品质量和技术的要求，建立我国的跨国公司应成为重要的途径。这是因为，通过跨国公司在国外建立的子公司，可以充分利用所在国的科学技术和先进设备的优势，生产出符合国际市场需要的零部件或其他半成品，然后通过我国跨国公司、子公司之间的部分内部贸易，在国内或其他劳动力价格较低的国家和地区进行组装，或将国内生产的半成品和零部件在国外进行组装，最终生产出"国际综合性产品"。这种产品具有质量好、成本低的特点，从而可增强我国出口贸易的竞争力，促进出口的发展和出口经济效益的提高。

海尔集团产品范围涉及电冰箱、冷柜、空调、洗衣机等白色家电领域，自 20 世纪 90 年代以来一直占据中国市场第一的位置。海尔集团在初期的全套生产设备和技术从德国利勃海尔公司引进，当时电冰箱产品的注册商标就是"琴岛—利勃海尔"。还与日本三菱重工成立合资，在中国生产空调产品；与日本松下电器合作，生产洗衣机等产品。在产品出口方面，早在 1992 年，海尔电冰箱等产品就以当地品牌的方式进入印尼市场，并受到经销商和消费者的欢迎。1996 年 8 月，由海尔控股（其中海尔投资绝大部分是以技术和设备形式投资）

的海尔·莎保罗有限公司在印尼正式注册开张。1996年，海尔集团销售收入61.6亿元，利润3.1亿元。

由于现代国际市场非价格竞争因素的进一步增长，对于出口商品的花色、款式的新颖程度，商品的性能、包装装潢、交货期限和售后服务等属于商品质量范围的要求越来越高，甚至出现了所谓"感觉"质量，即产品的品质除了要符合消费者的各种要求之外，还要使产品的其他细节所呈现的整体感使消费者产生兴趣。这就要求出口国的生产企业更加接近国际销售市场，具备为国际消费者提供最快、最灵活的服务功能，以满足国际消费者不断变化的需求。而通过跨国公司在国外建立生产型子公司，正是满足这种要求的最佳方式。同时，通过跨国公司的子公司，还可以将所在国的市场信息和技术信息迅速地反馈到国内，以便根据国际市场的要求及时改进我国出口商品的质量。这对于扩大我国的出口和提高出口经济效益将起到不可忽视的作用。

综上所述，可以看到，随着改革开放的进一步扩大，建立跨国公司是一项十分重要而又紧迫的任务。

12.2 我国企业跨国经营的现状及主要类型与模式

1979年11月，北京市友谊商业服务公司同日本东京九一商事株式会社合资在东京开办了"京和股份有限公司"，建立了我国对外开放以来第一家海外合资企业，标志着我国企业跨国经营的开始。从此，我国企业跨国经营拉开了帷幕。

改革开放以来，我国企业的跨国经营经历了30多年的发展历程，跨国公司从无到有、从小到大，取得了长足发展。归纳起来，大致经历了3个发展阶段。从被动参与全球化到主动参与全球化，以及到主导全球化的一些领域，今天我国企业已经建立起自己在全球的营销网络、制造网络、融资网络，相当数量的企业已经成为实质意义上的跨国公司。

12.2.1 我国企业跨国经营的现状

来自商务部的统计显示，截至2007年底，我国累计对外直接投资超过1 100亿美元，境外中资企业达到1.2万多家，外派各类劳务人员约418万人，遍及全球近200个国家和地区。在《2006年世界投资报告》公布的全球100家最大的发展中国家跨国公司排序中，中国的跨国公司占了一半。其中，25家来自香港特别行政区，15家来自台湾省，10家来自我国内地。

(1) 投资主体多元化，国有企业仍是主力军

从现有情况看，我国主要的对外投资者类型有：中央部委和各省市的专业外贸公司；中央部委和各省市的对外经济技术合作公司；国有商业银行和其他金融企业，工业企业和工贸集团；窗口型企业以及其他企业，包括农业、科技、餐饮、运输等行业领域的不少企业，以及沿海开放地区的中外合资企业和一批私营企业。这种多元化的投资主体结构反映出我国多元主体的市场活力和坚实的投资基础。

但是，建立在利益分散化基础上的多元化投资主体活动，也有可能给国家整体利益造成负面影响。这主要是不同投资主体可能在同一地区或行业领域进行重复投资，以致发生自相

竞争，肥水外流。因此，面对跨国投资主体多元化已成定局并日益发展的趋势，由国家设立权威机构加强宏观协调和战略指导，以消除多元主体的利益冲突，维护中国投资企业和国家的整体利益，将显得日益重要。

(2) 投资地区分布相对集中

我国目前对外经济业务已遍布全球200多个国家及地区。但投资地点相对集中，亚洲地区为我国对外经济投资最大的市场，占75%；拉丁美洲占18%；北美2%；非洲0.5%。

我国企业从事海外投资经营活动的初期，出于回避风险、积累经验的考虑，多选择地理位置较近的港澳地区和东南亚地区作为投资的目的地。随后，服从发展中国家和地区企业跨国直接投资多为发展中国家和地区的一般规律，我国企业对外投资逐渐扩大到其他的发展中国家和地区，利用历史上形成的经济、技术和文化的联系，从事跨国经营活动。从20世纪90年代开始，中国企业开始向发达国家投资。

(3) 投资行业多样化，资源型企业比重较大

从行业领域看，我国企业跨国投资的初期，只涉足与贸易有关的服务业，如维修、包装、运输等。随着对外投资的进一步推进，投资的行业领域不断扩大。从工农业生产、投资开发到餐饮旅游、咨询服务、技术开发、房地产等产业，都有所涉足。但总体上看，我国海外投资涉及高技术产业的比重仍然较低。

目前，我国企业跨国投资所涉及的行业领域极为广泛，从工业品制造加工、农业作物种植、资源开发、交通运输，到餐饮、旅游、咨询服务、科技开发，以至于综合贸易、金融业和房地产业等，皆有涉足。但主要投资分布的行业集中在采矿业，交通运输、仓储和邮政业，批发和零售业。由此可见，我国跨国企业以劳动密集型为主，而且我国资源不足问题日益凸现。

(4) 投资方式以合资和实物投资为主

我国企业海外投资的方式，既有现金投资的，也有以设备、技术、工业产权、材料等实物进行投资的；既采用与当地企业合资合作的，也有独资创建，或是通过并购的方式进行的。总的来看，其中以合资和实物投资为主。采用合资的方式有利于我国企业的市场进入，有当地企业的协作能够更快地适应东道国的政策环境、市场状况，减少进入初期的摩擦以及由此产生的成本，还有利于分散经营风险。由于我国企业资金实力有限，又缺乏利用国际资本市场的经验，因此在出资方式上，较多采用实物投资的形式。在某种程度上，这种投资方式也是我国企业产业结构调整、转移剩余生产能力的一种手段。

(5) 投资经营规模小型化

我国企业跨国投资项目的规模一般较小，按1991年年底的数字，1 008家非贸易性境外企业平均协议投资额为312.4万美元，而平均中方直接投资额只有138.4万美元，这一状况不仅大大低于发达国家海外投资项目的平均投资额（600万美元），也与发展中国家和地区的平均投资水平相差甚远（450万美元）。原因主要有两方面。首先，中国企业跨国投资活动仍处在初级阶段，由于对国外市场环境了解不足，尚未形成系统的海外投资发展战略，缺乏明确的市场策略，许多企业对外投资仍以投石问路、建立基站为目的，这种试探性的投资活动，其规模当然就比较小。其次，除了一些国有的大型贸易集团、综合性集团以外，参与跨国投资的多为中小企业，从主观上看，这些企业自身的资金实力有限，因此投资规模偏小；从客观上看，这些企业多选择经济发展水平与我国接近或低于我国的国家作为投资国，

中小规模的项目也与当地的发展水平较为适应。

小规模的经营组织固然有"船小好调头"的灵活性，但它在国际竞争的风浪中有更大的危险，即所谓"船小易翻"。因此，扩大我国企业跨国投资和经营组织规模，是我国企业跨国长期发展必不可少的战略措施。一个有效的选择是，推动更多的大型企业和企业集团发展跨国经营，使集团化的大企业成为我国企业跨国投资的主力军。在十余年的海外投资和国际竞争中，已经陆续出现一批大型跨国企业集团，包括中国对外贸易运输总公司、中国国际信托投资公司、中国化工进出口总公司、中国五金矿产进出口总公司、首都钢铁公司、中国石油天然气公司、中国远洋运输集团公司、中国集装箱集团公司、海尔集团、联想集团等，它们昭示着中国企业的跨国投资正在向高级的企业组织形态演进。

(6) 海外并购成为我国对外投资的主要方式

最近几年来，中国海外直接投资的步伐不断加快，2005年为123亿美元，2006年达到161亿美元。华尔街日报引述的统计数字显示，2007年中国国有和民营企业连同国家主权基金共斥资292亿美元收购海外公司，而世界其他地区的企业收购中国公司的投资额为215亿美元。随着中国投资有限公司斥资50亿美元，收购美国第二大投资银行摩根斯坦利少数股权交易的敲定，2007年已成为中国经济海外扩张具有划时代意义的一年，中国公司和政府在海外并购的投资额首次超过外国公司并购中国企业的投资。其中，我国金融、制造业和能源企业海外并购较多。

中国国有石油公司通过油田开发、输油管道和炼油项目合同继续在中亚、中东和非洲收购能源资产，其中最大的手笔要算2007年10月中石油投资41.8亿美元，从加拿大跨国公司手中成功收购哈萨克斯坦的PK石油公司的全部股权。

制造业是中国企业海外扩张的主力军，占2007年中国海外直接投资的53.4%。2007年年初，中国电信业巨头中国移动公司斥资2.84亿美元，从瑞典跨国公司手中收购了巴基斯坦移动电讯商PAKRE近90%的股权；8月份，中国沈阳的北方重工集团以绝对控股方式，成功并购德国维尔特控股集团公司和法国NFM公司，从而拥有世界隧道掘进机知名企业的控股权。

中国金融业2007年下半年进入了海外收购的狂潮。7月，中国国家开发银行投资1千亿人民币收购英国巴克莱银行7.7%的股权；10月，中国工商银行投资423亿元人民币收购南非最大银行标准银行20%的股份，成为这家银行最大的股东。与此同时，中国民生银行投资近3亿美元，购入美国联合银行9.9%的股权；中信证券公司与华尔街投资银行贝尔斯登宣布相互投资持股，各出资10亿美元，组成各占50%股权的合资公司。11月，中国平安保险公司投资18.1亿欧元，收购比利时富通银行4.18%的股份；12月，主权财富基金中国投资有限公司向美国投资银行摩根斯坦利注资50亿美元，换取不超过9.9%的股权，把中国金融业的海外并购推向高潮。

12.2.2 我国企业跨国经营的主要类型

我国企业跨国经营和跨国公司的发展按主要领域可分为以下几种类型。

1. 工贸结合型的跨国公司

像中石化这样的工贸跨国集团公司，实现了石油上下游、内外贸、产销一体化，业务范围由过去的石油化工扩展到石油天然气勘探开发和成品油批发零售，销售额已达数千亿元，并已开展了境外融资和全球化配置资源，先后于 2000 年 10 月和 2001 年 8 月在境外境内发行 H 股和 A 股，并分别在香港、纽约、伦敦和上海上市，股权结构实现了多元化和全球化。2007 年年底，中国石化股份公司总股本 867 亿股，中国石化集团公司持股占 75.84%，外资股占 19.35%，境内公众股占 4.81%。可以说，已初步具备了工贸结合型这种公司的功能。中国石化集团公司在《财富》2008 年度全球 500 强企业中排名第 16 位。但其在总体实力、核心竞争力、劳动效率仍有差距。

2. "综合商社"型的跨国公司

主要包括中央政府和各级地方政府直属的外贸专业公司和大型贸易集团。如中国化工进出口总公司、中国粮油进出口总公司、中国电子进出口总公司、中国机械设备进出口总公司、中国技术进出口总公司、中国轻工业品进出口总公司等。这些大公司的优势是长期从事进出口贸易，逐渐形成了具有一定规模的海外市场网络，掌握了熟练的营销技巧，有灵通的信息系统，稳定的业务渠道，融资便利，是我国企业海外经营的先锋和主力。

3. 金融型跨国公司

包括中国银行等五大专业银行、中国人民保险公司、中国远洋运输集团公司、中国建筑工程总公司、中国土木工程公司、中国水利电力公司等。这些公司资金雄厚，提供专业化服务，有良好的信誉，经营规模较大。如中国银行的业务范围涵盖商业银行、投资银行和保险领域，旗下有中银香港、中银国际、中银保险等控股金融机构，在全球范围内为个人和公司客户提供全面和优质的金融服务。按核心资本计算，2007 年中国银行在英国《银行家》杂志"世界 1 000 家大银行"排名中列第 9 位。中国银行是中国国际化程度最高的商业银行。1929 年，中国银行在伦敦设立了中国金融业第一家海外分行。此后，中国银行在世界各大金融中心相继开设分支机构。目前，中国银行拥有遍布全球 28 个国家和地区的机构网络，其中境内机构超过 10 000 家，境外机构 600 多家。

4. 生产型跨国公司

如联想集团、海尔集团公司、TCL 集团、赛格集团、春兰集团公司、康佳股份集团有限公司、广东格兰士集团公司等著名企业。这些大型生产性企业从事跨国经营的优势是：有相对成熟的生产技术和一定的研究与开发能力，在国内有庞大的生产基地和销售网络。由于它们在资金、技术、人才、市场、管理等方面有明显的竞争优势，因而海外经营起步虽晚，但正以较快的发展速度向海外扩张。

12.2.3 我国企业跨国经营的主要模式

1. 跨国直接投资创办子公司

跨国直接投资创办子公司就是我国企业依据东道国法律，在东道国境内设立全部资本为自己所拥有的企业。它独自享有企业的所有权、经营管理权，承担相关责任、风险。如海尔在美国等国家建立自己的生产基地，直接建立和推广自己的品牌，在当地树立企业形象。这种跨国经营模式需要长期地对企业品牌进行培育，靠当地消费者的认同获得市场。它能够快速了解当地市场信息，生产经营针对性强，能做到当地化——当地设计、当地制造、当地销售，使中国产品国际化，获得越来越多的国际市场份额，增强国际竞争力，获取最大利润。

但这种模式具有相当苛刻的制约条件,企业需要同时兼备所有权优势、内部化优势和区位优势。当企业具有规模、技术、产品和人才等方面的优势,应选择到一些法治比较健全的国家和地区投资建立海外子公司,利用自己雄厚的经济实力、完善的销售系统、先进的技术和拳头产品,才能取得一定成效。因此,对于成本较高、风险较大、获利能力较差的中小企业应谨慎选择这一模式。

2. 跨国并购

跨国并购是指我国企业依法通过一定的程序和渠道,收购海外目标企业的全部资产或主要的运营资产,或者收购其一定数量的股份,从而对其进行控制或参股的投资行为。如中石油出资41.8亿美元收购哈萨克斯坦PK油气公司;联想收购IBM个人电脑部使联想一跃跨入世界500强行列,获得了IBM在国际上成熟的团队和销售渠道。

并购投资具有广阔的应用空间,将日益成为我国企业尤其是中小企业海外投资的重要模式。这种模式应用的制约条件是:一是由于收购大多是以现金方式收购,我国企业需要投入大量运营资金;二是并购后整合使企业将面对的严峻考验,因此要具备较强的管理能力和人才;三是要弄清目标企业的技术装备、负债和法律诉讼等情况,避免误入并购陷阱,影响实现并购目标。例如,海尔集团退出对美泰的并购、中海油退出对加州联合石油的并购,两起中国企业对美国企业的并购在不到半月之内先后夭折。此外,TCL收购法国汤姆逊也付出了巨额代价,这些值得我们深思。

3. 跨国构建营销网络

跨国构建营销网络是指我国企业依靠自己在国外建立的国际营销机构及其他网络,或依靠国外的代理,把自己国内的产品直接或间接地销往国外市场的模式。企业构建自己的国外销售渠道和网络,有利于把产品直接销往国外市场,减少中间环节,提高企业的盈利水平;有利于积累国际营销经验,培养国际营销人才,提高跨国经营能力;有利于了解国际市场信息,扩大产品出口规模,并寻找进口赢利的好机会,做到国际化经营。三九集团在国内建立制造基地和研发中心,先后在俄罗斯、美国、日本等十几个国家和地区设立了营销公司,开拓了三九产品海外销售市场,使三九集团产品的市场由单一国内市场逐步演变成为全球性市场。

采用跨国构建营销网络也存在制约条件:这种模式主要是销售走出去了,但生产、研发仍在国内,容易受到国外反倾销在内的各种贸易壁垒的限制,所以企业需要增强这方面的应对能力。因此,依靠国外的代理,投资少、风险小、管理较容易,是我国现阶段大量中小型企业走出去的一种主要模式。其缺陷是企业对国外营销活动的控制有限,自有的品牌不突出,有时过于依赖国外代理,有时甚至有回收货款的风险,获得的利润比较少。对于具有一定出口规模和资金实力的企业而言,应积极建立自己控制的海外营销网络,增强对国外市场的了解,扩大盈利空间。

4. 跨国研发投资

跨国研发投资是指我国一些高科技企业通过建立国外研发中心,利用国外研发资源,研发国际化,取得居国际先进水平的自主知识产权,并对外直接投资与提供服务结合起来的行为。华为在全球建立了8个地区部和32个分支机构,在美国硅谷和达拉斯、印度班加罗尔、瑞典斯德哥尔摩、俄罗斯莫斯科等地建立了多家海外研发中心,并通过各种激励政策吸引国内外优秀科技人才进行研发,从而能够及时掌握业界最新动态。现在,华为的设备已经在非洲、南美、东南亚、东欧等地区40多个国家昼夜运转,靠着掌握越来越多的核心技术,华为在世界电信市场上已经能与跨国公司比肩较量。

进行跨国研发投资,建立研发中心,可以加强我国与世界各国的经济技术合作,增进科技交流,扬长避短,加快我国科技发展;可以利用海外的研发资源,推动研发国际化取得居于国际先进水平的自主知识产权,提升科技竞争力;可以形成科、工、贸一体化,依托全球化技术开发网络,利用遍布各地的研发机构,以提供优质的产品和服务、更快的响应速度和更好的性能价格,确立可持续营利机制,提高企业的国际竞争力。当然,目前我国绝大部分的科技企业还基本上不具备跨国研发投资的条件,必须进行创新,构建拥有强大的高新技术开发实力和技术创新能力的跨国研发投资主体,拥有自主知识产权,避免知识产权纠纷,开展跨国研发投资,参与国际竞争。

5. 跨国品牌经营

跨国品牌经营包括品牌输出、跨国品牌并购和跨国品牌自创等投资经营。

(1) 品牌输出

品牌输出是指我国那些具有品牌优势的企业,采取以品牌入股、独资、特许加盟、连锁等方式进行国外投资经营。中华老字号同仁堂悠久历史,品牌誉满海内,成为海内外知名的比较成熟的品牌,同仁堂便把"同仁堂"这金字招牌向国外输出,拓展国外市场,在国外成立了10多家公司或药店,在50多个国家和地区办理了注册登记,产品已经畅销到全球40多个国家和地区。当然,采用这一模式的前提条件是企业需拥有海内外知名品牌和自主知识产权,才能在国外发挥自身品牌的比较优势。我国中药、中式餐饮、传统工艺品等行业在海外享有盛誉,尤其在受中国文化影响较深的东亚、南亚和华人聚居较多的其他地区,品牌具有较强的市场竞争力。

(2) 跨国品牌并购

跨国品牌并购是指我国企业通过并购国外品牌来开拓当地市场的投资经营。可以通过收购国外当地知名品牌对产品进行包装,获得或恢复当地消费者的认同,借助其品牌影响力,快速进入当地市场,也可以把通过并购来的国际上知名的品牌和自己在国际上还不知名的品牌结合起来,带动国内产品走出去,逐步扩大国际市场。2002年9月TCL花了820万欧元100%全资收购了号称"德国三大民族品牌之一"的德国百年老店施耐德电子有限公司,"买了一个非常干净的壳"(TCL总裁李东生语):施耐德的品牌、技术、固定资产和流动资产,以施耐德的品牌进入欧洲市场的电视机,充分利用了原有的销售渠道,并获得了当地消费者的认同。之后TCL又全资收购了美国的家电企业戈维迪奥公司,这是一家录像机、影碟机等视像产品的渠道公司,TCL在美国市场仍沿用原有的销售品牌。借外国品牌开拓市场,已经成为TCL集团独特的海外营销策略。选择这种模式,关键是所并购的必须是具有一定影响力和销售渠道的知名品牌,才能获取品牌优势。

(3) 跨国自创品牌

跨国自创品牌是我国企业在国外投资经营中,创立自主的国际知名品牌,开拓国外市场的模式。海尔集团在海外投资和跨国经营过程中,始终以"创海尔世界知名品牌"(海尔总经理张瑞敏语)为核心目标,实施国际化战略,让海尔由中国名牌成长为世界名牌。2004年世界五大品牌价值评估机构之一的世界品牌实验室公布的《世界最具影响力的100个品牌》中，海尔集团已排在第 95 位。选择跨国自创品牌，要求企业拥有较雄厚的资本、较强的经营管理能力尤其是争创、运营品牌的能力，同时也要承担较大的风险，不是一般的企业都能够采用的模式。

6. 跨国加工贸易

跨国加工贸易是指我国企业以现有技术、设备投资，在国外以加工装配的形式，带动和扩大国内设备、技术、零配件、原材料出口的模式。例如，华源集团是以纺织业为支柱的大型国有企业集团，20 世纪 90 年代中后期，抛弃单纯依靠出口占领海外市场的传统做法，开展境外加工贸易，先后在塔吉克斯坦、尼日尔、墨西哥、加拿大和泰国等地投资建立海外生产加工基地，其中华源集团在墨西哥、加拿大设立的两个纺织企业，利用了《北美自由贸易协定》中贸易区内纺织品免税、免配额的政策，扩大了对北美尤其是美国纺织品的出口。此外，深圳康佳集团、珠海格力集团和江苏春兰集团等企业的海外投资都属于这种模式。

跨国加工贸易把成熟的技术设备和过剩的生产能力搬迁到市场销路较好的国家和地区，使企业过剩的生产能力继续发挥作用，获得收益；主要以国内的技术、设备、原材料、零配件等实物作为出资物，节约外汇支出；合理地利用原产地规则，规避和突破各种贸易壁垒，更好地拓展海外市场，增强国际竞争能力；带动国内产业的升级、经济结构的优化。开展跨国加工贸易的企业，主要集中在技术成熟和生产能力过剩的轻工、纺织服装、家电、机电及原料药等行业。

7. 跨国资源开发

跨国资源开发是指我国资源企业向国外资源开发方面进行的投资，包括新建国外企业和通过资产或股权并购而设立的国外企业。这种模式也被称为国家战略主导投资模式，因为其为海外投资主要是政府的推动，注重的是国家的宏观利益，是为国家经济的可持续发展和能源安全战略的需要而向海外能源开发方面进行投资。近几年来中石化、中石油和中海油，纷纷进行海外油气田的投资开发，先后启动了二十几个项目，与国外的很多合作项目采取"份额油"的方式，即中国石油企业在当地的石油建设项目中参股或投资，每年从该项目的石油产量中分取一定的份额，一定程度上保证了石油进口数量及价格的稳定，有利于解决我国人均资源占有量较低，以及有些自然资源如石油的供给严峻的问题。

这种投资模式目前主要体现在能源战略方面，今后将向资源战略扩展。投资主体一般是大型国有或国有控股重点能源企业，以国家长期能源安全和国家经济的可持续发展为根本目的，主要是依靠政府政策的大力支持，拥有雄厚的资金和较强抵御风险能力。要加强可行性研究，避免决策失误，加强监管，确保安全生产和环境保护，真正落实国家能源安全战略。由于它把国家能源安全战略的宏观利益放在第一位，同时投资数额较大，投资回收期限长，投资风险大，因此，非能源行业的大型投资企业和中小投资企业一般不宜采用。

8. 跨国工程承包与劳务输出

跨国工程承包就是我国企业到国外去承揽工程。跨国工程承包，可以充分利用我国劳动力的比较优势，在国际间重新组合配置资源，缓解国内就业压力，带动商品出口，增加外汇收入，提高本国的技术、管理水平。如中国海外工程总公司、中国土木工程集团公司、中国建筑工程总公司、葛洲坝集团等，都是国际上有名的中国跨国承包公司。它是一种相对传统的跨国经营模式，但要根据新形势提供的机遇与面临的挑战，很好地选择这一模式。政府应在政策上支持对外承包工程，企业要在国内建立联盟，扩大企业规模，形成核心竞争力，构建具有较强总承包能力的大型企业集团，加强与外国承包公司的合作，力争承揽电站、通讯工程等技术含量高的大型工程项目，坚持国际标准，争创名优工程，上规模、上档次、上效益，在工程承包市场站稳脚跟，蓬勃发展。

劳务输出就是把我国劳动力输到国外去提供劳务以获取报酬，能够缓解国内就业压力，增加外汇收入。跨国劳务输出要规范境外就业中介机构，提供优质的服务，要强化培训，提高劳务人员素质，培训出有特色的劳务人员，增强竞争力，向海外输出较高级的、特殊的劳务人员，包括通信、信息、医生、护士、教师、厨师、海员等专门人才和工人、家政服务人员等一般的劳务人员，充分利用我国劳动力资源。

12.3　我国企业跨国经营发展的优劣势分析

12.3.1　我国企业跨国经营发展的优势

对我国企业跨国发展经营优势的判断，基于企业的现状，并没有把企业的发展趋势考虑进来。优势是相对意义上的，是可以转化的，我国企业的现有优势并不等于其长期发展优势，同样，这里所列的优势在企业的未来发展中有可能发展为更突出的优势，也有可能转化为劣势或者成为他人的优势。

1. 资源优势

特殊的分布条件和已经形成的开发优势是一个既定的事实。对我国企业竞争与发展来讲，这是一个重要的优势条件。我国的企业从总体上看仍是以传统产业为主，资源和资本仍然构成其增长的主体要素，我国企业与资源的相关度是很高的，目前产业增长基本仍是以消耗资源和能源为主，而且随着资源的开发利用，我国确实成长起来一批具有一定竞争实力的资源型企业，如石油、钢铁、煤炭以及稀土、钾等其他特有资源开发而形成的企业。由于资源的相对优势，将推动资源型企业的相对优势。

当然，我们说的资源优势的更重要的一个方面还在于其廉价性，这是基于我国目前资源存量条件和开发能力而言的，随着国外资本的大量介入和资源存量的减少以及开发水平的提高，这种廉价优势还会有所变动。

2. 区位优势

中国之所以在过去的若干年时间里成为引进外资的超级大国，就是因为中国有很多其他国家和地区难以比拟的区位优势，包括工资、劳工素质、市场和政策等因素。在中国内部，我们也看到沿海特区和政策优惠力度大的地区对外资更有吸引力，这同样说明区位的差异对外国直接投资的影响。

我国资源、产业与市场的一体性，支撑了区位优势。一是资源区位，部分资源的区域专有性和区位指定性，形成比较明显的发展优势；二是产业区位，中国的企业总体上是以资源为依托发展起来的，资源的比较优势形成企业的竞争优势（而对特殊资源的开发则形成企业的特殊优势）；三是市场区位，中国市场既有与世界市场的同一性，也有其区域市场的独特性,创造了需求的多样性,构成市场的区位优势。应当看到,我国经济是自成体系的,在很大程度上可以实现生产、流通、分配和消费的内循环。改革开放以来,尽管加大了对世界市场的参与度,进出口贸易进一步扩大,但是,在经济总量中,国内需求占据相当大比重。这就决定了市场区位优势的特殊意义,中国既可以是原料地,又可以是制造地也同时可以成为市场所在地。

3. 总量优势

经过长期建设和发展,我国已经形成了庞大的经济规模和总量优势。我国的经济总量(GDP)迅速增加。按汇率法计算,2006年已达26 452亿美元,居世界的位次由2002年的第6位上升到第4位,占世界GDP总量的比重由2002年的4.4%提高到5.5%。随着我国综合国力的大大增强,在世界经济中的地位进一步提升,促进了世界经济增长,中国经济成为世界经济增长的重要驱动力之一。根据世界银行公布的数据,2003—2005年,我国经济增长对世界GDP增长的平均贡献率高达13.8%,仅次于美国,排名世界第二。中国物美价廉的商品输往世界各地,提高了进口国居民的实际收入水平,促进了消费的增长。同时,我国进口规模的快速扩大,为其他国家提供了广阔的市场,创造了就业机会。尽管与世界发达国家比较,特别是与世界500强企业比较,我们的平均优势还远远不足,但就其总量而言,如此规模之巨的资产是我们竞争与发展的基础,有了这一基础,我们才有了竞争与合作的前提,才有了讨价还价的底气。

4. 劳动力资源供给优势

由于我国人口众多,21世纪前10年,劳动力供给的快速增长和抚养率的下降,从要素方面为我国经济高速增长提供了良好的条件,形成了劳动力资源的充分供给,在一定时期内形成了比较优势;但同时从质量结构方面来看,我国的劳动力资源存在结构性短缺的问题。据统计,在城镇企业职工中,技术工人只占到一半。在这一半技术工人中,初、中等级技工的比例为33∶1,与经济发展对高技能人才的要求差距较大。我国劳动力成本较低是突出的特点和优势,加上工人具有的吃苦耐劳精神,同样构成了劳动力资源供给的比较优势。20世纪90年代中期以来,我国在境外建成了一批颇具影响的项目,低廉的劳动力资源和管理成本显示出巨大的优势。但也应该看到,随着经济的发展、人们生活水平的大幅度提高,劳动力成本也不断提高。例如,现在中国服装与纺织品业的劳动力价格,已经达到每日2.5~3美元,比越南每日1~1.5美元的水平高出一倍以上。甚至地处美国周边的加勒比地区的一些国家,劳动力价格也比我国的便宜。可以预见,十年后,越来越多的国家劳动力会比我国便宜,我国的低薪优势很难永远维持。

5. 政策支持度优势

在国际竞争力的评价体系中,政府的政策支持同样作为一项重要的考察指标,因为在现代市场经济条件下和现代国际竞争中,政府的作用是不可替代的。有专家曾指出,当今国际竞争主要是政府的竞争、市场经济环境的竞争、公司要素的竞争、产业技术的竞争。政府通过直接参与市场经济、政策影响及法制规范,实现市场经济环境的高水平竞争力。企业的竞争力是国家竞争力的核心,但是,对于发展中国家来说,政府的作用却是第一位的,因为政府创造市场经济竞争的基础和环境,是一国企业竞争力提高的基础和前提。

我国企业成长,较多地得到政府的支持,有些还是在政府的政策保护下发展起来的,如部分垄断性企业。随着加入WTO，存在一个如何按WTO规则规范政府行为的问题，政府支持也存在一个如何发挥市场在资源配置中起基础作用的问题。但所有这些并没有否定政府对企业支持的可能性，只不过要保证这种支持必须在合理的界限之内。应当说，在这方面我们还是有一定优势的，因为国有经济的主导地位决定了政府对企业的支持力度和有效性。近年来实施的积极财政政策，就充分体现了这一点。由于特殊的成长背景，中国企业在政策支持方面具有自己的优势。特别是在改革开放的经济条件下，有效利用各种规则和政策支持，仍是中国市场经济和企业发展的重要特点。

6. 良好的海外关系

首先我国拥有良好的国际关系和信誉优势。改革开放以来，中国实行全方位的外交政策，与世界上绝大多数国家和地区建立了良好的外交关系，并广泛开展了多项经济技术合作。在此过程中树立的良好国际形象和信誉，为中国企业跨国经营活动的进一步扩大和发展创造了良好的条件。其次，中国企业在海外具有华人网络的优势。分散在全球各地的5 700多万华人和由他们编织的已有相当规模的海外华人网络是一笔巨大的无形资产，充分利用这一资产对成功实施"走出去"战略具有重大意义。

12.3.2 我国企业跨国发展存在的问题及劣势分析

我国的跨国公司群体已经凸现，但是也要清醒地看到，这些企业同国际上有实力的跨国公司还有相当的差距。我国跨国公司的形成条件与一般国际跨国公司相比除有其共性外，由于社会和经济体制和企业运行机制的差异，还有明显的特殊性。与21世纪面临的国际国内市场竞争环境比较，以世界500强为参照系，我国大型企业集团要成为跨国集团公司仍存在较大差距，主要表现在以下几个方面

1. 我国的跨国公司大多尚处于初步发展阶段的过程之中

从世界跨国公司发展的历史来看，自19世纪六七十年代以来，迄今已有120多年的历史。从世界上较早发展跨国公司国家的情况来看，跨国公司的发展可分为四个阶段：起步阶段；初级发展阶段；向成熟迈进阶段；成熟阶段。如表12-1所示。

表12-1 企业跨国经营4个阶段的基本特征

	第一阶段	第二阶段	第三阶段	第四阶段
与国外市场接触的情况	间接地 被动地	直接地 主动地	直接地 主动地	直接地 主动地
国际性经营的地点	国内	国内	国内和国际	国内和国际
公司的经营方针	国内	国内	首先考虑国内	国际
国际性经营活动的种类	商品和劳务的贸易	商品和劳务的贸易	贸易、合同国外投资	贸易、合同国外投资
组织结构	传统的国内结构	国际处室	国际部门	全球性组织结构

——石建勋，孙小琰. 中国企业跨国经营战略：北京：机械工业出版社，2008：52

世界各国各地区跨国公司发展的阶段和程度极不相同，欧美一些老牌的跨国公司发展较早的国家，可以说已进入了成熟阶段；亚太、南美一些新兴工业化国家，则处于向成熟推进阶段。参照以上标准，我国跨国经营的先锋海尔集团、中国化工进出口公司等应处在企业国

际化的第三个阶段，还未能从全球市场的角度去进行战略性的思考；而我国大多数跨国经营的企业虽然在一些国家建立了自己的原料基地、生产厂家或研发部门，但或基本上是服务于国内市场，或未能实现全球经营目标和组织结构安排。

2. 我国跨国公司的境外投资规模较小，企业的国际化程度不高

世界最大的 100 家跨国公司在海外的资产、销售、雇员已经分别占这些国家资产、销售和雇员总额的约 41%、48% 和 48%。我国海外企业平均投资规模约 100 万美元，低于发达国家平均 600 万美元的水平，也低于发展中国家平均 260 万美元的水平。我国企业对外投资的规模相对发达国家而言，平均投资水平偏低，大多数以中小型项目为主，发展后劲不足，而且投资区域相对集中，抵御风险能力较差。从我国跨国公司跨国经营的区域分布来看，与我国较近的国家和地区较多，较远的国家和地区较少，从跨国合作的国家情况来看，发展中国家较多，而发达国家和地区较少。

从我国企业海外投资的特点看，一是与外国合资经营的多，独资的少；在合资和合营的项目或公司中，一般中方所占股权比例小；二是与海外合资、合营或独资的公司，从事非生产性的公司较多，从事生产性的公司较少；三是境外投资规模小，且大多数为援外项目。2000 年我国企业对外投资的 61% 集中在贸易方面，在资源开发、生产加工、交通运输和其他领域分别占了 19.4%、11.5%、1.8% 和 6.3%。我国企业海外投资规模小，一是由于处于跨国经营初期发展阶段，必然是小规模、试探性的；二是由于境外投资项目审批程序仍比较烦琐。

3. 我国跨国公司的技术创新能力弱，发展战略研究关注不够

从跨国生产和经营的产品来看，具有世界领先水平的高科技产品较少，而一般性产品较多。我国工业主要行业总体技术水平比发达国家落后 15~20 年，重点大企业和企业集团达到国际水平的比例也不高。如我国钢铁生产连铸比目前不到 70%，而德、美等发达国家均在 90% 以上，重点企业吨钢可比能耗与世界先进水平相比高出 20%~37%。

世界 500 家强企业拥有世界 90% 的生产技术和 75% 的技术贸易。根据对我国钢铁、煤炭、有色金属、石油化工等 16 个行业调查，多数大中型企业关键技术的开发和应用水平与国际先进水平有相当大的差距，其主要原因是研究开发费用投入少，创新机制没有建立起来。例如，2001 年国家试点企业集团研究开发经费支出仅占营业收入的 1.04%，远低于美国 5%~6% 的水平。研究经费投入少，严重制约了我国大企业技术创新，如在彩电、移动通信等主要产品领域，我国均没有掌握核心技术，从材料、元器件、专用设备到产品关键部分都依赖于从国外进口。

应当指出的是，我们不应仅仅注意到发达国家跨国公司在技术研发方面的投入，还应注意到其在战略研究方面的投入。在 20 世纪 70 年代初，美国最大的 500 家公司中 85% 的企业建立了战略计划部门；70 年代末，美国从事企业战略管理咨询的收入高达 3 亿多美元；90 年代以后，这种情况有了更大的发展。相比之下，我国企业在战略研究方面还刚刚起步，相当多的企业还没有建立起战略研究机构，战略研究投入更是明显不足。事实上，推动企业创新不仅在于技术方面，更重要的在于战略方面，加大对战略研究的投入是企业实现创新发展的根本保证。

4. 我国企业整体规模小，盈利水平较低，国际竞争力不强

除了少数大企业外，我国企业的整体规模与国外大企业还有差距，特别是工商企业差距较大。据中国企业联合会、中国企业家协会推出的 2001 年中国企业 500 强,其营业收入为 7 374 亿美元,而世界 500 强企业排在首位的沃尔玛公司,其营业收入为 2 198 亿美元,相当于我国 500 强企业全部营业收入的 29.81%;中国企业 500 强平均营业收入仅相当于世界 500 强企业的 5.26%,平均资产规模只有世界 500 强企业的 6.46%;我国电子行业百强企业全部销售额只相当于 IBM 公司的 1/5,我国零售商业百强企业销售额不到沃尔玛公司的 1/10,我国汽车整车生产厂家数量世界第一,但其总产量之和仅相当于通用汽车公司的 1/5。尽管有些企业集团具备了一定规模,但专业化水平低,大而全,小而全,大而不强,生产集中度低,主业不突出,难以同国外同行抗衡。

与国外跨国公司相比,我国企业效率明显偏低。反映劳动生产率的两个重要指标是人均营业收入和人均利润额,2001 年我国 500 强企业人均营业收入和人均利润额分别为 31.41 万元和 1.57 万元,相当于世界 500 强企业的 12.95% 和 29.62%;2001 年我国 500 强企业平均利润为 74 万美元,相当于世界 500 强企业的 12.09%。由于产品竞争力差,企业实力不强,世界著名品牌很少,难以形成与发达国家跨国公司的抗衡。

5. 我国企业跨国经营人才短缺,国际管理经验不足

我国跨国企业的国际人才短缺。发展跨国企业集团,急需大批金融、财会、科技、管理和法律方面的高级专门人才,这些人才应能用外语按国际惯例处理有关业务和纠纷。我国多数海外投资企业是从自己企业中选派经营管理人员,远远不能适应东道国的情况。一般说来,国际性企业和机构要求母国派出的人不仅要知识全面,还要有管理和培养外国员工的能力和水平。中水投在菲律宾经营的成功,某种程度上说也是国际化人才培养成功的经验。但在这方面相当多中资企业难以做到。

我国企业在管理经验、管理制度、管理人员素质方面都与现代跨国公司有一定差距,由于以本国派人为主,很容易将国内的一套管理体制搬到国外,形成国内体制在国外延伸。据了解,我国跨国施工企业目前十分缺乏工程项目经理,设计、采购、施工各阶段的核心管理人员,精通国际工程法律的人员,国际工程合同管理人员,国际工程融资人员,国际工程造价估算和报价人员等。

6. 国家鼓励和支持企业跨国经营的宏观政策、法律制度尚待完善

我国至今没有完整系统的海外投资法规体系,使我国企业的对外投资"无法可依、无法可循、无法可助",这就不可避免地出现盲目混乱、失去保障的局面,大大束缚了我国企业对外投资的积极性和主动性。

另外,国家控制外汇信贷规模、审批程序复杂、审批时间较长,也限制了一些施工企业参与国际工程承包市场的竞争。在对外工程承包中,工程项目越大,需要的流动资金越多,而一些工程施工企业的自有资金少,不能满足承包大型国际项目流动资金的需要。许多发展中国家由于缺乏资金,不少工程需要承包商带资承包,而我国银行对企业的信贷额度较低,难以满足承接国际工程的需要。

7. 国内同业竞争,信息渠道不畅,增加海外经营风险

由于没有系统的国际信息反馈网络,对国际市场的信息收集与跟踪渠道不够畅通,我国企业之间存在的更多的是竞争和相互封锁,从而制约了企业国际化发展步伐。中国企业在海外市场的不规范竞争,既存在国有企业与国有企业之间,也存在国有企业与非国有企业之

间。这种恶性竞争不仅直接损害企业的各自利益,而且也破坏了竞争的秩序和规则,影响到我国企业的整体形象,已经引起一些国家抵制和排斥我国企业的竞争。一个东南亚金矿投资项目,十几家中国企业之间恶性竞争,价格由700万人民币上升1 000万美元成交,大大损害了我国企业在国际市场上的诚信形象。

8. 对国际形势、行业规则把握不准,难以适应国际市场竞争

许多国家与地区普遍实施专业执照和企业许可、人员注册资格制度,对中资企业的进入有着很强的技术性壁垒。同时,我国企业对国际标准体系和技术质量要求不甚清楚,对投资国的市场信息了解不够深入,如果未按照招标文件的合同要求履行,往往陷入被动,增加成本,难以获得利润。

中国标准问题在国际市场不被认可,"走出去"还任重道远。在东电承包的海防燃煤火电项目中,越南业主方虽同意"原则上采用中国标准",但在实际操作过程中时常要求提高标准,采用中国标准还需要业主批准,而其他西欧、日本、美国等标准不需要批准。这种做法对中方设计图纸及有关审批带来很大的困难。据了解,国际上不认可中国标准,一方面,对其知之甚少,另一方面觉得标准还是低一些。如大部分中国标准没有英文版,在高、精、尖技术上确实没有欧美日标准先进;另一方面中国标准伸缩性大,不够严格。

12.4 我国企业跨国发展前景与面临的挑战

12.4.1 我国企业跨国经营和跨国公司发展前景

目前尽管我国企业跨国经营和跨国公司发展还存在着许多问题,面临着重重挑战,但这些问题都是发展中的问题,也是我国新体制成长的过渡性症状。无论从世界经济局势和世界跨国公司发展的情况来看,还是从我国改革开放的局面和跨国公司的成长情况来看,都可以得出一个确信无疑的结论:我国企业跨国经营和跨国公司发展前景看好。

1. 我国经济实力的不断壮大,为企业跨国经营奠定了雄厚的物质基础

一个国家能否迅速发展跨国经营和发展成为跨国公司,固然与该国的经济体制和观念等因素有很大关系;但从根本上来说,决定于该国的经济实力。衡量一个国家经济发展水平的基本因素是人均国民收入,但决定该国经济实力大小的并不是人均收入,而是综合国力。我国的人均收入水平目前还处于较低水平,但由于我国是个大国,综合国力的某些指标处于世界前列。我国的钢产量已超过亿吨,原煤产量13.61亿吨,原油1.5亿吨,粮食产量也将达到5亿吨,这些产量均居世界各国前列。截至2006年3月我国外汇储备已达8 593亿美元,超过日本成为全球第一大外汇储备国,中国积累的巨额外汇储备使得中国抵御金融危机的能力强于其他任何国家,为跨国经营提供了充足的资金准备。这些指标说明,我国已具有相当的经济实力,已经有了从事国际化经营的经济基础和工业设备基础,而且已经超过了美国在20世纪初开始发展跨国公司的水平。

2. 我国市场经济体制建设加快,现代企业制度与理念为企业跨国经营创造了条件

我国经过近三十年的改革,社会主义市场经济体制的框架基本上形成,能够顺利地与世界市场经济接轨。近年来，大规模地清理、修订法律法规，现代企业制度和会计制度逐步建立，"透明度"和"非歧视"、全球视野、创新眼光，竞争意识、发展意识，法治观念、知识产权观念等这些发展市场经济所必需的制度和理念日益深入人心，我国市场经济体制建设大大加快了步伐。党的十七大报告提出，要"完善内外联动、互利共赢、安全高效的开放型经济体系，形成经济全球化条件下参与国际经济合作和竞争新优势"。在新形势下，我国必将进一步完善适应对外开放要求的体制环境，在最大限度地争取利益的同时最有效地规避风险，以切实把握对外开放的主动权，不断提高对外开放水平。

3. 我国自 20 世纪 90 年代初以来保持了较高的增长速度，在世界经济发展中一枝独秀，而且政治稳定

这使我国经济成为各国注目的热点。一方面，世界各国跨国公司都积极抢占我国滩头；另一方面，许多国家又很积极欢迎我们去投资，这大大开阔了我国企业进行跨国经营的空间。加入世贸组织以来，我国对外投资快速发展，投资额已由 2002 年的 27 亿美元上升到 2007 年的 265 亿美元，投资目的地已经覆盖 170 多个国家和地区，投资方式也向跨国并购、参股、境外上市等国际通行方式迈进，投资领域包括资源、电信和石油化工等行业。

4. 我国政府广泛成功地开展了环球交往活动，大大地改善了我国的国际环境

最突出的标志就是我国在 2001 年末加入了 WTO，为我国平等参与国际经济交流和贸易投资活动解决了准入证和可操作的竞争平台。经济学家王梦奎认为，加入世贸组织标志着中国经济改革进入了建立与国际市场经济规则接轨的、比较完善的社会主义市场经济体制的新阶段。其实质，就是发展开放型经济，在更大范围和更深程度上融入经济全球化进程，为中国经济发展拓展更广阔的空间。此外，北京奥运会、上海 APEC 为我国企业走向世界提供了新的交流平台。

5. 香港、澳门是我国企业进行跨国经营重要桥头堡

1997 年、1999 年香港、澳门先后回归祖国，使我们能够进一步有效地利用自由港的优越条件，推动跨国公司的发展。

香港是国际金融、贸易、旅游及物流中心，拥有完善的法律制度、健全的金融体制和廉洁的政府。享有盛誉的免税港，拥有一流的基础设施，连续多年被美国传统基金会和加拿大弗沙尔学会评为全球经济最自由的地方。同时，亦是全球税率最低的地区之一。此外，香港还是中国内地对外开放的重要门户之一，在中国走向世界的过程中扮演了积极的中介和平台角色。这众多的优势加上背靠中国庞大的市场，致使香港成为投资的热点。至 2007 年 6 月底，全球有约 3 800 家公司选择在香港成立地区总部或办事处。全球排名前 100 位的银行中，有 70 家在香港运营。

而澳门就享受欧盟给予的优惠，是进入欧洲市场的良好纽带。1998 年底，欧盟正式批准澳门成为亚洲投资计划（Asia-Invest Programme）在亚洲的受惠地区之一。自此，澳门的商业中介团体可与欧盟的对口单位联合申办有关亚洲投资计划项目。亚洲投资计划旨在促进和支持有利欧洲联盟与亚洲双方的经贸合作，以及便利欧亚经济团体之间的联系，同时促进贸易及跨境投资。

6. 我国作为亚洲最大和最具活力的国家区位优势和作用的发挥

在 21 世纪前期，亚太地区将会是世界上经济发展最快的地区之一，而我国作为亚洲最大和最具活力的国家，必将成为亚洲经济发展的火车头，为亚洲和亚太地区经济发展起到直接的推动作用。这使得我国进行国际经济合作的机会愈来愈多，投资的空间也会愈来愈广阔。近年来，中国积极参与区域经济合作与开发：在东南亚，中国参与湄公河开发，并启动中国—东盟自由贸易区建设；在东北亚，中国积极参与图门江开发，积极探索中、日、韩合作方式和机制，开展东北亚区域合作；在中亚，中国则通过上海合作组织，在政治与军事合作的基础上积极开展经贸合作，已成为部分成员国的重要贸易伙伴。幅员大国与特殊地理区位，使得中国在亚洲区域与次区域合作中有着特殊的影响。

7. 发展国家跨国经营及我国率先走出国门的企业积累的经验和教训

我国企业可以充分总结跨国公司发展较早国家一百年左右的历史经验，总结新兴工业化国家二三十年左右跨国公司发展的经验，发挥后发优势，避免其失误的教训，大大缩短跨国公司发展的时间。

我国企业自20世纪90年代起走出国门，到境外投资办厂，开展加工贸易，积累了大量宝贵经验。截至2005年底，对外直接投资额超过500亿美元，在境外办起1万多家企业。国内许多有知名品牌的生产企业，如海尔、小天鹅、康佳、海信、金城摩托、中兴通讯等，已成为我国企业"走出去"的主力军，实现了"境外生产、境外销售"，基本显露出中国跨国公司的雏形。

我国企业跨国经营和跨国公司虽然有着多方面的美好前景，但并不会自动地转化为跨国经营的具体成效。同样，前景是相对意义上的，是可以转化的。我国企业现有的发展前景并不等于其长期发展的必然结果，必须靠艰苦的努力、正确的政策和战略指导，大胆谨慎地实施操作，才能使美好的前景变为现实。

12.4.2 面临的挑战

从近些年来世界跨国公司发展的态势来看，具有如下特点：第一，在区域分布上的网络化，即子公司广泛分布于发展中国家和发达国家；第二，在规模上的巨型化，即母公司和子公司的规模都越来越大，资本越来越雄厚；第三，产业结构上的高度化和多元化，产业结构上高度化是指跨国生产和经营越来越注重高科技产品和资本、知识、技术密集型产品，产业结构的多元化是指跨国经营的项目和内容除了第一产业和第二产业之外，第三产业的内容也广泛发展起来。

世界跨国公司咄咄逼人的发展态势，使我国处于起步和初级发展阶段的企业跨国经营的跨国公司面临着严峻的挑战。这些挑战主要来自发达国家和新兴工业化国家。

1. 巨额资本的挑战

进行跨国经营和发展跨国公司需要巨额资本，世界发达国家和新兴工业化国家资本实力雄厚。而众所周知，我国市场经济发展时间较短，民间难以聚集起规模较大的对外直接投资资本，这样，在与世界跨国公司的"抢滩战"中，显然我们遇到严重挑战。

2. 世界国家和区域集团保护主义的挑战

近几年来，欧盟、北美自由贸易区的形成和发展，采取广泛的保护主义，这使得强大贸易保护主义集团实行区域壁垒，而中国则被排除在这个贸易壁垒之外。

3. 科学技术应用和创新能力的挑战

世界跨国公司的渗透和发展，在较大程度上依靠高科技产品，如航空航天、微电子、生物工程等，在现代跨国公司中逐步成为支持产业；而我国的高科技只有某些相对优势，而没有绝对优势。

4. 经营管理水平的挑战

跨国公司是一种高度组织性的超巨型企业，客观上需要有高度严密的管理。世界上跨国公司早发展的国家已经积累了上百年的经验，具有熟练的、规范化的管理技术。显然，我国在这方面与它们存在差距。

5. 经营管理体制上的挑战

世界上大部分国家和地区的跨国公司都是在市场经济体制下形成和发展起来的。其管理体制也是按市场化的原则形成、发展和成熟起来的。而我国企业的跨国经营企业是在原有计划经济体制下形成和发展起来的，这样，就存在着一种先天性的体制缺陷。尽管我国经过改革不断向市场经济推进，国际化经营也不断与世界市场经济体制对接，但新旧体制的交错和过渡，必定会对跨国经营的企业带来多方面的负面影响。尤其是跨国母公司所依托的企业几乎全部是国有大企业，旧体制下的国企病在作为跨国母公司情况下仍然不可能得到完全的根治。如上内容所述，依托于国有大企业发展企业跨国经营和形成跨国母公司虽具有资本雄厚、安全度高等优势，而国有企业产权关系尚未理顺则是其致命缺陷，国有企业产权弊端和在国内市场生产经营中存在的各种问题，如效率低下，资产流失等，当其进行跨国经营时，照样存在。因而，以对国有企业进行产权变革为中心的企业制度改革，是推进我国企业跨国经营不断发展、跨国公司的迅速成长和走向成熟的根本途径。

12.5　我国企业跨国经营的战略选择

在我国国民经济和社会发展"十一五"规划纲要中提出，支持有条件的企业对外直接投资和跨国经营。以优势产业为重点，引导企业开展境外加工贸易，促进产品原产地多元化。按照优势互补、平等互利的原则扩大境外资源合作开发。鼓励企业参与境外基础设施建设，提高工程承包水平，稳步发展劳务合作。完善境外投资促进和保障体系，加强对境外投资的统筹协调、风险管理和海外国有资产监管。我国跨国经营选择应充分借鉴国际经验，结合我国经济发展的实际情况，作出科学的战略选择。

1. 资源开发业是我国跨国经营的主要领域

资源开发业仍将在我国对外直接投资中占有较大的比重，其主要原因表现在三个方面。①技术创新产业升级理论认为，发展中国家对外直接投资的产业分布和地理分布是随着时间的推移而逐渐变化的。在产业分布方面，发展中国家跨国公司首先是以自然资源开发为主的纵向一体化生产活动，然后是进口替代和出口导向为主的横向一体化生产活动。由于我国现在还处于对外直接投资的起步阶段，因此，资源开发业应是我国当前对外直接投资的一个重点。②符合国际直接投资产业选择的发展规律。对外直接投资产业重点的选择是一个动态的发展过程，国际经验表明，资源开发业是对外直接投资初期的重点投资行业，大多数发达国家都经历了从资源开发型—制造业—第三产业为主的发展过程。从我国国情来看，对外直接投资活动仍处于起步阶段，在2003年我国对外直接投资流量中，资源开发投资占51%，这符合国际直接投资产业选择的发展规律。③有助于缓解资源缺乏这一经济发展的瓶颈。针对我国资源缺乏而进行资源开发型的跨国经营可以缓解我国资源不足的矛盾，相对提高了我国资源拥有量。我国应通过对外投资建立稳定的资源供应基地，不仅可以降低通过市场转移资源的交易成本，也有利于规避世界市场资源价格大幅波动的风险。

2. 劳动密集型和成熟适用技术产业仍然是我国企业的优势领域

我国可以将一些生产能力相对过剩，在国内已失去比较优势，但相对于其他国家仍处于相对优势的产业，转移到在国际分工中处于更低阶梯的国家，这将有助于国内产业结构的调整。经过50余年的建设，我国已建立起比较完整的工业体系，拥有较为雄厚的工业基础和技术力量。虽然我国的工业制造业发展水平同发达国家相比尚有较大差距，但同一些发展中国家相比，我国在纺织、食品、冶炼、化工、医药、电子等产业上形成了一定的比较优势。此外，根据小规模技术理论，目前我国还拥有大量成熟的适用技术，如家用电器、电子、轻型交通设备的制造技术、小规模生产技术及劳动密集型的生产技术，这些技术和相应的产品已趋于标准化，并且与其他发展中国家的技术阶梯度较小，易于为它们所接受，所以这些行业也应进行对外直接投资，实现产业转移。一方面，可以适时地转移国内过时或过剩的生产能力，实现产业国际转换，为国内产业升级腾出空间；另一方面，可以延长国内比较劣势产业的经济寿命，增加利润，为国内产业升级提供资金支持。

3. 发展服务经济，关注新兴的跨国经营领域

20世纪60年代，世界主要发达国家经济重心开始转向服务业，服务业在就业和国内生产总值中的比重不断加大，全球产业结构呈现出"工业型经济"向"服务型经济"转型的总趋势。据联合国贸发会议《2004年世界投资报告》的统计，2001年，服务业占发达国家国内生产总值的72%，占发展中国家国内生产总值的52%。与此同时，服务业已经成为国际直接投资中最具活力的部分，如1997年，服务业FDI流入量占世界FDI总流量比例为47.7%，1999年达到50.3%，2001年则上升到63.3%。我国作为发展中国家，也应在这种国际趋势下抓住向服务业开展对外直接投资的契机，以优化国内产业结构。从现状分析，虽然我国的服务业总体上落后于发达国家，但在劳动密集型、资源密集型的行业存在着比较优势，如在国外工程承包及劳务输出、远洋运输服务、人造卫星发射服务，以及旅游服务方面。2003年我国对外承包工程和对外劳务合作完成营业额合计171.49亿美元，2003年年末在外各类劳务人员总数达52.5万人。在旅游业方面，2003年我国旅游外汇收入为174.06亿美元，位居亚洲第一，世界第六。由此可见，我国服务业的优势主要集中在旅游业、对外承包工程和对外劳务合作等领域，它们应作为是我国现阶段服务业跨国经营的主要对象。

4. 加大高新技术产业的学习型投资，推动产业升级

20世纪80年代以来，新技术革命不断深入和发展，高新技术产业迅速在世界范围内兴起，高新技术产业成为新的投资热点，一些发达的西方国家高新技术产业已经取代传统产业，成为国民经济中最大的产业部门。技术创新产业升级理论认为，发展中国家企业技术能力的提高是与其对外直接投资的增长直接相关的，发展中国家可以通过对外投资来加强技术创新与积累，进而提升产业结构和加强国际竞争力。这一结论为我国对外直接投资由传统产

业向高技术产业流动具有重要的指导意义。另一方面，当今国际市场的竞争在一定程度上表现为高新技术产业领域的竞争，科学技术已成为现代经济发展最主要的推动力。因此，我国非常有必要加大高新技术产业的学习型投资，即以汲取国外先进的产业技术和管理经验、带动国内产业升级、创造新的比较优势为目的向更高阶梯国家进行的对外直接投资。这对于调整我国产业结构与转变经济增长方式具有关键意义，是实现我国由制造大国向创造大国、经济大国向经济强国转变的必然选择。

目前，我国高新技术产业对外直接投资的途径主要有以下几种。一是在境外设立研发中心。通过在世界技术创新密集区建立研发机构是取得新技术和提高本国企业技术水平的重要方式。如海尔集团在美国和德国建立了以研发和技术转让为主要目的的海外企业，并在美国洛杉矶、硅谷，法国里昂，荷兰阿姆斯特丹及加拿大蒙特利尔设立了6个产品设计分部，通过境外产品开发来推动国内产品的技术升级和出口竞争力的提高。二是跨国并购高科技企业。通过直接收购发达国家的企业，可以快速地获得其技术，提高我国企业的技术水平，促进产业升级。

5. 发展品牌企业，通过多种途径增强企业实力，实现完全意义上的跨国经营

我国企业规模小，资产实力薄弱，为此应通过跨国并购、参股、上市、重组联合等方式，培育和发展我国的跨国公司。2005年度《世界500强》排行榜入选国家总计28个，美国以249个品牌占据榜首，法国以46个品牌位居第二，日本以45个品牌排名第三。中国仅有4个品牌入选：海尔（89）、联想（148）、CCTV（341）和长虹（447）。中国亟待发展品牌企业。跨国经营不仅仅是把产品销售到世界各地去，不是简简单单把产品的国际化，而是实现真正意义上的国际公司。要想打造国际化的品牌，就必须首先要思考用什么样的策略、用什么样的战略塑造自己的品牌，这涉及海外品牌战略的问题。

通过国际合资合作和建立国际战略联盟，加快"走出去"步伐。跨国经营，是企业充分利用国内国外两个市场，利用世界的资源、技术和人才，扬长避短，发挥自己的比较优势，以国际竞争的价值规律为导向，在世界范围内寻求市场规模与经济效益的最大化、生产成本的最小化。在国际市场上应主动与竞争者开展竞争合作，通过竞争合作换取效率和进步。以市场为中心，通过合作，实现资源与市场共享，创造更多的价值，通过结盟，造就双赢格局。建立跨国战略联盟有利于我国对外直接投资企业，和世界优秀企业共同拓展并分享全球市场，优势互补，分担风险，提升国际竞争力。海尔集团和联想集团在这方面取得了成功经验，值得我国许多对外直接投资企业学习和借鉴。

6. 根据企业实际制定适合自己的国际化战略，谨慎选择跨国经营步骤

中国企业的发展很不平衡，不仅与国外著名跨国公司相比差距很大，彼此之间由于体制、机制、所有制、所属行业和地区等不同，也存在较大的差异，中国企业成长为跨国公司有很长的路要走，其中最重要的是研究制定和实施适合自己公司特点的国际化经营战略。一般来讲，中国企业的国际化经营要有三个步骤。

（1）被动的学习，适应和谋生阶段

这一阶段的企业主要是迫于国内外市场竞争的压力，引进国内的技术、资金、设备，接受跨国公司的订单，直接或间接的出口。通过与国外公司的交流合作及竞争，企业既尝到了"出口创汇"增加销售和利润的甜头，也学到了一些国外公司先进的经验，了解了国际市场信息和动态，增强了国际化经营的愿望。处于这一阶段的企业，中国目前为数不少。

(2) 积极走出去，主动出击，参与国际竞争

这一阶段的企业经过一定时期的学习、研究和适应阶段，同时在第一步成长壮大的基础上，通过对国际市场的了解和对自身比较优势的认真研究，找到了直接走出去，利用全球的市场、资金、人才，直接主动参与国际竞争的切入点和最佳途径。

(3) 实现完全意义上的跨国经营

在第二步取得成功并发展壮大的基础上，企业综合运用全球的市场资源、信息、技术和人才建立全球经营网络，包括销售、生产、制造、金融、研究、投资及运营管理等各个环节和系统，企业的主营收入和利润50%以上来自国外，全面实现市场国际化，资源国际化，人才国际化，品牌国际化，研发国际划，管理运营国际化，与国外著名跨国公司并驾齐驱，中国的跨国公司就真正地立于世界经济之林。

我国的企业在一些技术比较成熟、市场比较稳定的产业，在与跨国公司竞争中存在相当大的优势，如服装、玩具、家电、自行车等领域，可以通过企业自身发展壮大或政府培育主导组建我们的跨国公司；但在那些技术不很成熟、研发周期长、难度大、生产环节和市场还不够稳定的产业，中国的企业要想通过自身的努力成长为跨国公司是很难的，几乎不可能，这就需要我们利用自身的优势，如对中国企业和对中国市场的先期占有及熟悉等优势，和那些已经有技术储备和产品优势、实力雄厚的国际著名跨国公司进行战略联盟，成为合作的跨国公司，这是目前在一些行业中缔造中国跨国公司一个很重要的渠道。

本 章 小 结

建立我国自己的跨国公司，对进一步发展我国的经济及企业参与国际竞争有重要的战略意义。目前，我国企业的跨国经营已有长足的进步，跨国公司的数量也越来越多。仅管如此，我国企业的跨国经营和跨国公司在数量上、规模上、综合实力上与发达国家相比还有较大差距。我国企业向跨国公司方向的发展前景是美好的，但也还必须付出艰苦的努力，有正确政策的扶持和战略的指导，才能将美景变为现实。

关键术语

国际资源　　跨国经营　　工贸结合型跨国公司　　综合商社型跨国公司　　金融型跨国公司　　生产型跨国公司　　服务型经济　　跨国并购　　国企负担

复习思考题

一、选择题

1. 我国建立跨国公司的战略意义包括（　　）。
   A. 建立跨国公司是生产社会化向国际化发展的必然趋势
   B. 建立跨国公司有利于国民经济结构的调整
   C. 建立跨国公司有利于广泛利用国际资源
   D. 建立跨国公司是扩大我国出口贸易、提高外贸经济效益的重要途径

2. 我国进行海外投资办实业的好处包括（　　）。
   A. 如果兴办的是合资企业，则可利用合作伙伴的资金和其所拥有的先进技术
   B. 取得当地法人地位之后，便可向当地或国际金融机构借款
   C. 可以以跨国公司的名义发行股票和债券，在当地筹措资金
   D. 可在当地直接聘用技术和管理人员
3. 自（　　）以来，我国企业的跨国经营与跨国公司的形成和发展迎来了一个千载难逢的良好时机。
   A. 20世纪50年代初　　　　B. 20世纪60年代初
   C. 20世纪70年代初　　　　D. 20世纪80年代初
4. 我国跨国公司大体可以分为（　　）等类别。
   A. 大型"中"字头国企
   B. 大型生产性企业集团和新兴高科技公司
   C. 大型金融保险公司
   D. 民营企业和中小型企业
5. 我国企业跨国投资的特点包括（　　）。
   A. 多元化的投资主体
   B. 相对集中的投资地区分布
   C. 多样化的投资行业选择
   D. 合资经营为主的投资方式和小型化的投资规模
6. 我国企业跨国经营面临的挑战主要包括（　　）。
   A. 巨额资本的挑战
   B. 世界国家和区域集团保护主义的挑战
   C. 科学技术应用和创新能力的挑战
   D. 经营管理水平和经营管理体制上的挑战

二、思考题
1. 我国建立跨国公司的战略意义是什么？
2. 目前我国的一些跨国企业可以分为哪些类型？
3. 试述我国企业跨国投资的特点。
4. 我国企业跨国经营发展具备哪些优势？
5. 我国企业跨国经营发展还存在什么问题？
6. 我国企业跨国经营发展的前景如何？

案例分析

中国的联想　世界的联想

面向新世纪，中国联想集团将自身的使命概括为"四为"：为客户，提供信息技术、工具和服务，使人们的生活和工作更加简便、高效、丰富多彩；为员工，创造发展空间，提升员工价值，提高工作生活质量；为股东——回报股东长远利益；为社会——服务社会文明进

步。联想的创业者和年轻的员工们都有一个信念：要把联想办成一个有规模的高科技企业，要成为走向世界的高科技产业集团。

2003年4月，联想集团在北京正式对外宣布启用集团新标识"lenovo"，以"lenovo"代替原有的英文标识"legend"，并在全球范围内注册。联想集团现在海外是两块牌子，一块牌子是"lenovo"；另一块牌子是"Think"。两块牌子代表了两类交易模式，"lenovo"是交易型模式，"Think"是关系型业务模式。联想集团的品牌战略是推广"lenovo"，通过全球发展战略，让"lenovo"成为世界知名品牌。

一、联想并购IBM

根据国外大型科技企业的成功经验，联想集团提出，在正确认识信息产业发展规律的基础上，遵循市场特点制定符合企业情况的实际战略目标，追赶世界先进水平，争取更大的生存发展空间。联想希望能够借助一个知名品牌的力量，吸引高端企业用户，并迅速在全球PC市场上扩大市场份额。因此，正确而富有艺术性的战略设计是联想集团制胜的法宝。

美国IBM公司是世界500强企业，是世界上最大的信息工业跨国公司。其业务主要集中在五大领域：服务、硬件、软件、金融和企业投资。对于联想来说，企业要发展，就必须走国际化的发展道路。2004年12月，联想与IBM签署个人电脑业务并购协议，爆出2004年全球PC市场惊人之举。联想集团以12.5亿美元收购IBM的个人电脑，收购的业务为IBM全球台式电脑和笔记本电脑的全部业务。收购完成，新联想全年业务收入将达到120亿美元，成为世界第三大PC机厂商。据国际数据公司调查，并购结束后，联想已成为全球第三大PC机生产商，2005年第四季度，联想已占全球市场份额的7.2%，仅次于占17.2%的戴尔和占15.7%的惠普。这意味着联想不但在中国，而且在全球市场范围具备覆盖能力。

通过收购IBM全球PC业务及与IBM形成战略联盟，联想获得了全球化发展战略的突破性契机。联想将能够整合双方优势，借助IBM的品牌在PC机市场上迅速获得全球品牌认知；建立在国际市场上的品牌知名度有利于联想迅速扩大公司规模，使联想成为年收入超过百亿美元的世界级公司，实现规模效应；有利于获得IBM拥有的遍布全球的企业客户群及庞大的分销网络，快速建立起进入国际市场的销售和服务网络，扩大全球市场份额；有利于获得更丰富的产品组合及领先的科技，提高其技术的创新能力，进而提高产品的技术含量，从技术层面增强产品的国际竞争力。通过这次收购，联想不仅在产品、营销网络方面走上了国际化的快车道，也在股权结构、融资渠道、战略伙伴等深层面实现了国际化。联想并购IBM后，使其迈向世界顶级企业，向名副其实的跨国企业发展。

2007年8月2日，联想宣布的2007/2008财年第一季度业绩显示，新联想首度实现全球赢利。联想集团董事长杨元庆第一次底气十足地为争议已久的收购IBM的PC壮举定性："这是一次成功的收购"。

二、联想与奥运联姻

2004年3月，联想集团作为第一家与国际奥委会签署合作协议的中国企业，成为国际奥委会全球合作伙伴，进入国际奥委会的TOP计划。TOP是国际奥委会1985年发起的企业合作计划。企业进入TOP计划，说明该企业成为国际奥委会全球最高级别的合作伙伴和顶级赞助商。

联想集团在四年内（2005—2008年）为2006年都灵冬季奥运会和2008年北京奥运会以及世界200多个国家和地区的奥委会及奥运代表团独家提供台式电脑、笔记本电脑、服务器、打印机等计算技术设备以及资金和技术上的支持。这一举动有助于联想扩大在海外的品牌知名度。

三、全球化三步走战略

通过赞助奥运会，联想的目标是让"lenovo"成为一个全球性的品牌。

联想奥运营销策略是：首先，以高品质得服务、技术和产品，支持2008奥运信息系统的零故障运行，让联想产品在用户中树立高品质的形象；其次，联想将通过人文奥运和科技奥运，在推广奥运的过程中让世界了解中国，也让世界了解联想。在此，在全球范围内，通过各种手段推广联想"lenovo"的品牌形象。

在奥运营销启动之前，联想已经开始实施了全球化三步走的战略。

第一步是宣布联想全球换标。2003年，联想全球换标。其目的是为联想国际化做准备，将在海外许多地区已经被注册的"legend"改换成"lenovo"品牌。

第二步是收购IBM的PC机业务。柳传志认为："中国的联想收购IBM的业务本身就是让世界震惊的消息，就是对联想品牌的一次宣传。"宣布收购IBM的PC机之后，联想的任务是整合全球业务，达到协同效应。

第三步是借力奥运进军全球。2007年4月，联想宣布实施奥运战略。联想在启动奥运战略之前，已经在海外实施了小步快走的策略：首先是借助NBA、冬奥会将"lenovo"品牌在海外市场推广；其次是在印度、巴西等新兴市场试行建立自己的销售体系；再次是在发达国家与地区复制交易型业务。这些小步快走的策略在海外已有一定的成效，已经为联想启动全球奥运战略打下了基础。

联想通过推出的十道奥运大餐和全球化三步走战略，联想已逐步实现从"中国的联想"发展成为"世界的联想"。

（资料来源：林康. 跨国公司经营与管理. 北京：对外经济贸易大学出版社，2008.）

【案例思考题】

1. 收集相关的资料，分析联想集团发展的过程对我国其他企业走上国际化道路的借鉴意义。
2. 联想未来的前景如何？会遇到什么困难和挑战？

参考文献

[1] 李尔华. 跨国公司经营与管理. 北京：首都经济贸易大学出版社，2001.
[2] 《中国企业跨国发展年度报告书》编委会. 中国企业跨国发展研究报告. 北京：中国社会科学出版社，2002.
[3] 王志乐. 跨国公司在中国报告. 北京：中国经济出版社，2009.
[4] 王志乐. 走向世界的中国跨国公司. 北京：中国经济出版社，2007.
[5] 王林生，范黎波. 跨国经营理论与战略. 北京：对外经济贸易大学出版社，2003.
[6] 曾忠禄. 中国企业跨国经营：决策、管理与案例分析. 广州：广东经济出版社，2003.
[7] 范晓萍. 国际经营与管理. 北京：科学出版社，2002.
[8] 于斌. 跨国管理. 天津：南开大学出版社，2004.
[9] 郭铁民，王永龙，俞姗. 中国企业跨国经营. 北京：中国发展出版社，2002.
[10] HOLT D H, WIGGINTON K W. Internationai management. 2nd ed. Thomson Learning, 2002.
[11] BARTLETT C A, GHOSHAL S. Managing across borders. Harvard College, 1998.
[12] 刘松柏. 国际管理. 北京：中国经济出版社，2003.
[13] 张小蒂，王焕祥. 国际投资与跨国公司. 杭州：浙江大学出版社，2004.
[14] 李尔华. 国际营销实务. 北京：中国人民大学出版社，2004.
[15] 何智蕴，姚利民. 大型跨国公司在华投资结构研究. 北京：科学出版社，2005.
[16] 卢进勇，杜奇华. 国际投资理论与实务. 北京：中国时代经济出版社，2004.
[17] 谭力文. 国际企业管理. 武汉：武汉大学出版社，2002.
[18] 张纪康. 跨国公司与直接投资. 上海：复旦大学出版社，2004.
[19] 刘海云. 跨国公司经营优势变迁. 北京：中国发展出版社，2001.
[20] 卢晓勇，李红，胡振鹏，等. 中国利用发达国家直接投资研究. 南昌：江西人民出版社，2003.
[21] 白光，马国忠. 企业跨国经营力. 北京：中国经济出版社，2003.
[22] 符定伟，毛晓明，戴波. 跨国公司中国攻略. 北京：机械工业出版社，2002.
[23] 长城企业战略研究所. R&D拥抱中国：跨国公司在华R&D的研究. 南宁：广西人民出版社，2002.
[24] 李蕊. 跨国公司在华研发投资与中国技术跨越式发展. 北京：经济科学出版社，2004.
[25] 王志乐. 跨国公司在华发展新趋势. 北京：新华出版社，2003.
[26] PRAHALAD C K. The multinational mission. The Free Press, 1987.
[27] 孙遇春，徐培华. 著名跨国公司在华竞争战略. 上海：东方出版中心，2004.
[28] 原毅军. 跨国公司管理. 大连：大连理工大学出版社，2001.

[29] 杨先明,赵果庆,张锦. 国际直接投资、技术转移与中国技术发展. 北京:科学出版社,2004.
[30] 马春光. 国际企业经营与管理. 北京:中国对外经济贸易出版社,2002.
[31] 林庚. 跨国公司经营与管理. 北京:对外经济贸易大学出版社,2008.
[32] 杜奇华. 跨国公司与跨国经营. 北京:电子工业出版社,2008.